文明的地图

张信刚 著

中信出版集团 | 北京

图书在版编目（CIP）数据

文明的地图 / 张信刚著 . -- 北京：中信出版社，2020.11（2024.1 重印）

ISBN 978-7-5217-2204-8

Ⅰ . ①文… Ⅱ . ①张… Ⅲ . ①世界—概况 Ⅳ . ① K91

中国版本图书馆 CIP 数据核字（2020）第 166855 号

文明的地图

著　　者：张信刚

出版发行：中信出版集团股份有限公司

（北京市朝阳区东三环北路 27 号嘉铭中心 邮编 100020）

承 印 者：嘉业印刷（天津）有限公司

开　　本：787mm × 1092mm　1/16　　印　　张：27　　字　　数：318 千字

版　　次：2020 年 11 月第 1 版　　印　　次：2024 年 1 月第 4 次印刷

书　　号：ISBN 978-7-5217-2204-8

定　　价：88.00 元

服务热线：400-600-8099

投稿邮箱：author@citicpub.com

埃塞俄比亚国家博物馆里的露西

印度首都新德里南部的古特伯高塔

埃及首都开罗近郊的狮身人面像，后面是最古老的吉萨金字塔

柬埔寨的吴哥窟废墟中一面不太为人注意的墙上的浮雕

独特的亚美尼亚文圣经。301 年，亚美尼亚王特拉达三世定基督教为国教，亚美尼亚成为世界上第一个将基督教定为国教的国家

约旦西部商路要道佩特拉的峡谷

埃及首都开罗的爱兹哈尔清真寺内景

耶路撒冷的哭墙，是耶路撒冷神庙被罗马人毁掉之后残存的一面墙。每天有许多人到墙边祈祷并且放声嚎哭。墙后面的金色圆形建筑物是 1967 年阿以战争后重建的圆顶清真寺，据传是亚伯拉罕向上帝祭献（本要牺牲他的儿子，后来上帝将之改为一只羊）的地方

伊本·白图泰故国首都（今摩洛哥菲斯）

乌兹别克斯坦布哈拉的伊斯玛仪萨曼皇陵，建于萨曼王朝时期；是中亚早期的伊斯兰建筑，上方圆顶有不少小圆锥，代表太阳的光芒，是祆教建筑物的传统

乌兹别克斯坦撒马尔罕的帖木儿陵墓

巴基斯坦国家博物馆里的犍陀罗佛像

巴基斯坦国家博物馆里的印度河流域的祭司国王像

格鲁吉亚小镇古达乌利，兼容基督教与伊斯兰教两种文化

塔吉克斯坦苦盏的粟特人博物馆。亚历山大大帝曾到苦盏并娶粟特公主为妻

塔吉克斯坦苦盏的农贸市场

印度拉贾斯坦邦的耆那教庙宇

埃及尼罗河上游的菲莱神殿一角，修建于托勒密王朝时期

伊朗伊斯法罕著名的 33 孔桥

伊朗伊斯法罕的一个伊朗传统健身馆

阿塞拜疆首都巴库在 20 世纪初是世界石油中心，许多欧洲富人（如诺贝尔兄弟）在此拥有豪宅

土耳其埃迪尔内的塞利米耶清真寺，建于 16 世纪，是土耳其最优美典雅的宗教建筑物

土耳其特拉布宗苏美拉修道院

目录

第三部分 大中亚的点与面

第四部分 印度速写

第五部分 波斯文明圈

第六部分 高加索巡礼

第七部分 土耳其进行曲

结 语

序

我在小学四年级时就从课本上读到了班超投笔从戎到西域建功的故事。我上中学时，父亲告诉我，欧洲人和日本人对蒙古、新疆和中亚地区很感兴趣，不少学者都曾实地考察过张骞所开通的丝绸之路。这是我第一次听到“丝绸之路”一词。从那时起，我便对丝绸之路抱有一种浪漫的情怀，憧憬要到丝绸之路体验一下。

用脚丈量文明地图

1963 年，我的父母在东非的埃塞俄比亚为世界卫生组织工作。由于我要到美国留学，必须先去父母所在地申请美国签证。于是，1963 年 7 月，我从台北出发，途经香港、曼谷、孟买、贝鲁特，抵达埃塞俄比亚的首都亚的斯亚贝巴，我还到埃塞俄比亚的故都贡德尔停留了一个多月。拿到签证后，我辗转经过阿斯马拉、喀土穆、雅典、苏黎世、罗马、巴黎到达纽约，然后乘长途汽车横贯北美大陆到洛杉矶，再从洛杉矶乘火车到位于旧金山湾区的斯坦福大学报到。

我先后于 1972 年、1978 年和 1983 年三度趁暑假回国参观、访问、探亲、讲学，走遍了大半个中国，只是没有去新疆和西藏。

1987 年夏，我获得了一个罕有的机会，得以从兰州经嘉峪关、敦煌到乌鲁木齐和喀什，终于圆了自己幼时的梦想。以这个机会为肇始，探索丝绸之路成了我的最大爱好。为此，我买了不少飞机票、书籍和纪念品。

1963—2019年，我到过除阿富汗与伊拉克以外的所有亚洲国家，造访了除立陶宛与摩尔多瓦之外的所有欧洲国家，以及除阿尔及利亚以外的所有北非和东非国家，一共探访、参观过陆上丝绸之路和海上丝绸之路沿线200多个城市。

这些亲身访问的经历加上多年的阅读积累使我认识到，陆上丝绸之路与海上丝绸之路构成了欧亚大陆文明的动脉系统，正是这两条大动脉把各地的养分输送到其他地区。几千年来，在这两条动脉上往来的商人、僧侣、士兵、外交官、作家、游客，在不同时段里用他们的脚丈量了“文明的地图”。

用口讲述丝绸之路

2007年夏，我在香港退休后，探索丝绸之路和欧亚大陆上的文明交流成为我的“新专业”。

2007年秋，我在清华大学给200名本科生教授“游走于文明之间”的通识课程。2008年，我在北京大学的新闻与传播学院给硕士生讲授“东西文明交流”课程，并给光华管理学院师生开设“文化与经济系列讲座”。2009年春，我在山东大学做了一个关于文明发展与文明交流的系列讲座。2009年秋，应土耳其海峡大学的邀请，我给历史系本科生讲授一门名为“中国与丝绸之路”的课程。2012年秋，我在上海交通大学给大约150名本科生讲授了共30课时的“文明交往讲座”。2013年夏，我在中欧国际工商学院的EMBA班（高级管理人员工商管理硕士）讲授了共56课时的“文明的地图”课程。

数年间，围绕丝绸之路与东西文明的交流，我系统地教授了不少课程。多次的讲述难免涉及一些重复的题材，但我完全没有厌倦之心，反而提升了进一步探索的兴趣。每次回望丝绸之路和相关的历史，都会让我有更深刻的认识。

用脑思考人类命运

1974年，毛泽东提出了“三个世界”这一概念：“我看美国、苏联是第一世界，中间派，日本、欧洲、加拿大，是第二世界。咱们是第三世界。”① 邓小平于1974年在联合国大会上宣讲这个理论时，我就坐在旁听席上。当时所有第三世界国家的经济都不发达，其中大多数国家要么存在内部民族和宗教矛盾，要么与邻国存在历史恩怨和领土纠纷，甚至兼而有之。我一直在思索，这些国家要怎样才能团结起来？

2013年秋，习近平在哈萨克斯坦和印度尼西亚先后提出了共同建设“丝绸之路经济带”和“21世纪海上丝绸之路”的倡议。这个被称为“一带一路”的倡议反映了世界的新格局，表达了中国对国际关系，进而对人类命运的设想。

“一带一路”倡议或许可以被视为“三个世界”理论的当代版和具体化。两者的共同点是都把重心放在占世界人口大多数的发展中国家，而“一带一路”则是以合作共赢为重点。

在社会科学领域，目前并不存在适合各国情况的普遍理论和统一实践。任何地区的经济发展和社会现代化都会受到地理、历史和文化因素的影响。中国学者若要认真地探索丝绸之路国家，就应该从“一带一路”的具体建设中获取启发与资料，开辟新课题，做出新论述。

摆在中国知识界面前最大的挑战是：通过对陆上丝绸之路和海上丝绸之路沿线地区进行深入的观察与分析，参照发达国家与中国自己的发展经验，建构一套“发展中国家应以合作互补来促进彼此发展”的政治经济学，阐述在当今科技水平和国际新形势下的最佳发展途径。

---

① 毛泽东第一次提出“三个世界”的概念，http://www.gmw.cn/03zhuanti/2004-00/jinian/50zn/50yj/yj-02.htm.

用笔书写体验心得

这些年，我在用笔记录自己的体验方面也做了一些努力：我曾在纸质期刊和网络媒体上发表多篇文章，其中有对欧亚大陆的不同地区、族群的历史做出的述评，也有对“阿拉伯之春”和高加索政局这样的时事性题目做出的分析与评论。这些文章的主题都与“丝绸之路”和“文明的地图”有关。部分在期刊上发表过的文字和授课内容的转录已经陆续被结集出版。本书所有的篇章都是以 2020 年为基准，包括经校订的已发表的文章和近期新写的文字。

付梓在即，中信出版集团的同人要我写一篇序文。前两节所述可说是本书的缘起，下面我将对本书的内容略做陈述。

从旧石器时代起，人类就以自己的手和脑对自然界加以改造，创造了人类文明的基因。今天，科学与技术已经将人类社会带入 DNA（脱氧核糖核酸）改造、干细胞、电子商务和 5G（第 5 代移动通信技术）物联网的时代。应该与科学和技术互相促进的，是人类社会的组织方式和治理模式。

本书的书名为《文明的地图》，如书名所示，本书是对不同地区和不同时代的文明的综述。

本书第一部分表现了文明研究的不同方法和视角；第二部分着重介绍丝绸之路的概念和相关内涵，以及引起全球注视的“一带一路”倡议；第三至七部分以我自己的亲身经历和观察思考为基础，分别对丝绸之路的五个重要地区（大中亚、印度、伊朗、高加索、土耳其）的历史文化和发展前景做出介绍和评论。

结语部分，我敝帚自珍，做一个画龙点睛的尝试，希望能够说明：古丝绸之路乃是人类历史的地理宿命，而今日备受关注的新丝绸之路则是欧亚大陆的历史宿命。换言之，新丝绸之路乃是人类命运共同体的必由之路。

绪论

文明的基因

“基因”这个词现在很流行，“文明”这个词大家也都非常熟悉。“文明的基因”是从哪里来的？使我对整个人类文明真正有兴趣并且有意识地想去了解的，是一张照片。那是我在埃塞俄比亚国家博物馆里拍到的一张照片。照片中的主角被人类学家亲昵地称为“露西”，是生活在距今320万年前的类人类。从照片中可以明显看出，她的双足可以直立行走，前肢比后肢短。她的后人慢慢地走出了埃塞俄比亚，并且走到了全世界。[①] 按照今天部分古人类学家的看法，露西应该是我们人类共同的祖先。但她的颅容量跟现代人还有很大差别，所以科学家只能将她归类为原始人类，而不是现代意义上的人。从已发现的化石来判断，人和猿分化的时间大概是在750万年前[②]：大约300万年前有了非洲猿人；大约200万年前出现了会制造工具的能人；大约150万年前出现了直立人，直立人不但会使用工具，可能还会用火。他们从非洲东部走出来，经过中东，到达亚洲（爪哇人和北京人可能都是他们的后代），也去了欧洲；

---

① 目前关于人类起源，学术界存在多种理论，包括本书所说的“非洲起源说”，还有“多地起源说”等。——编者注

② 另有多种说法为600万年前、450万年前等。——编者注

距今 50 万—20 万年前，留在非洲的直立人进化成智人，但智人和直立人的区别并不十分明显。这些智人在大约 20 万年前也走出了非洲，他们的部分后代被称作尼安德特人，在中东和欧洲留下许多遗骸、工具和人为埋葬的痕迹。大约 10 万年前出现的现代智人和今天的人类在解剖学上基本上是相同的，我们大家应该都是这一批现代智人的子孙。

在 10 万年前，人类大致可以分为两支：较为古老的一支是主要在中东和欧洲的尼安德特人；另一支是从非洲散布到中东、亚洲，后来又到了欧洲的现代智人。在欧洲的现代智人消灭了尼安德特人，虽然他们曾经和尼安德特人交配混血。这两支人类的前额、眉骨和下巴的形状都不一样，显示了他们进化过程的不同。

大约 4 万年前，地球还处于冰河期，印度尼西亚与澳大利亚、新几内亚之间的水道还很窄狭，一部分现代智人就从印度尼西亚渡海迁移到了澳大利亚和新几内亚，成为这两个地方最早的人类。后来，由于天气变暖，地球进入现在的间冰期，海平面上升，陆地缩小，澳大利亚、新几内亚和印度尼西亚与亚洲大陆就更加隔绝了，因此澳大利亚和新几内亚的现代智人在几万年的时间里和其他地区的现代智人没有交往。这导致澳大利亚、新几内亚和欧亚大陆走上极为不同的发展轨迹。

大约 2 万年前，人类用皮毛御寒的能力逐渐提高，一部分现代智人就慢慢从亚洲东部迁移到西伯利亚居住。在 1.5 万年前，当冰川还没消退的时候，他们中的一些人渡过白令海峡进入阿拉斯加。这些人就是今天北美洲和南美洲原住民的先祖。从考古学证据来看，人类从白令海峡进入美洲之后不到 1 000 年，就到达了南美洲的南端，平均每年向南移动大约 15 千米。从人类学角度看，美洲的原住民和今天亚洲东北部的居民十分相似，现在的 DNA 研究也证明了这一点。

既然现代智人来自同一群祖先，那么人和其他动物有什么分别，人的基本特征是什么呢？这是哲学家要探讨的问题，我说不清楚。作为一个从事科学研究的人，我只能罗列以下四点：第一，人有比其他动物更复杂和精细的喉部结构，有用声音交流信息的能力，这就形成了语言；第二，人有懊悔、羡慕、思念等感情，这些感情的深度和广度是其他动物所不能及的；第三，人能用自己的理性根据一定的法则来理解事物，除了感性地看到一定的事物以外，还能理性地推断一定的事物；第四，人会集群而居，社会组织力量和复杂度要比其他动物高得多。另外，人的眼睛有白眼球，而猴子、猩猩就没有。因为有白眼球和黑眼珠（或蓝眼珠、绿眼珠等）的对照，人就可以“眉目传情”，可以“怒目而视”，也可以“斜眼看人”——内心的想法、感情都会透过眼睛传达给别人。动物中只有人会抛媚眼，狗和猴子再聪明、再善解人意，也不会抛媚眼。

开始写人类文明史或开始讨论文明的都是农业社会出身的人，因此，文明的开始可以定义为人类开始有意识地种植植物作为食物。那么，首先生产食物的地区应该就是文明的起源地。让我们先看在地理上与欧、亚、非三洲相隔绝的美洲，它自己形成了一个单独的生态系统。中美洲地区最早有生产和储存食物的证据，主要的作物是玉米和豆类。后来，南美洲安第斯山区也出现了食物生产，主要作物是豆类和马铃薯。再看欧、亚、非三洲。这三大洲上有 4 个原始的食物生产区，各有自己的特别作物，这些作物当然和当地原有的野生植物有关。非洲西部很早就有了农业活动，最早种植红薯。亚洲西部是人类最早出现农业生产的地区，有种植业，也有畜牧业。在这里首先被种植的小麦和大麦后来逐渐传到了欧洲、北非、南亚和东亚。印度恒河流域很早就有了独立的农业活动，但我们现在不知道它的原始作物主要是什么。稻米的原产地是中国，东南亚（湄公河流域）也是稻米的较早产区和主产地，大约 8 000 年前就开始种植稻米了。中国黄河流域的农业是自生的，主要种植小米，小麦则是后来从中东传过来的。

农业活动不单是种植作物，一开始就包括了畜牧业。人类与最好的朋友——狗共同生活的历史至少已有 12 000 年。在动物之中，狗是人类最早驯化的动物之一，也是为数不多的不是为了食用而驯化的动物之一。绵羊和山羊是在西南亚首先被驯化，大约有 10 000 年的历史。猪大约是 10 000 年前在中国被驯化的。猪对中国人来说真是太重要了！“家”这个字的构成就是屋顶下面一头猪，而“家”对古代中国来说是最主要的社会单位和力量来源。牛、水牛、马、驴也值得一提。牛大概是 8 000 年前在中亚被驯化的，水牛则是于 6 000 年前在中国被驯化，马是 6 000 年前在乌克兰北部的草原被驯化的。人类一开始驯化马是为了食用，后来用其来负重或拉车，最后发现它还能骑，并且脖颈很长、看得很远，可以识途，十分聪明灵敏，所以就将它作为运输和作战的工具了。马被驯化后，人类才有了游牧这种生活方式，进而才有游牧民族。驴虽然看上去体型较小，但对人类还是很有价值的，它是 6 000 年前在埃及首先被驯化的。公驴和母马交配可以生出骡子。骆驼有两种——中亚的双峰骆驼和阿拉伯的单峰骆驼，但两者之间不能交配繁殖。

人和动物有了不解之缘后，当然有很多好处，但也会给我们带来致命的“礼物”。人其实本身是带有病菌的，动物也是。天花、麻疹、百日咳、流行性感冒这些病都是由动物身上携带的病毒导致的，H7N9 型禽流感病毒就是在家禽身上被发现的。最近引起全球严重疫情的新型冠状病毒应该是从人类捕获的野生动物身上来的。

文明的发展

我们对人类早期文明的认识主要来自考古学。19 世纪以来，考古学和古文字学成为欧美各国学界非常重视的学科。学者们在世界各地进行大规模考古挖掘，发现了许多珍贵的古物，例如陶器、铜器、古代文书等。从这些古物中，考古学家推测出人类在不同地区和不同时代的生活方式，以及它们之间的关系（比如希伯来文明、地中海文明以及它们之间的关系）。后来，历史学家把考古学家的成果借鉴过来，将某些特定的但范围较大的地理区域里较为固定的物质生活方式称为“文明”（civilization），而把较为抽象的信仰和价值观等称为“文化”（culture）。其实，这两个词都是欧洲人在18世纪根据拉丁语词根提出的新名词：civilization源自civilis，意为城邦公民；culture源自cultura，意为耕耘。它们经常被不同的学者赋予不同的意义，也时常被视作近似词而被互相代用。

大约距今12 000年前，地球进入当今的间冰期，那时地球上的不同地区已经居住着不同的人群。随着天气开始变暖，可供食用的物种数量增加，人类可以向之前无法居住的寒带移动，追捕一些习惯寒冷气候的大型动物，如驯鹿。在那个时候，农业将兴未兴。也就是说，此时除南极洲以外的五大洲（如果包括大洋洲就是六大洲）上的人类似乎都处在同一条起跑线上。到6 000年前时，中东、南亚和东亚的农业社会领先发展，澳大利亚、美洲和非洲南部则落后了许多。但到了今天，西欧各国人以及他们在美洲、非洲和大洋洲的后裔所建立的工业社会和后工业社会经济水平最高；东亚和东欧正在急追，但仍然相对落后；撒哈拉以南非洲、南美洲的内陆以及亚洲内陆和东南亚的山区似乎最为落后。

19世纪中叶，正当欧洲殖民者统治世界各地，具有绝对优势的时候，达尔文的生物进化论出现了。这给了那些本来就具有种族优越感的欧洲人一个借口，认为白种人天生就优秀，而黑肤色与棕肤色的人则天生愚蠢。这些种族主义者一方面相信所有人都是由上帝创造的，满口“爱你的邻人”，另一方面却又错误地演绎达尔文的进化论，把它转化为社会达尔文主义，相信种族和民族的“优胜劣败”和“存优汰劣”，进而在“胜即优，败即劣”以及“优当存，劣当汰”的宣传之下实施种族灭绝行为。

这些观点被殖民主义、种族主义和纳粹主义的拥护者到处宣传，以致许多受害者都认为事情本来就该如此。在近代中国，也有不少人不自觉地信服这些谬论。简单地说，他们相信，某些人种/民族因为天生智力比较低下、比较懒惰，所以发展较为落后。但他们无法解释的是，中国的汉族和西欧各民族的基因库在近 1 000 年中都没有大的改变（倒是在 4—6 世纪时，双方各自有过大规模的民族融合，基因库因此可能有不小的改变），为什么在 7—15 世纪中国社会明显领先于西欧，而在 18—20 世纪则是欧洲明显领先于中国呢？且不论这个问题是否有恰当的答案。一个受种族主义和社会达尔文主义影响的人，会在自己的言行中不自觉地对欧美人士礼貌十足，而面对贫穷落后国家的人民和本国的少数民族时则不免会自我感觉良好。

针对上面的问题，我们需要了解进化论的科学演绎，以及地理环境对人类历史的影响。

大家都知道，寒冷地区的人一般个子比较高，肤色比较白；热带地区的人一般个子比较矮，肤色较深。从进化论基因变异的角度看，这种差别很容易解释。

我先说肤色的“物竞天择”。大家都知道，强烈的紫外线照射会使皮肤致癌。皮肤的色素能够挡住紫外线，因此可以在一定程度上避免皮肤癌的发生。在热带地区，肤色白的人会因为皮肤癌高发而降低存活的概率，因而也就难以繁衍；通过基因的变异，肤色深的人就容易在热带地区繁衍。人的肤色还和体内维生素 D 的合成有关。紫外线的照射有利于身体内合成维生素 D，而维生素 D 对人体骨骼的强健来说很重要。在高纬度的寒带地区，阳光照射少，紫外线不够强，如果肤色太深就没办法合成所需的维生素 D，因此不利于骨骼健康。这样，在寒带地区，肤色浅的人骨骼就会比较健康，也更容易繁衍。因此，无论是从防皮肤癌的角度来看，还是从骨骼健康的角度来看，近赤道的人肤色都比较深，近北极圈的人肤色都会比较白。进化论解释了这个大家都会注意到的肤色分布现象。

再谈个子的高矮。任何动物，包括人，冬天时会怕身体散热太快，夏天时会怕身体散热太慢。要想身体散热慢，就应该减小体表面积与身体体积之比；要想身体散热快，就应该增加体表面积与身体体积之比。现在，设想有两个正方块，一个的边长为 1 厘米，另一个的边长为 2 厘米，它们的表面积和体积之比分别是 6 ∶ 1 和 24 ∶ 8（也就是 3 ∶ 1）。因此个子高的人散热比较慢，在寒带比较容易存活，即使在夏天也不要紧，因为寒带的夏天不会太热；个子矮的人散热快，在热带比较容易存活，即使在冬天也不要紧，因为热带的冬天也不很冷。因此，进化论可以很清楚地解释，为什么有些人肤色深，有些人肤色白，有些人个子高，有些人个子矮。还有，根据近年来的基因研究结果，人类现有的体型、肤色、头发、鼻子、眼睛的差异，都可以在 5 万年的时间里因为基因变异而产生。也就是说，今天所有的人类都有可能是源于 5 万年前或更早之前的某一个小群体，尽管这不是必然的。

既然人类的基因和潜能都差不多，那么以种族论优劣的说法就完全站不住脚。这样的话，又如何解释有些地区的人在几千年之前就已经有了辉煌璀璨的文明，有些地区的人却在不久之前还停留在原始生活状态呢？

先让我们看一下世界各大洲的地图。欧亚大陆是地球上最大的一块陆地，全部都位于北半球，而且主要在温带。穿过欧亚大陆的轴线是东西向，在北纬 40~50 度，因此要从欧亚大陆的东部到西部，穿越的气候带差异不是太大，而且从多瑙河到大兴安岭之间还有连续不断的大草原。再看非洲，它最宽的地方在赤道附近，贯穿它的轴线主要是南北向，穿越了不同的气候带。南美洲亦是如此。南美洲形状狭长，跨越赤道，而且还有一条南北向的安第斯山脉把它割裂成三大区：一个是太平洋区，一个是大西洋区，还有一个就是以热带森林为主的亚马孙河流域。因此，单从地形来看就可以知道，在亚洲和欧洲，人畜的往来和货物的运输比较容易，因此文明容易传播，文化容易交流，而这些在非洲和南美洲则是相当困难的。

文明的首要条件是农业。农业的开始需要有适当的本地物种，这些物种要能够在人的培养之下生长，还要适应季节的变更，且成熟期不能太长。早期人类不可能等候若干年之后才会结果实的植物，因为他们需要尽快获取余粮来维持生命。小麦、大麦、小米和稻米都是一年一熟甚至一年两熟，所以才会被人类选为农作物。当然，没有野麦就没有家麦，没有野稻也就不可能有供人种植的稻米种子。非洲和南美洲就没有野麦，因而也没有小麦；欧洲和东亚本来也没有小麦，但因为陆上可以通行，西亚的小麦就传到了欧洲、南亚和东亚。所以，非洲和南美洲的文明发展先天不足。

推动文明发展最为直接的条件是可以被驯化的、能驮重和耕田的大型牲畜。前面已经说过，牛、马、驴、骆驼这些大型的哺乳动物都是在亚洲被驯化的。一旦有了被驯化的动物，并且可以让它们快速繁殖，这些牲畜就可以帮着种田，可以载人和运货，当然还可以给人类提供肉食。这些条件在非洲都不存在：非洲有的斑马和犀牛都无法被驯化，狮子、老虎更是不必谈。美洲和澳大利亚也没有可以驯化的大型动物。有人说，美洲和澳大利亚的原住民为什么守着肥沃的土地却不发展农业，而欧洲人去了才一两百年，美国和澳大利亚就成了世界两大谷仓和最重要的棉花、羊毛产地？答案很简单，因为欧洲人是在工业革命之后，即有了现代化的农业技术和机械设备之后才过去的。前面提到，澳大利亚和新几内亚的原住民都是 4 万年前从印度尼西亚渡海过去的，之后海平面升高，水道变宽，直到 18 世纪英国人到达那里之前，他们都没有与其他人类深入交往的机会，只有袋鼠为伴。面对澳大利亚和新几内亚既有的地理条件（高山、沙漠、海滨），生态环境和物种分布，这些原住民只能在这些限制下繁衍，没有其他办法，所以他们没有发展农业。美国最大的农业州是加利福尼亚州，可是加利福尼亚州的原住民没有适当的作物种子，就算有种子也没有水去灌溉农田，因为加利福尼亚州是个干燥无雨的地方，现在当地的用水是从 1 500 千米之外的落基山脉用运河引过去的。

总而言之：一万年前，几大洲的人类都还没有进入文明状态，所以大家都在同一条起跑线上。但随着时间的推移，有的地方发展得很快、很好，有的似乎还在原地踏步。这不能全怪后者文明落后，至少不能简单地归因于那里的人们能力弱，毕竟大家脚下的路并不一样，有的笔直而平坦，有的则是崎岖难行，因此文明就有了不同的发展。

文明的板块

因为不同地区的人们面对的自然环境不同，不同的文明板块就出现了。

第一个是美索不达米亚[①]文明。西亚的两河流域在很早的时候就已经出现了令我们今天仍颇为惊叹的成就，比如 4 000 年前铸造的铜像、数学上的求立方根、天文学上的黄道十二宫（由此发明了 12 进位制，一年有 12 个月，一天有 24 小时，一小时有 60 分钟）等。其实，任何地方的文化都不是全部由自身创造出来的，不同文化之间的交流和借用十分重要。澳大利亚在 4 万多年里都没有机会和别的地区往来，结果那里的人一直停留在打猎和采食阶段。

苏美尔人于约 4 500 年前制作的一幅皇家旗帜现在被大英博物馆保存。大约 3 800 年前明文颁布的《汉穆拉比法典》内容相当详细，其中提出的一个基本原则是"用者自付"，比如做买卖时，不像现代卖家还提供售后服务，当时一旦买了东西，卖方就不管后面的事情了。法典中提出的另一个原则是"以眼还眼，以牙还牙"，后来的犹太法典就承袭了这个原则。犹太人和比他们早出现的古巴比伦人，以及比他们迟出现的亚述人都说同一种闪米特语言。犹太人最早出现的迦南地，就是今天叙利亚之南的巴勒斯坦，他们的祖先亚伯拉罕和宗教思想就是来自美索

① 美索不达米亚，意为"河流之间"，大致包括今伊拉克和叙利亚东北部。

不达米亚。

第二个是尼罗河流域文明。埃及不是人类文明的发源地，其文明是从美索不达米亚传过去的，但埃及把这外来的文明发展得非常昌盛。这多亏了尼罗河。尼罗河三角洲每年被上游冲下来的泥土冲积一次，所以土壤非常肥沃。尼罗河上游有几个瀑布，导致尼罗河的上游和下游之间无法航行，因而分为两个地理和文明区：上游人口稀少，下游富庶丰裕。埃及一向受尼罗河影响：埃及98%的人口住在尼罗河沿岸只占国土面积5%的土地上，而另外2%的人住在占国土面积95%的沙漠地区。所以，埃及是高度集权的文明，尼罗河就是它的生命线。尼罗河上游物产不丰厚，多数时间埃及都被下游的人左右。

第三个是印度河流域文明。今天的印度人并不是印度河流域文明的直接继承人，虽然他们在血统上可能有一部分关系，但在文化上并无关系。印度河流域指的就是旁遮普（意为五条河流域地区）。古代印度河流域文明的遗迹是英国人在一战前后发现的。他们挖掘出几个古代城市遗迹：摩亨佐·达罗在约4 600年前就有浴室、下水道和暖水器，此地还出土了一个舞女的塑像和群葬的遗址；哈拉巴有整齐的街道，出土过一个男性的上身塑像，他应该是黑肤色的印度原住民，而不是今天印度河流域居民的祖先。不知出于什么缘故，这个文明后来消失了。约3 500年前雅利安人入侵印度的时候，并没有遇到拥有高度文明的当地人的抵抗。所以，3 000多年来的印度人并不知道印度河流域有过这样的文明。美索不达米亚和古印度有很多相同的地方，比如，在两地都出土了圆柱形的滚动印章，因此它们之间一定有来往和交流。

第四个是黄河流域的文明。现在已经知道的这个文明的产物有约5 000年前的丝绸、约3 500年前的非常精致的青铜器，以及约3 000年前的马车。马车应该不是中国独立发明的，因为约4 000年前美索不达米亚就有安装了轮子和轮辐的战车。1 000年之后，周武王也使用马拉战车，这应该不是巧合。马大概是6 000年前在今乌克兰一带被驯化的，周朝的轮辐也可能是从西方传过来的。因此可以说，中国文化也并非都是自己创造的。马王堆古墓里发现的约 2 100 年前的丝制旗帜已经非常细致和华丽了。很有意思的是，穿着和书写用的丝先被发明，几千年后较简单但更重要的纸才被发明。

古印度文明很早就已经存在，但后来离奇地消失了。3 000 多年前从阿富汗进入印度的雅利安人和印度原住民融合后创造了（西方人所谓的）印度教文明。从体质人类学的角度看，今天印度北部和西部的人平均而言肤色浅一点儿，个子高一点儿，鼻子尖一点儿；南部人平均而言肤色深一点儿，个子矮一点儿，鼻子扁一点儿。也就是说，雅利安人进入印度 3 000 多年之后，由于地理位置，印度南方人和雅利安人的混血程度依然比较低。今日印度的主要语言和欧洲各地以及伊朗的语言是同源的，都属于印欧语系。古印度文明的创造者说的是什么语言，我们现在仍然不清楚。今天的印度有 22 种官方语言和 14 种法定文字，由此可见当今的印度文明是几种文明并存的结果，但主要的是印度教文明和伊斯兰文明。

美索不达米亚文明有几个继承者。第一个是犹太人在巴勒斯坦地区所建的迦南文明。第二个是在今天土耳其的东部和中部所建的赫梯文明。赫梯文明在公元前 1900—前 1500 年达到颇高的水平，但今天的土耳其人并不是赫梯人的后代。第三个是由克里特岛上发展出来的米诺斯文明，它受到美索不达米亚文明的影响，但也受到埃及文明影响。岛上发现了许多很精致的陶器、栩栩如生的岩画，还有一种因为现存遗迹不多，还没有被破解的古老文字。迦南文明和米诺斯文明融合后产生了地中海文明。古希腊和古罗马的文明都属于地中海文明（当然还有从地中海东岸迁移到北非迦太基的腓尼基文明）。地中海文明和迦南文明有两个共同继承者，分别是西方基督教文明和伊斯兰文明。此外，斯拉夫人在 1000 年左右接受了希腊东正教之后所创造的俄罗斯（以及乌克兰、塞尔维亚等）东正教文明也是这两个文明的继承者。

文明的互动

中国在多个世纪里对外往来的主要通道是丝绸之路。这个名字是19世纪德国一位地理学家起的，非常恰当。总括来说，丝绸之路有北路、中路、南路。在蒙古高原之北和西伯利亚针叶树森林之南的中间地带有一片从匈牙利直达大兴安岭的欧亚大草原，这就是草原丝绸之路。历史上，有月氏、斯基泰人从欧洲经过这条通道来到东亚，匈奴人、突厥人还有后来的蒙古人又经过这条通道从东亚到达西方。这些人口的移动是文明之间互动的最为明显的例子。在中国南方，从四川、云南南下缅甸，可以出海到印度洋，再转往波斯湾或也门，最后到达地中海东岸；也可以从广州出海，沿越南海岸绕过马来半岛进入印度洋，再转去地中海。这就是海上丝绸之路。考古发现证明，埃及的货品在秦汉之交就已经从海上来到了广州。提起丝绸之路，大家最熟悉的当然是张骞、法显、玄奘等人去中亚时所走过的——从长安出发，穿过河西走廊和沙漠，越过高山，由绿洲所串起来的绿洲丝绸之路。丝绸之路的开发固然以丝绸贸易为初始驱动力，但它实质上促进了不同地区的交流，展现了文明之间的互动。除了丝绸和其他物质的交换，信仰和生活方式的交流其实对后世的影响更深远。别的不说，单是佛教传入中国就已经是人类历史上的一件大事。

2006年春，我在巴黎索邦大学休一个月的学术假，主要研究欧洲中古史。有一天清早，我在校区附近散步，看见一个以前没注意到的教堂。它门口那用法语与阿拉伯语所写的铜牌和告示说明，这座教堂属于叙利亚礼仪天主教会，做弥撒用的是古叙利亚语，辅以阿拉伯语。叙利亚礼仪天主教会与（独立于罗马教皇的）叙利亚东方正教不同，但也有别于由教皇直接任命主教的拉丁系天主教会。它在18世纪和罗马天主教教廷签订了合并协议，承认自己是天主教的一部分，也承认罗马教皇的领袖地位，但条件是可以选举自己的主教，并且保持原有的独特礼仪。基督教最早的教会并不在罗马，而是在巴勒斯坦、叙利亚、小亚细亚（今土耳其）和埃及等地。这些地方的教会各有各的传统、教仪与信众，没有谁从属于谁的问题。后来，罗马帝国定基督教为国教，才有了谁是正统的问题。经过几百年的政治和社会变迁，基督教出现两大支派：一个是由罗马教区的主教所统领的拉丁教会（一般被称为“罗马天主教”），奉行拉丁礼仪和规章；另一个是由君士坦丁堡的大牧首为统领的希腊正教，奉行希腊礼仪与规章。在这两大支派之外，还有几个较大的支派（埃及、亚美尼亚和埃塞俄比亚的教会）和许多小支派。5世纪，西罗马帝国灭亡，在没有皇帝的混乱中，拉丁教会成为西欧社会的稳定力量，与使用希腊语并且受制于东罗马帝国（又被称为“拜占庭帝国”）皇帝的希腊教会渐行渐远。7世纪，东罗马帝国的埃及、巴勒斯坦和叙利亚几省被穆斯林占领，这些地方的基督教会虽然受到伊斯兰法律的保护，但和东罗马帝国的联系大为减弱。11世纪，拉丁教会和希腊正教正式决裂，互相判处对方要受“绝罚”，但一些小支派仍然保持中立。十字军占领巴勒斯坦和叙利亚时，当地不少基督教派愿意和拉丁教会合并，但因为语言、礼仪、法规等问题，没有具体的结果。16世纪，奥斯曼帝国灭了东罗马帝国，控制了早已伊斯兰化的埃及、巴勒斯坦、叙利亚和伊拉克。奥斯曼帝国的统治者区别对待不同的基督教会：与拉丁教会亲近的受到打压，与希腊正教亲近的则较为好过些。但一个多世纪后，拉丁教会的力量因为欧洲的兴起而增强，希腊正教因为奥斯曼帝国式微反而更加自主。18世纪，西欧在中东的力量越来越强。在这个背景下，叙利亚东正教一位刚上任的宗主教忽然宣布自己皈依罗马天主教，引起了叙利亚教会的分裂。他自己带领部分追随者迁往黎巴嫩，设立新的总部，随即与罗马教廷签订协议，把他领导的教会与罗马天主教合并，但保留了叙利亚语和原有的东方礼仪。

中亚的突厥裔穆斯林从11世纪起就经常南下到印度的德里抢掠，后来还在那里建立了据点。自12世纪末，印度北部逐渐被穆斯林占领和统治。这个时期，由中亚南下的穆斯林除了在德里建立了巩固政权之外，还在印度北部和中部的某些地区建立了地方政权。12—15世纪，印度北部和中部由穆斯林统治的地区被称为德里苏丹国。德里苏丹国统治的人口其实大半是印度教教徒，而在印度北部和中部同时还存在着由许多信奉印度教的王公所统治的大大小小的公国。这些伊斯兰政权和印度教政权的领土犬牙交错，统治者也经常合纵连横，相互兼并。政治与军事的联盟关系并不完全以宗教信仰划线。跨宗教的联盟以及军官和文人先后效忠于印度教王公和伊斯兰苏丹的情况也屡见不鲜。今天印度（或者全世界）最优雅美观的建筑物之一是在新德里南部的古特伯高塔，它是伊斯兰统治者为了纪念消灭德里印度教政权而建，于1193年起建，费时100多年才完成的。该塔高73米，有五层阳台，塔身的横断面是圆形的莲花瓣，下粗上细，用不同色彩的石料装饰。我去参观的时候，导游是一个充满宗教激情的印度教教徒。他特别给我建议了几个好的拍照角度，并且指出整个塔身的切面是莲花形状，而莲花是印度教（和佛教）的标记。他认为，当时替征服者设计和建筑这个高塔的工匠应该是和他一样忠诚的印度教教徒。在高塔的底部有一处说明，古特伯高塔的塔基所用的石材来自德里几座被拆毁了的印度教庙宇。

就在差不多同一个时代（12—15世纪），今天被称为土耳其的地方分别由不同的伊斯兰政权和希腊正教政权统治。前者以塞尔柱突厥人为主，被称为塞尔柱鲁姆苏丹国；后者主要是第四次十字军东征后各地兴起的希腊人政权，其中最大的是今土耳其东北部的特拉布宗王国。我去过特拉布宗，还参观了仍然矗立在那里的晚期拜占庭建筑精品——圣索非亚（意为“圣智”）教堂（和伊斯坦布尔的早期拜占庭经典建筑同名）。这座教堂建于14世纪，当时塞尔柱人已经包围了特拉布宗王国并且正在蚕食它。教堂的部分石雕有明显的塞尔柱突厥人的伊斯兰风格，制作这些石雕的匠人有可能是受雇于希腊业主的塞尔柱突厥人。

从印度和土耳其这两个例子可以看到，文明之间的借鉴是双向的。整体强大的文明可以借鉴正在式微的文明；衰落的文明则一般都会向强盛的文明学习，还可以从文明强盛的地区聘请对自己有用的专才。

我在湄公河流域旅行时曾拍过一张照片，是吴哥窟废墟中一面不太为人注意的墙上的浮雕。通过浮雕中拿着武器的士兵头上的发髻和饰物，可以判断他们应该是南宋（或是仍然未改制服的元朝初年的南方）士兵。吴哥窟是柬埔寨真腊王国时代的苏利耶跋摩二世下令修建的王家陵墓，用时30多年，是世界上最大的宗教纪念建筑，先是供奉印度教神，后来被改作佛教寺庙。中国史书上提到，元初周达观驻节真腊一年后回国写了《真腊风土记》，但当时他所带的士兵是什么打扮我不确定。无论如何，12—13世纪来自中国的士兵出现在深受印度宗教影响的真腊王国王家祭祀建筑群的浮雕中，这的确是文明互动的一个表现。

下面的文明互动就实在多了，但史书中没有记载。我在老挝首都万象的大街上溜达时，见到一家名叫“辽宁饺子馆”的餐馆，走进去唠了几句嗑，最后还从我的辽宁老乡那里“蹭”了一顿饭。

世界上早期的书写方法都很麻烦，字母的发明和使用是一项重大的改进。大约3 000年前，腓尼基人发明了字母，只有22个辅音，没有元音。这对于只有3个元音，而且变化有规则可循的闪米特语言来说，不是一个大问题，比如今天阿拉伯语的报刊上也不标注元音。腓尼基字母传播得很广，说阿拉美语的巴比伦人所使用的阿拉美字母就是在其基础上衍生出来的。公元前6世纪，波斯人打败了巴比伦人，成了中东的新霸主，但阿拉美语仍旧是中东地区的通用语言。巴比伦人曾经把几万名犹太人迁移到巴比伦，这就是犹太历史上的“巴比伦之囚”。波斯灭了巴比伦之后，又把犹太人放回去。在这之后的好几个世纪里，犹太人继续说阿拉美语——这也是耶稣使用的语言。耶稣受难后，最早的基督徒出现在今叙利亚和土耳其。后来，叙利亚的基督徒用叙利亚文翻译了希腊文本的《圣经》。于是，2世纪时，叙利亚人通过宗教文书和犹太人、巴比伦人、腓尼基人联系起来。叙利亚文流行后，中东地区的基督教、摩尼教（又称明教）和景教（基督教聂斯脱利派）教徒都用叙利亚文书写他们的文书，彼此之间的写法只有少许差别。由于景教被正统基督教迫害，被迫离开叙利亚，它的信徒辗转到了波斯和今乌兹别克斯坦，劝化了很多本来信仰祆教（琐罗亚斯德教，俗称拜火教）的粟特人。粟特人在4—10世纪是丝绸之路上最为活跃的商人群体。唐代所谓的胡人主要就是指粟特人，中国历史上最为人所知的粟特人是出生于辽东的安禄山。

20世纪初，人们在敦煌附近的一个长城烽燧下发现了7封信札。据研究结论，这些信札是住在甘肃的粟特商人的家书，时间在4世纪初，不知什么缘故没有被投递出去，因而被遗留在烽燧下长达1 700年。它们是现存的最古老的粟特文书。这些信札清楚地反映了当时粟特商人在中国做生意的情况。还有一封信是一个被丈夫遗弃的粟特妇女写的个人凄惨经历。这批信札以及许多现存的粟特文书都是用粟特字母拼写的粟特语，它是东伊朗语的一种，粟特字母是经过改造的叙利亚字母。由于粟特人在很多地区做生意，他们就把自己的宗教传给了一些当地人，特别是属于突厥语系统的回鹘人——这个时期的回鹘人有的信佛教，有的信摩尼教，还有不少人信景教。回鹘人受到了突厥人和粟特人的双重影响，所以回鹘文是将粟特字母加以改造，然后把每个字母旋转90度，竖着成行书写。后来，成吉思汗命令一位维吾尔学者为蒙古造字，这位学者就把回鹘字母又改造成了竖着写的蒙古字母，这就是至今仍然为中国蒙古族使用的蒙古文。

主要在波斯的伊儿汗国汗王阿鲁浑曾于1289年用蒙古文给法国国王腓力四世写了一封信，内容是说：我想打埃及，如果你们想要耶路撒冷，不如和我们一起出兵；你拿下耶路撒冷，战利品我们平分。这封信上还盖着忽必烈汗所赐的伊儿汗国的国玺，上面用篆书刻有“辅国安民之宝”六个汉字。阿鲁浑找了一个常驻波斯的热那亚商人给他送信，但是当这封信被送到巴黎的时候，法国人已经不想去攻打耶路撒冷了，就回信婉拒了这个建议。这个“受人之托，忠人之事”的热那亚商人又用了很长的时间把法国人的回信带到伊儿汗国，哪知阿鲁浑已经死了。但他所写的那封信成了欧亚外交文件中的珍品，现在被收藏在法国国家图书馆里。

总结而言，腓尼基字母向西北传到了希腊：希腊语属于印欧语系，元音的用法很复杂，腓尼基字母没有元音，希腊字母则兼有元音和辅音。希腊字母的第一个是元音 α（alpha），第二个是辅音 β（beta），整套字母就叫作alphabet，是头两个字母的结合。希腊字母向西北传播，形成了拉丁字母；10 世纪，希腊字母向北传到了斯拉夫民族所在的地区，形成了西里尔字母，所有信仰东正教的斯拉夫民族（如塞尔维亚）和后来受到俄罗斯文化影响的国家（如哈萨克斯坦和蒙古）都用西里尔字母拼写自己的语言。腓尼基字母向南传，形成了希伯来字母，再向南到了埃塞俄比亚，形成了今天仍然被使用的阿姆哈拉字母（阿姆哈拉语也属于闪米特语族）。腓尼基字母向东传到了巴比伦，形成了阿拉美字母；阿拉美字母向西南传到阿拉伯半岛，先形成了那伯泰恩字母，后来经过改变形成了今天的阿拉伯字母。阿拉美字母往西北传播，就形成了刚才提到的叙利亚文（包括摩尼教的字母和景教的字母），接着就是粟特字母。把粟特字母稍加改变就成了回鹘字母，从横写变成竖写就成了回鹘文。后来，蒙古字母在回鹘字母的基础上产生，满文字母则是在蒙古字母的基础上产生。顺便加一句，南亚和东南亚的多种文字都源于印度的梵文，用弯曲的婆罗米字母书写。婆罗米字母并不是直接从腓尼基字母的形状演变而来的，但由于雅利安人早期和中东的联系，字母这个概念应该是从腓尼基字母引入的，字母的形状和发音则是印度的产物。

全世界不同文字的书写系统十分庞杂，但仍然有脉络可寻。要说明文明之间的互动性以及文明之间的联系，没有比这个更合适的事例了。

文明的困境

文明发展到了今天，有很多问题出现。首先是水资源的问题，很多地方水资源不够。以人口计算，中国是非常缺水的。然而，加拿大和俄罗斯这两个位于北半球寒带的国家却不缺水。北美洲的五大湖区是全世界最大的淡水系统，贝加尔湖则是全世界最深且储水量最大的淡水湖。其次是森林资源问题：有一些森林被改为耕地，有一些被改为住宅用地，还有一些则被打造成了高尔夫球场。巴西的亚马孙河流域是世界上最大的热带森林，马来西亚和印度尼西亚也有不少森林资源。最后，和森林资源密不可分的当然是碳排放和化石能源的问题，这是引发国际争端的一个重要因素。利用石油或者其他碳氢化合物作为燃料，就会产生二氧化碳，而二氧化碳会带来地球的暖化。这不只是某一个文明面临的困境，而是全人类甚至是全世界生物界面临的困境。中国现在是全世界最大的碳排放国之一，虽然人均碳排放量还不算大，但在北京和其他大城市，二氧化碳的人均排放量已经很大了。如果由于温室效应，气温升高 4~6 摄氏度，会导致全球的冰山融化，海平面上升，许多地方就会被海水淹没，许多河流就会产生海水倒灌的现象，进而威胁良田耕种。届时，就算食物和住房的问题可以解决，细菌和病毒也会大肆传播，人类文明将会面临前所未有的危机。

不同的社会有不同的统治方法。古埃及以及包括黄河流域在内的农业文明的基本统治方法是当政者专权，就是什么事都是当政者“说了算”。工业革命以来，许多近现代政府扮演的角色受到了一定的限制，比如被限定在依法收税和开支、处理外交和国防事务等方面。现代人的公民意识增强了，彼此之间的联系方法改善了，在社会生活中，除了政府部门外，还出现了非政府组织，比如红十字会以及红新月会。有一些不只是非政府组织，还经常是反对政府的，比如，绿色和平组织和国际特赦组织就经常对某些国家的政府提出抗议。非政府组织和政府之间的关系如何处理，这是一个非常大的问题。作为政府，怎样处理好税收、征地、公共设施建设、环保等涉及公共利益的问题，一直没有一个令人真正满意的制度或办法。在认识和利用自然方面，人类已经比几百年前高明了许多倍。在处理人和人之间的矛盾方面，尽管现在教育普及，交通十分便捷，但没有任何一个现有的政治制度能够胜任。这是非常值得我们思索的问题。

联合国大会的一国一票制度是从一战后建立的国际联盟那里借鉴过来的，是标准的民族国家的世界构建模式，这在古代是没有的。民族国家明确规定了每个国家的法律行政边境。然而，今天的人类面临海盗、难民、流行病、气候等问题。这些问题不可能在民族国家的框架下得到解决，更不是单靠在联合国的投票便能彻底改善的。这样的问题在许多国家蔓延，难以处理且不能回避。因此，民族国家的概念在今天受到冲击，但又没有更好的组织形式可以取而代之。一战以后，奥斯曼帝国解体，美国总统威尔逊提出“十四点”原则，其中就包括用民族自决来解决上述难题。比如，阿拉伯人就可以创造一个阿拉伯国家，由自己管理。但是，国家之间的边境划分好以后，每一个国家内部存在许多民族跨境的情况，特别是在非洲。靠民族自决来解决这个问题，好像不太合理。威尔逊肯定想不到，我这个不需要民族自决的人，在他去世近 100 年后还在思考这些问题。

上文所说的文明的发展似乎假设了人类文明有一个固定的方向和目标，朝着它走便是进步，否则就是落后。但事实上，人类文明并不存在这样的前提或者共识。在每个人的心底，哪种生活更快乐呢？或者说，进步到底是什么意思？这才是整个人类文明所要解决的问题。要探讨人类文明的走向，以下三个问题是无法回避的。

第一，每个人都要面对生老病死，人活在世界上到底是为了什么？这不仅是宗教的起源问题，也是每一个具备思考能力的人必然会想到的。人生的终极目的是什么，怎样才算是满足和幸福？个人对于这个问题的思考会影响整个社会的发展，而整个社会的意识形态又必然会影响个人的思考。因此，我们绝不能说宗教、哲学、伦理等是没有意义的。

第二，假如人类社会目前的状态是文明发展中的一站，社会应该做出哪些改变才能够使大多数人感到更加满足、更加幸福？人所处的关系大致可以分为三个层次——人的内心世界和外在行为的相互关系、人与人的交往关系、人类和自然界的互动关系。在这种错综复杂的互动关系中，个人如何才能使社会逐步趋向自己心中的满足感和幸福感，而不是与之背道而驰？

第三，社会应该由什么样的人、用怎样的方式管理，才能把个人心中的满足感和幸福感最大化？

这些问题未必一定会陷人类文明于困境，却是每个人都会有的困惑。

文明的展望

以上问题我不敢回答，我也不认为现在的社会会有很多人真正关心这些比较抽象的问题。所以，本章最后，让我们用宏观而又客观的眼光看看现实世界。

首先，信息技术会给文明的发展带来很大的冲击。计算机给予人的信息量和速度，以及它所带来的人类生活方式和价值观的变化，大家都已经目睹，但这还只是开端。其实，计算机的运作程序需要一种简单而实用的逻辑。为了适应计算机的运作，越来越多的人会把计算机的思维方式应用到实际生活中，这产生的社会效果可能会非常深远。它具体会产生什么样的变革性影响，今天我们还没有办法预见。其次，生物技术会对人类社会造成巨大的影响。有人说，人将来可以活到200岁，你相信吗？这里涉及转基因食品问题、干细胞问题，还有医疗资源分配问题，这些自然会影响人的伦理观。最后，太空技术可以为人类提供很多新信息、新材料和新的能源开采方法。新材料的合成可以在太空中进行，无重力、无污染状态下的分子结晶可以产生许多新材料。人类从地球之外还可能获得新能源，比如，把太阳能在太空中聚集之后，用一种特别的微波定向发射回地球某处，经过转化后就可以成为可用能源，这将会是一种几乎用之不尽的能源。

科技的力量对于文明的冲击是巨大的。但要看到，在工业化进程中，特别是在当今的新兴经济体中，环境污染问题也十分严重，令人忧心。空气、水质和土壤的污染都不是一朝一夕能够治理得好的。大众对于空气和水质的污染比较关注，其实土壤污染更可怕——空气和水还能流动和更新，土壤却无法在短期内更换，也无法简单地去除已经受到的污染。土壤的污染会严重损害人体健康，会对农业造成沉重的打击。在这里，我想讲一个历史故事。以前，罗马和北非的迦太基打仗，罗马战胜之后，就把盐撒到了迦太基的土地上，目的是让那里不产粮食，迦太基果真从那以后就无法再兴兵威胁罗马了。这样的故事在现代工业社会仍在重复着，那些不遵守环保法律的工业企业正在这么做，不同的是，它们影响的土地面积比罗马人要大得多。

语言、娱乐、传媒对于未来世界的文化发展方向以及对于各个文明系统的往来都是非常重要的。在今天以及可预见的将来，英语肯定会是世界上最重要的语言。由于最近300年来，先后两个世界最强大的国家的人民都说英语，在今天的世界，外交、商业和科技等领域都以英语为通用语。在传媒和娱乐界，英语也是最受欢迎的语言，这就更凸显了英语的重要性。在1980年，也就是苏联解体之前大约10年，我曾到匈牙利参加国际学术会议，听见民主德国和波兰的科学家彼此用英语交流，很有一叶知秋的感觉：在苏联主导下的东欧，俄语都不是英语的对手，何况在全世界呢？我非常喜爱我的母语——汉语，也十分高兴地看到汉语逐渐在国际上受到重视。但是，我不认为汉语在可预见的将来能够成为与英语并列的世界通用语。

对人类文明发展很重要的当然还有地球上的人口。过去几十年里，大家所注意的人口爆炸式增长已经放缓。生活和医疗条件的改善使全球老年人口总数急剧上升，而生活方式和价值观的改变则使较富裕社会的年轻人少生或是不生子女。未来国家间的竞争将不只是针对资源和市场——能够吸引大量受过良好教育的年轻人前往移民的国家将会在21世纪享受“人口红利”。

与老龄化几乎同时出现的是高度的自动化以及最近特别受关注的人工智能的发展与应用。这自然会引起社会的改变，也会带来社会伦理观以及人际关系的转变。但在本章中，我们要谈的是在人工智能被大量使用之前就已出现的文明困境。

现在，我们通过综合国力的比较看看分属不同文明体系的几个重要国家和地区。从世界的全局看：19世纪，跨大西洋的贸易最为重要；20世纪，跨大西洋和跨太平洋的贸易差不多同等重要；21世纪，跨太平洋的贸易将会远超跨大西洋的贸易。世界经济重心向太平洋两岸逐渐转移，已经成为不可阻挡的趋势。世界上只有北美洲的三个国家（加拿大、美国和墨西哥）既面向大西洋，又面向太平洋，所以世界经济重心的转移不会影响它们。并且，由于国土两边都面对大洋，不会受到邻近国家潜在的威胁，这三国有额外的地理优势。

先看美国。美国地处温带，物产丰饶，人口超过3亿，而且老龄化的速度较慢；它东西两边没有邻国，南北的邻国也对其没有威胁，所以国土安全系数最高。论科技实力，互联网、人工智能、卫星遥感技术、无线通信、基因工程、干细胞、纳米技术、新能源等，都是美国创造出来的，并且水平至今仍然远超其他国家。美国社会非常鼓励创新，重视吸纳外国移民（特别是科研人才），自我调适的能力很强。这些是美国的核心竞争力。真正能够导致美国综合国力下降的，不是来自其他国家的竞争，而是其内部滋生的亚文化。这具体表现为贫富差距加大，相当比例的人口（尤其是非裔、拉美裔）对社会不满，许多青少年惯性吸毒、无心向学和工作慵懒等。当然，某些基督教基本教义派的主张以及与此相关的“美国第一”式“爱国主义”和“白人至上”思想也是负面因素。但总体而言，我认为美国在未来几十年仍将领世界之风骚。

再看俄罗斯。苏联时期就遗留下许多民族和领土问题，而苏联解体后，俄罗斯和土耳其、伊朗之间的缓冲带不存在，这就使它在新国土的南部地区少了回旋的余地。中东的伊斯兰极端主义势力蔓延到北高加索地区，导致俄罗斯南部地区出现许多安全问题。俄罗斯的人口渐现老龄化，人口总数在下降；远东地区人口本就稀少，最近还逐渐向西迁移。欧盟和北约在波罗的海三国和乌克兰不断施压，使俄罗斯很难集中精力改善经济。但是，以俄罗斯辽阔的幅员、丰富的资源、强大的科技实力和不屈不挠的文化传统来看，尤其是最近对北冰洋地区的积极开发，它在未来 50 年仍将会是一个又大又强的国家。

回头看看中国。过去四十几年，中国的现代化进程是全世界的头等大事。中国未来 50 年的发展同样会是能够影响全球大势的因素。中国终将会变得强大，这应该不只是空谈。中国有其他任何国家所不能比拟的充沛的人力资源；中国人民想要实现国家现代化和社会进步的意愿十分强烈；中国社会的文化凝聚力非常坚固；中国农村人口城镇化的趋势不可阻挡，这将会为经济发展提供巨大且长久的推动力。中国在享受了 30 年人口增长放缓的“人口红利 –A”之后，如果能够有效地恢复自然的婴儿出生率，就可以不需要“外援”而享受到 21 世纪的“人口红利 –B”，这对经济和国防都将是一个很大的帮助。只要不爆发毁灭性的大规模战争，中国的振兴将是可期的。

未来几十年里，中国和美国将会是世界上最富经济活力的两个国家。中美合作就能双赢，对抗则会两伤。各国的领导人都很清楚，他们会以理性的态度，根据国际和国内的各种条件来制定决策。未来三四十年，科技发展和人口变化将会导致人类生活方式、社会伦理与社会结构的巨大变化。全球不少地区都有可能出现动荡，但大规模和持久的战争应该可以避免。

第一部分

文明研究

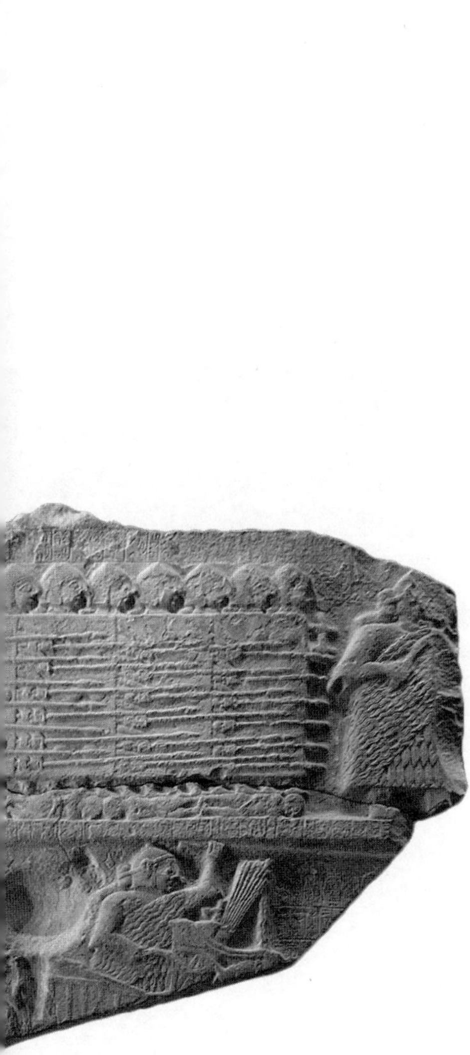

第 1 章

从活字版到万维网

我担任香港城市大学校长一职共 11 年。接任之后不久，我就正式提议在香港城市大学设立“中国文化中心”。这个中心于 1998 年正式成立，特地从美国邀请了曾毕业于台湾大学的郑培凯老师担任主任，开始组织一系列的中国文化讲座。我作为这个中心的创办人和推动者，有幸做了第一场演讲，时间是 1998 年 10 月，题目就是《从活字版到万维网》。本章重用这个题目，不表示我没有进步，而是因为我觉得这个题目许多年后再讲一次会有特殊的意义。

时间长河里的记忆

人类的文明当然是从物质文明开始的，也就是始于人类有意识地通过栽培植物和驯养动物来获取食物，采集和打猎不算。人类精神文明的开始，可以从最早留在岩石上的绘画算起。但我认为其更容易区分的始点是，人类有意识地用一种既定的符号把思想留在时间的长河里，这种符号就是文字。最早的文字应该是 5 600 多年前出现在美索不达米亚的象形文字。稍后出现了更易于书写的楔形文字，就是由刻在软泥版上的楔形笔画构成的文字。楔形文字有不少种类，学者们已经破解了几种说不同语言的人在不同时期留下的楔形文字。第二早出现的是古埃及的象形文字，大约出现在 5 200 年前。古埃及的象形文字可能受到美索不达米亚文字的启发，有以图画形成的文字，也有一部分由表音字母形成的文字。因为地理环境不同，古埃及人不是在泥版上刻字，而是将其写在木头或纸莎草上。这些文字到了 19 世纪才被破译：西方文明发展到一定程度，人们就有兴趣也有办法找到一些古代的文字，并通过科学对比等方法把它们破译出来。

在美索不达米亚文字出现约 2 000 年、埃及文字出现近 1 600 年之后，现代汉字之所本——甲骨文也出现了。学者不需要花太大工夫就可以辨认出其中大部分来，因为从甲骨文开始，汉字实际上是一脉相承的。这与埃及文字的发展历史与进程很不同：埃及最早出现的是象形文字，之后出现了由象形文字简化而成的通俗字母；希腊人统治埃及时期（从公元前 4 世纪亚历山大征服埃及开始），又出现了一种源自希腊字母的科普特字母，与之前的通俗字母并存过很长一段时间；7 世纪以后，埃及人逐渐改说阿拉伯语，使用阿拉伯文字，科普特基督徒和犹太人日常也说阿拉伯语。

西亚一带是人类文明最早出现的地方，无论是农作物的种植、动物的驯化还是文字的发明，都比世界上其他地方出现得要早。中国位于欧亚大陆的东端。太平洋及大西洋对于古人来说，根本无法跨越。所以，截至 500 年前，人类思想与意识的交流几乎全部是在欧亚大陆上展开的。欧亚大陆各地的一些器物、农作物、思想、概念可能都是从西亚散播开来的。关于文字的发明，我们的祖先究竟是在西亚人发明了文字 2 000 多年之后独立发明了文字，还是在得知别人有文字之后，根据自己的语言创造了一套新符号，现在还没有办法考证。

河南安阳出土了很多写在甲和骨上面的文字。大约在甲骨文出现的同时，在地中海东岸，今叙利亚、黎巴嫩一带出现了另一种文字标记，那就是腓尼基字母。这里古代是腓尼基人的活动区域，腓尼基语属于闪米特语族，跟阿拉伯语和希伯来语近似，容易使用字母拼写。腓尼基字母出现后，书写文字就变得简单了，学习文字的机会也就多了。但是，中国位于东亚，和西亚之间隔有喜马拉雅山和帕米尔高原，而且汉语是单音，又有不同的音调，不容易使用字母。所以，尽管我们的祖先知道别人有字母，但仍然不便使用。

文字总要写在某种材料上，比如泥块上或石头上。要书写大量文字的话，必须要有可以大量书写的材料。埃及人很早就用纸莎草造成草纸用来书写。因为尼罗河两岸是干燥的沙漠气候，所以古代的草纸很容易保存下来，现在有不少被保存在博物馆里。泥版也容易保存，石头更容易保存。1798 年，拿破仑率军进攻埃及。这是继十字军之后，西方人再度攻入埃及。拿破仑这次出兵的重要结果体现在人类文明史上，而不是军事史上，因为他回程时在地中海被纳尔逊率领的英国舰队击败，所以法国并没有取得对埃及的真正支配权。但法国军队在尼罗河三角洲的一个小村庄里发现了罗塞塔石碑，上面刻着三种不同的文字：一种是古希腊文，一种是古埃及末期的通俗文字，还有一种是埃及各地石碑上都有的古代象形文字，但没有人认识。法国学者商博良花了 20 多年的时间把这块石头上的古埃及文字破译了出来。我们今天能够了解古埃及的历史，尤其是其断代史，就是得益于商博良的研究成果。

二战之后，在今以色列境内的死海附近发现了许多手写古卷，这是现存最早的犹太经文，大概写于 1 世纪。这些经文所用的希伯来文字大约在 4 000 年前就已经出现。

20 世纪初，有瑞典学者在内蒙古距甘肃很近的居延海（过去是一个湖）发现了许多枚汉简，这些汉简无须破译，因为汉字基本没有太大改变。从居延汉简中，我们可以了解到汉代这个地区的生活方式、生态环境以及商业贸易等情况。

丝绸是中国人发明的。古代中国就有人把文字写在丝帛上，后人称之为帛简。公元以后，西域人也在丝帛上写字。在新疆各地发现的许多摩尼教经文就是写在丝帛上的，用的是古叙利亚字母。当然，一些景教的文书也是被写在丝帛上流传至今。

我们的祖先在几千年前发明了一种制作工序很复杂的材料，称其为丝。后来，他们把这套制丝的工艺加以简化，用于制造别的纤维，便成了造纸术。从考古证据来看，5 000 年前就出现了丝，纸最早是 2 100 年前的西汉时期才出现的。从汉字的结构上其实也可以看出来这一点："纸"字是"丝"字边，因此必然是先有丝，后来才有纸。

在纸上写字很容易，成本也低，但一次只能写一张。如果有一种方法可以只制一次版，就能重复印出来许多张，这就是印刷术。雕版印刷术大概是唐朝初年出现的，具体流程是：把要印的文字和图像倒过来刻在木板上，然后抹上墨，再把纸放在上面印出来。特别是印制佛经和佛像时，这种方法被普遍使用，现存最早的印刷作品之一是武则天时期刊印的《无垢净光大陀罗尼经》，为韩国所有。

唐朝存在将近 300 年，在安史之乱以前的 150 年中，社会总体是繁荣安定的。盛唐时期，中国的领土最西达到今乌兹别克斯坦，在今新疆库车派有驻军并且有行政权。在政治上，唐代的科举制度逐渐完善。在思想上，儒、道、佛三家在唐代逐渐融合，成为主导中国人生死观和社会发展的主要元素。

早熟的社会

宋代的中国已经是一个相当成熟的社会，有非常清晰的科举考试制度，有相当多人接受了教育。当然，宋代也面临国防问题，比如党项人所建的西夏、契丹人所建的辽，还有女真人所建的金，都对宋朝廷造成威胁。但无论如何，宋代的文明和它的成熟程度在当时的世界上是领先的。唯一或许可以与之对应的是伊斯兰文明（后面会讲到）。

中华文化的一个特色是在文学和艺术的表现上讲求意境。意境这两个字在英语中没有适当的对应词。追求意境最明显也最常见的例子是山水画。当然，中国也有仕女画，不少宋代仕女画很好地反映了当时歌舞升平的场面。琴是士大夫阶层追求意境的另一种方式，它在宋代达到了非常高的水平，据说宋徽宗就画过一幅听琴图。

科举制度虽然基本淘汰了世袭的贵族阶级，但它本身对参加科举的人的家庭经济状况有相当的要求。能够中举的人除非是异常聪明或者有人帮助，否则一般都要经历十年苦读，这一般要有颇为殷实的家庭作为支撑。宋代的士大夫，无论行政能力和政绩如何，似乎都还有一套自己的内心秩序。比如范仲淹，他在《岳阳楼记》里清楚地表明了其政治哲学，“先天下之忧而忧，后天下之乐而乐”，但他的词里又有“碧云天，黄叶地……酒入愁肠，化作相思泪”这样的句子。因此，宋代的文人往往具备两个境界，一个是公的境界，一个是私的境界。欧阳修、司马光、苏轼和王安石都是这样。

宋代的哲学也很发达，比如周敦颐、程颐、程颢所揭橥的理学，张载的“为天地立心，为生民立命，为往圣继绝学，为万世开太平”。除了汉族的文化，汉族的思想甚至连汉字的结构都对周围的民族有非常大的影响。比如，西夏的党项人一方面学习汉字，推行汉化，另一方面以方块字的基本结构创造了西夏文，并用这种文字刊印儒家的典籍，如《论语》。

契丹人和女真人也使用方块字。高丽人直接使用汉字，日本人则是兼用平假名和片假名两种方块字的形式。

11世纪初，日本正处于由藤原氏家族执政的平安时代。世界上第一部由女性写作的小说，甚至可说是第一部以小说形式展现的文学作品就完成于此时。这部作品叫作《源氏物语》，“物语”就是“故事”的意思。由此看来，宋代中国对四周的文化辐射是很明显的。

意境、诗词、理学等实际上都要建基于经济生活的富裕。在物质层面，中国古代四大发明均在北宋时期取得较大发展，其中包括火药。有人曾经说，我们只用火药来做爆竹、烟火，西方人却拿它作为武器。这是一种误解，实际上，北宋时火药已被广泛用于军事领域。《宋史·兵志》中明确记载，“咸平三年八月，神卫水军队长唐福献所制火箭、火球、火蒺藜”。欧洲人之所以会知晓火药，就是因为蒙古人在与其作战时使用了火药。火药由此传到西方。

上文说到印刷术出现于唐代，宋代出现了活字版印刷，这应该说是人类文明史上的一个新纪元。汉字不是拼音文字，而是许许多多的方块字。所以活字版印刷对于汉字的好处虽然也很明显，对拼音文字却没有那么重要。对于使用字母的拼音文字来说，活字版印刷只需要若干种字母的模型就可以了，十分高效且能够节约大量成本，因此对文化传播的重要性就极为明显。

北宋时期的中国，无论在经济能力、典章制度，还是在物质创造上，都已十分成熟并且先进。

补充一点，宋代的商船已经有多个桅杆，高达四层，可以航行到遥远的阿拉伯海和波斯湾。物质文明和精神文明是共同发展的，一个社会不可能在物质不充裕的条件下创造出灿烂的精神文明。

印度文明也是古文明，它的文明圈辐射到孟加拉国、缅甸、泰国、柬埔寨、马来西亚、印度尼西亚等地区。

当代著名儒家研究者杜维明先生是我的老朋友，有一次，我们在吃饭时谈到儒家文明圈的辐射。我不知怎的脱口而出，“儒家文明圈就是筷子文明圈”，令这位正在用筷子夹菜的老友为之一怔。事实确实如此，其民众使用筷子吃饭的国度都在儒家文明圈内，受儒家思想高度影响的民族都用筷子吃饭。中国、韩国、日本、越南都是如此。虽然只是餐饮时的闲谈，但“筷子论”也说明了精神文明和物质文明是彼此联系又相互依存的。

异军突起的阿拉伯文明

遭受了来自东北方的“蛮族”连续冲击之后，5 世纪末，罗马陷落，以君士坦丁堡为首都、说希腊语的东罗马帝国继承了说拉丁语的西罗马帝国。当中国处于北宋初年的时候，生活在今天的俄罗斯土地上的斯拉夫人信奉了基督教，因此有了文字，从此进入文明状态。意大利是西罗马帝国的大本营，很早就有了高度发展的文明，但当中国处于北宋时期时，它仍处于封建割据、支离破碎的状态。那时，罗马教皇算是欧洲的权力中心，但也管不了多少事情。

当中国处于北宋初期时，西班牙和葡萄牙仍被北非来的摩尔人穆斯林统治。500 年后，西班牙和葡萄牙的天主教徒才把穆斯林和犹太人完全赶出伊比利亚半岛。当中国处于北宋时，英国和法国都还没有成为单独的国家。统治今法国西北部的诺曼底大公于 1066 年渡海征服了英格兰的东南部，成为今英国王室的始祖。

7 世纪以前，阿拉伯半岛的主要居民是一些文化落后的游牧部落，但也有不少犹太人、基督徒和阿拉伯商人定居在各片绿洲上。当波斯萨珊王朝跟东罗马帝国长期对峙时，多数阿拉伯人还处于朦胧状态。然而，鹬蚌相争，渔翁得利。阿拉伯人在 7 世纪中叶突然勃兴，打败了东罗马，征服了波斯。到 10 世纪中叶，阿拉伯－伊斯兰文明已经蓬勃发展，在多个方面超过东亚、南亚和欧洲。

622 年，唐玄奘还没有动身去印度的时候，穆罕默德率领穆斯林从麦加迁徙到麦地那，在那里建立了初始的伊斯兰政权。10 年后，当穆罕默德归真时，玄奘正在印度那烂陀的佛寺里精研佛法，伊斯兰力量在阿拉伯半岛已经颇为强大。穆罕默德的三个继承人（“哈里发”）在 30 年的时间里，不但统一了整个阿拉伯半岛，还把当时拜占庭帝国的重要领土叙利亚、巴勒斯坦、埃及、突尼斯和利比亚攻了下来，并且征服了从来没有被罗马帝国征服的波斯。穆罕默德归真不及 100 年，伊斯兰力量已经扩展成为一个前所未有的大帝国：东到印度河，西达大西洋。750 年，由于内战和政变，本来以大马士革为首都、统治这个大帝国的倭马亚家族为穆罕默德所属的阿拔斯家族所灭。在这场斗争之中，波斯人出了很大的力气，所以阿拔斯家族选择距离波斯比较近的伊拉克南部为首都，并新建了巴格达城。

11 世纪，中国的文明已然发展到相当成熟的阶段。当时的巴格达也非常发达和兴旺，是一个具备宗教、政治、商贸、文化等要素的大城市。

751 年，中国正处于盛唐末期，唐朝军队和阿拉伯军队在楚河流域的怛逻斯（今哈萨克斯坦和吉尔吉斯斯坦的边境城市）发生过一次遭遇战，唐军大败，两万人中死伤过半，几千人被俘，其中有若干会造纸的工匠。正是这一场战役把造纸术从中国传到了阿拉伯。阿拉伯人命令中国工匠在撒马尔罕建立起一间造纸作坊。造纸术于是从此一路西传，到 1150 年左右，在西班牙出现了欧洲第一家造纸坊。纸传到了伊斯兰地区和欧洲以后，大大节省了书写的成本，既有利于伊斯兰教和基督教的传播和教育的普及，又为日后欧洲的文艺复兴打下了文化和物质基础。

下面追忆一下我在大马士革的倭马亚大清真寺里的思绪。7 世纪末，大马士革被阿拉伯帝国的穆斯林占领，成为伊斯兰政权的首都。倭马亚王朝的哈里发建立了这座深具拜占庭风格的清真寺，它是世界上最早的清真寺之一。很多人误以为伊斯兰政权是游牧民族建立的，但实际上，它和中国的各朝政权相似，是由定居人口建立的。不同的是，中国的统治者重耕读、轻工商，而伊斯兰政权则很重视工商业。

地理决定历史。居于欧、亚、非三洲交界处的新兴伊斯兰政权很早就控制了三洲之间的商道，既便于收税，又容易吸收新知识。由于这个地理位置优势，阿拉伯人虽然起初并没有很高的文化水平，但吸收了大量异族文化，引进了许多外族人才。比如，波斯人在被阿拉伯帝国的穆斯林征服之后，改信了伊斯兰教，波斯人在创造新的伊斯兰文明中做出了重大贡献。阿拉伯帝国沿用了东罗马帝国的税收和管理制度，还借用了萨珊帝国的许多人事和财政制度。9 世纪初，巴格达已经建成，阿拉伯帝国的穆斯林开始了“百年翻译运动”。他们请各地的学者把希腊、罗马、波斯、印度的科学、医学、哲学等领域的著作都翻译成阿拉伯文。他们这样做的根据是先知穆罕默德在世时说过的一句话："学问虽远在中国，亦当求之。"因此，从 11 世纪起的很长一段时间内，世界上最重要的科学著作基本上都是由阿拉伯文写就的。

坐在大马士革的清真寺里，我不由想到，阿拉伯人当初是如何热切地学习外国文明，由此才能获得自己的知识和创新能力的。

阿拉伯人对被征服民族进行了伊斯兰化和阿拉伯化，只有文化悠久的波斯语民族虽然被伊斯兰化，但没有被阿拉伯化。埃及是古老的民族，在被阿拉伯人征服之前，已经先后被希腊、西罗马帝国和东罗马帝国统治，因此底气已经很弱。埃及人被阿拉伯帝国的穆斯林征服后，既接受了阿拉伯文，又被大规模伊斯兰化。由于伊斯兰法律保障犹太教徒和基督徒的宗教信仰，所以埃及的科普特基督教可以一直保存至今。开罗和科尔多瓦、巴格达一样，在 11—13 世纪时是犹太人集中的地方，因此也是重要的犹太律法中心。

逊尼派伊斯兰世界的政治和宗教中心在巴格达。阿拔斯家族统治的阿拉伯帝国存在的时间是 750—1258 年。为什么终于 1258 年呢？因为在这一年，忽必烈的弟弟旭烈兀攻下了巴格达，把拒绝献城投降的哈里发处死，终结了伊斯兰世界的中央政权。

简述一下阿拉伯文明对人类文明的贡献：近代数学、天文学、物理、化学和医学都直接受益于阿拉伯科学。

根据欧美学者的一般说法，我们今天学的代数就是阿拉伯人发明的。其实，阿拉伯数字，包括"0"的概念和符号，是从印度传到波斯，再传到阿拉伯地区的；没有"0"的符号，数学就很难运算。9 世纪时，波斯裔数学家阿尔·花剌子米用阿拉伯文写就了一本以印度－阿拉伯数字进行一次和二次方程式求解运算的代数书，他生活于当时的花剌子模国，故被称为"花剌子模人"。现代数学中的"算法"（algorithm）一词，就是源于他的拉丁名字（Algorismus），这个词现在也指计算机所赖以计算的“运算法则”。

穆斯林每天要祈祷 5 次，每年伊斯兰历九月要封斋，这都需要知道月球和地球的相对位置。所以，中世纪时，阿拉伯帝国在天文学领域绝对处于领先水平。

近代西方的“化学”（chemistry）是从欧洲中世纪的“炼金术”（alchemy）演变来的，而“alchemy”则是阿拉伯文中的炼金术“al-kimia”的音译。

医学方面，10 世纪末出生于今乌兹别克斯坦的波斯人伊本·西那（欧洲人称他为阿维森纳）用阿拉伯文写的《医典》，不只是阿拉伯文明圈的基本医学典籍，它的拉丁文译本在欧洲截至 14 世纪都是医学院的基本教科书。

哲学方面，阿拔斯王朝的学者和西班牙的摩尔人学者都曾经以阿拉伯文写作，创立了新柏拉图主义和新亚里士多德主义，并试图用这些理论解释真主的本质。此外，他们还用逻辑精研一些神学命题。事实上，欧洲中世纪末期，以托马斯·阿奎那为代表的经院哲学家就借鉴了穆斯林统治下的西班牙摩尔人伊本·路西德（西方人称他为阿威罗伊）的哲学著作。

伊斯兰世界的扩张分为几个阶段。到 11 世纪末期，伊斯兰教趋向保守，社会活力大大降低。但从领土来说，穆罕默德去世 100 年之内进入阿拉伯–伊斯兰帝国的部分，是伊斯兰文明圈的核心。从历史上看，一个地区的多数人一旦信奉了伊斯兰教，就不会再转入其他宗教势力圈。因此，尽管伊斯兰文明圈早已不再活力充沛，但还是缓慢扩张，到今天仍然如此。

印度尼西亚、马来西亚、中亚地区（包括中国新疆）都不在伊斯兰文明圈的核心地区，是阿拉伯人和波斯商人把伊斯兰教带到东南亚，是游走于草原上的苏非劝化了中亚的游牧民族。苏非是什么人呢？他们是穆斯林内部的神秘主义者，不太强调教法和哲学问题，但极为重视宗教体验。他们通过默思、冥想、音乐、舞蹈获取这种宗教体验。一个人一旦感觉到他和真主有过直接交往，这种宗教体验就会使他坚定自己的信仰，这种信仰来自鲜活的感受而不是刻板难懂的教条。在中亚草原上的突厥游牧民族信仰萨满教，本就有神灵附体的宗教体验。经过苏非的诠释和演绎，游牧民族把他们熟悉的宗教仪式依附在伊斯兰教义上，因而大批改宗伊斯兰教。在东南亚和撒哈拉以南非洲，伊斯兰教也与当地宗教或原有的部落传统有了一定程度的融合，从而使这些地区也进入伊斯兰文明圈。也就是说，新加入伊斯兰文明圈的人口先是受到苏非的影响，继而反过来影响了伊斯兰教的宗教仪轨，甚至是信仰的内涵。

举个典型的例子，土耳其于 1923 年建立共和国，在此之前是奥斯曼帝国的主体。奥斯曼帝国有近 500 年的时间是伊斯兰世界的政治、经济、文化中心，而奥斯曼人的祖先是从中亚一路西迁的突厥游牧民族。因此，土耳其和沙特阿拉伯的伊斯兰教很不一样。沙特阿拉伯人的官方信仰强调遵守古典教义，坚持宗教激进主义；土耳其人的信仰和生活习惯则要宽松得多。在土耳其社会，苏非教团虽然受过不少打击，甚至曾被取缔，但至今仍然有相当多的信众。传统上，苏非教士常用诗来表达他们的宗教热忱，而且诗中经常出现醇酒和美女。但在沙特阿拉伯，酒是被严令禁止的，苏非也是不被允许的。

阿拉伯帝国转向保守之后，锐气渐减。12 世纪，有十字军进入伊斯兰文明的心脏地带。13 世纪，蒙古人灭了阿拉伯帝国。14 世纪，十字军和蒙古人的力量逐渐离开之后，瘟疫在阿拉伯世界又夺取了许多人的性命。有一位出生于北非的阿拉伯学者，游走过很多地方，最后定居在埃及，他就是伊本·赫勒敦。他是社会学、统计学的鼻祖，因为想要了解瘟疫对社会的改变，再加上见证了王朝的更迭，于是他开始研究历史规律。他之前的历史研究者主要是记载人物和事件，没有把历史学当作一个主题来研究。中国的史官和学者一般只记载和考据历史事件，而不研究历史发展的规律。赫勒敦的《历史绪论》开拓了宏观历史的研究。20 世纪的英国历史学家汤因比对他极为称赞，并且受到他相当大的影响，倾向于一种循环的、较为悲观的历史观。

影响世界的文明

我们刚才讲了一个早熟的文明和一个异军突起的文明。现在，我们要讲一下大家比较熟悉的欧洲基督教文明。

但丁出生于意大利佛罗伦萨的一个已然式微但仍算富裕的封建家族，当时正值意大利封建主趋于没落，通过对外经商获取厚利的工商阶层日益昌盛的新旧交接的时代。基于自己的教育和文化背景、社会体验和观察能力，再加上文学天分，但丁写出了不朽之作《神曲》，吹响了欧洲文艺复兴的号角。《神曲》里对地狱、炼狱和天堂以及某些人的遭遇的描述，实在是活灵活现，令人钦佩。一些读者可能会以为书中的情节都是出自但丁的想象，但熟悉《古兰经》和伊斯兰文化传统的人很容易就能看出来，《神曲》里很多情节明显受到《古兰经》和伊斯兰文化的启发。这并不奇怪，因为 12—13 世纪正是意大利和西班牙、北非以及中东各地的穆斯林大量交往的时代，许多阿拉伯文书籍都是这时被翻译成拉丁文的。但丁受到伊斯兰文化的影响而有这样的灵感来源，可谓十分正常。

达·芬奇是文艺复兴高峰期的巨匠，他的名画《蒙娜丽莎》现在在中国几乎是家喻户晓。他也是第一个研究生物力学的人。看达·芬奇对人体的素描就可以知道，文艺复兴给欧洲人带来了新的自觉与信心。

这里我要稍微回到中国北宋时期，新的冶铁技术传入欧洲，犁的硬度得到加强，可以实现深耕。10—11 世纪，由于铁犁的出现，欧洲很大一片新农地被开发了出来，农业产量大大提高，人口也因此增加。尽管 14 世纪暴发的黑死病使欧洲人口减少，但不久之后，人口便已恢复并且持续增加，同时一般平民的生活也有所改善。这使人们对自己抱有信心，开始孕育出人本主义的思想。

文艺复兴开始让人们意识到自己的理性。欧洲人虽然仍然相信上帝，但已经认识到理性在人的生命中发挥着重要作用，因此对教皇就不再一味盲从。连续几任教皇都要在梵蒂冈修建富丽堂皇的大教堂，他们为了筹集经费而在各地出售赎罪券，声称可以保证购买者上天堂。但是，许多教徒不再相信这一套说辞，不把教皇有关这方面的“圣谕”（等于天主 / 上帝的训示）当作宗教信仰的一部分。离教皇比较远的教徒，比如日耳曼的王公们以及和他们有联系的教士，就公然议论赎罪券的是与非。马丁 · 路德掀起了一场宗教革命，把天主教加以净化和改造，使其从一个崇拜许多偶像、仪式中充满繁文缛节且以教皇为中心的罗马天主教会（即西欧基督教的“旧教”），变成一个注重上帝权威、反对偶像崇拜、每个信徒都可以自由阅读《圣经》、各地教会自治的“新教”（欧美人一般称之为“Protestant Church”，即“抗议者的教会”；在中国，一般人把“新教”称为“基督教”，而天主教信徒则常把它叫作“誓反教”）。最早支持马丁 · 路德的是莱茵河以北的王公们。这一地理上的划分非常重要：罗马帝国的力量一直在莱茵河以南，为了防止日耳曼人入侵，罗马帝国在莱茵河附近修建了长城，一部分到今天还存在。罗马帝国控制不到的地方，中世纪的罗马天主教会也无法完全控制。所以，到 16 世纪，挪威、瑞典、丹麦和德国北部最早脱离天主教会，建立起新教的路德宗。从基督教、伊斯兰教和佛教的发展历史来看，宗教势力的分界线和政治疆域的分界线是绝对有关系的。瑞士法语区有一名教士名叫加尔文，他的神学主张更加简单。后来英国所谓的“清教徒”主要是遵从他的宗教学说，其中一部分人去了北美洲，建立了美国的清教徒传统。尽管他们坚信上帝，但他们也相信自己的努力，并且主张勤劳、节俭。

在欧洲的宗教改革运动中，以及后来持续了 150 年左右的新旧教抗衡中，神圣罗马帝国皇帝当然不赞成新教。在神圣罗马帝国皇帝统辖下的奥地利、西班牙和意大利的王公也大都坚决反对宗教改革。因此，这三个地区今天仍然是天主教的核心地区。

超稳定结构

什么是超稳定结构呢？我想很多人都会有一种感知，但很难用语言清楚地表达出来。其实我也讲不清楚，但我想在这里举三个例子。

第一个例子讲的是，明朝晚期，天主教教士利玛窦奉派到中国来传教。他起初认为中国是一个佛教盛行的国家，所以剃了光头，挂着佛珠，把自己装扮成佛教僧人的样子，想借僧人的身份接近中国社会。后来他发现，中国社会里一般人并不看重僧人，而看重儒者，所以他戴上他自己设计的儒冠，学习儒学经典，自称西儒。这样一来，他果真受到了广东和江苏官绅的重视，最后还到了北京，劝化了不少士人信奉天主教。通过在中国 20 多年的为学和传教经验，他做出了对中国的天主教徒的“特别照顾”：他称自己所信仰的“天主”就是中国古籍中的“上帝”，所以中国人只要能重新认识古已有之的上帝就可以了；他还同意中国的天主教徒祭拜祖先和孔子，认为这是对古人的崇敬，而不是对异教神的崇拜。从利玛窦的经验来看，西方教会可以到中国自由传教，但要想做出成绩就不能违背中国社会的传统。

第二个例子讲的是李贽，他和利玛窦是同时代的人，有人认为他是穆斯林，至少他是一个反对礼教的士大夫。他觉得，人趋利避害、自利是正常的事情，理学家所说的“遏人欲而存天理”不是虚伪，就是陈义过高。但他终不为其他士大夫所容，也不见容于皇帝，最后被送进监狱，自杀身亡。

第三个例子讲的是，伊斯兰文明最初进入中国时，中国皇室没有干预，但在中国思维方式的影响下，穆斯林对伊斯兰教的阐述不得不为迁就中华文化道统而有所变化，因为只有这样才能在中国社会中扎根。

就在李贽出生的第二年，即 1528 年，山东济南南大寺的掌教阿訇陈思（一位精研儒学的伊斯兰学者，兼通汉语和阿拉伯文）为南大寺写了一篇铭文，叫作《来复铭》。从铭文中可以看出，伊斯兰教的教义已经和儒家文化相互渗透、相互融合了——“无极太极，两仪五行；元于无声，始于无形……繇太虚，有天之名；繇气化，有道之名；合虚与气，有性之名；合性与知觉，有心之名。存心与性，以事其天；慎修厥身，以俟此命；主敬穷理，以养此性……不尔，天顾畀之，人顾弃之，其将何以复帝者之命？”这些文字现在仍然留在济南南大寺的大殿前。这篇铭文完全没有放弃“信主独一”的基本教义，但它所用的词汇和说理方式则是来自宋明理学。

以上三个例子也许可以说明什么是超稳定结构。

还有一种说法是，中国人口密度太大，可耕地很少，人与人之间的距离非常近，所以必须要考虑到人际关系，不可能逃离人际关系网。我坐飞机时曾有过这样的感悟：从美国的农业区上空看，大概每两千米才会见到一户人家，每户都附有独立的谷仓；从中国的农业区上空看，不到一千米就会见到一个村落，每个村落都有成群的农舍。在这一点上，美国的确是得天独厚，欧洲都达不到这样的条件。按照欧洲传统，土地不可以自由买卖，因为土地属于贵族，而贵族实行的是长子继承制，所以庄园还是比较大的。按照中国的习俗，所有兄弟都可以分家产，所以田产越来越小，基本上没有大地主。在中国，大家都是聚居在一起的小农，邻居很多，其中不少还是亲戚。这样说来，中美两国的人际网络和亲属关系绝对是不一样的。即使今天中国已经走上了工业化道路，子女和晚辈尊敬和听从父母和长辈的传统仍没有消失。这里讲一段我曾在香港听到的对话。在电梯里，两个明显是从内地来的中年女性在谈话。一个问：“孩子多大了？”另一个答：“26 了。”前者又问：“快抱孙子了吧？”后者再回答：“我不许他成家！ 30 岁之前我不让他结婚。”这样的对话在美国是绝对听不到的。这可能是因为中国现代子女的生活条件、经济要素都掌握在父母手里，所以传统的人伦关系必然仍在起作用。在中国，家人之间的相互依赖性要比欧美各国强多了。

那么，这个超稳定结构到底源自哪里呢？我想再讲一个故事。我刚去美国的时候学会玩一个游戏，名叫“Monopoly”，意为“垄断”，在中国被翻译为“大富翁”。这个游戏和我在台湾时知道的《升官图》游戏有很相似的地方，都是靠骰子或陀螺来定胜负。《升官图》的起点是白丁，《大富翁》的起点是赤贫。《升官图》的奖励是取得功名官职，一级一级地往上升，路线可以是德行、能力，也可以是贿赂。《大富翁》的奖励是现金、股票、房地产，明显体现了资本主义的运行。《升官图》在明代、清代、民国时代一直很流行，听说现在有人把它改成了电脑游戏。

依我看，中国在宋代以来形成超稳定结构的主要原因是，科举制度下的功名利禄使士大夫成为官僚阶级，独占权力，掌握各种资源。一个士大夫无论在宦海里是浮是沉，他的子弟一定还是走读书求功名之路。而不靠功名赚了大钱的商人，也会让子弟做读书人，以便考得功名后可以傲视乡里，光耀门楣，保护家产。商人不把赚来的钱投资在工商业上，而是去买田产，参加农业社会的再循环。在这种情况下，社会容易保持稳定，但对于社会发展来说就是另外一回事了。

西学东渐

利玛窦出身欧洲贵族之家，受过16世纪时欧洲最好的教育，所以他既会修辞学，又会逻辑学，既熟悉欧几里得的几何学，又通晓亚里士多德的哲学，还会绘制地图，是他首先把欧洲300年间累积的知识介绍给中国士人。比如，他的挚友徐光启就惊讶地发现，原来中国文化中缺少细致的分析，只长于综合概述原则性的东西。在我看来，几何学不只是让我们对于事物的形态有所了解，还会训练我们对事物进行逻辑思考。物理学中，除了对时间和状态的描述，空间的概念也很重要。比如，要研究雾霾的扩散与移动，如果没有对时间、空间和浓度这三维的描述，只说今晚雾霾重，或是某地雾霾重，都是不够的。有人说吃木耳可以降低胆固醇，但一天要吃多少木耳才能有效降低胆固醇，吃多少木耳会引起副作用？中国传统文化里不重视科学的方法论，缺少逻辑分析和量化的手段，徐光启对这个现象可能有所感悟。过了 200 年，甚至连皇帝也知道了，如果不按照西方人的方法造船和炮，船就不坚，炮就不利。

到 19 世纪末，中国人对于生物学的了解猛进了一步，这要部分归因于达尔文的《进化论》。

赫胥黎比达尔文更加勇猛，达尔文还有一些乡绅的味道，只是提出自己的想法，不愿意和别人发生直接冲突。赫胥黎就不同，有一次，他在皇家生物学会的年会上碰见英国国教的主教，主教当然是反对进化论的——当时英国国教从《圣经》中推测上帝造人是在 4 000 多年前，根本不承认有进化这一说。于是，主教就调侃赫胥黎：我听说你和猿猴是亲戚呀。赫胥黎当场就回击说：假如让我选择的话，我宁愿猿猴是我的亲戚，也不愿选择明明没有知识还以绅士自居的主教。严复所翻译的《天演论》的作者就是赫胥黎。

《易经》与微电子

有中国人说，《易经》是原子物理的祖先，因为《易经》中说，“天行健，君子以自强不息”，也就是说，天下的物体都在运动。电子绕着原子核转，行星绕着太阳转，宇宙间的物质都处在运动状态，这就是“天行健”，而《易经》里很早就已经指出了这一点。且不说这样的诠释有没有意义，反正人们必须对电子的运动轨迹和能量有所了解，才有可能发明和制造出今天的各种微电子产品。

牛顿和莱布尼茨大致同时发明了微积分，他们之间曾经为了这个课题通过信，但没有见过面，各自发表的论文也没有给对方先看过。究竟是谁先发明了微积分已经不很重要了。近 300 年来，大部分的科学探讨和工程计算都是在微积分这个数学基础上进行的。能拿到其中一半的功劳已经称得上是近代科学的巨人了。从实用角度看，莱布尼茨所创立的微积分符号非常简单易用，因此更为有效。就是说，对一个函数（f）进行微分（df / dx）之后，再进行积分（∫），就又回到了那个函数本身，用公式表示就是：$\int(df/dx)\,dx = f$。出于这一点，我认为莱布尼茨对于微积分的推广的贡献比牛顿要大。

为什么要提莱布尼茨呢？因为莱布尼茨曾经在巴黎住过几年，有机会接触到一些到过中国的耶稣会士。有个耶稣会士告诉他，中国的《易经》以阴和阳为基础，可以演绎出八卦，由此可以解释许多自然现象。这可能启发了他的思考。为什么数目一定要十进位？原始人用 10 个手指来计数，这很自然。但是，假如不用手指，该怎么计数呢？莱布尼茨认为，可以以 0 和 1（或是阴和阳）为基数来计算。这就是他出于兴趣而建立的二进制数学：0+1=1，1+1=10，10+1=11，11+1=100，100+1=101，101+1=110，110+1=111，111+1=1000……可以说，莱布尼茨的二进制数学和《易经》是有联系的。如果我们用二进制数学对事物做数字化描述，并且进行计算的话，我们就要使用一长串的 0 和 1。

通过量子物理学和固态物理学，我们知道自然界中有一些元素在某种状态下能导电，在其他状态下不导电，这就是半导体。我们可以把导电的状态用 1 表示，把不导电的状态用 0 表示。假如我们把一长串半导体组件用电路连接在一起，使它们按照二进制运算法则所要求的一长串 1 和 0 来导电或者不导电，并利用这些半导体来做数字化信息的运算和储存，这就是微电子工程的基本任务。这项创新是从美国的斯坦福大学开始的，所以硅谷就在斯坦福大学附近。

和莱布尼茨同时期，存在两位皇帝，他们执政的时期基本相同，虽然互相知悉，但从没有过来往。一位是法国的路易十四，另一位是中国的康熙。路易十四的后人在 1793 年被处死，但之后的法国成了一个殖民帝国，到今天还有一些殖民地，并且仍然称得上是富而强的国家；康熙的后人在 1911 年被迫逊位，但活了下来，我们现在正在讨论没有皇帝的中国的发展前途。

在讨论这个问题之前，我想暂时换个话题。我在 1985 年一度想要学习新的计算机语言 C，因为早期的计算机语言 Fortran 我是会的，自认为还有些基础，我的博士论文中的计算就是用 Fortran IV 写的程序。当时，我用的电脑是 CDC3600。其中，“CDC”是电脑公司 Control Data Corporation 的缩写；“3600”指的是这台电脑的记忆储存量竟然有 36K 这么大！我想学C语言的时候刚在南加利福尼亚担任系主任，时间不够，没有学会。不久之后，大家发现这个 C 语言不怎么好用，就有人把它改进了，称之为“C++”。之后不久，我到香港科技大学担任工学院院长，开办工学院，最早成立的两个系就是计算机系和电子工程系。万事开头难，由于当时杂事太多，我始终没有学成 C++，但对它一直心向往之。

C++ 工程

我在 1998 年所做的同一题目的演讲中，提出了“C++ 工程”这个说法。其中，“C”代表“Chinese Culture”，即中华文化。就像电脑语言一般，原始的“C”不行，必须要变成“C++”才管用。但是，要创造新时代的中华文化，必须而且只能以传统的中华文化为基础，所以“C”是基础。第一个“+”的意思是，我们必须对中国的历史与文化进行反思，以便有所增益。第二个“+”则是指我们要胸襟开阔，具备现代的国际视野，吸收新养分，促进新文化。

什么是传统的中华文化呢？研究中华文化的专家已经有很多，我在此讨论这个大问题未免觉得很忐忑，但又觉得不能不讲。

我觉得中华文化的一个特质是内敛，个人的才华、感情、意图不尽显于外；另一个特质是中庸，对别人包容，不把人逼到墙角，想法、做事尽量追求平衡，不走极端。这些是中国人的普遍特质。但在这样的情况下，就难以找出敢为天下先的人，很难找出非要证明自己是对的才肯罢休的人。这种内敛和中庸使人们在政治和社会生活中有很多优势，但在以追求真理为基本目的的科学上，恐怕就使人少了些执着。在这样的文化环境里，能不能够培育出牛顿、莱布尼茨、达尔文、赫胥黎这样的人物就很难说了。

谈到中华文化，不可忽略的一点就是汉字。汉语是单音，汉字是方块字，这在世界上是独一无二的。汉字的使用范围很广，是世界上仍在使用的文字中历史最悠久的。王羲之于 1 600 多年前书写的《兰亭集序》，今天的中国小学生都可以认出大半来。说汉字是世界上连续保存时间最长的文字，汉语是世界上最多人使用的语言，应该毫无争议。关于汉字，我想到一副对联："寄寓客家牢守寒窗空寂寞，远避迷途退还莲迳返逍遥。"上联每个字都是宝盖头，说的是林黛玉；下联每个字都是走之底，说的是贾宝玉。哪种文字可以做到这一点呢？可在 20 世纪 20 年代，连鲁迅都赞成将汉字拉丁化。今天反而不会再有人主张废除汉字了，为什么呢？答案就在绕着原子核转的电子。

相比拼音文字，汉字很难记，而且以前汉字的排版和印刷非常复杂，所以书籍出版难，识文断字的人也不多，知识传播得非常慢，从而影响到全民的文化水平。但是，人们在记忆汉字时能同时开发大脑中的图像记忆和声音记忆两个功能。所以汉字有利有弊，弊端是要花大量时间去记忆，好处是记忆汉字会使大脑受到不同的刺激，从而使其更为发达。如果一个人在听觉方面失灵了，还能用图像记忆来识字；如果大脑图像识别的部位受到了损伤，还可以用听觉识别语言。

量子物理学使我们能认识微观世界，因而得以利用半导体发明微型电子计算机。现在，人们用计算机打字，用计算机指挥激光排版和印刷。从速度和精准度来看，目前汉字的处理已经不输于其他任何语言。所以，中华文化在 21 世纪要和其他文化比拼的不是语言和文字本身，而是科学技术和其他方面的创新。

且看今日之域中

2006 年，我在《北京大学学报》上发表了一篇文章，大意是说：我们只做世界工厂是不行的，一定要开发我们这么多人的脑力和创造力，力争做出更多、更重要的原始贡献。

我在文中提到，东亚文明面临一项新挑战，那就是东亚文明讲究秩序，讲究社会伦理，这在鼓励科技创新上可能会带来消极影响。东亚文明还一向强调要服从集体，服从长辈，服从上级。在这样的情况下，不容易出现像乔布斯这样的人。我在担任香港城市大学校长的任期内，向香港政府提议设立一个全新的创意媒体学院，并获得政府的同意。通过几年的努力，经费和土地均已到位，大楼已经建成，并且已经投入使用。我现在担心的是，香港政府花了这么多土地和财政资源，30 年之后会不会实现我当初的设想——人才辈出，用新媒体振兴中华文化？我想，这要看中华文化的 C++ 工程进行得怎么样。

我在美国西北大学读博士的时候，常接触到当时的美国西北大学人类学系主任许烺光教授。他著有《美国人与中国人》一书，比较中国和美国的社会文化。那本书里有一些内容我未必赞同，但在这里，我想把书中第十四章的观点介绍给大家。那一章的题目是“中国人的弱点”，提到传统对于中国人的束缚，认为中国人一般只有反抗而缺少更新的意识，所以往往是换天子不换制度。他还认为，中国人缺乏科学和音乐。这里我也想说一下音乐。汉族人常说某个民族天生“能歌善舞”，意思是他们比较放得开，不那么羞赧和拘束。在许多汉族人的心目中，这句话可以适用于中国大多数的少数民族，也可以适用于许多其他国家的人。其实，这反过来可以说明，世界上恐怕只有汉族不“能歌善舞”。大概是因为受礼教的束缚，尤其是近几百年来良家妇女要裹小脚，她们怎么可能善舞呢？100多年前，还是外国传教士开始反对缠足，后来受西方影响的中国人也开始反对缠足。虽然很多中国女性都觉得缠足非常痛苦，但一开始好像没有人愿意触碰这个问题，可能大家都太不想打破现状了。

无论如何，我很想致力于促进中华文化的复兴。我想要促进的中华文化是现代的、发展中的、包含不同发展元素的新文化，这样的文化既不是孔孟文化的再现，也不单是汉唐文化的复兴。我们要尊敬先人的成就，但更应该注重今人的处境；我们以本民族的文化为荣，但也应该借鉴其他民族的优秀文化；我们的立足点是今天，我们的着眼点是未来。

本章的题目是“从活字版到万维网”。当今的万维网上已经到处都能见到汉字了，汉字在万维网上的重要性应该仅次于英文。万维网就好似高速公路网，汉字的万维网网站就如同给认识汉字者的专车。这个公路网不是由中国人发明的，也不是根据中国人的技术建造的，只有公路上的一些车是中国人造的，而且不少还是按照别人的图纸造的。

现在，互联网的域名分类是美国人倡议的，并且主要由美国的服务器管理。有了新知识、新技能，中华民族已经具备了振兴的必要条件，但要敢于和善于创新才算是具备了充分条件。什么时候中国人能创造出比万维网更好的东西，像“四大发明”一样，真正对全世界的文明产生重要影响，领时代之风骚，让全世界的域名分类进入一个新的境界，这才是中华文化复兴之时。“且看今日之域中，竟是谁家天下？”30年、50年之后将见分晓。

第 2 章

且说美索不达米亚

2013 年春节过后，我去香港历史博物馆看了《探本溯源：美索不达米亚古文明展》。看一次不够，我还去了第二次。这个展览的内容既有概括性，又突出重点；实物和虚拟展示配合巧妙，文字与语音解说各显功能。尽管两次都是人潮涌动，我还是多次向友人推荐。

同年 4 月，我在北京大学讲授“文明的地图：回顾与展望”，自然也触及美索不达米亚文明。有学生问我：美索不达米亚文明如此早熟，何以这个辉煌文明的传人——今天的伊拉克人和叙利亚人却生活在战乱和苦难中？对美索不达米亚文明感兴趣的读者可能也会有同样的疑问。

文明的摇篮

大部分科学家都认同，经过几亿年的生物进化，能够直立行走并能使用工具的“能人”于 250 万年前在非洲出现，后来散布到中东、东南亚和东亚。“现代人”（骨骼和脑容量与我们已经没有区别）于大约 30 万年前出现在非洲，现代智人出现在距今 10 万~5 万年前，并于大约 10 万年前走出非洲，先到中东，之后在世界各地繁衍。

约 1 万年前，居住在底格里斯河与幼发拉底河中下游地区（即美索不达米亚）的一些人开始畜养动物和种植作物，以代替狩猎和采集果实。这是人类有意识地改造自己环境的开始，也是文明的起源。

从农业生产开始出现到今天，人类生活的改变依靠的是社会进化而非生物进化。文明的发展很不均衡：各地生产方式、社会组织和意识形态相差极大。一般而言，地理环境是决定性因素。

一万年前（甚至是 10 万年前）的人和今天的人应该没有智力上的区别。今天生活在城市里属于后工业化社会的人和生活在丛林里属于氏族社会的人，更是没有任何智力上的分别。

美索不达米亚的苏美尔人、阿卡德人和亚述人创造了令人赞叹的物质文明和精神文明。苏美尔人首先用手转轮制造了陶器，接着又发明了车轮。他们建造了全世界最早的一批城邦，首先从崇拜自然现象转变为尊奉具有人的行为方式的神祇。建立古巴比伦王国的阿卡德人长于天文和数学，在 4 800 年前就会使用乘法表和除法表，并且会求平方根、立方根；他们使用 60 进制，将一天分为两个 12 小时，将每小时分为 60 分钟。亚述人用战车征服了巴比伦，建立了广袤的帝国，修建了华丽的王宫，创作了非凡的史诗，并且发展了医学。

古代文明的传人

这些古代文明的传人绝对不只是今天的伊拉克人和叙利亚人，也不限于中东地区和地中海地区，其实也应该包括中国人。中国的小麦和战车就是从美索不达米亚传入的，古代中国的天文学明显受到巴比伦人的启发和影响。

在这次展览中，有几个圆柱形滚印的图案十分精致生动。我在位于新德里的印度国家博物馆看到的印度河流域出土的圆柱形滚印也很精致。这样相似的圆柱形滚印不太可能是某个文明独立的发明，而应该是美索不达米亚文明和印度河流域文明早期往来的明证。许多事例都说明，即使在交通不发达的古代，古老的文明之间还是有相当多的借鉴。

美索不达米亚从公元前 6 世纪开始，先后被波斯人、希腊人和罗马人统治；公元前 2 世纪到 7 世纪又先后被波斯帝国帕提亚王朝（中国称之为安息）、萨珊王朝统治。7 世纪，阿拉伯人占领了这一地区。此后 500 年间，美索不达米亚成为昌盛的伊斯兰文明的政治和文化中心——阿拔斯王朝于 8 世纪末在距古巴比伦城不远之处新建巴格达为首都。12—15 世纪，源自蒙古高原的塞尔柱突厥人建立的帝国、蒙古人建立的伊儿汗国和由突厥化的蒙古人在中亚所建的帖木儿帝国先后统治美索不达米亚。由 16 世纪前半期开始，叙利亚和伊拉克属于（由塞尔柱突厥人的支系所建立的）奥斯曼帝国。

大英帝国的复杂角色

英国自从取得在印度的支配权之后，就开始觊觎奥斯曼帝国在中东的领土，包括美索不达米亚、波斯湾西部和巴勒斯坦。这一时期，大量英国人出现在中东地区，有外交官、军人、商人和学者。前三个群体是殖民主义者，目的是获取利益；后一群体是为了获取知识，但受到前三个群体的保护和支持，因而享有便利。

英国成为一个殖民帝国并非偶然。从 18 世纪开始，英国政府经常能够洞悉并且影响世界各地的局势，这当然得力于英国学者和官员对世界各地情况的精心研究。300 年来，英国人才辈出。牛顿、法拉第、达尔文这些科学巨人自不必说，亚当·斯密、约翰·斯图亚特·穆勒和凯恩斯的思想影响了全世界，英国的“东方学家”们也对早期文明的认识和保存做出了卓越的贡献。

英国考古学者对美索不达米亚的研究取得了非常重要的成就，尤其是对不同楔形文字的破译和对亚述古城尼姆鲁德的挖掘。当然，英国学者把挖掘到的珍品，包括巨大的雕像和城墙，都运回了大英博物馆。

19 世纪后半期，维多利亚女王时代的大英帝国被称为“日不落帝国”，说她是当时全世界地位最显赫的人，一点儿也不为过。尽管维多利亚女王拥有从印度"没收"来的世界最著名的光之山大钻石，但她也不禁要羡慕曾和她一起进餐的莱亚德夫人所佩戴的首饰。那是用11颗古代美索不达米亚的圆柱形滚印和4颗方印章串成的一条项链，配上用圆柱形滚印镶成的一对耳环和一只手镯。莱亚德夫人是主持挖掘亚述古城尼姆鲁德的莱亚德爵士的妻子。

一战时，英国和法国协议瓜分奥斯曼帝国在中东的领土。战后，英国按计划托管伊拉克和巴勒斯坦，法国托管叙利亚和黎巴嫩。法国把叙利亚南部的几个逊尼派穆斯林地区划归黎巴嫩，并把扩大了的黎巴嫩改建成一个共和国，这引起被托管的叙利亚王国的不满。英国则把刚发现石油的科威特从伊拉克分出去，成为自己的保护国，又从巴勒斯坦中分出来一个外约旦酋长国（即今约旦王国的前身）。此外，托管国还把受奥斯曼帝国委任管理伊斯兰教圣地麦加的哈希姆家族——先知穆罕默德的家族的两兄弟分别被任命为伊拉克国王和外约旦的埃米尔[①]。

英法两国都使用了分而治之的手段——提拔少数教派，并使他们帮助统治多数教派。二战后，英法结束了在中东的统治。但在这个地区，叙利亚与黎巴嫩的矛盾、伊拉克与科威特的矛盾，还有几十年来黎巴嫩、叙利亚和伊拉克境内民族和教派的冲突，都可以溯源到英法两国托管时期。

从保存人类文明记录的角度看，英国在托管时期也发挥了一定的积极作用。1933—1934年，英国考古学者开掘了美索不达米亚的许多古迹。英国政府和被托管的伊拉克王国达成协议，英国可以据有考古新发现的一半。由于双方在学识和国力上的差距，精品自然都去了英国。留在伊拉克的那一半考古实物也被英国学者用当时最好的技术复制了一份，对日后研究古代美索不达米亚起到了很重要的作用。

① 埃米尔是伊斯兰教国家对上层统治者、王公、军事长官的称号，源自阿拉伯语，意为统帅、长官。——编者注

伊拉克和叙利亚的今日

伊拉克人和叙利亚人对古代美索不达米亚的文明十分自豪，但他们在血缘上和文化上都不是古代美索不达米亚居民的直系后裔。今天的伊拉克和叙利亚人生活在苦难中，给他们带来苦难的因素包括一战后的殖民主义、二战后的整个中东局势和近几十年来其国内的政治纷争。

2003 年 3 月，美国发动伊拉克战争。巴格达被攻陷后不久，有组织的外国人员进入伊拉克国家博物馆，盗取了几乎全部珍贵藏品。好在有一部分被盗的藏品的复制件被保存在大英博物馆。许多古迹在战争中被毁灭或严重破坏。逊尼派和什叶派的矛盾在战后愈加凸显，由什叶派把持的新政府依然起不到团结人心（尤其是库尔德人）的作用。

2011 年 3 月，叙利亚开始出现反政府的示威行动。两年后，由占叙利亚人口多数的逊尼派组成的反政府武装在外国势力的支持下越来越强，由只占全国人口 12% 的阿拉维派（什叶派中的一个小流派）所主导的叙利亚政府，即使能够保住权威，也已经很难重振威势。经过复杂而艰辛的外交与军事对抗，叙利亚政府在俄罗斯和伊朗的支援下，目前处于胜利者的位置。但是，无论现政府能否领导国民重建叙利亚，等待叙利亚人民的都将会是一段很长的痛苦岁月。我参观过大马士革博物馆里保存的丰富且精致的展品。不知道等待它们的将会是怎样的命运。

第3章

我看大中东

“大中东”（我将其定义为欧、亚、非交界处附近的地区）是人类文明最早出现的地区，是世界历史上不同文明冲突与交融最为显著的地区，也是近年来世界各种矛盾集中表现的地区。

当今的成年人，即使平时不关心时事，也不可能不知道“阿拉伯之春”：突尼斯政权更迭，埃及动乱及政权一再反复，卡扎菲被处死后利比亚分裂，叙利亚内战造成近千万人死伤及逃难，也门分裂又遭沙特阿拉伯轰炸，伊拉克的库尔德地区与逊尼铁三角地区让巴格达政府政令难行，索马里不时发生恐怖爆炸，等等。此外还有非洲之角的埃塞俄比亚与厄立特里亚建交、土耳其出兵干预利比亚内战、美国暗杀伊朗高级军官、伊朗击落乌克兰客机等新闻。各国的政局都不稳定，百姓的生活完全没有改善。

何为大中东

这些事实让我们不免把目光聚焦到大中东。“中东”这个词是西欧人发明的，他们向东去探索比较有兴趣的地方，称近一点的地方为近东，称远一点的地方为中东，再远的地方就是远东。地球是圆的，所以这是欧洲中心主义的表现。在西欧人的眼中，中国、日本都在远东。当然，古代华夏民族也把自己所在的地方叫作中国，称新疆以及其西为西域，称日本为东瀛。其实，“中东”这个词的历史并不久远，最早是一些“东方学”研究者使用的，至今也不过 100 年左右。

传统的中东地区包括埃及、以色列、巴勒斯坦、约旦、黎巴嫩、叙利亚、伊拉克、沙特阿拉伯、也门、阿曼、阿联酋、卡塔尔、巴林、科威特、伊朗、土耳其，共 16 国。但“大中东”的概念要更宽泛。比如，从北非一直到摩洛哥地区的民众都是说阿拉伯语，主要信仰伊斯兰教，文化上是相近的，所以我也把这些地区归为“大中东”。从部分欧洲人，比如从法国人的角度看，这一区域在西南方向，再怎么也不属于东边。

当中东发生变动的时候，其外缘地区是不可能置身事外的。比如，一旦突尼斯和利比亚发生冲突，马耳他一定受到波及，虽然其国民大多数是天主教徒。塞浦路斯有 60% 的人口是说希腊语的东正教徒，我也把它归入“大中东”。还有希腊，希腊是欧洲文明和整个西方文明的发源地，但因为地理位置和历史上的渊源，它跟土耳其以及埃及的命运是很难分割的。当年奥斯曼帝国统治希腊的时候，周边就是巴尔干半岛，比如塞尔维亚、阿尔巴尼亚等地方，所以希腊不可能彻底脱离奥斯曼世界。还有介于奥斯曼帝国和波斯帝国之间，历来受它们影响的、属于东方世界的三个国家：亚美尼亚、格鲁吉亚和阿塞拜疆。

因此，这里谈论的“大中东”不仅包括传统中东地区 16 国，还包括中东外缘地区，具体包括利比亚、突尼斯、阿尔及利亚、摩洛哥、埃塞俄比亚、厄立特里亚、吉布提、索马里、苏丹、希腊、塞浦路斯、马耳他、亚美尼亚、格鲁吉亚、阿塞拜疆共 15 个国家。

这样，“大中东”一共包括 31 个国家，其中 23 个国家人口的主要构成是穆斯林，有 20 个国家的主要语言是阿拉伯语。因此，说阿拉伯语、信奉伊斯兰教是“大中东”地区民众的主要特征。

但是，“大中东”之所以具有纷繁复杂的文化景象，就是因为有些国家不仅具有这样的特征。比如，最近 70 多年来，以色列建国，这一由犹太人重新建立起国家带来“大中东”在历史、政治层面的新突破。还有几个国家的民众以信仰基督教为主。埃塞俄比亚和亚美尼亚的基督教会建立的时间都比罗马教会要早。

“大中东”地区的特点就是，在几乎每个国家都有不同的宗教、民族、部落、阶级、语言、地域以及国家认同，因此几乎每个中东人都有多重身份。在一般中国人看来，这是非常不容易理解的。中国 95% 的人口是汉族，汉族之间只有方言的不同，并没有宗教、民族、文字及文化背景的不同，所以中华民族（主要是汉族）的同质性非常高。法兰西民族和德意志民族的同质性也很高，日本、韩国也是这样的。所以，我们往往很难理解这些“大中东”国家中每个人都有不同的身份认同，要把它作为研究对象也是非常困难的。

用历史解读硝烟

“大中东”是人类文明最早出现的地区，是历史上不同文明之间冲突与交融最为显著的地区，也是当今世界各种矛盾集中表现的地区。

从古代到近代，比较强大的帝国都曾经在这里建立商道，并且征收赋税。在 2 500 年前，大流士在距离波斯湾东岸不远的地方修建了波斯帝国的王宫。公元前 330 年，亚历山大大帝攻陷波斯帝国，然后继续征战到印度河边上。统治埃及的希腊人——托勒密家族的最后一个传人，也是埃及人的最后一任王后克娄巴特拉，嫁给了罗马大将安东尼，但仍然没有避免亡国的命运。此时在东方的是波斯帝国帕提亚王朝，领土一直延伸到今伊拉克、叙利亚。

波斯帝国帕提亚王朝直接面对的是统治巴勒斯坦和和小亚细亚的罗马。4 世纪，罗马皇帝君士坦丁在帝国东部建设了一个新首都——君士坦丁堡，也就是伊斯坦布尔。它在古希腊时代是一个被叫作拜占庭的小村。因此，西罗马帝国被北方蛮族灭亡后，东罗马帝国就被后来的历史学家称为拜占庭帝国。此时东方是波斯帝国萨珊王朝，双方争斗了两三百年，结果两败俱伤。

相对而言，中东地区崛起比较晚的是阿拉伯民族，他们借助伊斯兰教的力量，很快消灭了波斯、埃及这些古老国家。后来，从蒙古高原一带兴起的突厥人慢慢向西迁移到波斯地区，建立了塞尔柱王朝，之后又占领了东罗马帝国的地方。这引起了西欧的惊慌，从而使一部分基督徒开始了十字军东征。

塞尔柱王朝后来被蒙古人打败。13—14 世纪是亚洲大陆交通最为通畅的时代，从亚德里亚海东岸直到朝鲜半岛都是相通的。在没有世界性海运之前，陆上交通是极为发达的。

近代统治这一地区的是奥斯曼帝国。奥斯曼帝国统治埃及和阿拉伯半岛是在 16 世纪以后，但此前它已经统治东罗马帝国的领土长达 200 多年了。还有波斯帝国萨法维王朝。奥斯曼人与波斯帝国萨法维王朝有时候会为了领土进行斗争，比如在今伊朗北部有一个叫大不里士的地方，就曾被两方争夺，几度易手。

后来，英国、俄罗斯也进入这一区域。法国进驻北非，于 1830 年占领了阿尔及利亚。及至二战后，法国仍认为阿尔及利亚是自己的一个省，坚持不允许其独立，直到阿尔及利亚人用游击战牵制了大部分的法国军队后，戴高乐将军才下决心放弃这个位于地中海对岸的“省”。很晚才统一的意大利在 19 世纪末 20 世纪初也对“大中东”的一些地方，如厄立特里亚和利比亚进行过殖民统治。今天的索马里曾经是法国、英国、意大利三个国家的殖民地。

二战以后，美苏两国在这里都扩大自己的影响力，比如，美国建立了巴格达条约组织。以色列于 1948 年建国之后，与周边的阿拉伯国家连续爆发了四次大规模的战争，阿拉伯国家四战皆败，这令它们感到挫败。2001 年“9 · 11”恐怖袭击事件发生后，以美国为首的北约组织对阿富汗和伊拉克的战争相继爆发，直到今天还没真正结束。

阿拉伯世界的民族主义是在欧洲帝国主义和殖民主义的刺激下成长起来的，很多阿拉伯人期望把阿拉伯民族统一起来，恢复他们往日的荣光、实力和影响力。所以，无论是信基督教还是信伊斯兰教的阿拉伯人，都对阿拉伯民族主义予以支持。其实，很多阿拉伯民族主义的先觉者都是基督徒。比如，在今伊拉克和叙利亚，复兴党都具有重要影响力，其早期领导人中有很多都是基督徒，萨达姆在世时最后一任外交部部长就是基督徒。但遭遇美国入侵后，伊拉克无论谁掌权，都很难再有基督徒出任外交部部长的情况。

同时，由于伊斯兰教在 8—12 世纪盛极一时，当受到帝国主义和殖民主义侵凌的时候，伊斯兰教各派的人自然想到要恢复往日的光辉。其中，温和派想恢复伊斯兰社会的自尊和影响力，极端派则认为，凡是不符合《古兰经》的习惯，比如女人不戴头纱，都要根除。

近百年来，阿拉伯民族主义与帝国主义及犹太复国主义激烈交锋，伊斯兰复兴运动、社会主义与民主思潮交相作用。最近的政治动荡既反映出各国内部的社会矛盾，又是大国博弈的结果，更表现出各地人民冀求通过变革获得美好生活的愿望。

2011 年，众多埃及民众在开罗胜利广场持续聚集，恐怕不是因为意识形态问题，而是出于对自己生活的不满，出于对当权者的霸道与权贵非法聚财的痛恨。大量民众面临失业问题，买不起房子，很难结婚，而在伊斯兰世界，民众普遍而言对待男女关系比较严肃，如果不结婚就很难有两性生活。一个正常的人到了一定年纪无法满足自己结婚或者生儿育女的需求，就会对统治者不满。

发展的困局和民主之双刃剑

自从“阿拉伯之春”以来，明显可见，对当代世界的“大中东”地区，尤其是对伊斯兰国家来说，中东地区的民主化是把双刃剑，其实对于西方国家来说也是如此。

除了以色列，其他中东国家（甚至包括希腊）都是发展中国家。有能源的国家当然富有一些，但这些国家到目前为止大体上靠石油和天然气吃饭。在有能源的国家，真正做事的工人都是外国人，社会阶层大致分成五等：一等是王族及其亲信；二等是西方大公司的技术人员和经理；三等是本地公务人员；四等是阿拉伯国家，特别是埃及、巴勒斯坦等地的专业人士，如工程师、教授等；五等就是从事底层体力工作的人，这些人占总人口中的大多数，大都来自孟加拉国、印度尼西亚、菲律宾等。到现在为止，这些国家依然没有充分培养自己的人才，需要时就从外面引进。没有能源的国家，如也门和厄立特里亚就相当贫穷。

欧、亚、美三大洲和北非与东非的所有地区 / 国家，包括几乎所有的“大中东”地区 / 国家，我都去过。这几十年来，世界各地的变化确实十分之大。其中，东亚各国的改变是最大的，中国的改变尤其突出。东南亚国家，诸如马来西亚、泰国、越南的改变也很大。拉丁美洲的墨西哥、哥斯达黎加、巴西也有一些改变。可埃塞俄比亚、黎巴嫩、埃及这些地方的改变就不那么明显。埃塞俄比亚今天的农村与 50 年前的景象并没有差太多。吉布提于 1977 年独立以后还保留了几千名法国驻军，海港也由迪拜、美国和中国租用，但当政者没有把收入用于社会建设。法国驻军的花销、海港的租金收入，还有埃塞俄比亚交付的铁路费用，都没能让这个只有不到 100 万人口的小国家的多数人免于贫穷。

中东的传统文化正在受到挑战。我在埃及的开罗大学待过一个月，当时的助理是一个正在攻读英国文学专业硕士学位的女孩。有天我问她，你有埃及人、阿拉伯人和穆斯林三种身份，你觉得哪种身份最重要？她说，当然是穆斯林最重要，相比穆斯林，埃及人、阿拉伯人的身份都是次要的。这个女孩的选择表明，纳赛尔时代所提倡的阿拉伯民族主义在今天的年轻人中已经不流行了。

中东女性的智力尚未得到良好的开发。女权在伊斯兰社会看来是个文化问题，但其实它对于经济发展也是很重要的：如果一个社会 50% 的智力资源都受到限制，那么其总体力量怎么可能充分发挥出来呢？近年来，在也门以及其他地方的反政府示威活动中，有女性也参加了，但她们的这种行为普遍无法得到男性的理解与支持。这类活动依然被认为是男人的事。即使在西化的土耳其社会，清真寺祈祷仪式还是依照传统，让女性在后面，人多的话，女性就得在外面。

目前，伊拉克、利比亚都在经历内战或存在内部分裂势力。叙利亚的阿萨德政府虽然没有如西方国家希望的那样被“更迭”，但整个国家已经减少了 1/3 的人口，城镇里到处都能看到被炮火摧残的痕迹。

叙利亚的反对派之间是很难达成协议的，因为每个派别都有自己的民族、宗教和阶级意识，背后还都有为其提供金钱和物资支持的外国力量。这跟 100 年前的中国军阀时代有类似的地方，但情况却比后者要复杂得多。

“阿拉伯之春”一开始，我就不抱乐观态度，但还是怀着善良的愿望，希望这些国家能慢慢地取得成绩。在 2011 年出版的拙作《大中东行纪》中，我写道：“希望这是一个婴儿出生前的阵痛，而不是一个宿疾的痉挛。”时过 9 年，以长时段的历史眼光看，我今天仍然持这个态度。

第4章

从历史看文化的冲突与融合

文化的融合：由游牧社会到农耕社会

“三十功名尘与土，八千里路云和月。”这两句词的作者岳飞生活在北宋末、南宋初，对于金人的入侵耿耿于怀。100多年后，岳飞已经去世很久，南宋也已不可能反攻，北部的金人采用了科举制度，效仿汉族的统治方法。又过了不久，蒙古人从北部攻打金人，金人一路溃退。有个金朝的臣子就从金的都城一路退到今连云港，他深有感叹，写下了一首诗，其中两句是：“倚剑长歌一杯酒，浮云西北是神州。”他从连云港回看，整个中国西北的神州大地都是他的文化之所依，灵魂之所系。这个人叫元好问，是北魏拓跋氏之后。他的祖先就是从北部南下的鲜卑人。北魏的孝文帝拓跋宏为了汉化改姓元，所以他的后代都姓元。

这件事情说明了什么问题呢？它说明了游牧社会和农耕社会的不同。从大兴安岭以北一直到乌拉尔山，甚至到今匈牙利一带，原来是片大草原。在这片大草原上生活着以游牧、畜牧为生的人，他们和生活在农耕社会的人大约同时进入文明状态，但这两个群体的生活方式有很大差别。农耕社会的人是固定生活在一个地方，而游牧民族是到处跑。古代人修长城就是为了防止“胡马南牧”，过去最早南下入侵的有匈奴人，后来有鲜卑人、契丹人、女真人、蒙古人，最后是满族人。他们都是入主中原的北方民族。他们到了南方以后，自然就有适应农耕社会的倾向。无论是岳飞，还是近百年以后的元好问，都是这种文化融合和摩擦过程中的见证人。

宋代诗人雷震在一首诗里写道："牧童归去横牛背，短笛无腔信口吹"。笛子很短，随便吹。我的名字里有个"信"字，所以我的这章也是"短笛无腔信口吹"。

包容性：中华民族强大生命力的根基

上文中我们说到民族生活方式不同的问题。我们中华民族有很强的包容性，不只吸收了北方很多游牧民族的特点，还从西边引入了非常重要的、影响了我们很多个世纪的佛教思想。从我的理解来看，中国其实并不排外。中华民族之所以具有非常强大的生命力，最主要的原因是它的包容性很强。

上文中提到"胡马南牧"，其实战国时候的赵武灵王已经提倡"胡服骑射"，但并没有人因为他穿胡服就说他不是华夏之人。孔子说，"微管仲，吾其披发左衽矣"，意思是：没有管仲的话，我们今天穿衣服都从左边开，头发也是披着的。从中国历史的发展来看，当时的人们也承认赵武灵王的"胡服骑射"是明智之举。100多年前中国的皇帝和大臣穿的衣服，与现在中国的主席、总理穿的衣服，肯定是不一样的。但毫无疑问，他们都是中国人。从衣服说到食物，芝麻大饼其实也是从西域引进的。再说音乐，我们中国人都认为胡琴是民族乐器，其实胡琴正是"胡人"由西域进口到中原的，而在此之前，它是从波斯传到新疆的。

佛教传入中国后，与道家、儒家思想发生了融合，于是产生了禅宗等新的宗教流派。中华民族恰恰是由于具有包容性，不坚持"我是唯一的""我是不可改变的"，才会有这么长的连续性。这并不是我信口胡说，中华民族的连续性是有具体存在的事实依据的。今天，有哪个国家的小学生还能认识 1 600 年前写的文字？只有中国的小学生能做到这一点。法国人认为自己的文化很悠久，可是一般的法国人根本看不懂 500 年前的法文，因为法文已经改变了。而中国的小学生绝对认得王羲之的字，还能读懂他作品中的不少内容。

今天，我们哪怕去中国一个偏远的、教育不是十分发达的地方，随便找一所中学，里面的学生应该都能随口背几句《诗经》的内容，比如"关关雎鸠，在河之洲。窈窕淑女，君子好逑"。《诗经》跟希腊的《荷马史诗》差不多创作于同一时代。《荷马史诗》虽然也传下来了，但一般的希腊人都看不懂当时的文字。而在今天的中国，几乎所有的中学生都知道"杨柳依依"这样的句子。我在上文中提到的岳飞、元好问等人固然有那种不忍看到自己民族被侵占的情怀，但到了今天，不会有人因为你的祖先是契丹人，就说你不是中国人。这就是包容性，正因为此，思想上和生活习惯上的民族融合都是可以接受的。

纸的西传：八千里路"走"了近 1 200 年

王昌龄是唐代有名的边塞诗人。我很喜欢他的一首诗："秦时明月汉时关，万里长征人未还。但使龙城飞将在，不教胡马度阴山。"其中，我最喜欢的是"秦时明月汉时关，万里长征人未还"。王昌龄是唐代人，他从秦时的明月讲到汉时的关隘，再讲到唐代的万里征人，时空错置得厉害，表现了文学的张力，增加了想象力。

王昌龄逝于 757 年。在他生命中的最后几年，世界上发生了两件大事。755 年，安史之乱开始，几乎颠覆了唐朝。再早几年时，唐军与阿拉伯军在中亚爆发了怛逻斯战役，给世界带来很大的影响，但一般人对此并不清楚。

751年，中国正值盛唐时期，西域处于唐朝的行政掌握之下，唐朝派了安西节度使驻扎在那里。有个节度使名叫高仙芝，他知道西边阿拉伯的军队早已到了中亚，而且可能要入侵西域，于是派了一支军队前去进剿，但他可能有点轻敌，没有带去足够的军队。高仙芝的军队到达位于今乌兹别克斯坦的塔什干附近的怛逻斯时，本来是盟军的突厥葛逻禄部临阵倒戈，结果唐军与阿拉伯军进行了一场遭遇战，唐军大败。20 000人的军队中有10 000多人被俘虏，只有不到2 000人回到位于新疆龟兹（今库车）的基地。

碰巧的是，被俘虏的兵士里有文书工匠、造纸工匠等。阿拉伯人发现后，就说：我们抄《古兰经》费事得很，抄在羊皮上又贵又麻烦，你们有纸就容易得多。所以，西域的人在751年第一次知道了如何造纸。于是，阿拉伯人就在今撒马尔罕建立了造纸作坊，开始造纸。之后，纸不断西传，从撒马尔罕传到巴格达，再传到大马士革、开罗、摩洛哥，传过直布罗陀海峡，到达西班牙。西班牙在8世纪初已经由摩洛哥的穆斯林控制了。

因此，纸的西传可以总结为：751年传入怛逻斯，1150年传到西班牙，到1250年开始出现在法国。现在有新的历史资料显示，中国在西汉时就有人发明了纸。所以，东汉蔡伦所造的纸并不是最早的，只不过他发明的造纸术改进了纸的质量，降低了造纸的成本，这大概发生于100年。如果从蔡伦改进造纸术算起，从1世纪到13世纪中叶，纸用了1 200年的时间，才完成了从中国到西欧的旅程。这个“八千里路”走得也算是相当漫长了。

开封和巴格达：同一时代的世界两大文化中心

阿拉伯世界在750年后发生了一场变革。它最早的发源地在麦加，之后倭马亚王朝（中国称之为“白衣大食”）以大马士革为首都。750年之后，阿拔斯王朝（中国称之为“黑衣大食”）将巴格达定为首都。巴格达吸收了希腊文化、波斯文化、印度文化、希伯来文化、拜占庭文化，同时保留了阿拉伯民族固有的文化。阿拉伯人用100多年的时间积极从事一项翻译运动：他们把大量希腊文、波斯文、印度文作品翻译成阿拉伯文。所以，在当时的巴格达，思想非常活跃，教义学、教法学、哲学、医学、天文学都很发达。巴格达的人们把源自印度和波斯的民间传说整理在一起，编成了十分有名的《一千零一夜》，中国也叫它《天方夜谭》。9世纪时，巴格达建了一座规模很大、藏书很全的图书馆，名为“智慧之宫”，据传里面有40万册藏书。

在同一时代，中国的首都开封也很先进。虽然不知道国子监里有没有40万册藏书，但中华民族到了北宋后，文化昌明，生命力更强。开封当时有100万人，据统计，当时欧洲最大的都市——东罗马帝国的首都君士坦丁堡也不过只有10万人。

我们不难想象，要完成100万人口的日常供应、治安维持等，需要这个社会具备强大的能力。所以，当时世界就形成了两个文化中心：一个是巴格达，一个是开封。

范仲淹的“先天下之忧而忧，后天下之乐而乐”、晏殊的“无可奈何花落去，似曾相识燕归来”、欧阳修的“醉翁之意不在酒，在乎山水之间也”、苏轼的“但愿人长久，千里共婵娟”、司马光的《资治通鉴》等，都创作于那个时代，程颢、程颐也都是那个时代的人。这么看来，那个时代真可谓人才济济！他们不但同时代，而且彼此都认识，有时候还会意见不合。而且，中国的四大发明中，印刷术、指南针、火药都是在那个时候取得重大发展，这些都被记载在沈括的《梦溪笔谈》里。中华民族的创造力和文化在那个时代发展至鼎盛。我们常讲物质的创造能力和精神的想象力，把禅宗的意境融入画里也是在那个时候。当然，那个时代还出了不少书法名家。

我们往往追忆汉唐盛世。汉唐固盛世也，但北宋也不差。只不过，北方游牧民族有更强的战斗力，因而能够在战争中征服农耕民族。但在征服以后不久，他们就会逐渐转化和适应，采用农耕民族的制度和生活方式。这在我们中国是如此，在中亚一带也是，再往西边的波斯也是如此。

第5章

玄奘与伊本·白图泰远游的启示

法国著名的历史学家费尔南·布罗代尔曾提出一个出名的论点：没有地理就没有历史。当我们说丝绸之路的时候，我们想到的是历史，但也是地理。当然，这个地理不单是指一条狭长的道路。我们如果不认识昨天，就不可能了解今天；如果不了解今天，哪里谈得上创造美好的明天呢？从这个动机出发，我想回顾过去，看看历史上的两位人物以及与他们有关的地理。

丝绸之路有海路和陆路两种。陆上丝绸之路是从今西安（以前叫长安）直达埃及的亚历山大港。海路的起点在中国的广东，经过东南亚和马六甲海峡到印度南部，然后到达也门，再沿红海一路北上，可以到古时亚洲和地中海交通必经之地，即今天约旦的佩特拉。

在这里，我想要讲两则小故事。第一则故事是关于埃及托勒密王朝（公元前305—前30年）的最后一任统治者克娄巴特拉。她很喜欢穿丝袍，那个时候，她要用一两黄金才能买到一两丝。她付的价钱虽高，但大部分并不是被中国的养蚕人赚去，而是都落入了丝绸之路上的中间商人的腰包——主要是中亚的粟特商人和西亚的波斯商人。第二则故事是说，在波斯的帕提亚王朝（公元前247—公元224年），曾经有两支军队打仗。从东边来的军队，最前面飘扬着一面非常光耀夺目的军旗。从西边来的军队的士兵看到这样灿烂夺目的军旗，认为只有神才能造出这样的旗子来。既然神是帮助对方的，他们心中就先败下阵来，所以仗也打败了。那么，东方来的军队挂出的是什么旗呢？其实就是丝制的军旗。

往来于丝绸之路上的，不只有贩卖丝绸的商人。下面我们要讲的就是两个行走在丝绸之路上，但没有商业活动、没有盈利动机的人。

7世纪上叶，正好是伊斯兰教开始兴起的时代。在同时期的中国已经有许多人皈依了佛教。虽然从西方来的安世高、鸠摩罗什，以及从中国出去的法显等人已经抄写并翻译了不少佛经，但传进来的佛经总量还是不多，无法令中国的佛教信徒得窥印度佛学的全貌。这时候，有一个叫玄奘的僧人，独身一人远赴印度取经，他所行走的路线是：通过天山北麓到达撒马尔罕（汉代的张骞和晋朝的法显也到过撒马尔罕），然后向南穿过兴都库什山到达北印度，再从北印度辗转到达中印度的佛教圣地那烂陀。今天的印度虽然已经不是一个佛教国家，但它不久前还在那烂陀建立了一所大学，名为那烂陀国际佛教大学。

在那烂陀，玄奘绝不只是个普通的留学生：他是学而优则留，留而优则教，在佛教圣地教其他人佛经。曾经有一段时间，他可谓印度北方论佛理的第一人：许多印度学者跟他辩论，往往都甘拜下风。在印度的一场辩经大会上，玄奘的老师因为年事已高多有不便，就派玄奘代表自己出席，结果玄奘论点精辟，雄辩滔滔，所向无敌。在印度求学、生活了十几年之后，玄奘沿着丝绸之路的南路，穿过塔里木盆地，回到祖国。他一去一回，恰好走遍了天山之北与天山之南两条陆上丝绸之路。

今天，玄奘在印度仍受到重视。在今天的印度国会大厦里有一幅壁画，画的就是玄奘当时在那烂陀活动的一些情况。印度虽然也有悠久的历史，但和中国不同的是，它从来没有正式的、官方的、详细的历史记载。即便曾经有过，也因多次政权更替而在战火纷飞中被焚毁或遗失了。印度于19世纪中叶被英国直接统治，在那之前，印度一直是小邦林立，不曾成为一个统一的国家，所以它从来没有一个全国性的历史纪录，跟中国完全不一样。因此，许多当今研究印度史以及中亚史的专家都要借助法显的《佛国记》和玄奘的《大唐西域记》这两本书。

玄奘在印度的时候，他所在地的国王听说中国有一个道教，就请玄奘为他介绍。玄奘虽然是个佛教僧人，但他也把老子的《道德经》从汉文翻译成梵文并加注，这恐怕是道家思想的首次外传。他在印度期间，一直受到印度政界和佛教上层人物的支持和尊重。他在印度居住十几年后，临回国时，印度的一个国王送了他许多经书，还送了几匹好马为他驮运。玄奘回来以后，通过自己研读经书，创建了大乘佛教的法相宗。玄奘去西域之前，唐太宗就已经对他有所耳闻，但玄奘是偷渡出境的。因为当时唐朝跟突厥汗国正在进行战争，所以禁止百姓出境。可能是因为被玄奘的精神感动，边界驻军的一位将领跟他说：你若偷偷出去，我就当作不知道。玄奘回来的时候，唐太宗为他举行了盛大的欢迎仪式，并且许以高官。玄奘婉拒官职，只向唐太宗请求一处地方来翻译他带回来的那些经文，这就是大家所知道的弘福寺。

19 世纪的考古学家根据玄奘在《大唐西域记》里的记载，发现了不少印度的遗迹。譬如说，阿育王（与秦始皇大约同时代）统治印度的时候，大力推行佛教，在很多地方竖立石柱，用梵文记载他的功绩。根据玄奘的记述，考古学者在那烂陀附近发现了已被树林和荒草埋沉的石柱，状态十分良好。另外，根据玄奘的描述，考古学家在今巴基斯坦西部的一座已经毁掉的佛塔底下发现了迦腻色迦王 2 世纪留下的宝盒。阿育王和迦腻色迦王分别是印度孔雀王朝和贵霜帝国的国王，他们两人都是佛教的推行者。

现在，让我们将视线转移至几百年后，在非洲大陆西北角有一个叫丹吉尔的小城。它隔着直布罗陀海峡与西班牙相望。丹吉尔城里有一个叫伊本 · 白图泰的人，出生于当地一个富有的家庭，是一名虔诚的穆斯林，而且是苏非派的信徒。（在中亚、南亚、东南亚与非洲，许多苏非常常漫游各地；苏非教团的教长常常有自己的道堂和陵墓。）伊本 · 白图泰在 20 岁出头的时候带着一笔钱，离开了家人，前往麦加朝圣。他自己万万没想到，再次见到家人就是近30年后的事了。

伊本·白图泰先后前往麦加朝圣4次。他首先沿着非洲海岸北行到突尼斯，在那里娶了妻子，生活了一段时间，但后来离了婚，于是继续前往麦加。朝圣之后，他转往耶路撒冷一带，之后再次南下麦加。后来，他去了巴格达，又到达蒙古人建立的伊儿汗国，还到过更东的撒马尔罕和更北的钦察汗国。有一次，他因缘际会到达也门，从也门乘船到南印度，然后到了德里。在德里，他被德里苏丹赏识，当了9年宗教法官，因为待遇不错还存了一笔钱。当时，德里苏丹收到元朝皇帝送来的一批礼物，觉得“来而不往非礼也”，便想要派一个人送些礼物给中国。于是，他就委任伊本·白图泰出使中国。但是，航行至印度洋南部时，因为风浪的关系，一些名贵的礼物被冲走了，伊本·白图泰自己则漂流到今马尔代夫岛上。马尔代夫的苏丹也很赏识他，邀请他留下做法官。伊本·白图泰在那里做了一任法官，但他心中仍然时时想着要去中国。于是，尽管没带礼物，他仍然来到中国。伊本·白图泰到达的第一个中国城市就是泉州。在他的书里，伊本·白图泰对泉州推崇备至。每当他要强调某个地方的海港在某些方面可达到世界之最时，譬如提到亚历山大港是世界上最大的海港时，他就会加一句：当然，中国的泉州要除外。

伊本·白图泰到达开罗时，埃及正处于马穆鲁克王朝时代。开罗最有名的清真寺——爱兹哈尔清真寺是于10世纪由信奉伊斯兰教什叶派的法蒂玛王朝开始修建的，后来由马穆鲁克人扩建。除此之外，开罗还有一所历史悠久的经文学院，现在叫爱兹哈尔大学。20世纪初期，中国很多著名的伊斯兰学者都曾经在那里留学。譬如，把《古兰经》翻译成汉语的北京大学已故阿拉伯语教授马坚博士就曾在那里学习。还有北京外国语大学已故的著名阿拉伯语学者纳忠教授，也曾经在那里留学。

越过西奈半岛来到耶路撒冷。从上空俯瞰这座城，可以看到一面著名的墙，它被称为“哭墙”，是耶路撒冷神庙被罗马人毁掉之后残存的一面墙。每天有许多人到墙边祈祷并且放声嚎哭。耶路撒冷的阿克萨清真寺是伊斯兰世界两座最早的清真寺之一（另一座在大马士革），修建于700年左右，是希腊式建筑，伊本·白图泰肯定看到过。

有一回，伊本·白图泰从黎巴嫩去了一趟土耳其，在土耳其转了一大圈后沿黑海北路、经里海北面，到达今中亚几国的境内，包括布哈拉、撒马尔罕等。在布哈拉这一带，伊本·白图泰应可见到古波斯袄教的遗迹。伊斯兰教还没传到中亚前，袄教是波斯语世界的主要宗教。10世纪，中亚和今伊朗的一部分曾经属于由中亚波斯语族建立的萨曼王朝的领土。萨曼王朝时的一座纪念堂还保留至今，上面还有袄教的痕迹——圆形的穹顶上有太阳光四射的表现。袄教崇拜光明，所以这座建筑有伊斯兰教和中亚当地宗教两种风格，是两种宗教当时在中亚互相渗透的一种表现。

中世纪时，在所有穆斯林统治的社会，都有特别给商旅开办的旅馆——商旅客栈。人们可以在那里吃饭、住宿、寄养牲口、补充给养，以及进行货物买卖。伊本·白图泰的旅行同伴往往就是商人，所以他住过许多这样的客栈。最后，他回到自己国家的首都——今摩洛哥菲斯。这座古城至今犹存。回到菲斯后，苏丹对他很重视，要他把见闻写出来。于是，伊本·白图泰口述，由苏丹的秘书为他记录成书。这本书现在已经被翻译成了100多种文字在全世界发行，中文名叫《伊本·白图泰游记》。

玄奘跟伊本·白图泰在时间上相差700年，一个位于欧、亚、非大陆的最东端，一个位于欧、亚、非大陆西北角。现在，我想对两人做一些分析与比较。他们的空间距离是如此之远，而且时间上又相距如此之久，他们之间有什么相似性呢？

第一，他们都曾经在丝绸之路上长途旅行，但他们都是出于对宗教的虔诚，不是为了金钱利益而长途跋涉。第二，虽然玄奘会一些梵文，伊本·白图泰会说阿拉伯语，但重要的一点是，他们都能和与自己不同的人共同生活，并且相互理解、相互信任。他们虽然始终秉持自己的信仰，但能够尊重别人，能够和不同文化、不同种族的人沟通往来。第三，他们在困难的时候碰到贵人，获得了物质上或者行政上的支持。至少，他们两人可说是生逢明时，遇到明主，回本国之后皆受到君王的鼓励，才有传世之作——《大唐西域记》和《伊本·白图泰游记》。因为有君主的支持，这两本书在当世已经被人们知晓。而他们两人对后世的影响，特别是对促进不同地区、不同文化的人们之间的相互了解所起的作用更大。文化的交流推动了经济的来往与发展，而经济的发展又促进了文化的进一步交流。

最后，我想套用中国历史上著名才子王勃的一句话，作为本章的结论，那就是："文化与经济齐飞，僧侣共商人一'色'。"第一句无须多加解释。第二句中的"色"字，引自佛家"色即是空，空即是色"，指的是一个现实的、物质的世界。我自己把它译成了英文："Economy and culture soar side-by-side, monks and merchants share a common world."希望这两句话在我们这一时代能在新丝绸之路上再度成为事实。

第6章

东方学、区域研究与丝路探索

自“一带一路”倡议提出以来，丝绸之路在国内已成为显学，在国际上也备受重视。几年来，讨论丝绸之路和“一带一路”的文字与视频随处可见。从这些材料中我们可以察觉到，中国社会对丝绸之路的认识还很有限。学界对“一带一路”地区的总体认知还很薄弱，难以满足推动“一带一路”工作的需要。

在教育部和其他机构的鼓励下，不少大学最近都成立了“丝绸之路研究院”之类的机构。作为长期对丝绸之路感兴趣并且到过丝绸之路沿线几乎所有国家的人，我衷心希望中国能够培养出大批通晓丝绸之路情况的人才，并做出大量关于“一带一路”地区的新学问。为此，回顾一下欧洲早年在东方学方面的研究成果，以及美国于20世纪后期在“区域研究”方面的经验，应该是颇有裨益的。

回顾东方

“东方学”素来被西欧人视为对异己者的研究。它不是研究某个传统学科（如法律）的学问，而是以“东方”这一有别于西方的地理区域为认知对象。一般而言，东方学的学者是指在地理、历史、语言、民族、宗教、哲学、文学、艺术、天文、医学等领域对中东或亚洲的某个地区或国家有深刻认识的人。仅仅对中东或亚洲某地区有一般知识的人，并不能被称为东方学者。

7世纪，伊斯兰教出现后，阿拉伯人迅速占领了东罗马帝国统治下的巴勒斯坦、叙利亚和埃及，接着征服了波斯。10世纪，大量突厥裔穆斯林进入波斯人的世界，11世纪末大举入侵东罗马帝国的腹地小亚细亚。从此，穆斯林阻断了欧洲人与亚洲人的贸易，也威胁到了东罗马帝国的统治。备感压力的东罗马帝国皇帝请求拉丁教会施以援手。于是，罗马教宗乌尔班二世于1095年号召西欧基督徒组织十字军，前往东方夺回失去了400多年的耶路撒冷。出于对宗教的狂热以及对东方财富的觊觎，西欧各地大小贵族（主要是法兰克人）、农民和小市民在11—13世纪组织了8次十字军东征，占领耶路撒冷，在地中海东岸建立了几个拉丁王国，维持了100多年的统治。13世纪中叶，十字军被穆斯林军队逐出地中海东岸地区。

在与穆斯林的交往过程中，西欧人发现穆斯林的医学、天文学、数学以及航海术都更为先进。在耶路撒冷专事救治伤患的圣约翰骑士团开始采用阿拉伯医术，西欧人从仇视穆斯林变为部分仿效穆斯林。西班牙和意大利的犹太人和基督徒从13世纪开始将许多阿拉伯文著作译为拉丁文，这对后来意大利文艺复兴和葡萄牙、西班牙开拓海上新航路有很大的助益。

15—16世纪，奥斯曼人攻占君士坦丁堡，东罗马帝国灭亡。大批希腊人逃亡到西欧各地，以教授希腊文明为生，这使西欧学者产生了进一步研究东方的动力。东方学因此在西欧兴起，吸引了大批有知识的人才。

19—20世纪是欧洲殖民主义的高峰期，东方学也得到长足进展。一是因为殖民国家需要熟悉东方的行政人员和军人，二是因为欧洲的基督教会需要能在殖民地传教的教士，三是欧洲学术界出现了一批有兴趣研究东方的人。利用欧洲人在亚洲与非洲殖民地的特权，这三类人共同完成了几项重大的成就。

第一项成就是罗塞塔石碑的破解。1799 年，拿破仑率军入侵埃及后，法国士兵在尼罗河三角洲发现了一块雕于公元前 196 年的石碑，上面刻有三种文字，其中两种没有人认识，另一种是古典希腊文，当时有不少欧洲学者能读懂。法国学者和英国学者经过几十年的努力，终于破解了石碑上的前两种文字。200 年来，学者们已经读遍了埃及境内各建筑物上和纸草上的文字，因而能够清楚地重构古埃及的历史。

第二项成就是考古学的发展带来美索不达米亚各地多种楔形文字的破解和 6 000 年文明史的重构。西方学者总共挖掘到大约 30 000 块刻有楔形文字的泥版，虽然目前已经翻译出来的只有其中的 1/10，但这已经能使我们对人类早期文明的发展与传播有一个颇为清晰的认知。

第三项成就是语言学家发现了世界上分布最广的印欧语系。1783 年，英国人琼斯到达印度担任法官。他到印度之前已精通阿拉伯语和波斯语。在印度学习梵语时，他发现梵语和希腊语、拉丁语以及德语有很多近似的词汇与语法。他设想，这些语言可能都是早期某一种古代印欧语言的不同分支。经过学者们 200 多年来的努力，目前已经可以确定，当今世界，使用形形色色的印欧语系语言的人高达 20 亿，他们绝大多数都是 6 000 年前生活在南俄罗斯草原上、说一种“原始印欧语”的人群的直接或间接继承者。

第四项成就是英国考古学家于 20 世纪初在印度河流域开掘出两个有 5 000 年历史的城市遗址（都在今巴基斯坦境内），发现了许多文物。这个印度河流域古文明的消失似乎和 3 000 多年前说印欧语言的雅利安人入侵印度没有直接关系。目前还没有令人信服的学说能够指出这个古文明由什么人创造，为什么会消失？

第五项成就就是对丝绸之路的探索，包括对草原和绿洲丝绸之路的勘查、对许多遗址的挖掘，以及对大量典籍与艺术品的鉴定和解析。我们现在大致认识了几千年来活跃于北亚和中亚草原上的各个族群以及他们之间的交往，也更加清楚地认识了从河西走廊到地中海曾存在的民族、语言、文字、信仰、艺术，以及征战、贸易和政权更迭等。对中国学者而言，最值得注意是佛教的传播过程，包括犍陀罗艺术的东传。欧洲的东方学者也对新疆的克孜尔石窟、尼雅遗址、楼兰古国、吐鲁番文书以及敦煌壁画和经卷做了颇为详尽的考察。当然，他们的考察对象还包括中国历代的疆域以及在丝绸之路上的驻军和烽燧等状况。（从 1930 年起，中国学者也积极参与了对丝绸之路的考察。）

二战后，殖民主义全面退却，和殖民主义同时兴盛的东方学就此衰落。欧洲殖民时代产生的一些对非欧洲人带有偏见和轻蔑色彩的文学和艺术作品，以及一些怪诞荒谬的无稽之谈开始受到批判。美国哥伦比亚大学的巴勒斯坦裔教授赛义德写了一本《东方主义》，举了许多实例，挞伐多个带有偏见的东方主义者。

谁都不能否认，这个时期的欧洲人对亚洲人和非洲人存在诸多欺凌、剥削，许多欧洲人普遍存在傲慢与偏见。但是，的确也有一些欧洲学者在田野调查时不畏艰辛，力求真实；不少人对某门学问终生钻研，坚毅不辍；也有人博览群籍，举一反三，严谨考据，创出新知识、新理论。这些学者的成绩有目共睹。“东方主义”固然不可取，“东方学”却不是坏事。

检视区域研究

区域研究始于冷战时期的美国，可以被视为东方学的近代改良版。美国在 19 世纪没有参与在亚洲和非洲争夺殖民地，所以美国学界虽然熟悉欧洲和美洲，却没有东方学的传统。1950 年之后，美苏两大阵营尖锐对立，双方都想了解对方，也都想争取新近独立和即将独立的亚非国家进入自己的阵营。

这时的美国精英阶层体认到，美国政府和商界急需大批通晓世界各国语言、文化、社会、经济、政治的人才。1951 年，福特基金会和洛克菲勒基金会邀请20多所有实力的大学齐集会议，建议它们成立以不同区域为研究对象的跨学科专业，如东欧研究、中东研究、东亚研究等。这个建议与美国大学传统上的学科分类不相符合——美国大学一般以学科内容分院系，每个系的研究重心放在一种或两种专业知识上，比如历史学、语言学、考古和人类学、经济学等。过去，美国学者对于东方的研究都是在某个具体专业下进行，因此研究中国政治的学者一般属于政治系，研究日本经济的学者则属于经济系。

一些学者起初抗拒把不同专业混杂起来培养学生的方式，认为这会使学生专业素养不足。但是，福特基金会认为，美国需要许多对各地区有一般性认识的人才，所以拿出巨额款项在这些大学设置了区域研究奖学金，鼓励学生进入这些新领域。不久，美国政府也通过国防教育法案，拨专款资助学生学习某一种语言或是某一国的历史文化。当时，有学者调侃地制订出一条法则：科学的黄金法则是谁有黄金，谁就定法则。

1965年以后，由欧洲人开始的东方学在北美洲蜕变为区域研究——要培养的是对某一个地区（或国家）有一般性认知的人才。到1975年，北美洲的一流大学几乎都建立了若干区域研究的专业。

1965—1975年，我与北美洲三所大学的区域研究有过交集。之后的20多年里，我又在4所大学里认识了不少从事区域研究的学者。

我攻读硕士学位所在的斯坦福大学和攻读博士学位所在的西北大学是早期建立区域研究中心的大学。斯坦福大学位于太平洋东岸，因为第一届毕业生胡佛总统曾在中国开滦煤矿任工程师，所以这所学校很早就重视对东亚的研究。我经常去胡佛研究所的中文图书馆翻阅从中国特别订购的书报。西北大学有一个学术力量很强的非洲研究中心，当时招收了不少苏丹的交换学生，其中一位早我一年得到工程博士学位的同学，回苏丹不久后就当了国防部部长。1969—1975年，我在纽约州立大学任教，目睹了反越战的浪潮和大学对于东亚研究的重视。1976年，我转到加拿大的麦吉尔大学医学院任教。这所大学里有一个颇具名声的伊斯兰教研究院，是 1952 年在福特基金会和洛克菲勒基金会的资助下建立的。1981—1982 年，我在巴黎大学医学院担任访问教授，有机会目睹法国在东方学方面的投入和成就：法国有关伊斯兰教和东亚、南亚文明的博物馆收藏及出版物确实令人目不暇给。

自 1984 年开始，我在南加利福尼亚大学任教授及系主任，有三年时间被选入该大学的长期聘任与升级委员会。在此期间，我参加过对区域研究教员的评审，因此对于到区域研究的学术价值与评审标准有所了解。

当时学界的主流意见是，从事区域研究者必须在某个专业领域（如政治学）有优秀表现，不然在得到长期聘任后不太可能做出有分量的学问成果。我的专业是生物医学工程，这个专业素来要求每名教员必须精通某种工程专业（如仪器设计），并兼通某部分生物医学（如心血管系统）。我在大学委员会甄审个案时，不赞成让“样样通，样样松”的人升级。

另一种意见则是，区域研究作为正式学科成立的时间不长，学界还还不能为“某区域研究”制订出学术标准，但学者们终归会对这些最初由外界力量带进校园的新专业赋予足够的知识内涵。过于实用而缺少学术内涵的课题应该由政府、民间智库、商业机构去做。对区域研究人员的评审不宜太严苛，以免把未来可能成为优秀学者的人过早淘汰出局。

冷战结束后，以美国为首的西方国家强力推动经济全球化和政治民主化，舆论界乃至学术界都弥漫着天下即将一统的乐观情绪。

正当此时，我应聘担任建校已经 300 年的匹兹堡大学的工学院院长兼医学院教授，受命以新兴的生物医学工程协助振兴这个美国的老工业基地。除了医学院之外，匹兹堡大学的另一个强项是区域研究。

我在匹兹堡，时常往来的有中国上古史专家许倬云教授和通晓满文的罗友枝教授（第四代日裔美国人）。1995 年夏，罗友枝教授夫妇在家里请我吃烤肉，她向我透露了她即将震撼东亚史学界的“新清史”观点：清朝王室并没有同化于汉文化，而是用不同身份统治一个多民族、多文化的大帝国；以汉族为主的中国仅是清帝国的一部分。我直觉上不赞同这个观点，但没有能力反驳她，因为她说她曾阅读过大量军机处的档案和清宫内廷的记录。这说明，要想对中国历史做出新论述，必须要有相当的功力与准备。但是，关于她提出的蒙古、新疆和西藏并不属于中国的观点，我当即就做了回应：辛亥革命后，列强要求中华民国政府承认清政府签订的所有国际条约，既然中华民国要承担清帝国的条约义务（包括赔款、租界），为什么不能继承清帝国的领土呢？这又说明，区域研究人员既需要专和精（比如通晓满文），也要从不同角度（比如外交史角度）看问题。

当我和罗友枝教授辩论“新清史”观点时，一场更大的辩论正在美国进行。那就是，区域研究是否应该继续发展？

有些学者在冷战结束后把注意力转移到人权、民主、难民、环保、发展模式等问题，认为区域研究有局限性。今天，区域研究在美国的确已不如30年前那样受重视，但我认为，只要区域特征对未来发展仍有影响，区域研究就不会过时。问题在于，区域研究的结果是否客观可信。

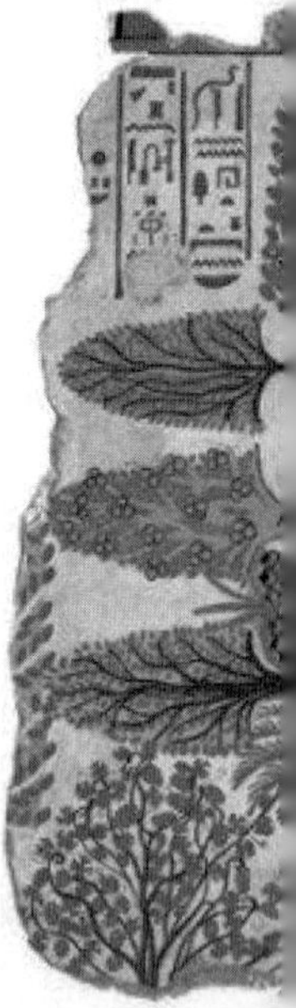

第二部分

丝绸之路

第 7 章

丝路上的文化交流

“丝绸之路”这个名词是 19 世纪由欧洲人首先使用的，指的是公元前 2 世纪张骞出使西域后开始形成的欧亚大陆之间的交通网道。其实，自距今 4 500 年前起，欧洲与东亚之间的交往就已存在，并且先后出现了三条不同的路线。

一条是草原丝绸之路，主要是骑马或赶马车的游牧民族沿着欧亚大陆北方草原所开辟的。公元前 7 世纪出现在草原上的斯基泰人是最为著名的草原民族，他们推动了欧亚大陆上的贸易，聚积了可观的财富，修建了不少 20 世纪以来才被发现的陵墓。然而，草原上毕竟人口稀少，缺乏提供补给和进行贸易的城市，所以贸易的总规模不大。

另一条是海上丝绸之路，由中国东部各地出海，经过黄海和南海，绕过马来半岛进入印度洋，可以沿海岸线航行到波斯湾或是阿拉伯半岛西南部的也门。公元前 3 世纪，有人发现可以利用印度洋的季风，不必沿海岸而直接从印度西南部航行到波斯湾或是也门。

最迟开发的一条是张骞出使西域归来后形成的由沙漠中的绿洲串起来的绿洲丝绸之路。绿洲丝绸之路所连接的是东亚和欧洲，途经中亚和西亚，兼及南亚，涵括了 15 世纪以前世界上主要的农耕文明区。这条路线上的主要交通工具是骆驼。丝绸之路上的驼铃声象征着欧亚大陆上的货物贸易，也代表了人类大规模和长时段的文明互动与文化交流。这条丝绸之路从东到西大致可以分为四段。第一段是从长安到敦煌，越过敦煌便是汉文化圈之外的西域。第二段是从敦煌通过新疆到今乌兹别克斯坦的撒马尔罕，路程遥远而艰难。第三段是从撒马尔罕越过里海南端到地中海东岸，或是越过里海北端到今土耳其的伊斯坦布尔。第四段是从地中海东岸或伊斯坦布尔进入巴尔干半岛、意大利半岛、多瑙河流域以及莱茵河流域。

丝绸之路五行者

在丝绸之路上留下足迹的人物何止十万或百万，但在这里，我们只谈历史上影响最大的 5 个人。

张骞，陕西汉中人，是最早见识到戈壁滩、沙漠和帕米尔高原之西风光与文化的中原人士。张骞出使西域的直接原因是汉帝国和匈奴帝国的对阵：汉武帝想要联络曾被匈奴欺凌并赶出河西走廊的大月氏人夹击匈奴，“断其右臂”，所以招募勇士。张骞应征，被选中担负这项危险而艰巨的任务。他出发不久后就被匈奴俘虏，软禁在单于驻地附近，并娶妻生子。11 年后，他趁匈奴内部有乱，带着妻儿和仆役逃脱监控。但他没回长安，而是继续西行，到了大宛（在今费尔干纳盆地，位于吉尔吉斯斯坦南部和乌兹别克斯坦东部），发现大月氏人已经南迁大夏（在阿姆河之南，今阿富汗南部），于是又前往大夏，设法完成使命。但是，大月氏人已安于新地，不愿与匈奴为敌，张骞的使命未能达成。尽管如此，他回国后还是向汉朝廷提供了有关西域的宝贵资料，对后来汉朝在西域的经略起了很重要的作用。

张骞第二次出使西域是前往乌孙（在今伊犁西边）。他随带大批人员和丝绸等中原货品，并曾派副将到各地分访，真正开通了丝绸之路上的贸易网络。张骞第二次出使西域也没能顺利完成使命，因为匈奴在西域的力量很强，乌孙不愿意“站队”，只想两头应付。这一次，张骞带回来优良的马种（汗血宝马），并陆续引入许多我们今天习以为常的农作物（葡萄、石榴、胡桃、胡瓜、苜蓿等）和乐器（琵琶、胡琴等）。可以说，没有张骞，就没有绿洲丝绸之路上的文化交流。

鸠摩罗什，其父亲是流亡到龟兹国的印度贵族，母亲是龟兹国的公主。因为母亲笃信佛教，所以鸠摩罗什自幼研读佛典，曾前往印度师从名师，兼通大乘佛学和小乘佛学，修养很高，扬名西域。前秦统治者苻坚想邀他到长安讲经，他不愿就道，苻坚便命大将吕光攻龟兹，以武力强行把鸠摩罗什带入中原。不久，苻坚被杀，吕光自称凉州王，鸠摩罗什便滞留凉州（今甘肃武威）16 年，学习了汉文。之后，姚苌在长安建立后秦，吕光投降。后来姚苌之子姚兴继位，他也仰慕鸠摩罗什，令其入长安，并逼他娶妻，还纳 10 个妾，以便他的才华可以有人继承。从俗后的鸠摩罗什在长安共生活 12 年，经常为姚兴等人讲经，把几个重要的佛教学派（如中观派）介绍到中国。他还带领弟子共译佛经 74 部 384 卷，包括《阿弥陀经》《大品般若经》《妙法莲华经》，以及大乘佛教中极为重要的《心经》《金刚经》。他的译文质朴无误，圆通流畅。“色即是空，空即是色”就出自他的手笔。佛教能在中国生根，鸠摩罗什的译经工作功不可没。

玄奘，唐代著名高僧，法相宗创始人，我们在之前已介绍过了。唐代的中国对佛教的理解越来越深，各个教派出现了彼此相左的见解。所以，玄奘私自出境，去印度学习。到了那烂陀后，他学习梵文和当地语言，精研佛法，造诣很高。那烂陀寺老住持想要玄奘继承他的位子，但玄奘不就，执意回国。

玄奘又花了 5 年时间游历印度，了解各地的风土人情。他出身官宦家庭，熟知朝廷礼仪和官场运作。因为当初是违背禁令私自出境，所以他回到于阗（今和田）后便停下，先写信给朝廷“投石问路”，结果唐太宗派人员马匹迎接他回长安。玄奘之后长居长安弘福寺，在唐太宗支持下组织规模宏大的佛经译场，开始长达 19 年的译经工作。玄奘率领弟子译出多部经典，文字典雅流畅，远超前人，今天《心经》最通行的版本即是玄奘所译。除了译经，玄奘还有许多论述，并创立了法相宗。如果说鸠摩罗什令佛教深入中国人心，开启了中国的佛教化，玄奘则使佛教思想具有中国特色，开始了佛教的中国化。

唐太宗又命玄奘把他在国外十几年的见闻写下来，这就是流传至今且已被译为多种外文的《大唐西域记》。（法显在玄奘之前200多年，以60几岁高龄前往印度，75岁归国，著有《佛国记》一书。他一心颂扬佛陀，没有冀望国家力量的支援。而玄奘把“大唐”作为书名之首，又把西域说成是大唐的，是以深得帝王欢心。早期的佛教高僧就曾有言："国法不依，佛法难立。”善哉斯言！）《大唐西域记》的内容丰富翔实，为研究中世纪印度和中亚的学者提供了珍贵的资料（见第5章）。

成吉思汗和他的子孙们。成吉思汗深入丝绸之路西段，纯然是历史的巧合。统一蒙古后，成吉思汗四度攻打西夏，并且征服了邻近的哈密和吐鲁番。当时，丝绸之路西段最大的势力是花剌子模。成吉思汗曾经派出一个主要由穆斯林商人组成的庞大贸易使团前往花剌子模。花剌子模的边境城市讹答剌的首长贪图财物，谎称贸易使团里有蒙古奸细，结果使团成员全部被杀，只有一个骆驮夫逃回去报信。成吉思汗派出使臣到花剌子模首都去交涉，花剌子模国君却羞辱蒙古使臣，割去他的耳朵后将他放回。这一事件令成吉思汗怒不可遏，决定中止对西夏的战事，积极筹划西征花剌子模。这不但改变了成吉思汗的战略部署，而且改变了整个欧亚大陆的历史，甚至是全人类的历史。

成吉思汗和他的子孙们在40余年间三次西征。第一次由成吉思汗亲自率领，征服了今中亚的大部分地区，最西边到里海西岸的高加索一带，向东南到达印度河而止。这次西征的路线和征服的领土范围主要在绿洲丝绸之路上。成吉思汗去世后，他的次子察合台统治了这片土地，包括今中国新疆、乌兹别克斯坦、塔吉克斯坦和阿富汗东部。第二次西征由成吉思汗之孙拔都率领，主要沿着草原丝绸之路向西推进，沿途击败了亡于金的辽的后代契丹人在中亚建立的西辽；又越过乌拉尔山脉，跨过伏尔加河，占领莫斯科和基辅，征服了俄罗斯人；继而越出草原丝绸之路的范围，攻入匈牙利，逼近威尼斯。拔都东返时，在伏尔加河停下，建立了钦察汗国，统治多瑙河以东的欧洲和整个钦察草原。俄罗斯人被蒙古人统治 200 余年之后才得到独立，又用了 200 余年积蓄力量才越过伏尔加河，征服鞑靼人，开始向东扩张。第三次西征由成吉思汗四子托雷的儿子旭烈兀（忽必烈之弟）领军，目标是伊朗和阿拉伯世界。蒙古军先剿平了盘踞今伊朗境内（属于伊斯兰教什叶派伊斯玛仪支派）的阿萨辛组织，稳定了伊朗全境之后，于 1258 年向西攻陷巴格达。旭烈兀下令处死哈里发，毁灭了伊斯兰逊尼派的精神和政治中枢。此时，蒙古军逼近耶路撒冷，占领全部伊拉克、大半个叙利亚和小半个土耳其。然而，蒙古西征的劲头也到此为止。

旭烈兀在西亚建立的伊儿汗国，恰为草原丝绸之路、绿洲丝绸之路和海上丝绸之路的交会点。蒙古人在欧亚大陆建立了人类史上最广大的帝国，使欧亚大陆的交通畅通无阻，促进了人员、物资、思想、艺术的交流。今天的全球化可以说是由蒙古时代开端，丝绸之路经济带的概念似乎也与往日的景况相呼应。

帖木儿和他的子孙们。帖木儿出生于今乌兹别克斯坦撒马尔罕之南的碣石，是突厥化了的巴鲁剌思氏部蒙古人。他父亲是碣石的封建城主，附庸于伊犁的察合台汗。出于洞察力、个人野心、冒险性格、权谋和机遇，帖木儿建立了继蒙古帝国之后中亚和西亚最大的国家，也是当时世界上最强的伊斯兰政权。他年轻时反抗蒙古统治（还为此受伤，终生瘸腿），后来又以蒙古贵胄自居，并迎娶了西察合台汗的公主，喜欢被人称为驸马。他宣称以恢复昔日蒙古帝国为职志（因此时常进攻其他蒙古王公统治的地区），同时以伊斯兰教的传播者自命（自称“真主之剑”，却经常杀害其他穆斯林）。他晚年南侵印度，西征奥斯曼帝国并俘虏其苏丹，又打败基督教的十字军残余。他的最后一个目标是进攻明朝，重建元朝。1405 年，帖木儿病逝于远征中国的路上，地点正是成吉思汗派出的贸易使团被屠杀的讹答剌。帖木儿和朱元璋是同时代的人，年龄仅相差 8 岁。在与东察合台汗国斗争时，帖木儿几次向明朝进贡并要求结盟，但后来反目。帖木儿一生戎马 40 年，从未有过败绩，可谓军事史上的奇才。他所建的帝国几乎包括了西察合台汗国和伊儿汗国的全部以及钦察汗国的南部。这个帝国是在几十年的时间内以快速且残忍的手段抢掠烧杀得来的。一如蒙古帝国，它的存在的确有利于长途贸易和三条丝绸之路的整合。

郑和第一次下西洋时正是帖木儿去世那年。郑和下西洋和明朝永乐皇帝想联合帖木儿帝国对付北元有关。由于当时的一手资料已经被故意烧毁，而我也没能认真研究过其他史料，所以不敢贸然断定这一点。但是，海上丝绸之路和绿洲丝绸之路的整合以及与帖木儿帝国的友好往来，对庞大且兼有海陆两个疆界的明朝来说，绝非坏事。换句话说，帖木儿帝国和明朝虽然关山隔绝，但并不是没有共同的关注点。600 年前尚且如此，今日何其不然？

帖木儿本人虽然是文盲，但热衷于发展教育和文化，并热心推广伊斯兰教（主要应该是为了打造个人形象）。帖木儿帝国事实上是波斯文艺复兴的重要基地：集波斯古诗之大成的贾米和波斯细密画的宗师毕扎德都成长于帖木儿帝国的第二个首都赫拉特（在今阿富汗西部）。帖木儿的孙子兀鲁伯统治撒马尔罕时，建造了宏伟精致的清真寺和伊斯兰经学院，并且亲自授课。兀鲁伯也喜爱文学、哲学、数学，特别是天文学。他在撒马尔罕建造了当时世界上最先进的天文台，亲自主持绘制 1 000 多颗行星的方位图，是哥白尼之前世界上成就最大的天文学家。帖木儿的六世孙巴布尔继位后，被钦察草原南下的蒙古贵族昔班尼取代（这就是乌兹别克昔班尼王朝政权的开端）。在阿富汗南部游走若干年之后，巴布尔进入印度西北部，建立了统治印度长达 300 多年的莫卧儿帝国。巴布尔与比他较早的诗人纳瓦伊一样，都是先用波斯文写作，再以母语创作。巴布尔的自传是以察合台地区的突厥语为基础的，有不少阿拉伯词汇与波斯词汇，用阿拉伯字母拼写而成，具有很高的文学价值。这种有时被称为“察合台文”的文字是20世纪之前乌兹别克和中国新疆地区广泛使用的书面语，也是近几个世纪绿洲丝绸之路上的文化特色之一。

信仰与崇拜

任何部落都有自己的宇宙观、生死观和神灵崇拜。丝绸之路跨越许多不同部族和国度的边境，自然包含许多不同的宗教信仰和仪轨，因此各种不同宗教之间的交往和互动就在所难免。中国本土宗教相信苍天，崇拜不同神灵，也祭祀祖先。通过经由丝绸之路来到中土的商人和僧侣介绍，至少有5种宗教在汉族文化区得到传播并且扎根。

最早传入的是佛教。上文已经提到佛教深入中国社会的一些过程。佛教在东汉时期进入中国，与本土的道教大致同时在各地传播，因此互相影响和借鉴。一方面，因为佛教传入中国时已经有一套相当完整的思想体系和崇拜仪式，所以它对出自民间的道教（不是哲学上的道家）的信仰系统和崇拜仪式有颇大的影响。佛家思想和儒家思想的互动影响了1 000多年以来中国人的价值观。在中国发展的佛教思想（特别是禅宗）是佛、儒两家融合的结果，而宋明理学则是受到佛学影响后的新的儒家思想。

与佛教一起沿丝绸之路传入中国的还有音乐、美术和建筑。塔是因佛教而传入中国的印度建筑形式，“塔”这个字本身便是梵语的译音。更值得一提的是佛像的绘画和雕塑。早期恒河流域的佛教并没有佛像，甚至不容许为佛祖造像。但1世纪大月氏人所建的贵霜帝国境内有许多亚历山大东征时留下的希腊后裔，即所谓的希腊–大夏人。他们虽然信仰佛教，但又怀念希腊人对神祇的崇拜方式，觉得神需要有一定的形象。于是从希腊–大夏人集中的犍陀罗地区（今阿富汗南部和巴基斯坦西部交界的地区，如白沙瓦）开始，佛像开始流行，并以希腊－罗马对神的艺术表达手法为佛祖塑像。一如希腊的神像，佛祖的鼻梁高且直，头发是卷曲的，袍子有褶。这是希腊－罗马艺术和印度艺术的结合，被学者称为犍陀罗艺术。犍陀罗艺术经过中亚传入中国后，被普遍接受，但佛祖的鼻梁随着时间的推移逐渐扁平，眼睛也愈加似中国人，然而佛祖的头发则至今仍然保持卷曲。

其次是祆教。波斯人琐罗亚斯德根据雅利安人的传说创立了琐罗亚斯德教，在中国被称为祆教，因为礼拜时用火坛，又被称为“拜火教”。它与印度的婆罗门教有相同的源头，但琐罗亚斯德所传授的教义突出一个主掌光明与黑暗的大神——阿胡拉·马兹达。所以，与信仰多神的婆罗门教不同，祆教具有鲜明的一神教倾向。它的创立早于佛教，目前在印度和伊朗仍然有不少信徒。萨珊王朝时代，祆教被奉为国教，传遍波斯文明区。丝绸之路上最为活跃的商人是说东部伊朗语的粟特人，绝大部分都信仰祆教。

粟特人有一个庞大的国际商业网。大量粟特人住在新疆、河西走廊、内蒙古鄂尔多斯草原南缘以及长安。唐代，长安西城的主要居民是胡人，而胡人一般就是指粟特人。李白的诗句“落花踏尽游何处，笑入胡姬酒肆中”中，“胡姬”就是指信奉祆教的粟特女子。粟特人与当地人通婚的很多，多数人取用汉姓，并逐渐汉化。中国史书上所称的“昭武九姓”，即指粟特人按照他们祖上家乡的汉译名而取的汉姓。生于辽东的安禄山就是一个著名的例子，他的祖先来自安国（今乌兹别克斯坦的布哈拉），所以姓安。11世纪时，连续七代人统治敦煌地区的曹氏家族的祖先则是来自曹国（今乌兹别克斯坦东部）。粟特人在中国各地自成一个社区，有自己的宗教社团。祆教由这些社团维持，并因为粟特人与汉族通婚而得到了发展。

其后是摩尼教。波斯人摩尼自创的摩尼教，是从祆教和基督教各吸收了部分元素后形成的二元信仰。该教认为宇宙间有光明与黑暗两种力量，上纪是光明与黑暗共存并斗争，中纪是黑暗击败光明，下纪则是光明战胜黑暗。摩尼教在萨珊王朝时期被认为是异端，却吸引了许多信众。粟特人中就有不少摩尼教徒，唐代的回纥人更以摩尼教为国教，摩尼教因而长期活跃于丝绸之路上。

在中原汉族社会，摩尼教比祆教更有影响力。因为摩尼教教义相信光明终会战胜黑暗，故又被称为“明教”。摩尼教社团不向朝廷输诚，自唐武宗以降屡屡遭禁（武宗灭佛时，将摩尼教教士类比佛教僧尼一道杀害，祆教和景教则在稍晚之后才遭禁绝）。然而，历来受到朝廷禁止的民间组织都会设法化明为暗，因此摩尼教在中国境内禁而不止。北宋时，在南方起事造反的方腊就是以摩尼教教义作为号召。朱元璋在反元战争时曾与摩尼教有过接触，他把自己建立的政权称为“大明”，据说也与摩尼教有关。

还有受唐朝廷认可的景教。5 世纪时，君士坦丁堡的主教聂斯脱利不承认耶稣既是人又是上帝的两性论教义，他认为耶稣是人，只在精神上与上帝相连接，而非肉体和精神都与上帝相结合。因此，玛利亚不是上帝的母亲，只是被选中作为耶稣母亲的人。为此，聂斯脱利和他的追随者不见容于正统教会和皇帝，被判为异端而遭受迫害。他们于是逃到伊拉克和伊朗，加入并支配了当地的东方教会（不是以希腊正教为代表的东方正教）。一部分聂斯脱利派基督徒到丝绸之路的中段和东段传教，吸引了大批粟特人和突厥人来皈依。唐初，该派进入中国，受到朝廷的欢迎，被称为“景教”。8 世纪时，朝廷允许撰立了《大秦景教流行中国碑》，碑文分别为叙利亚文和汉文。13—14 世纪，许多蒙古人信仰景教。元朝不少大臣与军人都是景教徒。

元世祖忽必烈的母亲、成吉思汗第四子托雷的正妻唆鲁禾帖尼，就出身于信仰景教的克烈部，是克烈部首领王罕的侄女。她被称为“四帝之母”，因为她的 4 个儿子都做过皇帝：蒙哥继承窝阔台之位为大蒙古国的大汗；忽必烈继承蒙哥的汗位并建立元朝，被称为元世祖；旭烈兀在西亚建立伊儿汗国；阿里不哥也在与忽必烈斗争后在蒙古被推为大汗。

最近 100 年来，从新疆西部到内蒙古东部，一直向南到福建泉州，发现了几十处刻有叙利亚文的景教墓碑和十字架饰物，这说明景教在中国的传布十分广泛。

后来居上的伊斯兰教建立于 7 世纪。8 世纪始，阿拉伯人就已经在丝绸之路上出现，并且控制了波斯最东部的行省呼罗珊。751 年，唐朝的西域节度使高仙芝从龟兹率兵前往撒马尔罕平乱，与阿拉伯军在怛逻斯交战，大败而回。这是唐帝国在中亚式微的开端，也是伊斯兰教成为丝绸之路上的主要宗教的起始。先是说波斯语的苏非漫游于中亚草原上，劝化了许多信仰萨满教的突厥游牧部落；后来，许多突厥人被卖为波斯贵族的家奴或是兵卒；再之后则是皈依伊斯兰教的突厥人发起圣战，攻击有其他宗教信仰的政权。于是，塔里木盆地和印度河流域的佛教徒、摩尼教徒和印度教徒逐渐伊斯兰化。

就中国而言，第一批入华的穆斯林应是唐高宗永徽二年（651 年）从海上丝绸之路到达广州的阿拉伯商人。755 年，安史之乱爆发，唐朝廷分别请回鹘人、吐蕃人和大食人往长安协助平乱。这些大食士兵战后请愿居留中国，这应该是穆斯林沿着丝绸之路进入中原定居的开始。蒙古帝国三次西征，每次都带回许多兵丁和匠人，其中多数是穆斯林。整个元代，穆斯林人口大量增加，他们分布在全国各地，但主要定居在西北和云南。而东南沿海一带自唐代开始就有阿拉伯和波斯裔穆斯林商人定居，有些还成为地方领袖，受命于朝廷（如宋、元时期泉州和广州的蒲氏家族）。总之，今天全中国以汉语为母语的穆斯林属于回族，人口呈“小集中、大分散”的局面。

中亚和中国新疆的突厥语各民族已几乎全部伊斯兰化（唯一例外的是住在甘肃张掖附近、人口不足 2 万人的裕固族，他们信仰藏传佛教），形成了中国西北部以伊斯兰教为主要信仰的少数民族，其中最有特色的当属维吾尔族和撒拉族。维吾尔族源自蒙古高原，原来称“回纥”，后来为表示对唐臣服，向唐自请改称“回鹘”，9 世纪起由河西走廊进入新疆，与原住民大量通婚并逐渐将信仰由摩尼教、佛教或萨满教改为伊斯兰教。他们的文化传统久远，人口比中国境内的其他突厥语民族多得多，是新疆人口最多的民族。13 世纪蒙古帝国统治时期，撒拉族的祖先由于政治斗争而从今土库曼斯坦向东迁徙。突厥语诸民族主要是由蒙古高原自东向西迁徙，其中乌古斯突厥部族于 7 世纪开始逐渐向西迁徙到今乌兹别克斯坦与土库曼斯坦一带，并且进入波斯文明圈。撒拉族则于多个世纪后回头再向东迁徙，他们的迁徙之路艰苦卓绝，人数渐减，最后定居在距黄河源头不远的青海和甘肃交界之处。撒拉族现在人口大约有 12 万，和汉族、回族、藏族混居，通婚普遍，有语言而无文字，但大部分人口仍保持伊斯兰教的信仰和主要习俗。

第 8 章

丝绸之路的战略思考

海权、陆权与地缘政治

在欧洲人“地理大发现”之前的几千年里，欧亚大陆的中部地带一直是人类商业和文化交往的主要通道，由张骞通西域而开启的绿洲丝绸之路就在这个区域内。

16 世纪开始的海洋时代使传统的丝绸之路逐渐失去了往日的光辉，虽然它在中央欧亚所占据的地缘优势并没有终止。17 世纪开始，这片曾经见证辉煌岁月的土地遭强大的沙俄蚕食。18 世纪以来，海运的日益昌盛使它相对于欧亚大陆其他部分更为闭塞和落后。多个世纪以来“马鸣风萧萧”的动感之地，似乎透出了“落日照大旗”的悲凉。

19 世纪中叶是欧洲列强争夺世界霸权的时代。在欧亚大陆上，俄国占领了它的中心区——中亚，英国控制了南亚次大陆。俄国企图南下阿富汗，从而进入南亚与英国一争短长；英国则想控制阿富汗，从东面包抄波斯（即伊朗），同时阻止俄国南下。于是，在中央欧亚，英国和俄国在 19 世纪进行了一场具有地缘政治示范作用的“大博弈”。结果，双方都没能征服“帝国杀手”阿富汗，只好同意微调棋盘，让阿富汗的版图在东部增生一根狭长的“手指”，直接与中国接界，从而把英国控制的南亚与俄国控制的中亚隔开。既然阿富汗成了英、俄之间的缓冲区，这两个殖民帝国就都把注意力投射到新疆，各自在喀什设立人员庞大的领事馆——既要在新疆寻找新利益，又要监视对方的动态。

19 世纪末，美国在欧亚大陆之外逐渐崛起，成为海上强国。1890 年，美国海军军官学院军事历史学家马汉写了《海权对历史的影响》来宣扬“海权论”——拥有海军优势的国家将会影响全世界历史的进程。且不论海权强国是否真能影响历史的进程，这本书倒确实影响了美、英、日等海军强国的战略思维。日本后来发动太平洋战争，即是以马汉的海权论为指导思想，而海权论至今仍是美国海军的基本信条。

1904 年，英国伦敦政治经济学院院长、早期地缘政治学者麦金德在皇家地理学会的年会上发表了论文《历史的地理枢纽》。作为海权强国的战略思想家，麦金德提出了有关陆权论的“心脏地区论”——谁能控制东欧平原，就能控制“世界岛”（主要是指欧亚大陆）的“心脏地区”；谁能控制“心脏地区”，就能控制“世界岛”；谁能控制“世界岛”，就能控制全世界。这个理论对后来俄罗斯、德国和美国的战略家产生了相当大的影响。德国纳粹党人发动二战的动机之一就是要取得对“心脏地区”的控制权。美国的一些战略家也经常强调中央欧亚的重要性。美国和欧盟近年来对乌克兰的进取政策多少也反映出这种地缘政治思想。

我认为，麦金德的理论表现了 19 世纪典型的欧洲中心主义，但已不能概括今日的战略空间。现代的地缘战略固然不能无视二维地理的因素，但第三维（空中）、第四维（外太空），甚至第五维（网络）的作用也绝不可忽略。在这里值得一提的是，在麦金德的二维地理思考中，他说的“心脏地区”和丝绸之路关系密切。为了说明自己的理论，麦金德还以蒙古帝国和俄罗斯帝国的形成过程为例。由此看来，丝绸之路的战略位置确实非常重要。

新时代、新力量、新思维

1903 年，美国莱特兄弟发明了飞机，使人类的活动增加了一个重要的新维度。一战时，英国和德国都建立了空军，把仅有 10 年历史的飞机应用在战争中。当时，德国的王牌战斗机驾驶员曼弗雷德·冯·李希霍芬（绰号“红色男爵”）创下 80 次空战胜利的记录。这位战斗英雄的伯父正是李希霍芬教授，他在 19 世纪后期提出“丝绸之路”这个概念，并以此为从中国到中亚和印度的贸易通道命名。

1971 年，现在已经无远弗届、迅如雷电的互联网雏形在美国出现，地球真的是进入了“全球化”的时代。自此，陆、海、空、太空和网络这 5 个维度相互作用，陆权、海权、空权、外太空权和网络力量成为任何战略家都需要全面考虑的因素。

1991 年苏联解体后，几乎被世人遗忘的位于中央欧亚的“偏远地区”再度受到重视。在这片区域上新独立的 5 个国家（即哈萨克斯坦、乌兹别克斯坦、土库曼斯坦、吉尔吉斯斯坦、塔吉克斯坦，常被称为“中亚五国”）起初局势很不稳定，民族矛盾突显，宗教极端分子闹事，有的国家甚至发生了内战。

之后，俄罗斯力图把这五国拉回自己的势力圈内。美国、西欧、日本、韩国、印度、巴基斯坦和土耳其纷纷以经济与文化实力填补这个“真空”。中国作为一个大国和这些国家的邻国，自然也发挥了自己的力量。就在“9 · 11”恐怖袭击事件发生前后，西部大开发战略的实施以及新疆安全问题的浮现也促使中国政府把西部地区的发展与国家安全挂钩，并且将它们与中央欧亚的未来发展联系起来。

2001 年“9 · 11”恐怖袭击事件发生之后，美国派重兵进驻阿富汗，并且加强对附近地区的影响。这似乎是陆权论在 21 世纪的复活，但十几年的战争历程逼使美国一再修订战略思维。

2006 年，美国推出一个“大中亚计划”，建议以阿富汗为中心，北接中亚五国，南连巴基斯坦和印度，形成一个南北向的经济合作区，以中亚五国的石油、天然气和电力供应阿富汗、巴基斯坦和印度。借用中国战国末期的术语，这个计划可以被称为“合纵”。但由于阿富汗局势迟迟未能改善，印度和巴基斯坦之间的善意也难以建立，“合纵”的成功概率并不高。

经过几年的观察，我于2013年9月2日在《财经》杂志上发表了《大中亚与新丝绸之路》一文，在文中提出：“中国在海运路线上，尤其是具有战略地位的海峡地区需要与海洋强国周旋，确保自由航行的权利。在‘大中亚’（即中央欧亚）的陆地上，也需要与有关国家合作互助，让‘新丝绸之路’稳定安宁。”

同时，中国政府于2013年秋季提出“丝绸之路经济带”和“21世纪海上丝绸之路”（即后来的“一带一路”）的构思，倡议以国际合作的方式推动欧亚大陆各国东西向的发展，振兴欧亚大陆上历史最长、范围最广的贸易网络。这个提法近似于战国时的“连横”，它的实现将有助于目前相对落后的“中央欧亚”地区的经济和文化发展。

这是一个国际合作发展的新模式。这是对19世纪“大博弈”里“你输我赢”的地缘政治理论和20世纪冷战时期“敌我对垒、黑白分明”的意识形态的否定，体现了一种“大家都有饭吃，有事可商量”的包容性思维。但是，有鉴于国际政治的历史惯性和当前各大国之间的力量对比，这个宏伟倡议在实施过程中的困难程度绝对不容低估。中国的外交、军事、经济决策者需要切实了解这个地区的实际需要和社会民情，用成绩和参与国的满意度来证明这个倡议的价值与意义。

丝绸之路上的行为准则

中国既是内陆国家又是海洋国家。中国还是一个除了煤之外的能源均较为短缺的国家，需要进口大量能源。这就令中国的能源战略必须兼顾海路运输和陆路运输的安全性和可靠性。

近年来，中国的海上力量开始增强。但由于日本、美国顾虑中国的崛起，加上菲律宾、越南、印度尼西亚以及印度等国不时乘机纠缠，中国要大规模开发东海和南海的海底资源将会十分困难，要维持对南海领海和经济专属区的主权和权益并不容易。钓鱼岛问题是诸多国际战略方程式中最难解的一个。这个问题和南海问题有着相当程度的关联性，也因此使中国在海上的回旋余地并不大。

1971—1975年，我积极参与了北美洲华人的“保钓运动”。当时，我认定的道理就是，中国领土不容他国私相授受。今天，我依然相信这个道理。而且，我更认清了，中国已经不再任人随意宰割，不必因为过去曾受人欺凌而让悲愤情绪成为思考国际战略问题的负担，从而减少了自己的灵活性。决策者的思考出发点应该是：中国不是且不应该是威震四邻的亚洲新霸权。作为全球人口数量最多、经济力量第二大的国家，中国必须以全人类的共同命运为重，有所为而有所不为。

美国目前控制着波斯湾入口的霍尔木兹海峡、红海南端的曼德海峡和新加坡之北的马六甲海峡，是印度洋的实际主宰者。印度不想改变也无法改变这个现状，俄罗斯、日本和中国也都必须承认这个事实。

在陆地上的中央欧亚核心区，俄罗斯、印度、美国、中国各自有不同的条件和考虑。

俄罗斯过去是这一带的统治者，实力仍很强，不会甘心任由自己的优势被他人取代。多数俄罗斯民众也会支持政府在这方面的作为。问题是，俄罗斯未来的总体经济实力能否支撑它对这个地区的期望。

美国目前在阿富汗仍留有少量军队与基地，在吉尔吉斯斯坦、乌兹别克斯坦和巴基斯坦都有相当大的影响力。但美国和这个尚未发展的地区既不接壤，又没有历史渊源，一般美国民众也并没有认识到这个地区的重要性。在环球许多热点中，美国任何一届政府大概都不会为了这个地区无休止地投入大量人力、物力。

中国是中亚五国最大的商品来源地以及石油、天然气的主要购买者。中国和哈萨克斯坦之间已修建了一条不经过俄罗斯的石油管道，还在修建几条从土库曼斯坦经乌兹别克斯坦到新疆的天然气管道。俄罗斯已和中国订下了长期供应石油的协议，并且要修建新的管道。这些新设施既是亮丽的成绩，又有被人要挟和勒索的可能。而大多数中国人对于中央欧亚的认识都还很模糊，仅限于“恐怖主义”“宗教极端势力”“东突”“疆独”等概念。

提到新疆问题，我不得不说，它有可能会令中国政府感到棘手。新疆的一些宗教极端分子与恐怖分子结合，在前些年对社会安宁造成破坏，而中国政府的一些应对措施却被西方国家的政府与媒体说成是压制人权和限制宗教自由。尽管这些指控和喧嚣不绝于耳，但不可否认的事实是，新疆社会确实日趋安宁与繁荣。目前中国的发展战略是，要使喀什成为在 21 世纪再现辉煌的“丝路明珠”，让它能对整个中亚地区的经济与文化发展做出积极贡献。这一战略的正确性不容置疑。中国将和巴基斯坦共建瓜达尔港与喀什之间的中巴经济走廊，这将会把喀什这个内陆城市通过高速铁路和公路与印度洋连接起来。这条走廊的得益者远不只是巴基斯坦和中国新疆地区，它还将降低相当一部分中国进口能源的运输成本，也会分散一部分现在必须通过马六甲海峡的进口能源的风险。

可再生能源的开发以及油页岩提取技术的成功，使美国在能源供应上对中东和中亚的依赖度大为降低。也就是说，中央欧亚的能源和贸易网络对中国的重要性日增，而对美国的重要性却在渐减。

然而，在 21 世纪，海、陆两个“大棋盘”上上演的不会再是 19 世纪和 20 世纪的“零和游戏”。中国和俄罗斯应该在中央欧亚实现多方面合作，但无须联手对抗美国；中欧也应致力于创造共赢的局面，包括协调对伊朗的政策，而不应阻碍俄罗斯的发展。这个地区的经济潜力亟待发展，而一如 40 多年前的中国，目前的发展瓶颈就是基础设施。公路、铁路、飞机场、港口设施和网络建设都需要资金和技术的注入。这个地区是如此之大，有待建设的基础设施是如此之多，谁都没有足够的财力一家独揽，谁都没有足够的人力一手包办。

相比今日的几个海上强国，中国的海上实力仍然薄弱，在对于海上丝绸之路至关重要的印度洋上的力量更是单薄。因此，某些社交媒体上出现的大量耀武扬威、夸夸其谈的言论，越发令人觉得，“一带一路”这个长期构思的深厚思想还没有进入这些“言论爱国者”的脑中。

关心中国发展和世界和平的人千万不要忘记：共建、共有、共享，互信、互惠、互重，应该是未来丝绸之路上的思想与行为准则。

第 9 章

乳香、石油、地缘政治

1971 年才建国的波斯湾西岸小国卡塔尔在国际上十分活跃。它设立了半岛电视台，英语、阿拉伯语频道都很有影响力；曾担任世界贸易组织多哈回合谈判的地主国；举办了 2006 年亚运会；填海建岛，还请贝聿铭设计了一座新颖、典雅的伊斯兰教艺术博物馆，内藏有大量珍品。近年来，卡塔尔在“伊斯兰国”问题上的表现也颇为显眼。

世人较少知道的是，卡塔尔外交部最近 15 年来，每年主办一场多哈论坛，邀请各国政要和学者讨论中东的经济发展前景。

2015 年的多哈论坛于 5 月 11—13 日举行，由美国加州大学洛杉矶校区的中东发展中心协办，共有 200 多人参加。除开幕式和闭幕式之外，这场论坛分为 6 节，在 4 个会场同时进行，因此总共 24 场，分别讨论 24 个题目。就我所见，每场讨论中，台上、台下的发言都很热烈。

由于此次论坛开幕之前恰有几件举世瞩目的事件发生，所以无论是在哪一场，无论讨论的是的什么题目，都有人在发言时谈及与这些事件有关的问题。据我统计，大家所关注的问题依次是：限制伊朗核武器的谈判，阿拉伯国家政局之不稳定（包括“伊斯兰国”现象），中国的崛起和亚洲基础设施投资银行的创建，石油价格低落与中东的经济发展。

地缘政治冲突下的中东和平，是中东诸国念兹在兹的理想。

论坛的参加者可以分为以下4类：中东各国人士，移民欧洲、美国、澳大利亚的中东裔人士，与中东没有血缘联系的欧美人士和来自中东以外的亚洲各国人士。这4类人的观察角度与侧重点有所不同。如果一定要做一个总括，我会说：中东本土人士大多（除了一名以色列人）认为，英法一战后瓜分并托管阿拉伯领土、以色列建国之后受到西方国家的偏袒、美国无端发动伊拉克战争，都是造成今天阿拉伯国家社会不稳定的原因；一些移居西方的中东裔人士则指出，中东社会内部本就存在歧见与矛盾；欧美人士中，一部分人关注中东的人权发展与公民社会的建立，另一部分人则关注中国崛起对中东的影响（有两名发言者观点较为过分，遭到在场中国学者的反驳）；亚洲学者大多来自中国、日本和印度等国，都同意亚洲与中东的关系将会更加紧密，而中国则会在中东地区扮演日益重要的角色。

综合论坛中发言者的看法，“战争与和平”在中东将会有托尔斯泰在写作同名著作时不可能想象到的内涵：战争无论是长是短，无论有没有美国地面部队参与，都难以得到清楚的结果；和平无论是由于力量的平衡还是极端不平衡，都难以长期维持。

乳香与石油

阿拉伯半岛（幼发拉底河以南）的气候十分干燥炎热，多山、多沙漠、少河流，所以没有像邻近的美索不达米亚、波斯、埃及那样发展出农耕文明。因为它位于欧、亚、非三大洲的交汇之地，所以贸易成为很重要的经济活动。阿拉伯半岛出产的乳香、没药和珍珠很早就已传遍欧、亚、非三洲。

由于印度洋上的季风便于海上航行，阿拉伯半岛南部（阿曼、也门）与印度西岸和非洲东岸在2 000年前便已经交往频繁，印度的香料、宝石、高级棉纺品和非洲的象牙、犀牛角、黄金等通过也门和阿曼转口，分销到三大洲各地。但这些丰富斑斓的产品都不是生活必需品，所以贸易量有限，而且很受气候和战争的影响。

殖民主义者的作为

19 世纪，英、法两国成为工业化的殖民帝国，工业产品大量销售到亚洲和非洲各地。这时，欧洲工业国家对原料的需求大为增加，因此印度洋上的贸易量急剧上升，远远超过亚欧交通十分通畅的蒙元时期，以及葡萄牙人与荷兰人主宰印度洋贸易的时期。

20 世纪以来，石油在全世界的使用量大为增加，逐渐成为国家发展的必需品和重要的战略资源。

从一战前到二战后，里海周围和海湾地区（中国汉朝的甘英、唐朝的杜环、元朝的汪大渊、明朝的郑和都曾经到访这个海湾，伊朗人称之为波斯湾，阿拉伯人则称之为阿拉伯湾）陆续发现了大量石油和天然气资源。

有人认为，真主特别照顾穆斯林，因为这两个地区的绝大多数居民都是穆斯林。但实际上，当时掌控这两个地区的是俄国和英国。俄国／苏联直接统治着里海周围的阿塞拜疆、哈萨克斯坦和土库曼斯坦，不需要什么手段就可以开采地下的资源。英国则在海湾地区进行既挑拨又调解的策略，使本来受奥斯曼帝国统治的各个阿拉伯部落和酋长国争战不休，后来逐步组成了几个依托于英国的政权。

自 20 世纪 30 年代海湾地区发现石油以来，英国、美国、法国、荷兰等国的石油公司与海湾地区的国家签订了许多不同的协议，大致内容就是石油公司以出售石油所得的一小部分收益换取对某一片油田的开采权和销售权。这些协议看起来很不平等，因为地主国一旦签订协议，自己地下的资源要不要开采、开采多少、价格如何决定、运往何处，就完全由外国石油公司决定；唯有伊朗较早迫使外国公司让步，拿回开采权。但是，阿拉伯各国的酋长们并不糊涂。他们知道自己国家根本没有开采能源所必需的人才和技术，与其守着藏在地下的资源过穷日子，不如靠它赚钱，并用一部分赚来的钱培训或招聘人才，购买设备，以为将来自己开发做好准备。

二战后，以色列建国，美国对它的强力支持以及阿拉伯国家屡次战败的事实，使各阶层的阿拉伯人心理都受到极大的冲击，一种无力感和被迫害感普遍存在于阿拉伯人心中。

1960 年，石油输出国组织（简称“欧佩克”）成立，这是各个石油生产和输出国初步尝试通过协调争取主动权。

20 世纪 60 年代，欧洲国家经济起飞，对石油的需求大增，石油价格猛涨，因此石油生产国的财富陡然增加。1973 年埃及和叙利亚对以色列发动突袭战争之后，产油的阿拉伯国家以石油作为武器，发挥了相当大的效用。其结果是，原油价格由每桶 3.5 美元上升到每桶 15 美元，这些国家乘机积蓄了大量的石油美元，并且调整了它们与西方石油公司的关系，得到了石油开采和生产的主动权。

在整个中东地区，伊朗、伊拉克、沙特阿拉伯是最大的三个石油输出国，也是三个地区大国，但它们之间的关系十分复杂。1979 年，伊朗什叶派教士领导的革命掀起了持续至今的伊斯兰复兴运动，令海湾各国也顺势宣扬它们的逊尼派瓦哈比教条的信仰，但什叶派的兴起又令海湾国家的逊尼派统治者感到忧虑。所以，阿拉伯半岛各国的统治者既反对以色列，又反对强烈反对以色列的伊朗。

1980—1988 年，伊拉克和伊朗爆发了一场战争，双方都遭受重大损伤，但结果胜负难分。经过这场战争，由教士主导的伊朗政权得以巩固，伊拉克总统萨达姆·侯赛因也更加专断独裁。尽管伊拉克的石油收入因为战争的破坏而大为降低，但萨达姆仍然维持将近 100 万人的军队。他一方面镇压自己认为怀有分裂意图的库尔德族，另一方面又因为科威特不同意伊拉克自由进出海湾而动兵“收复”科威特（科威特于

1932 年被英国从伊拉克划出来作为保护国，到 1961 年才获独立）。

1991 年苏联解体后，美国成为世界上唯一的超级强国，再没有国家可以与之抗衡。它的第一个大动作就是动用高科技，以雷霆之势摧毁了在两伊战争中得到大量美国装备的伊拉克军队。美国为了得到其他国家的认可和财政支持，召集了几个盟国组成联军。这场战争的战费超过 600 亿美元，一半以上由科威特负担，其余部分则由参加联军的国家分摊。

2003 年，经过几年的禁运、制裁、实地检查之后，美国率领由几个盟国组成的联合部队进攻伊拉克，理由是要“找出并销毁大规模杀伤性武器”。最终，萨达姆被处死，他的追随者多数被判刑，几十万军队被解散，其中许多军队成员成为当时很活跃的基地组织和日后出现的“伊斯兰国”的招募对象。

在一些伊拉克流亡政客的配合下，美国主导推出一部新宪法，把伊拉克政权交给曾受到萨达姆压制、占伊拉克人口大多数的什叶派，由这个亲美的新政府处理伊拉克的石油生产与油田招标事务。此时，新宪法规定的库尔德自治区政府决定不经过巴格达的中央政府，自行对外招标，开发境内的油田，这导致大量财富北流。前两年肆虐的“伊斯兰国”就是因为控制了一部分位于伊拉克北方的油田而获得了稳定的收入。

就在美军准备撤出伊拉克之际，美国因为次贷危机而引发了一场全球金融海啸。此时，石油价格猛涨，最高时曾达到每桶原油 145 美元（伊拉克战争之前原油价格为每桶 30~40 美元）。几年后，乌克兰危机爆发，油价又有所回落，大约为每桶 50 美元。

就在油价高企的那几年，美国的油页岩得到大规模开发，美国境内的油田和气田产量也有所增加。现在，美国的能源需求已能自给自足，而低油价严重打击了以石油为主要收入来源的国家，其中就包括几个美国不喜欢的国家——俄罗斯、伊朗、委内瑞拉等，但也包括美国一向支持的、拥有大量主权基金的海湾国家。这些海湾国家的政府开支受到影响，购买美国国债和进行其他投资的能力减弱，对自己的发展感到忧心忡忡。

“美国治下的和平”

罗马帝国在奥古斯都时代达到盛世，统治着欧洲西部、北非和西亚的大片领土，派军队驻扎各地，实行罗马法律，使这片广大的地区持续200年没有战争，历史学家称之为“罗马治下的和平”。13—14世纪，蒙古人统治欧亚大陆的大片区域，许多历史学家也就以“蒙古人治下的和平”来形容蒙元帝国的统治。很自然地，当代不少人都把如今美国在全世界的霸权称为“美国治下的和平”。

20世纪中叶，美国的GDP（国内生产总值）占全世界经济总量的一半左右，欧洲于20世纪50年代也开始复兴。所以，在20世纪下半叶，大西洋上的贸易量远超印度洋。20世纪末，亚洲各国先后快速发展，一如英国历史学家汤恩比所预言：21世纪将会是亚洲世纪。

到21世纪中叶，估计全球各国GDP总量的前6名应该是：中国、美国、印度、日本、俄罗斯、印度尼西亚。其中4个半国家在亚洲。在人类历史上，欧亚大陆素来是文明最为昌盛的区域，印度洋毫无疑问是全球贸易最重要的海洋。因此印度洋上的贸易一定会再度兴旺起来，届时南海将成为全世界最重要的商道。

然而，即使中国的GDP总量居世界第一位，美国、日本及不少欧洲国家的人均GDP仍将远超中国。中国预计自己到21世纪中叶将会成为一个中等发达国家，可谓恰如其分。

美国的条件确实得天独厚。它东临大西洋，西濒太平洋，南边是较它弱得多的墨西哥，北面是“兄弟国”加拿大，所以美国的国土很安全。它的创新能力和经济活力领先全世界100余年而未见消退，军事力量更是全球无敌。

美国目前所担心的是恐怖主义的威胁，以及中国崛起后可能要取代它的全球霸主地位。恐怖主义对美国的威胁是实实在在的。除了“9 · 11”恐怖袭击事件之外，美国本土 200 年来从未受到外部力量的袭击。而现在，绝大多数恐怖分子都想要攻击美国。但美国对中国的担心是多余的，这种担心主要是由于美国在世界上的相对优势较 25 年前最盛时有所减退，不少美国人对此感到不安。

其实，中国和印度这样的人口大国和文明古国在过去两三百年里大幅落后是历史的异常。18 世纪中叶以前，中国和印度的 GDP 之和占全世界 GDP 的 70% 左右。如果没有意外，中国和印度恢复大国和强国的地位指日可待。这才是历史的常态，但这绝不意味着中国或印度能够取代美国的地位。

中国既没有做全球霸主的意图，又没有这样做的条件。中国有 14 个陆上邻国，其中有 4 个国家拥有核武器，中国和印度还有未解决的边境争执。中国还有 9 个海上邻国，其中包括强国日本，以及与中国有领土争端的南海国家。

为了应对这样一个复杂且困难的地缘态势，中国必须审视全局，坚毅沉着，既要与邻为善，又要坚守底线。很明显，只有和平的环境才能令中国发展和进步。反过来，美国试图遏制中国崛起的任何军事行动都是缺乏远见的，都是源于不理解中国的现实。

近来中国政府正式提出的“一带一路”倡议是符合中国本身条件的，反映了和平共处、共有共享、互利互惠的思想。它也符合现代历史发展的总趋势，有利于区域经济的一体化，有助于经济活动的全球化。

亚洲基础设施投资银行的创建是该倡议的一步，也是历史上第一次由中国牵头成立的大型国际机构。这个创举已经初见成绩，在 2015 年的多哈论坛上被许多人提及。但这只是第一步，这一倡议在未来实施过程中遇到的挑战和困难必然不会少，需要有关国家诚心合作才能见到成效。

未来的能源需求

从世界能源需求的角度看，中国和印度将会是21世纪主要的能源需求国家。未来20年里，这两国的新增发电量将会占全球发电量增长的60%；东南亚和南亚国家也都将会进入快速发展的阶段，需要更多的能源。所有这些亚洲国家的节能手段和可替代能源的开发均落后于欧洲和美国，所以它们对中东石油和天然气的依赖度将会增加，而不是降低。到2025年，中国将会超过欧盟成为世界最大的石油进口国／地区。

相反，美国在能源方面已经自给自足，即将成为净输出国。所以，中东对美国的重要性正在减弱。欧盟的新能源产量还不足够，所以会继续需要进口俄罗斯的天然气，但已不必从（除利比亚以外的）中东地区大量进口石油。

非洲有许多国家都有丰裕的能源储存，但非洲也即将进入人均能源消耗快速增加的阶段。非洲大陆能否在能源上自给自足，这个问题目前没人能够回答。能够确定的是，非洲的能源需求仍然会滞后于亚洲，不会成为中东石油的重要输出地。

总体而言，到2035年，美国、俄罗斯和沙特阿拉伯这三个国家将会供应全球液态能源的35%，而其他石油输出国组织成员总共会供应其中的大约40%，和2013年的比例相同。

中东将往何处去

由此看来，且不论各国如何面对碳排放的问题，中东的石油在未来几十年不会缺少买家，只是多数买家将会是亚洲人。

2 000多年前，阿拉伯半岛的乳香主要销往亚洲的印度和伊朗。800年前，十字军东征使中东与西欧近距离接触，几个由西欧武士建立的拉丁王国曾统治叙利亚和巴勒斯坦100多年。1270年，法国国王路易九世在东征途中病逝，被天主教会认为是殉教，因而被封为“圣路易”。16—17 世纪，奥斯曼帝国是欧洲最强大的国家，两度包围并且几乎攻陷维也纳。

从 18 世纪开始，欧洲与中东攻守易势。18 世纪末，拿破仑率军入侵埃及，自此欧洲国家和中东地区更是恩怨不断。从 19 世纪开始，欧洲的学者开始研究中东的语言、文化和社会，建立了东方学，让全人类更加了解中东的古老文明。而同一时期，奥斯曼帝国、埃及和波斯开始学习西欧的科学技术和典章制度，开始了现代化的努力。

自从石油成为中东不少国家的主要产品之后，欧美各国就成了中东石油的开采者、购买者，同时也是中东国家的投资者、管理顾问和武器供应者。中东各国人士，一如他们在 2015 年多哈论坛上的表现，在心理上对欧美国家是又爱又恨。但是，不可否认的是，他们对欧美国家是熟悉的。但对于亚洲国家，特别是东亚国家，他们是陌生的。

综上所述，中东产油国家不必担心它们的石油未来没有买家，只是对于未来买家的历史、文化与社会，它们尚不熟悉。

对亚洲各国来说，中东是它们最容易获得能源的地区。但是，亚洲各国不能确定的是，中东多变的局势和不稳定的产量能否保证它们的能源供应，更重要的是，能源的运输是否安全。

毫无疑问，印度洋上的航运畅通，特别是霍尔木兹海峡和马六甲海峡以及南海的航行安全对即将大幅增加的石油运输极为重要。两伊战争时，石油运输就曾受到军事行动的影响：一艘香港东方海外公司的约 50 万吨超巨型油轮被伊拉克空军炸沉。当未来的印度洋成为世界上最重要的海上贸易区时，海上安全的重要性将会大增。可以预期，利益不同的各大国在中东与印度洋地区的博弈可能会加剧。届时，对石油输出国和消费国来说，印度洋上的和平将是各方共同的愿望！

第 10 章

印度怎样看“一带一路”

自中国于 2013 年秋季正式提出“一带一路”倡议以来，与陆上丝绸之路和海上丝绸之路关系都极为密切并且也正在迅速发展的印度，还没有清楚表明它对于该倡议的态度。

古老庞大的印度

大多数中国人都知道，印度是一个文明古国。印度河流域在 5 000 年前已经有相当发达的城市建设，包括下水道。这个后来突然消失了的文明被称为“古印度文明”。3 500 年前，陆续从中亚进入印度的雅利安人带去了吠陀经，建立了种姓制度，分成了许多王国，后世称之为吠陀文明。1 000 年前，许多信奉伊斯兰教的突厥人从中亚分批进入印度，建立了以德里为政治中心的大小不一的苏丹国。约 500 年前，另一批信奉伊斯兰教的突厥人（他们是成吉思汗和帖木儿的后人）由中亚南下，建立了莫卧儿王朝，统治印度长达 300 多年。总之，在最近 1 000 年中，印度形成了以印度教和伊斯兰教为主的二元社会，它表现为一个能够包容不同成分的近代和当代的印度文明。

印度目前人口约 13.5 亿，居世界第二位，与中国几乎不相上下。印度近年来经济发展颇为迅速，其 GDP 总量在 2018 年居世界第 6 位，预计未来 10 年的年增长率会超过 7%。据估计，截至 2030 年，按 GDP

总量计算，中国将位居世界第一，美国第二，印度第三。

中国人常常会忽视一点，印度的地理位置极为优越。在欧、亚、非大陆上，印度居于中心地位。印度北面是喜马拉雅山脉，西北通达中亚地区和中国的新疆、西藏，东北连接孟加拉国、缅甸和中国西藏的东南部。这些接触使印度自古代起就与亚洲其他地区保持通畅的商业与文化交流，而这些陆上联系纽带恰好就在横贯欧亚大陆温带的“绿洲丝绸之路”和接通亚洲温带与热带的“南方丝绸之路”上。

值得注意的是，在印度洋边缘的众多国家中，目前唯一与印度敌对的国家是与印度“本是同根生”的巴基斯坦。而综合考虑印度在陆地上的近邻和远邻，唯一让印度感觉不安的国家是中国。

印度早期的海上交通

正当中国生产的丝绸风靡罗马帝国的上层阶级，以致有人担心罗马人会把财富过分消耗于昂贵的中国丝绸时，印度则掌握了罗马之胃——罗马人的食品中大都添加印度香料以佐味。一位名叫阿比修斯的作者所写的食谱中列有500道菜谱，其中近400道菜都需要用胡椒。当然，从罗马帝国运往印度和中国的有精致的玻璃（广州南越王宫里就有）和美酒，还有时常被用作压舱货的铜和锡。

从1世纪开始，印度的棉花开始大量外销，首先是销往阿拉伯半岛和东南亚，其次是印度洋的边缘地区（如东非）。

公元前150年左右，希腊海员发现印度洋上有一种季风，夏天自南向北吹，冬天自北向南吹。印度东西两方的海洋都有季风，自此，印度洋上的航行船中便不必沿海岸线行驶，而且可以预测所需时日。由于季风的缘故，印度洋进一步成为亚洲、欧洲和非洲大陆之间的商贸海域，而印度南部则成为欧洲、西亚、东非和中国之间贸易的中转站。

中国最著名的几位僧人去印度取经时，都得益于陆上丝绸之路和海上丝绸之路给他们提供的便利。东晋的法显于 399 年从长安出发，由陆路经过新疆塔里木盆地和中亚犍陀罗到印度北部。在恒河中游居住了七八年后，他继续向东，从距恒河出海口不远的海港搭乘可容 200 多人的大船，几经风险到达斯里兰卡。两年后，他再乘商船到苏门答腊东部，休整之后预备继续北上广州，但途中遇到大风，船在海上漂流三个多月，他最后改乘另一艘船返抵山东胶州湾。在 200 多年后，玄奘完全凭借陆上丝绸之路完成了他一去一返的路程。此后还有唐代释义净再去印度，来回走的都是海上路线。唐代释慧超也去过印度，走的是海上去、陆上回的路线。

佛教传入中国时，除了经文和艺术之外，梵文和印度的语音学也被中国僧人和学者掌握。中国僧人为了帮助记忆而把梵文字母注上汉字，由此启发了中国汉字的反切标音法。汉字的音韵学中采用的“三十六字母”，就源于梵文字母。

751 年，唐朝军队与阿拉伯军队在怛逻斯的遭遇战中大败，使唐朝不得不退出中亚。紧随其后的安史之乱又使陆上丝绸之路上的交通继续消退。与此同时，新兴的阿拉伯阿拔斯王朝在巴比伦旧都附近建设新都巴格达，并努力不仅使巴格达保持陆上交通重镇的地位，而且大量开通巴格达与海外各国的交通。

在这期间，印度的数字（包括 0 到 9 共 10 个数字）传到阿拉伯世界，又由阿拉伯人推广到欧洲，因而被欧洲人称为阿拉伯数字。自此，它成为全世界数学的标准符号，一直沿用至今。印度与波斯的一些传奇故事后被编纂成书，就是我们所熟知的《天方夜谭》（或称《一千零一夜》）。

印度洋成为阿拉伯人的内海

自 9 世纪起，东亚的中国和西亚的阿拉伯帝国，一消一长。在中国，南方的经济增长逐渐超过北方，因此广州、泉州等地逐渐取代了长安、洛阳，成为国际贸易中心。由此，欧亚大陆之间的陆上交流渐被海上交流超越。

《天方夜谭》里水手辛巴达的故事固然是虚构的，而且有些荒诞不经，但它反映了当时阿拉伯人对于航海的向往。

印度虽然仍旧处于印度洋贸易的中心地区，但从10世纪之后，主宰印度洋贸易的就不再是印度人，而是阿拉伯人和波斯人。他们聚居在印度洋边缘各地，包括苏门答腊、东非沿岸各地，以及中国的广州。唐末黄巢农民起义波及广州，"藩坊"里被杀的阿拉伯商人和波斯商人数以万计，说明了当时海上贸易的规模以及主要参与者。在这个时期，印度洋实质上是阿拉伯人的内海。

蒙古人三次西征之后，逐渐建立了历史上最大的帝国。这个蒙古帝国具有4个关系复杂的政治实体：在东欧和北亚的斯拉夫人和克普恰克（钦察）突厥人领土上建立的钦察汗国；主要位于波斯人所在地区、同时拥有陆上贸易通道和海上贸易通道的伊儿汗国；主要在中亚、部分在新疆的，以突厥语族裔居民为主的察合台汗国；继承了南宋的大元。由蒙古人建立的这4个国度，与2世纪时的罗马帝国、波斯帝国帕提亚王朝、贵霜帝国以及汉朝一样，彼此相连，横贯欧亚大陆。

蒙古人为了鼓励商业，增加税收，在许多地方修建道路、桥梁，疏浚大运河，设立驿站和商旅客栈。各个蒙古汗国的政治与商业决定以及它们之间的往来，使13—14世纪的海上交通与陆上交通同样重要。这不是一个历史的偶然，而是忽必烈在全面统治中国之后的重要战略决策：如何让基本上独立于他这个蒙古大汗的三个汗国与他保持联系，并且受到大汗的影响或节制。

他通过二三十年的努力才建成连通海上和陆上交通的网络。因此，这一时期有许多欧洲人或是通过陆上或是通过海上到达中国，见证了蒙古人统治下的中国的繁荣和富庶。

蒙元时期，欧亚大陆上的贸易和文化交流可以说是当代全球化的雏形。用流行的语言说，蒙古人开创的全球化是当代全球化的 1.0 版。

印度人看“一带一路”

无论在什么时代，地理环境、物资供应、人口素质、内部凝聚力和战略思想都是实现长期目标的决定性因素。中国最近提出来的“一带一路”倡议的成功与否，当然也要取决于这几个因素。

从地理环境这一点看，印度具有非常重要的地位。印度对“一带一路”的认识和决策，将会在很大程度上影响“一带一路”倡议的实施成果。那么，印度如何看待“一带一路”呢？

凭我对印度的认识以及通过媒体看到的一些信息，我认为印度多数精英对中国提出的“一带一路”倡议并不很认同和赞赏，许多人还可能有些抵触情绪。假如中国的学术精英和决策者能够易位思考，至少试图了解印度人的态度，那么中国对未来可能出现的挑战就可能会有较为有意义的准备和回应。

印度洋的确长期是欧、亚、非经济与文化交流的重要区域。印度能在 1947 年取得独立，多数印度精英认为这是近一个世纪反殖民主义斗争所取得的胜利，因此他们认为印度是殖民主义者被迫放弃的利益的自然继承者。由此推理，他们认为印度理应是印度洋的主宰者；正是因为有印度，才会有“印度洋”这个名词。印度作为一个大国，在冷战期间没有加入任何一个阵营，而是坚持不结盟政策。尼赫鲁和他的战友们之所以有这样的志气和大国心态，就是因为他们认为独立的印度必然可以成为世界的大国和强国。

中亚内陆国家从 12 世纪以来，特别是从 16 世纪以来，就和印度联系紧密，双方人员和信息往来频繁，所以印度人对中亚国家有特别的情感。很明显，印度对陆上丝绸之路有许多贡献，因此自觉应该有发言权。

从现实利益看，印度的能源需求越来越大，希望能靠中亚国家提供一部分能源。美国近年来提出“大中亚”和“新丝绸之路”方案，建议把中亚国家生产的石油和天然气向南运入阿富汗，再转往巴基斯坦和印度，从而建设一条能源通道。而中国与中亚国家以及俄罗斯所建立的协议，是把中亚和俄罗斯生产的能源运往中国。这个东西向的能源处置方案和美国所建议的中亚能源向南运，恰巧就是中国战国末期“连横”与“合纵”的现代版。因此，中国在中亚几国修建通往中国的油气管道，和印度的利益有潜在冲突。

在北、东、南等方向，印度和尼泊尔、孟加拉国、缅甸、斯里兰卡、马尔代夫等国都有无可否认的历史渊源，印度不可能对这些国家所参与的协议不闻不问。

中国有“振兴中华”的决心和“中国梦”，印度也有自己的“印度梦”和“强国梦”。这两个国家的梦没有必然冲突的理由，甚至可以结合起来共同圆梦。但在最近半个世纪的国际关系发展中，特别是1962年中印发生武装冲突之后，西方的媒体、学界和政界持续用中印两国做比较，使今日的印度精英普遍对中国有一些异样的感觉。然而，印度的有识之士也很多，他们即使对中国所提出的“一带一路”倡议并不满意，但在外交场合也不会轻易表现出来。

通过媒体可以看到，印度国内对于“一带一路”倡议所持的观点大致有以下三种。

第一种观点认为印度应该参与“一带一路”的有关建设。比如，印度已经在和中国探讨建设一条从西北部的新德里到东南部的金奈的高速铁路，这是个积极的回应。持这种观点的人认为，参与“一带一路”的某些项目反而能使印度获得发言权和影响力。

第二种观点认为中国根本就是想入侵印度洋，在马尔代夫、斯里兰卡、缅甸，尤其是巴基斯坦寻求港口，并从这些港口修建铁路通往中国；中国在中亚的存在也是在分散俄罗斯和印度在这个地区的利益。这部分人认为，“一带一路”倡议不利于印度，因此印度应该抵制它，使中国没有办法顺利地实施这个战略。从这个角度出发，印度和日本、美国有时表现得特别热络，目的就是希望靠美国、日本的牵制，使中国的海上力量无法在印度洋充分发挥。美国一再提出在亚太和印度洋的战略构思，印度表现积极，但谈不上热烈。在印度与俄罗斯、伊朗甚至土耳其的交往中，也有类似压制中国在中亚的影响力的动机。这并不是说印度希望美国、日本在印度洋拥有更大的发言权，或者是希望俄罗斯、伊朗、土耳其在中亚更有势力，而只是“远交近攻”的一种谋略运用。

第三种观点认为印度作为大国，不应该轻易表态。应该先看中国走哪几步棋，如果中国的棋走得不好，印度就不必反对了；如果中国的棋走得很好或者很合乎印度的利益和理想，印度也可以考虑更积极地回应。总之，印度现在不宜过早表态。

中印关系的基调

这三种态度究竟哪一种会被当今由印度教民族主义者主导的印度政府接受或者采用呢？目前，我们还不清楚。但我们可以从近50多年来中印关系的基本走向中找到部分答案。

首先，中印的领土边界纷争几十年间都没有取得过真正实质性进展。当前，无论是中国还是印度都在强势政府的领导之下，没有一方会做出足以令对方满意的让步。因此，中印在领土争端的问题上不可能在短期内取得重大突破。搁置领土争端，寻求文化和经济上的交流与合作是双方都已同意，并且切实可行的方向。

其次，印度最大的敌对力量来自巴基斯坦，其中一个难解的大问题是克什米尔的长期分治。最近印度修宪，取消查谟－克什米尔邦自治的特殊地位，将其变成一个普通邦。这对印巴关系绝对是严重的挑战。中国与巴基斯坦特别紧密的关系（尤其是中巴经济走廊将会穿过巴基斯坦治理的克什米尔），是印度和中国关系无法实质改进的原因之一。此外，印度对阿富汗的局势非常关心，总希望发挥影响力。印度关心阿富汗的程度未必低于巴基斯坦对阿富汗的关心，只因为印度和阿富汗之间隔着巴基斯坦，所以印度没有办法完全表现出自己的力量。无论如何，印度和巴基斯坦都是上海合作组织的成员。巴基斯坦和印度关系的任何改善，都一定会有利于中国和印度的关系。

前几年，印度主动提出了一个包括印度洋边缘区在内的“棉花之路”计划。棉花曾经长期是印度的主要出口产品，一如丝绸之于中国。丝绸固然被销往许多地方，但终究属于奢侈品，而棉花则是必需品，被销往的地方更多。所以，印度提出的“棉花之路”可以和“丝绸之路”互相媲美，甚至互相竞争。然而，丝绸并不是中国唯一的外销产品。从唐朝开始直到清末，瓷器也是中国外销产品中很重要的一部分，茶叶同样是如此。所以对中国来讲，“丝绸之路”这个名词只是一个简单易明的符号。

英语中的“One Belt and One Road”（“一带一路”）或“Belt and Road Initiative”（“一带一路”倡议）倒是提出了一个模糊处理的模式。说的是“One Belt”和“One Road”，并没有说是哪一条经济带，是什么路。假如中国和印度在这几个名词上能够达成某一种共识，那么心理上可能就更加轻松，而“一带一路”这个倡议的实施，对中国和印度就可能都大有好处。

在中国和印度各自现代化的进程中，可以合作和相互借鉴的地方很多。对碳排放的管控和对空气污染的治理就是一个明显的项目。以我自己在中印两国几个主要城市的亲身体验，两国都存在空气质量不佳、能见度低的问题。但愿双方的精英都能够撇开污浊空气造成的恼人氛围，创造一些沁人心脾的课题。更希望两国都不要被灰蒙蒙的空气阻碍了自己的视线，看不见就在喜马拉雅山那边的合作伙伴。

第 11 章

中巴经济走廊的历史渊源

中国和巴基斯坦是近邻，这是不可改变的现实，因此我想在此介绍一些曾为中巴两个民族开路、引路的历史“人物”。通过追溯他们的事迹，我们将打开记忆宫殿之门，领受殿内华灯带来的启迪。

29 年前，我担任香港科技大学工学院院长时，从美国招聘了一位计算机专业的巴基斯坦裔学者。这位年轻的朋友向我推荐了努斯拉·法帖·阿里·汗的音乐，我立即被这位歌者的美妙嗓音折服。不仅如此，我还非常喜欢巴基斯坦的流行音乐，其中有些曲目似乎源自苏非的音乐。

大约 20 年前，这位朋友从巴基斯坦给我带了一本出版于巴基斯坦东北部城市拉瓦尔品第的精装中阿双语版《可兰经》，译者是北京大学的马坚教授。这本书成了我的珍贵藏书，后来我把它捐赠给北京大学的阿拉伯语系。

印度河流域的人头像：我们是谁

5 000 多年前，印度河流域的先民开创了灿烂的文明，在诸多方面取得高度成就。他们是谁？从何处来？与谁为伴？先民没有留下丝毫线索，仿佛有意给后世的我们出了一个谜题。不仅如此，印度河流域出土的早期黏土像与欧亚大陆其他新石器时代的塑像惊人地相似，这似乎在昭示人类拥有共同的起源。

一种猜测是，印度河流域的先民至少曾与美索不达米亚平原的苏美尔人和阿卡德人有过往来。我注意到，这两种文明都在 4 500 多年前使用过圆柱形滚动印章，这个发现令我大为惊喜。

史料中对青铜时代早期美索不达米亚居民后代的记载较为完备，但摩亨佐·达罗、哈拉巴及其他遗址居民的身份至今仍然是谜。摩亨佐·达罗城规划有序，砖房排列井井有条，还有社区浴池，已经具备了先进农业社会的典型标志，而且全世界最早的棉花种植和织布技术就出现在这里。还有那些出土的文物、画着神秘小鸟的陶器、比例匀称的青铜男像，究竟是谁在 5 000 年前制造了它们？这些谜团学者们至今仍无从破解。这个消失的古代文明留给了我们太多未解之谜。

摩亨佐·达罗遗址和文物现属巴基斯坦，而印度河流域先民创造的灿烂文明则惠及全世界，是人类命运共同体的例证。

犍陀罗雕像：我们属于全世界

希腊–巴克特里亚人追随亚历山大大帝的征程在塔克西拉（位于今巴基斯坦首都伊斯兰堡西北部）建造了一座希腊式城镇，令后来统治这一区域的斯基泰人和帕提亚人都惊艳无比。

约公元前 200 年，月氏人迁至印度河流域附近，建立了贵霜帝国。随后，在迦腻色伽一世的统治下，贵霜帝国的版图不断扩张，东至恒河平原，北达天山山脉。后来，犍陀罗（今巴基斯坦白沙瓦）的佛教徒以阿波罗和雅典娜的形象为蓝本，依照希腊传统，制造了佛陀、菩萨等塑像，而且将当地的色彩风格融汇其中。犍陀罗佛教艺术赢得了大乘佛教徒的钦慕，并远播至中国、韩国、日本和越南。

5 世纪初，中国的法显和尚曾在白沙瓦附近亲见数百座舍利塔和修道院。然而，当玄奘于 7 世纪再次经过这里时，却只能为已遭破坏的佛寺哀叹。大约是嚈哒人（又称“白匈奴”）将这些佛教建筑摧为瓦砾。

尽管如此，犍陀罗宗教艺术至今仍在世界宗教艺术史中享有盛誉。犍陀罗艺术发源于犍陀罗，其影响范围却覆盖中亚、东亚、东南亚甚至更远。谁能说这不是各民族同享人类遗产、命运休戚与共的绝佳例证呢？

郑和与陈诚：我们是来自远方的友人

郑和是众所周知的杰出航海家、军事家和外交家，但他的穆斯林身份鲜为人知。郑和的族系可以追溯至中亚，不仅如此，他的好几位副使都有波斯－阿拉伯血统，精通波斯语和阿拉伯语。郑和在第 7 次下西洋途中病逝后，便依循伊斯兰教的速葬风俗被安葬了。

1405—1433 年，郑和七下西洋，远至印度南部、波斯湾、也门、索马里和肯尼亚。虽然这 7 次航程都有完备的记载，但明代官史从未明确提及郑和下西洋的真正使命。我猜想，鉴于当时蒙元势力一直与刚建立的明朝缠斗，而帖木儿帝国统领中亚、西亚，对蒙古颇有影响力，郑和应是受命永乐皇帝与帖木儿帝国建立稳定可靠的通路。由于明朝与蒙古之间战事不断，中国内陆至中亚的陆路常受阻断，并不可靠，因此郑和便经海路前往帖木儿帝国建立联系。

同一时期，明朝使者郭骥和陈诚曾数次由陆路从北京前往中亚。1387 年，帖木儿统治时期，郭骥一行人首次抵达撒马尔罕，却被关押近 20 年，直至帖木儿过世。郭骥回到中国后不久，于 1407 年再次被派往中亚，一为维护明朝在中亚的利益，二为确保丝绸之路不会因帖木儿后人的继位之争而被阻断。

陈诚的外交建树则更大。他学过蒙语和藏语，并在卫拉特蒙古和东察合台汗国附近任事多年。陈诚先后于 1413 年、1416 年和 1418 年三次率明朝使团抵达中亚。陈诚的使命或许是向帖木儿的继位者展示明朝的富强，证明帖木儿逝世前试图入侵中国乃无谓之举，与明朝结盟才有利可图。1414 年，陈诚抵达帖木儿帝国当时的都城赫拉特，并受到帖木儿之子沙哈鲁的热情款待。沙哈鲁被陈诚的学识和观点打动，决定派规模庞大的使团前往北京，并将帖木儿最心爱的战马赠献给永乐皇帝，以示承认中国的宗主国地位。

16 世纪初，帖木儿帝国开始衰落，被成吉思汗长孙拔都的后人——来自哈萨克草原的游牧部落蒙古乌兹别克人驱逐出中亚，帖木儿帝国的最后一位统治者巴布尔被迫流亡于费尔干纳（今乌兹别克斯坦东部城市）和阿富汗。巴布尔作为莫卧儿帝国的开国君主，与现在的巴基斯坦也有着很大关联。

巴布尔和阿克巴：我们授予秩序与和谐

巴布尔是 16 世纪中亚最富才干和人格魅力的人物之一，他创立了莫卧儿帝国。几年前，我到过巴基斯坦的文化和艺术中心拉合尔，曾感叹巴布尔在经历一连串政治和军事挫折之后竟有幸迁入这样一座城市。我读不懂巴布尔用“突厥文”（又称“察合台文”）写的自传《巴布尔回忆录》，但扎因·克汗所著的巴布尔传记的英译版令我受益匪浅。

巴布尔被欧洲人称为“文艺复兴王子”。巴布尔并不知道，他从拉合尔出兵印度之前，欧洲人已经绕过好望角抵达了印度。巴布尔在印度击败多支敌军，使用火药枪是他取胜的原因之一。这段历史颇值得玩味。首先，巴布尔的母亲是成吉思汗的嫡系血亲，但巴布尔讲的是突厥语和波斯语，在文化上不算蒙古人；其次，巴布尔的远房堂兄弟是蒙古人，自称乌兹别克人，正是这些来自草原的亲戚令巴布尔饱受磨难；再次，帮助巴布尔取得军事胜利的火药正是由蒙古人带到中亚的；最后，巴布尔在印度次大陆建立的莫卧儿帝国在波斯语中的意思即为“蒙古”。

巴布尔的孙子阿克巴是莫卧儿帝国最伟大的君主，他把帝国疆域扩大到他的祖父可能都未曾预料的范围。阿克巴统治下的印度有着庞大且多元的人口，阿克巴对此十分重视，经常邀请伊斯兰教乌莱玛（伊斯兰国家有名望的神学家和教法学家）和苏非派、印度教、基督教和袄教的学者们一起在礼拜堂讨论宗教和哲学问题，尝试使伊斯兰教、印度教、基督教和袄教完美融合。尽管阿克巴的尝试没有充分付诸实践，但其开放的心态和对社会和谐的追求一定会给人口构成多元化的国家带来启迪，而“人类命运共同体”这一理念的提出想必也一定令阿克巴深感欣慰。

喀喇昆仑山脉：我不是你们的障碍

喜马拉雅山西侧的喀喇昆仑山脉作为世界第二高山脉，让人望而生畏，被称为印度的天然“长城”。虽然喀喇昆仑山脉冰川星罗棋布，但只需看一眼令人叹为观止的喀喇昆仑山高速公路，你就会明白，大自然并非决意把意志坚定的人们分隔在山脉两侧。

喀喇昆仑山高速公路的建成离不开中巴两国政府的决心，工程师和建筑工人二十年如一日的英勇气概和奉献精神也将永远被铭记。500 多位修路者为这条全长 1 200 千米、全世界海拔最高的跨境高速公路奉献了生命。愿他们的英灵安息，这也告诉我们中巴之间的纽带多么坚实牢固。

中巴经济走廊：我们带来繁荣

1987 年夏我首次造访喀什时，在酒店餐厅偶遇一群刚刚沿着喀喇昆仑山高速公路的路线分段来到中国的巴基斯坦商人，当时这条公路还没有落成。我问他们一路上花了多长时间，其中一位来自卡拉奇（巴基斯坦第一大城市）的中年男子说："太长啦！"

如今，有了中国"一带一路"倡议和中巴经济走廊，再加上跨越中巴边境的高铁构想，我在喀什遇到的那群巴基斯坦商人一定万分欣慰，未来也会有数以万计的商人、学者和游客因此受益。

中巴经济走廊不仅会引来企业建设沿线新城，还具有重要的人文意义。生活在走廊沿线的孩子们将会看到外面世界，将会拥有更多的教育机会和更广的职业选择。他们是未来的公民，他们将协同缔造人类命运共同体，引领中巴关系进入新的纪元。

第12章

欧亚大陆风云录

近几年来，乌克兰政局以及相关的国际角力是最具全球战略意义的新闻。自2019年开始，连美国的内政也和乌克兰挂了钩。

2014年，乌克兰情势急转直下：2月，民选总统逃亡俄罗斯，亲西方的代理总统和临时新政府上台；3月中旬，克里米亚举行公投后被俄罗斯火速重新接纳；4月，乌克兰东部亲俄人口建立武装力量，要求独立或加入俄罗斯；5月底，乌克兰选出亲西方的新总统，之后乌克兰东西两部分陷入了局部内战；6月中旬，俄罗斯停止对乌克兰的天然气出口，但又撤销国家议会对出兵乌克兰的授权，而乌克兰政府也和东部民兵同意停火；6月底，欧盟与乌克兰、格鲁吉亚和摩尔多瓦这三个之前的苏联加盟共和国签订伙伴关系协议，使它们可以在欧盟享有零关税的待遇；进入7月，乌克兰亲西方政府决定对东部武装据点动兵，法国、德国、俄罗斯的调停无效，西方要求俄罗斯立即遏制东乌克兰武装力量，否则要加强制裁。

很明显，俄罗斯在2014年3月的乌克兰危机中后发制人，决策明确，执行果决。普京的快速反应战中包括一场电视演讲，只见他以激扬的语气细数历史、纵论国势，很能触动俄罗斯人的民族感情。这种感情的基础就是俄罗斯人几百年来渐次雄霸欧亚大陆北部的历史。然而，这种民族情感以及它所基于的对近代史的认知并不为大多数乌克兰人或俄罗斯境内的其他民族所接受。

乌克兰和格鲁吉亚局势的发展是近期大国全球战略布局的组成部分，而这个战略布局和欧亚大陆的历史与现实分不开。美国想要以海上力量制约和统领陆上力量；欧盟要把欧洲势力向东推到古代丝绸之路的必经之地——南高加索地区；中国则正在推动“丝绸之路经济带”，修建代替骆驼商队的高速铁路。

在最近几年来的局势变化中，西方国家坚决支持乌克兰政府，对俄罗斯谴责并制裁。俄罗斯则声称自己有保护任何地方的俄罗斯人口的义务，反讥西方在国家主权问题上持双重标准。在这个过程中，有一个类似于闹剧的插曲。在格鲁吉亚因成功发起“玫瑰革命”而上台的总统萨卡什维利不久就失去了本国民心，还被控告贪污渎职。于是，他出走乌克兰，在乌克兰总统的协助下取得乌克兰国籍，并且被任命为乌克兰很重要的敖德萨州的州长。不出两年，他又和乌克兰总统闹翻了，再出走波兰。2019 年，乌克兰总统选举前，萨卡什维利又闯入乌克兰闹了一阵子。这个言必称民主法治的政客，究竟是小丑还是义士，其实不难令人捉摸。

历史渊源

乌克兰人和俄罗斯人本是同根同源。在俄罗斯帝国的扩张阶段，许多乌克兰人都积极参与其中，居功丰伟。这很像苏格兰人在大英帝国的扩张中所扮演的角色。而在种族、语言和历史方面，俄罗斯人和乌克兰人的差异要比英格兰人和苏格兰人之间的差异小很多。

黑海北岸——横跨欧亚大陆北方的欧亚大草原的西部，即今乌克兰，是世界各种印欧语系语言的发源地。

大约 6 000 年前，这里居住着说“原始印欧语”（这种语言现已消失）的部落群。这些印欧语部落在距今 5 000—3 000 年前分三波向外迁徙，最终扩散到几乎今天整个欧洲以及伊朗、阿富汗、巴基斯坦和大半个印度。最早在塔里木盆地定居的人口和游牧于河西走廊的月氏人就是在距今大约 4 000 年前由乌克兰通过欧亚大草原迁移过来的，他们所说的吐火罗语（即焉耆 – 龟兹语）和距今 4 000—3 500 年前统治今土耳其的赫梯人的语言，以及今天在爱尔兰、威尔士、苏格兰等地仍有人说的凯尔特语有近似的语法和若干相同的词汇。

同样是大约6 000年前，乌克兰草原上的“印欧人”最早驯服了马，使骑兵成为坦克被发明之前最为快速威猛的战争力量。马促进了欧亚大陆上的交往，也使草原上的游牧者在军事上占有优势。13 世纪上叶，蒙古人利用这个优势征服了当时住在黑海北岸的斯拉夫人，并且对他们统治长达 250 年。

斯拉夫人说的虽然也是一种印欧语系的语言，但他们不是古代原始印欧语部落的直接后裔。其实，黑海北岸在希腊城邦时代曾经是雅典的粮仓，地理位置突出的克里米亚半岛曾长期由希腊人统治。

自 6 世纪起，欧洲东部的森林里和平原上住着许多东斯拉夫人，他们和波罗的海地区的维京人时有往来。9 世纪时，一批维京人沿着第聂伯河南下，统治了当地的东斯拉夫人，并与他们逐渐融合，在今乌克兰首都基辅建立了一个封建公国，被称为基辅罗斯。10 世纪末，基辅罗斯的统治者令子民信奉希腊正教，并且接受由希腊传教士根据希腊字母为斯拉夫语言创制的西里尔字母。建立公国、信奉基督教和使用文字，这标志着斯拉夫民族进入自己的历史时期。这是今天的俄罗斯人、乌克兰人和白俄罗斯人共同的文明基础和国家起源。

突厥人从 6 世纪末起大量从蒙古高原向西迁移。8 世纪，其中一部分突厥人散居在乌拉尔山脉、伏尔加河流域和里海北岸。其中一个叫可萨的部落联盟曾经在 9—10 世纪时颇为强大，势力遍及里海与黑海北岸，包括今乌克兰。与其他突厥部落不同，可萨人没有皈依伊斯兰教或基督教，而是选择了犹太教，成为阿拉伯帝国和东罗马帝国之间的缓冲。自波罗的海地区南下的维京人在这个时期进入黑海北岸地区。他们为了抗衡可萨人的力量，便与斯拉夫人共建基辅罗斯，随后融合为一。

可萨人于12世纪衰落。一支从东方来的蒙古骑兵在13世纪迅速征服了基辅罗斯和其他斯拉夫人的联盟。这支大军的统帅就是成吉思汗之孙拔都。他率兵沿着欧亚草原西进，征服并收编了说钦察突厥语的部落。1240年前后，拔都的军队劫掠了基辅、莫斯科和弗拉基米尔等斯拉夫人的城市，灭亡基辅罗斯，由此使俄罗斯人、乌克兰人和白俄罗斯人开始走上各自不同的发展道路。

1241年，拔都远征到多瑙河流域，逼近亚德里亚海。蒙古大汗窝阔台恰于此时去世，于是拔都决定领兵东返，角逐大汗之位，但途中得悉汗位已被他的堂弟贵由取得，便以伏尔加河下游的萨莱为首都建立了钦察汗国，统治东欧大部分地区和今哈萨克斯坦。在其后的三个世纪里，钦察汗国以及由它分裂出去的诸多汗国在东西方向增进了欧亚大陆北方草原上的交往，促进了北方丝绸之路的兴旺；它们也在南北方向推动了北方草原与小亚细亚、高加索、波斯以及中亚各农耕地区的交往。这段时期，在黑海之北的蒙古人与伊斯兰化了的突厥部族逐渐融合，被斯拉夫人统称为鞑靼人。

15世纪中叶，一部分鞑靼人以成吉思汗的十一世孙哈吉·格莱为汗王，建立了克里米亚汗国；另一部分鞑靼人则以成吉思汗的另一个后代兀鲁·穆罕默德为汗王，在伏尔加河中游建立了喀山汗国。这时，俄罗斯人在基辅罗斯被灭亡后所建立的莫斯科大公国仍然臣属于钦察汗国。15—16世纪，克里米亚汗国、喀山汗国和莫斯科大公国都受钦察汗国的册封，向它进贡，也经常联姻。后来，莫斯科大公国逐渐强盛，改名为俄罗斯沙皇国（后来改称俄罗斯帝国，简称俄国），又反过来册封一些蒙古－鞑靼王公，并且时常把蒙古－鞑靼贵族请到莫斯科的王宫里任职。

15—18世纪，克里米亚汗国是东欧的一个重要力量。它对斯拉夫人居住的地区经常入侵和抢掠，特别是俘虏奴隶，转卖给这时已经强盛的奥斯曼帝国。克里米亚此时是欧洲的奴隶贩卖中心。《古兰经》禁止以穆斯林为奴，因此中东各地的穆斯林对欧洲基督徒奴隶的需求很大。

17—19 世纪，克里米亚汗国以及黑海四周的大部分领土，包括整个高加索地区都归属于奥斯曼帝国。同一时期，俄罗斯沙皇国也强大起来，征服了许多地区，并且持续向东西两个方向扩张。在扩张期间，以乌克兰人和波兰人为主的哥萨克兵团为沙皇效力，助其开拓疆土，沙皇允许哥萨克军团在新征服的领土上建立地方政权，实行自治。

俄罗斯沙皇国的国徽是一只双头鹰，一个头望向东方，另一个头望向西方，表示俄罗斯是面向整个欧亚大陆。不止如此，“沙皇”的名号是来自罗马帝国皇帝恺撒，也就是说，在东罗马帝国于 1453 年为奥斯曼人所灭之后，俄罗斯便以第三罗马帝国自居。由此可以看到，俄罗斯在自己还没有真正强大之前就已有雄心壮志，并且以此激励臣民。

自豪但孤立的格鲁吉亚

近几年，被欧盟吸纳为伙伴的还有格鲁吉亚。它的面积只有不到 7 万平方千米，人口不过 500 万，其民众所说的语言不属于印欧语系；该民族与前面提到的任何民族都不同源，而是地道的高加索原住民，而且他们信仰基督教和创造文字的时间比斯拉夫人要早至少 500 年。这使得格鲁吉亚人有很强的民族自豪感。

格鲁吉亚的绝大部分领土在大高加索山脉南麓，山之北是俄罗斯联邦，也包括近年来时常发生恐怖袭击事件的印古什、车臣、达吉斯坦等自治共和国。

我曾经在格鲁吉亚旅游，经陆路从亚美尼亚进入格鲁吉亚西南部，再从格鲁吉亚东部进入阿塞拜疆。格鲁吉亚边防人员仪容整齐，态度良好，按规章办事。欧盟选中格鲁吉亚为伙伴，也许与它的发展程度有关。

格鲁吉亚的首都第比利斯坐落在库拉河两侧的山谷里。建城 1 500 多年来，第比利斯城中的河水依然流淌，两面的山峰仍然耸立，令人很难想象它曾被战火摧毁过 29 次！阿拉伯人、突厥人、蒙古人、波斯人、俄罗斯人都曾在此烧杀掠劫，也都曾对这里进行过重建。

我看到的第比利斯是一个欧洲风格的都市，几乎所有建筑物都是最近 200 年内重建或新建的。近几年才修建的总统府、跨越库拉河的新桥梁，以及喜来登酒店，使第比利斯焕发出一股 21 世纪的蓬勃朝气。

漫步于这个 18 世纪后重建的古城，我看到古董店里陈列着不需要文字解说的历史追忆：波斯笔盒、奥斯曼首饰、俄罗斯玩偶。这些很普通的物品向我诉说着这个城市不寻常的历史，而这些历史多半不是格鲁吉亚人主动造就，而是第比利斯的地理位置所引发的。但也有例外情况。

18 世纪末，格鲁吉亚国王为了抗衡来自波斯与奥斯曼帝国的压力，主动寻求俄国的保护。结果可以说是引狼入室——格鲁吉亚从此被并入了俄国的版图，就连历史比俄罗斯教会要长 500 年的格鲁吉亚教会也因此而进入了俄罗斯正教的怀抱。

2003 年，即格鲁吉亚脱离苏联独立 12 年之后，在美国接受教育的萨卡什维利率领大批市民手持玫瑰花冲进政府大厦，夺取政权，时任总统谢瓦尔德纳泽（他曾在苏联解体前担任过苏联政治局委员兼外交部部长）被迫离职，萨卡什维利继任总统，格鲁吉亚完全倒向西方，这就是有名的“玫瑰革命”。

萨卡什维利在 2008 年北京奥运会开幕当天，下令军队进攻形同独立的南奥塞梯自治区，引起俄罗斯的强烈反弹。俄军轻易地击败格鲁吉亚军，西方国家没有出手。如今，俄罗斯和其他几个国家已正式承认南奥塞梯及阿布哈兹（格鲁吉亚的另外一个自治区）是主权国，格鲁吉亚当初的贸然行动可谓“偷鸡不成蚀把米”。

历史上最为出名的格鲁吉亚人非斯大林莫属。我曾到斯大林的家乡戈里参观了斯大林博物馆。那是一座堂皇的三层大楼，就在斯大林出生的小屋边上。馆内展出许多照片和物品，其中最为出名的是一张历史性照片，照片中列宁居中，斯大林和托洛茨基分列左右。列宁是俄罗斯裔，据传有一部分鞑靼血统；斯大林是格鲁吉亚人；托洛茨基是犹太人。可见，苏维埃革命的确是在俄国的基础上兴起的。

博物馆前有一座站在颇高基座上的斯大林塑像。我在塑像前面拍了两张照片，时间是 2010 年 6 月 22 日下午 5 时左右。就在几天之后，据路透社报道，格鲁吉亚当局于 6 月 25 日凌晨 3 时左右将这座斯大林的巨型塑像拆除了。

斯大林，这个鞋匠的儿子、神学院学生出身的职业革命者，曾经统治苏联和领导国际共产主义运动近 30 年。二战时，斯大林领导苏联进行卫国战争，至今仍然被许多俄罗斯人怀念；他拒绝希特勒的建议，不肯用被苏联红军俘虏的德国元帅交换他那被德军俘虏的儿子，令很多人感佩；他用极残暴的手段整肃异己，则被历史唾弃。

此外，他所做的一些不太为世人所熟知的决定，至今还影响着千万人的生活。斯大林是苏联的第一任民族事务委员会主任。生长于民族关系复杂的高加索地区，他对苏联境内的民族问题十分了解。他同意列宁关于少数民族聚居的地区应由本地区的民族实行自治的基本政策，但为了“分而治之”，又刻意在划分这些地区的疆域时将另外一些民族囊括进来。如今，中亚几国的民族冲突部分可以溯源到斯大林的这些做法。乌克兰和格鲁吉亚的民族问题也与其有一定的关联。

乌克兰的命运

让我们把视线再回到乌克兰。由于所处地理位置等缘故，15 世纪末，当莫斯科大公国开始变强时，乌克兰却先后被立陶宛和波兰等天主教国家统治，不少人改信罗马天主教。这是乌克兰分为东西两部分的缘起，距今已经有500年的历史。

1650年之后，乌克兰为了反抗波兰而与俄罗斯沙皇国结盟。不久，乌克兰却被俄罗斯和波兰瓜分，西部再度并入波兰，东部并入俄罗斯，开始了俄罗斯化的过程。随着俄罗斯的不停扩张，乌克兰几乎全部都成为俄罗斯的领土（另一小部分属于奥地利）。乌克兰东部人口因为长期的俄罗斯化而逐渐同化于俄罗斯，而大部分西部人口则因为受波兰、奥地利和天主教会的影响而对俄罗斯的统治不满。

十月革命之后，乌克兰再度被分割：西部被并入波兰，东部归属俄罗斯。苏联成立时，乌克兰属于第一批加盟国，然而许多乌克兰人不满意这个安排。二战时，德国纳粹军队入侵乌克兰，不少西乌克兰人“箪食壶浆，以迎王师”，把纳粹军队视为解放者。

二战后，以美国和苏联为首的两个阵营冷战长达45年。美国对苏联采取围堵政策，支持苏联内部的反对者。这是人类史上最常被使用的政策，也是反对自己国家政权者最容易得到的支援。整个冷战时期都有不少乌克兰人在西方宣传抗苏，美国也一直在支持一个乌克兰流亡政府。

苏联解体后，俄罗斯陷入了难以解脱的困境。华沙条约组织解散了，好几个成员国（民主德国、捷克、波兰等）当时就想加入北约，而北约依然步步进逼。苏联的15个加盟共和国中，波罗的海的三个国家原本就是西方国家；第二强大的乌克兰也争取加入欧盟和北约。叶利钦当年无法应付这些问题，只会饮酒浇愁，乌克兰因此获得了一些自由活动的空间。普京上台以后，俄罗斯实力有所恢复，普京也的确善于应付和利用国际形势。尽管如此，格鲁吉亚的“玫瑰革命”和乌克兰的“橙色革命”还是让俄罗斯吃了两次亏。

2014年开始的乌克兰内战反映了当前世界上很重要的一场战略博弈。俄罗斯似乎决意不在乌克兰问题上再度吃亏。所以，乌克兰注定要成为欧盟和俄罗斯拔河的场地，也可能成为全球几种大战略进行博弈的棋盘。

战略博弈下的乌克兰和格鲁吉亚

美国是当今世界上最强大的国家。它的国徽是一只美洲秃鹰，两只利爪分别抓着一根橄榄枝和一束箭。由此可以看出，美国奉行的外交策略历来都是硬实力与软实力的组合，并尽量寻求利益与公义的一致化。

就在印欧语的发源地乌克兰和高加索人的故乡格鲁吉亚，俄罗斯的双头鹰和美国的秃鹰有着很不同的战略思维与布局。

俄罗斯当前的战略目标是整合苏联时代的亚洲腹地与欧洲前沿，靠自己现代化的成绩吸引欧洲资金与人才，并且以这个综合力量应对来自美国、西欧或其他国家的挑战。俄罗斯绝对不愿见到乌克兰和格鲁吉亚成为北约和欧盟的前沿阵地，更不愿意见到从俄罗斯穿过乌克兰运往西欧的能源管道网络受制于人。所以，俄罗斯既不能容忍在家门口失败，又不愿意在家门口打仗。把乌克兰变成联邦制，让乌克兰的东部和西部既分道扬镳又互相牵制是俄罗斯的一个选项。继续压制格鲁吉亚，使它无法与遥远的西欧真正连接，这是俄罗斯对格鲁吉亚的策略。

美国的全球战略构思则不一样。它想要利用自己能够通过海洋兼通欧亚两大洲的地缘优势和现有的综合国力，主导未来大西洋两岸与太平洋两岸的贸易与经济发展，防止欧亚大陆上出现任何足以挑战美国“以海制陆”霸权地位的力量。如果俄罗斯的周边经常有问题，就会符合美国的战略利益。中国倡导的“丝绸之路经济带”构思不符合美国的战略构思。但是，中国和俄罗斯之间会因此而结盟，从而共同对付美国以及西欧吗？我看未必，因为中俄之间没有足够的相互信任与利益重叠之处。

自由、民主、人权本就是美国长期鼓吹的价值观，多数西部乌克兰人既然愿意以此为由而与俄罗斯交恶，美国一定会尽力给予支持。如果有相当数量的乌克兰人愿意加入欧盟，欧盟和美国也一定欢迎。然而，如果乌克兰长期陷入内耗，从而导致工厂停工，田园荒芜，能源供应短缺，这可能会使欧盟感到头痛，却不会给美国造成顾虑。

如果乌克兰的领导者不能把社会稳定下来，并且消弭乌克兰东部与西部人民之间的隔阂，那么无论从哪个角度看，乌克兰人民都不会是这一场博弈的赢家。再看黑海之东的高加索地区，如果格鲁吉亚的领导者不能改变地理位置赋予该民族的宿命，格鲁吉亚人尽管依旧会为自身悠久辉煌历史而感到自豪，但仍将难免于被孤立的现实。

硬汉的软肋

苏联有很多弱点，首先是无法消化在 200 年内吞并的大量领土，无法融合被征服的众多民族，其次就是官员的专权与低效。1985 年，正当戈尔巴乔夫开始改革时，我到苏联开会，见证了那里官员的颟顸与低效。不久，我读到一位美国学者的文章，文中预言苏联会因为高加索和中亚民族的不满而解体。当时我认为这只是一厢情愿的说法。没想到，不出几年，历史就给出了答案。

苏联解体后，民族问题固然减弱了很多，但俄罗斯仍然面临很多民族问题。至于那些支持乌克兰和格鲁吉亚与俄罗斯闹翻的西方国家，恐怕它们自己对未来的局势也很难准确判断。

欧盟虽有战略设计，但执行的意志很不统一。英国脱欧便是一个令人难以置信的分裂。欧元本身的问题会令欧盟各国的领袖三思而行，因此他们不会真正出大气力来帮助乌克兰度过颇为严重的经济困难，更加不会真正帮助自己鞭长莫及的格鲁吉亚。

1962 年古巴导弹危机时，美国的肯尼迪总统向苏联的赫鲁晓夫大声喝停，结果获得了全胜。肯尼迪还亲自飞到柏林去喊话，结果不出 30 年，柏林墙就倒下了。今天，美国的 GDP 已由当年占全世界 GDP 的 1/3 降到 1/4，而它的债务负担却增加了许多倍。

经历几十年的巨额财政赤字，加上这十几年在阿富汗和伊拉克战争中的开支，美国的财政力量已经大不如前。2008—2010年金融海啸所暴露出来的经济资源分配不公，以及选举费用的大幅增长，使当今许多美国人对美国的社会公义和选举制度产生了严重怀疑，这是过去几代美国人不曾有过的。此外，长期富裕给美国各个阶层所带来的奢侈、安逸的生活方式难以改变；政治上极为保守的基督教基本教义派所提倡的国内和国际议程令任何当政者都很难迎合。因此，支撑美国全球主导地位的经济与社会力量正在逐渐改变。

两名壮汉打架，各人都有几根软肋。谁能打赢，还真看不清楚。

2011年，我去乌克兰讲学，那时乌克兰前任女总理季莫申科已经在监狱中，这引起了许多社会争论。我与不少乌克兰青年谈过这个问题。无论是来自东部还是西部，无论家中说乌克兰语还是说俄罗斯语的青年，都希望见到官员们廉洁奉公，都希望乌克兰能成为一个独立自主、和平发达的国家。

这片欧亚大陆上最早驯化马并且四通八达的地方，为什么不能再度成为欧亚大陆上东西贸易的交通要道呢？

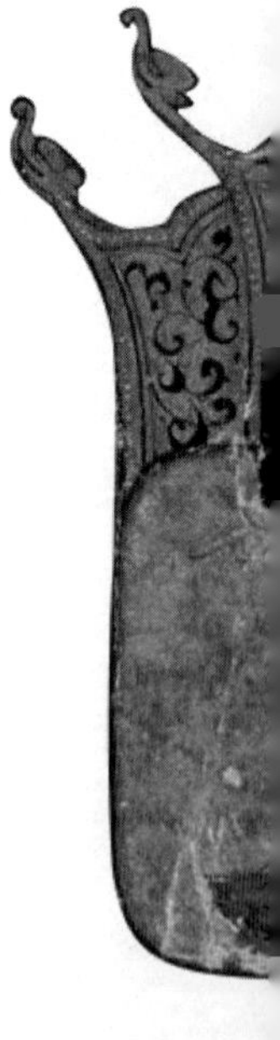

第三部分

大中亚的点与面

第 13 章

大中亚与新丝绸之路

在大中亚的“大棋盘”上，俄罗斯、美国、中国各自有不同的条件和考虑。

我对大中亚的兴趣，始于小学教科书里《班超投笔从戎》和《做一个边疆屯垦员》这两篇课文。也是在小学时，我听父亲说，辛亥革命之后不久，任小学教员的祖父在辽宁被征入伍，为的是要远征被沙俄策动独立的今蒙古国，但部队还没有开拔就因为粮饷不足而解散了。

20 世纪 60 年代，我在美国读博士时，从旧书店里买到一本欧文·拉铁摩尔的 1940 年版《中国的亚洲内陆边疆》。这本书正式开启了我对中国北部与西部边疆的认识。这些年来，我多次到亚洲内陆各地旅行，积累了不少直观的认识。

何谓“大中亚”

“中亚”“大中亚”“内陆亚洲”既是泛指亚洲中央地区的地理概念，又具有难以用经纬度或山脉河流加以界定的历史和文化含义。专家们给它们的定义颇不一致，例如，《大英百科全书》和《苏联百科词典》对此就有不相同的定义。近年来，一些欧美学者用“Central Eurasia”（即“欧亚大陆中部”或“中央欧亚”）代表“大中亚”，旨在表明它与欧洲的地理和历史渊源。

联合国教科文组织为出版《中亚文明史》而拟定的编写大纲中，认为“广义的中亚”应该包括“蒙古高原、河西走廊、青海、新疆、阿姆河流域、锡尔河流域、哈萨克斯坦草原南部、伊朗东北部、阿富汗北部以及巴基斯坦西北部”。这个大纲拟定于1979年苏联入侵阿富汗之前，又是由多国专家一起共同商定的，因此较少受到政治方面的影响。

我参考《中亚文明史》的编写大纲，依照各国目前的版图，把大中亚分为中心区与边缘区两个大部分。中心区是指哈萨克斯坦、乌兹别克斯坦、土库曼斯坦、吉尔吉斯斯坦和塔吉克斯坦这五国。它们都在1991年按照苏联时代的疆界宣告独立，是国际公认的中亚五国。它们的领土大致覆盖“阿姆河流域、锡尔河流域、哈萨克斯坦草原”。边缘区包括蒙古国，俄罗斯联邦的布里亚特共和国、图瓦共和国和阿尔泰共和国，中国的内蒙古、宁夏、甘肃、青海、新疆，克什米尔地区，印度西北部，巴基斯坦西北部，阿富汗北部以及伊朗东北部，共涉及7个国家。

三种环境与三样文化

就地理特征而言，大中亚可以分为三种环境，这三种环境造就了三种对应的生活方式。

第一种是北部的亚洲大草原。这个区域地势大致平坦，东起蒙古高原，西至里海之北，北与西伯利亚的常绿针叶林区相接。这里的广袤草原适于游牧，现代之前的居民大都是自由的游牧者。他们的社会主要是以横向联系而非垂直指挥的单元组成，部落联盟聚散无常。

第二种是南部的沙漠和绿洲。这个区域东起河西走廊，西达里海。它南边的界限是由祁连山脉及其西面的几座山脉形成，最西是伊朗高原。这个区域气候十分干旱，但有不少内陆河流可以灌溉绿洲。传统上，绿洲人口稠密，主要从事农业生产，也有人以商贸为生。由于绿洲居民需要复杂的灌溉系统，有必要集中调度人力与物力，因而倾向于垂直的等级制社会。直到最近，游牧社会和农耕社会之间的互动是贯穿大中亚历史的永恒主题。

第三种是高山区。这个区域包括天山西部和帕米尔高原，沙漠之南的克什米尔地区、喀喇昆仑山区，巴基斯坦西北部的边疆省和部落地区，以及阿富汗北部。高山区的环境很艰苦，因此居民性格强悍，经常结伙聚团共同对外。

与大中亚密切相关的，是引人遐思的丝绸之路。

丝绸之路风云

德国地理学家李希霍芬在 19 世纪末首先提出“丝绸之路”的概念，用来表述贯穿欧亚大陆中央地带的商业道路。丝绸之路并不是一条道路，而是一张由东亚到东欧的道路网络。这个网络在亚洲中央的部分与大中亚大致吻合。

我初次踏上丝绸之路是于 1978 年由西安去宝鸡，即丝绸之路最东端的一小段。真正进入西域，体验丝绸之路的风情是在 1987 年夏，我和妻子从兰州穿过河西走廊到敦煌，再经吐鲁番、乌鲁木齐到达“丝路明珠”喀什。

不久，苏联解体，大中亚的中心区骤然剧变。5 个新独立的国家起初局势很不稳定，民族矛盾凸显，宗教极端分子闹事，有的国家甚至爆发了内战。之后，俄罗斯力图把这 5 国拉回自己的势力圈内。美国、西欧、日本、韩国、印度、巴基斯坦和土耳其纷纷试图以经济与文化实力填补这个“真空”。作为邻国，中国当然也发挥了自己的力量。

2001 年 6 月，中国、俄罗斯、哈萨克斯坦、吉尔吉斯斯坦、塔吉克斯坦和乌兹别克斯坦 6 国宣布成立上海合作组织。这是一个不结盟、不对抗、不针对任何其他国家的组织，其秘书处设在北京。目前，该组织的成员国除上述的 6 个创始国之外，还有后加入的印度与巴基斯坦。此外，还有 4 个观察员国，分别是阿富汗、伊朗、白俄罗斯与蒙古国。

2001 年“9 · 11”恐怖袭击事件之后，美国立即出兵阿富汗，决心铲除曾接受美国援助的塔利班政权，在大中亚多处都建立了军事基地。

2005 年，有美国学者发表了论文《美国与大中亚：发展与和平伙伴关系》，建议以阿富汗为中心，北接中亚五国，南连巴基斯坦和印度，形成一个南北向的“大中亚合作计划”，以中亚五国的石油、天然气和电力供应阿富汗、巴基斯坦和印度。2006 年，美国政府推出了“大中亚计划”，并把国务院的中亚局和南亚局合并。

2002—2006 年，我四度畅游新疆，5 次访问印度和巴基斯坦。2007 年，我和妻子乘汽车遍游乌兹别克斯坦，深入亚洲中部的心脏地区。同年 11 月，在西安举行的“新丝绸之路与和谐社会：中亚的安全、合作与发展”研讨会上，我做了关于玄奘与丝绸之路的主题演讲。

玄奘时代的丝绸之路是连接东罗马帝国、阿拉伯半岛、波斯王朝、印度、吐蕃和大唐帝国的通道。在 21 世纪，大中亚可以依靠铁路、公路、航空、油气管道、电信和互联网等，更好地融入全球经济体系。

2008—2017 年，我又 7 次深度游览大中亚，感到这个区域将会是吸引实力大国进行新一轮合作与竞争的广阔新天地，它的经济、文化和政治发展都将受到广泛关注。这就是大家期待的“新丝绸之路”。

战略资源与资源战略

在大中亚的陆地“大棋盘”上，俄罗斯、美国、中国各自有不同的条件和考虑。

俄罗斯过去是这里的统治者，现在实力仍很强，不会甘心让自己的优势由他人取代，俄罗斯群众会支持政府在这方面的作为。美国目前在阿富汗仍有驻军并且仍具有政治影响力，在吉尔吉斯斯坦曾长期租用空军基地，并有相当的力量。但美国和这个地区既不接壤，又无历史渊源。因此，一般美国人可能还没有认识到大中亚在未来国际战略博弈中的重要性。中国是上海合作组织的操盘手、中亚五国最大的商品来源地，以及中亚能源的主要购买者。中国与哈萨克斯坦和俄罗斯之间都已建有石油管道，此外还在修建数条直通中国境内的天然气管道。这些设施既是亮丽的成绩，又有被人要挟和勒索的可能。目前，大多数中国人对于大中亚的认识还很模糊。

大中亚中心区不涉及俄罗斯和美国的经济命脉或社会稳定，对中国却至关重要。

近年来，美国对于石油和天然气的依赖性变得越来越低。1973年，阿以战争结束后全球出现能源危机，美国对中东石油的依赖非常高（当时美国各地加油站经常排长龙，为节省汽油，国会立法将高速公路时速限制在每小时55英里[①]，所以中东局势对美国的重要性非常之大。而今天，美国每单位GDP的耗能量已经减到40年前的60%，能源的来源也已经多元化：可再生能源的开发、油页岩注水提取技术的成功以及水平钻探石油的技术，使美国对中东与中亚的依赖度已经大为降低。

因此，美国目前最主要的战略目标不是稳定中东，而是重整亚洲。从这个意义上讲，中亚和中东对中国的重要性日增，而对美国的重要性却在渐减（除非以色列受到真正的威胁或打击）。

21世纪的海陆两路“大棋盘”上上演的不再是19世纪英俄之间的“零和游戏”。中俄应该在“大中亚”和其他地区多方面合作，但无须联手对抗美国。中美也应致力于创造双赢局面，而不是互相牵制或共同对付欧洲或俄罗斯。中美两国在海洋、内陆两个棋盘上，都应放眼全局，

---

① 1英里≈1.6千米。——编者注

平衡得失，避免两败俱伤。

中国在海运路线上，尤其是在具有战略地位的海峡地区，需要与海洋强国周旋，确保通航的权利与安全。在大中亚的陆地上，中国也需要和有关国家合作互助，让“新丝绸之路”稳定发展。

第 14 章

大中亚人口迁移

如上章所述，大中亚包括哈萨克斯坦、乌兹别克斯坦、土库曼斯坦、吉尔吉斯斯坦、塔吉克斯坦和蒙古国，以及俄罗斯、中国、阿富汗、伊朗、巴基斯坦和印度的一部分，情况非常复杂。要想了解这个地区的今日，必须先对它那纷繁的历史有一个认识。

认识大中亚的线索

我读了不少有关大中亚的书，还做了许多笔记，有一天从中“顿悟”出一条认识大中亚的“线索”来。这条线索可以说是大中亚历史的“纲”，纲举则目张；一旦找到它的“经”与“纬”，大中亚历史之“网”就清晰可辨。

大中亚地区的历史和“丝绸之路”无法分割，华夏民族和邻近民族的关系也因为丝绸而“纠缠”在一起。中国曾享有丝绸这项“知识产权”长达 3 000 余年。根据玄奘的叙述，丝绸技术的外传源于一位嫁到今和田的中国公主偷带蚕茧出境，被粟特商人秘密运到了今乌兹别克斯坦。否则，中国对中亚、西亚和欧洲的巨额丝绸出口可能还要继续多个世纪。

上文中的经纬、纷繁、丝绸、纠缠、组织、继续、纲等字都属于“纟”部，可见丝绸对中国文化的影响。今天，人们憧憬 21 世纪的“新丝绸之路”，希望借此开发西部的经济，保障能源的供应。我认为，除了要加速修建21世纪的“路”，还要拿得出21世纪的“丝绸”才行。

言归正传，我对人类历史的基本认识是：地理环境决定历史发展。

在大中亚的北部，大约在北纬45~50度，横亘着一片西起多瑙河、东至大兴安岭的欧亚大草原，包括乌克兰草原、南俄罗斯草原、哈萨克草原、准噶尔草原和蒙古草原。这一片广阔无垠的空间自5 000年前起就是游牧和半游牧民族生活的地方，也是欧亚大陆东西部之间的一个通道。由于游牧民族经这个草原通道将中国的丝绸传到西亚，所以也有人称它为“草原丝绸之路”。公元前2世纪，张骞通西域，开启了穿过沙漠与绿洲的“丝绸之路”，其主干大约在北纬35~40度。绿洲上的各民族主要是定居的农业人口，少数人从事长途贸易。

这两条平行的东西向通道使大中亚成为欧亚大陆各种文明相互交往的轴线和枢纽。欧洲、中东、印度和中国的文明在中亚汇集并得到发展，再向不同方向扩散。了解大中亚地区的民族形成、语言变化、宗教思想、政治制度、经济活动的线索，是不同时间段的人口迁移。

人口迁移的“经”与“纬”

现代智人在几万年前就已成群四处游走。但本文所说的“人口迁移”是指人口数量较多且距离较远的移动，始于距今大约5 000年前。那时，马已被用于运输，中东一带已有了车辆。

乌克兰和南俄罗斯草原上有一批说印欧语系语言的游牧部落，在蒙古北部的草原上有一批说阿尔泰语系语言的游牧部落。这些草原部落自距今4 500年前起，一批又一批地或自西向东，或由东往西移动。这就构成了人口迁移的“纬”。北部草原游牧者和南部定居农业人口素来都有交往。但是，有目的且大规模的人口迁移始于4 000年前，多数时候是北方部落南下，有时也有南部居民北上。这些移动构成了人口迁移的

“经”。大中亚地区的历史地图就是由不同时期的“经”和“纬”织成的。下面，我把这个广大地区里多次人口迁移的“纬”与“经”分三个时段简述。

（一）距今 4 500—2 300 年前，印欧语系部落先后分四波自西向东迁移。

第一波是月氏人。在大约 4 500 年前，一批说西部原始印欧语的族群东移到阿尔泰山北麓；大约同时期，另一批说原始印欧语的族群进入天山北麓（在阿尔泰山之南），之后又自此进入河西走廊。他们在汉文史籍中被称作月氏人，被近代欧洲学者称为吐火罗人。这些印欧语系族群带来了家马和青铜器。部分月氏人大约在 4 000 年前到达新疆东部的吐鲁番和楼兰，之后又进入此前可能没有人类居住过的塔里木盆地，建立了焉耆、龟兹等绿洲国，并转变为定居农业人口。这些月氏人还把西亚的小麦带到了东亚。马、青铜器和小麦由月氏人带来，这就足以说明华夏文明有多个源头。另外，说印欧语的白肤色人口（包括月氏人）分布最东的地方就在楼兰和敦煌之间，再往东就是北亚阿尔泰语系人口居住的地区。楼兰素来以出美女著称，这些美女极可能是这两种人的混血。

第二波是雅利安人。大约 3 800 年前，说东部原始印欧语系语言（后来演化为印度 – 伊朗语）的部落驾着牛车和马车进入中亚草原、伊朗高原和阿富汗，他们被称为雅利安人（本意为“农民”，后引申为“高贵者”）。约 3 200 年前，一批雅利安人从阿富汗穿过兴都库什山脉的隘口南下，到印度河流域和恒河流域，逐渐征服了黑肤色的原住民达罗毗荼人，并与他们逐渐融合，从而形成了我们今天所知道的印度教文明。早期雅利安人有口传的长篇史诗，是祆教和婆罗门教古典经文的来源，因此古典波斯文明和印度文明的同质性颇高。

第三波是斯基泰人。这是古希腊史学家使用的名词，指的是说东部伊朗语的一个分布地区非常广泛的人群。他们在距今 2 700—2 100 年前由黑海和里海的北部向东并向南移动。他们之中的一部分曾经把持草原之路的贸易并因而聚集了大量的财富，建立了人类史上第一个草原帝国。考古发现证明，斯基泰人在草原上许多地点都修建过王陵，搜集了大量精致的黄金饰品；斯基泰部落的人戴高而尖的头盔，因而很容易辨认。约 2 500 年前，说西部伊朗语的波斯帝国阿契美尼德王朝建立后，斯基泰人曾向波斯称臣。波斯人的铭文中把斯基泰人称为“萨卡人”，后来中国的《汉书·西域记》中则称他们为“塞人”。张骞通西域之后，汉帝国和斯基泰人统治的几个王国都有往来，包括乌孙（伊犁河流域）、康居（锡尔河流域，今哈萨克斯坦东南部）等；东汉时的疏勒（今喀什）以及于阗也是斯基泰人建立的绿洲王国。隋唐时代活跃在丝绸之路上的粟特人与斯基泰人的血缘关系很近（都是源自黑海北岸的印欧语人口），语言相似，但由于居住地区不同，这两个群体的生活方式就很不同。粟特人主要务农，斯基泰人则从事游牧或半游牧。

第四波是希腊人。亚历山大东进到今塔吉克斯坦时，于公元前 327 年娶了年仅 16 岁的粟特公主罗克珊娜为第一任妻子。亚历山大归去时，除了率领主力回到巴比伦，并且迎娶了波斯公主之外，一路还留下不少部属，建立了许多以他为名的城市。一部分希腊人在今阿富汗南部建立了大夏王国。这时正值印度的阿育王以武力推行佛教，于是中亚的希腊－大夏人也转奉佛教。但他们对神祇的看法与没有佛像造型的早期佛教徒不同，他们根据希腊神像的造型和雕塑工艺为佛陀塑像，创造了犍陀罗艺术。该艺术传到中国、韩国、日本和越南等地，影响深远。这部分希腊人因为后继无人，不久就消失在大中亚地区的多次移民浪潮中。

（二）公元前 2 世纪—公元 8 世纪，阿尔泰语系部落分三批由东往西迁移。

第一批是匈奴人。匈奴人起源于蒙古高原的杭爱山，是游牧民族。他们的语言很可能属于阿尔泰语系的蒙古语族。匈奴人之东是东胡人，之西是属于印欧语系的月氏人与斯基泰人，他们都是游牧人口。蒙古高原之南是由汉族组成的农耕人口。农耕文明与游牧文明的互补性很高，因此汉地对匈奴人的吸引力很大。战国时期，匈奴利用中国的相互征战，渐次向南推移，度过阴山，直逼河套地区。秦亡后，匈奴势力进一步发展，并且将力量伸展到河西走廊与天山北麓。汉武帝时，汉朝国力充足，将士用命，将匈奴势力击败并使之分裂——南匈奴降汉，北匈奴退回北方。东汉时，北匈奴再度被驱赶，于是逐渐向西移动。匈奴的西移促发了许多部族波浪式的大迁徙，以致欧洲受到来自乌拉尔山地区的部族入侵。在今日的中亚五国，匈奴的出现迫使一部分原来的居民向南迁徙，对今阿富汗、巴基斯坦和印度西北部造成了冲击，可以说是大中亚历史中的“经”。

第二批是嚈哒人。中国史籍中的嚈哒人属于蒙古语族，后来移居中亚。他们在2—6世纪在大中亚地区极为活跃，击败由月氏人所建的贵霜帝国，占领今阿富汗和乌兹别克斯坦的大部分地区，还曾经深入印度西部建立王国。5世纪时，中国南梁曾遣使与其联系。此时，嚈哒人所统治的地区东起葱岭（即帕米尔高原），西至里海。突厥人兴起后，西突厥进入嚈哒人的地区，双方冲突不断；后来，西突厥人联合嚈哒人之西的波斯人夹击嚈哒人，令其溃败。自此，嚈哒人把在大中亚地区的舞台让给了突厥人。关于嚈哒人的族属和语言，各国学者仍有争议。有人认为他们是说印欧语的斯基泰人或月氏人的后裔与匈奴人的混血，故称之为“白匈奴”，而中国学者大多认为他们是说阿尔泰语系的民族。事实上，嚈哒人在几个世纪里活动在人口组成非常复杂的欧亚中部地区，不可避免地与许多不同的部落和民族联合并且通婚。因此，在嚈哒部落联盟（或国家）中，可能有一些说印欧语的部落，但整个部落集团的首领应该是说阿尔泰语，否则历代汉文史料不会没有记载。

第三批是突厥人。突厥人起源于蒙古高原北部叶尼塞河上游，起初是阿尔泰语系突厥语族的柔然人所建的部落联盟成员之一，因为善于锻铁而被柔然人称为“锻奴”。突厥人于6—7世纪时建立了自己的汗国，分为东西两部。东突厥在与隋朝和唐朝的交往中，先是非常强势，后因被征服而成为附庸。西突厥则在击败嚈哒人后向西北和西南方向继续移动，成为影响大中亚地区历史进程的主要力量。其中一部分人进入了伏尔加河流域以及乌拉尔山地区，另一部分则南渡锡尔河进入了波斯人的世界。最西边的一部分突厥部落于 11 世纪末进入小亚细亚，逐渐征服并且同化了原来的希腊人、亚美尼亚人等，最终建立了 15—19 世纪雄视东欧、北非与西亚的奥斯曼帝国。从 10 世纪开始，散布各地的突厥族裔逐渐放弃萨满教信仰而皈依伊斯兰教，大中亚地区人口也逐渐突厥化和伊斯兰化。今天，中亚五国中有四国的主要人口都是突厥语民族，只有塔吉克斯坦的主要人口是伊朗语民族。在中国的新疆，原来的月氏人、斯基泰人、汉人、羌人在 10 世纪后逐渐被从蒙古高原进入天山南北麓的回鹘人征服，并且与回鹘人通婚融合，形成了一个新的民族，即维吾尔族。这个说突厥语族中的回鹘语的新民族血缘复杂，先后信仰过萨满教、佛教和摩尼教。11—15 世纪，维吾尔族经过了一个颇为漫长的过程后全部伊斯兰化。

就突厥化和伊斯兰化的经历而言，新疆和土耳其这两个地理上相隔甚远的地区的过程颇为类似，时间上也大致相同。然而，这两个地理区域上出现的两个新民族——维吾尔族和土耳其族的血统来源颇为不同；他们的语言既有历史渊源，又有地域差异。维吾尔族（不包括哈萨克等民族）和土耳其族（不包括库尔德等民族）内部的差异很大，各自都可以成为一个人种民俗博物馆。总体而言，地理和历史留下的痕迹不会错。在维吾尔人之中，面型、鼻眼、头发近似蒙古人种的比例较土耳其人要高，而这个比例又以新疆东部的哈密地区最高。土耳其人的整体外观比维吾尔人更为接近伊朗人和希腊人。我曾两次游历俄罗斯欧洲部分的鞑靼斯坦共和国（鞑靼是另一个主要的突厥语族的民族）。由于突厥－蒙古人与斯拉夫人有过八九个世纪的混血历史，并且已被俄罗斯统治 450 年，要想通过外形或语言来分辨俄罗斯人和鞑靼族人，实在很不容易。

（三）8—20 世纪，阿拉伯人、蒙古人、俄罗斯人分别入侵大中亚地区。

阿拉伯人在征服波斯之后，于 8 世纪初进入大中亚地区。当时，其人口主要分布在军队和宗教上层，在总人口上属于少数。但由于伊斯兰教的缘故，阿拉伯人在文化上影响深远。因为伊朗语各民族素来有自己的行政体制，阿拉伯人的政治力量自 9 世纪起便逐渐削弱。751 年，中亚的石国（今乌兹别克斯坦的塔什干）有乱，唐朝驻龟兹的安西节度使高仙芝率军前往平息，在怛逻斯与阿拉伯军遭遇，唐军大败。被俘的唐朝军人中有造纸工匠——这是中国造纸工艺的最早外传，也是阿拉伯-伊斯兰文明后来得以灿烂发展的物质原因之一。安史之乱时，唐朝廷于 755 年请中亚的大食军人东来协助平乱，这应该是阿拉伯人群体首次穿过河西走廊进入中原地区。

13 世纪，蒙古人三次西进，建立了世界历史上幅员最为辽阔的帝国。两个世纪后，成吉思汗为蒙古民族所制定的法统仍然存在，但蒙古人本身已逐渐突厥化和伊斯兰化。以今乌兹别克斯坦的撒马尔罕为首都，于 14 世纪和 15 世纪之交雄霸中亚与西亚的帖木儿帝国的创建者帖木儿自称是蒙古贵族，但他实际上出身于突厥化的蒙古别部，不是成吉思汗苗裔，因此他终生只自称“埃米尔”而不敢称“汗”。帖木儿的六世孙巴布尔的母系确实是成吉思汗的后裔。16 世纪初，巴布尔亡国被逐，南下阿富汗并顺利进入北印度，创建了莫卧儿帝国。这是大中亚地区人口迁移的一个“经”。帖木儿帝国灭亡后，它的核心地区（今乌兹别克斯坦）出现了三个汗国，建国者都是从钦察草原南下的拔都的后裔。这是大中亚历史中的又一个“经”。新疆、吉尔吉斯斯坦和哈萨克斯坦东南部在几个世纪里持续被察合台的后裔统治。13—20 世纪，成吉思汗后裔（“黄金家族”）的政治力量在大中亚一直很强，最后的两个蒙古汗王是 1920 年被苏维埃政权逼迫逊位的布哈拉汗国的埃米尔和 1930 年被民国政府军人逼退的第九世哈密回王。

俄罗斯人于10世纪末接受基督教，逐渐开化；13世纪被蒙古人征服；16世纪在伊凡大帝的领导下摆脱蒙古人的控制，开始向东扩张，征服了位于伏尔加河中游、原属钦察汗国的鞑靼汗国；17世纪东进到外兴安岭；18世纪征服大部分哈萨克斯坦；19世纪征服新疆以西和阿富汗以北的全部大中亚地区。中亚五国被纳入苏联之后，斯大林于1924年开始为这个地区进行了民族界定和疆界重划。今天，中亚五国的疆域和人口就以此为根据。苏联解体后，刚独立的中亚五国境内都有相当大比例的俄罗斯族人口，虽然他们中的许多人陆续迁离，但这几国的工作语言至今仍然以俄语为主。

1991年之后，俄罗斯在西边失去了面对欧洲的纵深；在南高加索地区，俄罗斯失去了与伊朗和土耳其之间的传统缓冲，突显了国内北高加索地区的动乱不安；在中南部边境，俄罗斯失去了能源和矿藏丰富的中亚五国。在普京的推动下，俄罗斯近年来锐意求强，其中一个表现就是趁美国深陷阿富汗战争泥潭之际，设法降低美国在大中亚的影响力，并重建俄罗斯在中亚五国的优势。然而，中亚五国人民对俄罗斯并不亲善，没有“箪食壶浆，以迎王师”的迹象。

在大中亚的近代史上，俄罗斯人的影响可谓深远。大中亚的未来也会因为俄罗斯与美国、中国以及印度等国的互动而有所不同。

第 15 章

大中亚的文化马赛克

大中亚地区地域广阔、历史悠久、民族众多、语言纷繁、宗教各殊，所以要掌握它的文化全貌是非常艰难的。然而，不了解它的文化脉络，就不可能真正认识它的社会、经济和政治现状。在本章中，我根据自身经历，尝试将大中亚地区划分为东北部（贝加尔湖）、东南部（河西走廊）、西部（咸海）、西南部（拉合尔）和中部（塔吉克斯坦）这五块代表性地区，以马赛克的形式镶嵌出大中亚的文化轮廓。

苏武牧羊北海边

我小时候常唱一首歌："苏武牧羊北海边，雪地又冰天，羁留十九年。渴饮雪，饥吞毡……"

2012 年夏，我从蒙古国的乌兰巴托坐了 15 个小时的长途汽车，到达俄罗斯联邦的布里亚特自治共和国的首府乌兰乌德。这是一座既有俄罗斯正教教堂又有藏传佛教寺庙的迷人城市，居民约 40 万，65% 是俄罗斯人。布里亚特人口总数约 50 万，大半住在乌兰乌德之东的小镇和乡下。

我当然要去苏武牧羊所在的"北海"——贝加尔湖，它是全世界最深、容水量最大的淡水湖。在历史博物馆任职的业余导游带着他的妻子和两个小男孩与我一起游贝加尔湖。导游的妻子是药剂师，夫妻两人都可谓是俄罗斯化了的布里亚特人。他们彼此以俄语交谈，但也会说布里亚特语，他们都来自没有宗教信仰的家庭，但仍保留了某些萨满教的习俗。10 年前，这对夫妇在一位美国传教士的劝导下，领洗成为基督教浸信会教徒。

贝加尔湖畔的历史

贝加尔湖之东是匈奴、鲜卑、柔然、突厥、契丹和蒙古在未兴盛之前曾游牧过的地方。这片大湖对这些民族起到过孕育作用，也对世界史产生过重要影响。既然这些民族以及其他几个后来的民族或国家对大中亚的发展起过很重要的作用，我们就必须对某些涉及它们的历史大事件做一个简述。

公元前 3 世纪，匈奴崛起，随后于公元前 2 世纪后被汉帝国遏制。1 世纪，汉朝势力进入塔里木盆地，丝绸之路开始兴旺。4 世纪，鲜卑崛起，建立北魏政权，统治华北，推行佛教，并主动汉化。6 世纪，突厥脱离柔然而兴起于蒙古高原，继而分裂为东西两部：东突厥南下阴山，被唐降服，西突厥则越过帕米尔山脉，继续西进。

7 世纪，阿拉伯 – 伊斯兰势力进入波斯世界，直抵锡尔河与帕米尔高原。8 世纪中，唐退出西域，吐蕃乘势进入河西走廊及塔里木盆地。10 世纪，突厥人开始伊斯兰化，并先后建立几个政权，在统治地区内实行突厥化和伊斯兰化政策。13 世纪初，蒙古崛起，40 年间三次西征，所向披靡。14 世纪，统治伊斯兰地区的蒙古人转而伊斯兰化，统治突厥地区的蒙古人则逐渐突厥化，但蒙古上层继续维持政治力量长达 500 余年。16 世纪初，欧洲人经海路到达亚洲，丝绸之路衰落。17—18 世纪，俄罗斯人征服伏尔加河地区的鞑靼人及西伯利亚草原的哈萨克人，清朝控制蒙古高原、内蒙古与天山南路和北路。19—20 世纪，俄罗斯统治大中亚的大部分。20 世纪末，苏联解体，大中亚进入新阶段。

从甘南与河西走廊看大中亚

1987 年夏，我从美国到兰州开会。会后，主办方组织与会者参观了位于刘家峡水库的炳灵寺石窟（起建于南北朝时期）、临夏回族自治州的东乡族自治县和位于甘南藏族自治州夏河县的拉卜楞寺。这一片青藏高原和黄土高原相连接的土地，恰是汉文化和藏文化的边缘区，这应该不是偶合。

接着我们又去了敦煌。敦煌在河西走廊之西，位处沙漠与高山之间。这里在汉代以前是汉文化的外延区，也是高加索人种和蒙古人种的分界线。唐代，吐蕃兴盛后，敦煌成为汉文明、西域文明和吐蕃文明的交汇处。

2009 年，我乘汽车分五日穿越整个河西走廊，并在敦煌停留三日。这次旅行使我真正领悟到大中亚的意义。它不只是地理概念，也不限于国际政治，而是整体文化发展的概念。内蒙古、宁夏、河西走廊、甘南、青海东部在文化上和经济上确实是大中亚的有机组成部分。

13 世纪，有一批信奉伊斯兰教、说突厥语族乌古斯语支的部落从土库曼地区向东迁移。经过长途跋涉，他们定居在离黄河源头不远的青海东部，据说是因为这里的水味甘美，和他们在中亚家乡的水相似。自 10 世纪，这一带就是汉族和藏族混居之地，元代又有许多穆斯林士兵被安置到此地。今天，在甘肃临夏附近，说东乡语（近似于蒙古语）的穆斯林被称为东乡族，说保安语的穆斯林被称为保安族。那批说突厥语族乌古斯语支方言的人则被称为撒拉族，目前约有 12 万人。

代数之父与科学家

2007 年，我和妻子到乌兹别克斯坦旅游，参观了被联合国教科文组织列为首批世界物质文化遗产之一的希瓦古城以及附近的乌尔根奇，这里在过去被称为“花剌子模”。希瓦古城里除了有16世纪所建的保存完整的建筑之外，还有一个不属于物质文化遗产的纪念物——本地最有名的人的塑像。

我们之前说过，波斯数学家花剌子米成名后迁往巴格达，用阿拉伯文发表数学和天文学专著，把印度的十进制数学介绍到阿拉伯世界。他的著作于12世纪被翻译成拉丁文，欧洲人因而得以学到当时最先进的数学和天文学。

花剌子模位处在锡尔河下游的突厥游牧者与阿姆河下游的波斯农耕者之间，11世纪中叶开始变得强大，国君是奴隶兵出身的突厥裔军人。12世纪初，花剌子模成为统治整个波斯世界的帝国。1217年，花剌子模国君侮辱蒙古使节，导致成吉思汗震怒，于是后者决定暂停攻打西夏而发兵西征。1221年，花剌子模为蒙古军所灭。花剌子模国君死后，他的长子转战各地，企图重建故国，但于1231年被蒙古军歼灭。早期的花剌子模就是今乌兹别克斯坦下辖的卡拉卡尔帕克自治共和国，那里的大部分居民说一种有别于乌兹别克语，而与哈萨克语、吉尔吉斯语更接近的卡拉卡尔帕克突厥语。

2007年秋，我和妻子在乌兹别克各地旅游时，雇用了一位在中学教英语的卡拉卡尔帕克人担任司机兼导游，和他朝夕共处8天，他的语言能力让我印象深刻。他和我们夫妻说英语，和生人说乌兹别克语，和旅行社经理说俄语，和自己家人通电话时则说一种混杂了卡拉卡尔帕克语与乌兹别克语的语言。

除了花剌子米，大中亚地区还出过两位世界级的科学家。一位是11世纪的医学家和哲学家伊本·西那。他是波斯人，生于今阿富汗，后来移居巴格达。伊本·西那写作的《医典》是阿拉伯医学的基本教科书。这本书于12世纪被译为拉丁文，成为17世纪之前欧洲各地医学院的基本教材。

另一位科学家是帖木儿之孙——统治撒马尔罕的兀鲁伯。兀鲁伯在撒马尔罕建立了当时世界上最先进的天文台，并且亲自动手，带领团队测绘了 1 000 多颗行星的方位，是哥白尼之前世界上最有贡献的天文学家。伊本·西纳和兀鲁伯也都是伊斯兰教义的学者和哲学家，在这方面各有传世的著作。

拉合尔所见所思

2005 年秋，我应邀访问巴基斯坦最有学术地位的旁遮普大学。当时，巴基斯坦正由军人管治，旁遮普大学的校长是一位陆军中将。当他知道我对文化和宗教感兴趣之后，当即让下属更改我的行程，把校内的几个参观合并为一场座谈会，增加校外参观的时间，还派了一位青年教师陪我。

旁遮普省是巴基斯坦人口最多的省份，拉合尔是旁遮普的省会，也是巴基斯坦的文化中心。从 11 世纪开始，拉合尔就是不同突厥裔伊斯兰政权在印度的前沿基地，所以市内有不少宏伟的清真寺和广场。

帖木儿的六世孙巴布尔失去故土之后，在今乌兹别克斯坦东部和阿富汗北部游走多年。1526 年，他在拉合尔站稳了脚跟。这位能文能武的王子不但创建了莫卧儿帝国，而且开创了以察合台文（以阿拉伯字母拼写的中亚地区突厥语，包括许多阿拉伯语与波斯语借词）写作的传统。今日的维吾尔文字就是以察合台文为基础发展而来的。

我在拉合尔游走时有两个收获：一是在博物馆里看到不少犍陀罗艺术的珍品，二是乘出租车到巴基斯坦和印度的边境去看降旗时的“爱国大秀”。我幸运地挤到看台上，看到巴基斯坦这边的军人表演得很不错。每当（经过特别训练的）巴基斯坦士兵踢正步踢到军靴比人头还高时，巴基斯坦的观众就大声吆喝，还夹杂着“真主伟大”的呼声，力图用声波战胜在关卡另一边表演的印度仪仗队。

1947 年，印度独立，但原来的印度被分为印度和巴基斯坦两个国家，这个在表面上基于宗教信仰而做的决定实际上是一个政治决定。巴基斯坦固然全都是穆斯林，但印度的穆斯林人口比巴基斯坦的总人口还要多。巴基斯坦的官方语言是乌尔都语（穆斯林统治印度时代在军营中形成的语言），但只有 7% 的人口以乌尔都语为母语。在印度，以乌尔都语为母语的人数比巴基斯坦要多出好几倍。如果避免使用乌尔都语中的阿拉伯语和波斯语借词，乌尔都语和印地语（印度的官方语言之一）是一样的。

其实，大多数巴基斯坦人说的是旁遮普语，在位于印巴边界另一边的印度旁遮普省，民众使用的语言和巴基斯坦这边几乎完全一样。在边界口岸上演“爱国大秀”的双方演员，其实是同文、同种、不同宗教的两家人。

中亚、南亚唇齿相依

在欧洲人占领印度之前，印度的入侵者历来都是从阿富汗的兴都库什山脉南下。2 世纪时，贵霜帝国的月氏统治者就建立了包括塔里木盆地、帕米尔山脉、阿姆河流域、兴都库什山脉和恒河流域的帝国，把南亚和中亚联结在一起。13—16 世纪，中亚南下的突厥裔穆斯林以德里为中心建立了“德里苏丹国”。

16 世纪，巴布尔由兴都库什南下，建立了莫卧儿帝国，从此中亚和南亚的关系更加密切，人员、物资、信息的交换非常频繁。18 世纪，莫卧儿帝国开始衰落，波斯的纳迪尔国王发兵入侵印度，洗劫德里，把莫卧儿皇帝镶满了珠宝的孔雀王座当作战利品给带走了。

19 世纪，拥有南亚的英国想北上中亚，而统治中亚的俄国则力图阻止，双方于是以阿富汗为棋盘，开展了国际外交史上著名的“大博弈”。

苏联出兵阿富汗时，巴基斯坦人感到唇亡齿寒，于是在美国的支持下协助阿富汗对抗苏联。2001 年“9 · 11”恐怖袭击事件发生之后，美国立即出兵阿富汗，围剿阿富汗塔利班政权。巴基斯坦虽然是美国的盟友，但巴基斯坦国内也有塔利班分子，而且还有许多同情塔利班的人。于是，又有巴基斯坦人在边境地区暗助阿富汗塔利班。印度有鉴于此，也特别对阿富汗政府施以援手，并且积极筹谋，以图长久。

粟特人的故乡

2011 年夏，我们夫妇到塔吉克斯坦一游。记忆最深刻的是，我们乘越野车从片治肯特到坐落于锡尔河上的苦盏。片治肯特在塔吉克斯坦的西部边境，曾是丝绸之路上的重镇，也是古代粟特人最东部的据点，现在还保留了一部分当初城堡的残垣。居鲁士国王建立了波斯帝国之后，农耕的粟特人和游牧的斯基泰人都向他臣服。在泽拉夫尚河谷的布哈拉、撒马尔罕和片治肯特成为丝绸之路上的重镇，是粟特商人的大本营。

4 世纪，粟特人开始在丝绸之路上活跃起来。有个从片治肯特到甘肃武威做生意的粟特商人于 313 年写了一封家书。但这封家书没有被投递到他家人手中，而是被遗留在玉门关之西一个长城烽燧的底下，直到 20 世纪初才被英国考古学家发现，并被送到大英博物馆。经过几十年的努力，这封家书和其他几封遭到同样命运的书信终于被破译，让世人对当时丝绸之路上外国商人的情况多了些了解，也知道了这位先生对他自己钱财的安排。

我们行车途中，到处是崇山峻岭，大半时间是面对空寂，偶见几户人家。中途，我们经过了一条由伊朗政府援建的隧道，完工才不过几年，路面就已经凹凸不平，并且严重漏水；还经过了两条由中国援建的隧道，情况都很好。附近居民对我们很友善，都很愿意和我们合影留念。我们在一座荒凉的大山中盘旋时，见到一队从四川来的修路工人，和他们仅仅交谈几句，就备感温馨。他们靠在异国荒山中辛劳供养了家乡的亲人，可亲人们不见得能够想象他们的寂寞。但愿他们能受到本地人的善待。

传统与现代——哈萨克斯坦的新旧首都

哈萨克斯坦是大中亚地区疆域最为广袤的国家，其石油、天然气、铀、铬、钛等的存储量和年产量都在世界上占很重要的地位。同时，它也是这片区域中历史最短的国家。

哈萨克民族是在 15 世纪之后才形成的。虽然它是一个突厥语民族，但它的起始是由于蒙古人在南俄草原和中亚草原上建立的钦察汗国出现了分裂。

15 世纪中叶，哈萨克人还只是由术赤后裔领导的、刚形成不久的“乌兹别克”（汉文中又称“月即别”）部落联盟的一部分。此后，在草原上的斗争中，有一个蒙古贵族巴兰都黑脱离了原来的部落联盟，自己称汗。自此，所谓“哈萨克”就是指那些“脱离”了原来的部落联盟的人。

哈萨克汗国先后遭到准噶尔和俄国的长期进攻。哈萨克人抵挡住了前者，却节节败于后者。19 世纪初，哈萨克汗王被废，全部国土为俄国所占。在大中亚的各国中，哈萨克斯坦被俄国统治的时间最久，受俄国影响最深。

哈萨克斯坦的前首都阿拉木图是俄国于 19 世纪中叶在丝绸之路的旧址上建立的新城市，作为俄国在伊犁河流域和楚河流域的行政中心。哈萨克斯坦于 1991 年独立，1994 年宣布要把首都迁到位于国土中央、在欧亚大草原上的一个普通省城，其目的不言而喻：第一，不希望自己的首都离中国太近；第二，想要以新建首都来带动经济，激发国民建国的热情。1997 年，哈萨克斯坦迁都，并把新首都改名为“阿斯塔纳”（意为“首都”)。这是全世界除了蒙古国的乌兰巴托之外最为寒冷的首都。但是，我在这里感受到的建设热情可要比正被拥挤不堪的城市交通闹得一肚子气的蒙古国要高得多。为了纪念迁都于此并且主动辞任的首任总统努尔苏丹·纳扎尔巴耶夫，阿斯塔纳在 2019 年改名为努尔苏丹。

我于 2011 年独自前往阿斯塔纳，2012 年和妻子再度游历，见证了纳扎尔巴耶夫总统的大手笔，深觉这座新首都是一个值得观察的实验对象。阿斯塔纳的旧区是文化区，新区是行政和商业区。旧区里的文化并不怎么样，但新区则给人以很大的希望。

我在那里见到一座六层楼高的商场及游乐场，外形是一个大帐篷，这表现出哈萨克人并没有完全抛弃他们的游牧传统。以总统的名字命名的纳扎尔巴耶夫大学有一个颇为完备的生物技术研究所，所长是我的校友、美国西北大学的博士。

我曾到阿拉木图的旧国会大厦拜会这座大厦的新负责人——英国籍的国际商学院院长。他告诉我，在哈萨克斯坦的 4 年多时间里，他没有一天不为这个国家的新气象感到惊讶。接着，他又含蓄地说，他在这个国家住得越久，就越觉得传统和现代的结合不是一件简单的事。出于礼貌，也出于我对哈萨克斯坦的良好祝愿，我没有告诉他，传统与现代的结合这一话题在中国已经被四五代人讨论过了。我只希望，有 500 年历史的哈萨克民族不会把下一个百年用来讨论传统与现代、传承与创新的关系。

第 16 章

到新疆去：从梦想到现实

还在念小学时，我就从课本里读到张骞通西域和班超投笔从戎的故事，从收音机里学会唱《达坂城的姑娘》，从家里长辈们的口中听到盛世才和包尔汉。所以我很早就有到新疆去的梦想。

1987 年夏，我从美国回国讲学。讲学结束后，邀请单位依例请我在国内旅行两周。前两次我要求去新疆，都被婉拒了。这一次我又说想去那里，邀请单位爽快地同意了。8 月中旬，我和妻子从嘉峪关乘飞机到达乌鲁木齐，在那儿停留了 3 天，接着飞到喀什，在那里待了 4 天。童年的梦想居然成为现实！

30 多年前的新疆和今天完全不可同日而语，当年我们在喀什机场的经历就能说明这一点。

离开喀什前，我们所要乘坐的飞机的一只轮子被发现有问题，几名技工修了两个多钟头都没成功。当时，天已经黑了，机场没有照明设备，所以夜间不能起飞，于是乘客只好乘坐汽车去宾馆过夜。已经被装进飞机的行李并不还给乘客，我们尽管已经出了一身的汗但也无法换衣服。第二天一早，一架载着乘客的民航班机绕道来喀什，放下一只轮子，立即重新起飞。新轮子很顺利地被换上了，装上新轮子的飞机没有经过任何测试就载着我们前往乌鲁木齐。

30 多年来，我多次到新疆，只因我对那里有一种痴迷。正是这种痴迷使我逐渐认识了新疆，并见证了它的变化。

哈密的小麦和“哈密瓜”

4 000多年前，一些说印欧语系语言，深眼眶、高鼻梁的部落利用被他们驯服的马，从黑海北岸沿着欧亚草原向东迁徙到阿尔泰山脉北麓。其中一支翻过阿尔泰山，南下到新疆北部的草原。他们被欧洲考古学者称为吐火罗人。继而，其中的一部分人向东南迁徙到河西走廊——汉文史书称他们为月氏人。

在哈密附近的巴里坤草原上，有一座建于3 200年前的石结构，里面被发现有不少陶器，还有已经炭化的麦粒。学者认为，这里可能是月氏人的王庭。月氏人把西亚的小麦带到河西走廊，自此中原地区才有了小麦。这是人类文明史上的大事！

哈密素来是丝绸之路上的要地。今天，无论是乘火车还是汽车，哈密仍是从内地进出新疆的必经之地。

14—15世纪，哈密属于东察合台汗国，由成吉思汗的后代统治。明朝永乐皇帝建都北京后，需要同时面对西蒙古（瓦剌）和退回蒙古高原的北元政权的威胁。他于1404年封哈密的蒙古统治者为忠顺王。明代中期，哈密的蒙古统治者改信了伊斯兰教。清初，西蒙古准噶尔部崛起，先在今新疆南部消灭了东察合台汗国贵族所建的叶尔羌汗国，继而在蒙古挑战清政府的权威。当时，处于两大势力之间的哈密回王决心依附清朝，派专使朝见康熙，并呈献甜美的瓜果。康熙于是把这个新疆特产命名“哈密瓜”，并封献瓜者为“世袭王公”。

尽管哈密的情势一向复杂，但哈密的王统持续了233年。第九代哈密回王于1930年病逝，之后王统被废除。今天，重修过的哈密回王府已成为重要的旅游景点。

比哈密回王府更广为人知的是“哈密瓜”。面对这个享誉全国的美誉，位于哈密之西大约200公里的鄯善的瓜农们心里并不甜美——因为我在鄯善参观瓜田的时候，有瓜农告诉我，哈密瓜的主要产地是鄯善。

吐鲁番的人口来源和古代文书

早期月氏人到达新疆东北部的草原后，其中一部分人又到了吐鲁番、鄯善、焉耆、库车等地，成为南疆沙漠边缘最早的居民。

吐鲁番地区位于天山东部山间盆地，气候炎热，但物产丰饶，几千年来一直是人口聚集的农业区和商业区。西汉时，月氏人在此建立了车师国，都城交河距今吐鲁番市区大约 10 公里。我曾经两次前往交河故城遗址，2 000 多年过去了，它的轮廓依然可见。据估计，当时那里的人口可能接近一万。魏晋南北朝时期，大批汉人为逃避战乱而进入吐鲁番地区，不少北方游牧民族的人口也来到这里。450 年，车师国为柔然所灭。之后吐鲁番先后由 4 个汉人家族统治，统称高昌国。640 年，唐灭高昌国，在吐鲁番设安西都护府。来自南方的吐蕃人后来也曾统治过吐鲁番。

古代从敦煌到波斯的丝绸之路分北、中、南三路，吐鲁番是北路与中路的重要枢纽。4—9 世纪，丝绸之路上最活跃的粟特人大量聚居在吐鲁番。他们把祆教、摩尼教和景教带到吐鲁番，然后再由这里传到蒙古高原与河西走廊。

8 世纪，游牧在蒙古高原的回鹘人在与粟特人的接触中，放弃了萨满教而转信摩尼教，并且根据粟特字母创造了回鹘字母。由于回鹘人素来与唐亲善，颇为熟悉汉文化，所以在创造回鹘文时，他们没有采用粟特文自右向左写的方式，而是模仿汉字自上而下写的方式。

9 世纪中叶，回鹘人受到来自蒙古高原之北的黠戛斯人的攻击而逃逸。一部分南迁到河西走廊；另一部分西迁到吐鲁番地区，取代尊奉佛教而且汉化的高昌国，建立了信奉摩尼教的高昌回鹘王国。之后，高昌回鹘又逐渐由摩尼教转信在这一地区根基深厚的佛教。此外，9 世纪中叶，另有一批回鹘人远迁葱岭之西，与早前来到的突厥葛逻禄部结合，并开始和说波斯语、信奉伊斯兰教的萨曼王朝交往。

10世纪后半叶，中亚地区的回鹘人大多放弃了游牧，改事农耕，并且建立起尊奉伊斯兰教的喀喇汗王朝。此后，他们以喀什为中心，逐渐向东扩展。大约同一时期，尊奉佛教的高昌回鹘王国也逐渐西扩，辖有今乌鲁木齐、焉耆、库车、阿克苏等地，并一度占领和田及喀什。

喀喇汗国先是向佛教地区叶尔羌（今莎车）与于阗发动圣战，于11世纪初获得胜利，继而又进攻高昌回鹘王国。12世纪初，说东伊朗语、汉语和吐蕃语的新疆人口都被回鹘人统治，逐渐改说回鹘语。12—14世纪，契丹人耶律大石所建的西辽、成吉思汗统御的蒙古先后统治新疆，高昌汗国也先后成为它们的属国。经过几个世纪的征战与交融，新疆大部分人口于16世纪伊斯兰化。

今天，吐鲁番地区有古代丝绸之路上多种文字（吐火罗文、汉文、粟特文、摩尼文、吐蕃文、回鹘文）的写本。不同的民族、语言、宗教和生活方式在这里交汇过，今天吐鲁番的人口和文化正反映出这一历史过程。

乌鲁木齐的二道桥与老学者

乌鲁木齐是蒙古语，意思是“美丽的草原”。它在唐代被称作“轮台”，在清末和民国时期被称为“迪化”。乌鲁木齐之北适于游牧而不宜于农耕，因此它的居民时有变更。唐代以乌鲁木齐为北庭都护府，控制唐代西域的北方疆土。

过去的30多年间，我到过乌鲁木齐9次。1987年之后，我每次去都能明显看到乌鲁木齐的变化。乌鲁木齐的进步不只体现为新建的机场、高楼大厦和五星级酒店，还体现在维吾尔族人口集中的二道桥附近的改变。我第一次去的时候，看到二道桥附近有很多卖烤羊肉串的摊贩，大巴扎[①]里卖的多是尼龙衬衫、胶鞋之类的生活用品。后来，二

① “巴扎”是维吾尔语，源自波斯语，意为集市、农贸市场。——编者注

道桥附近出现了大剧院和歌舞厅，大巴扎改建成了“新疆国际大巴扎”。2011 年夏，我在二道桥大剧院的餐厅里吃了一顿丰盛的晚饭，在解放南路还见到一家很现代的土耳其产品专卖店和一家很时髦的努尔苏丹品牌服装店。

从这些变化中，我深切体会到，保持经济开放和社会宽容是建设新疆的最佳方针。但我也知道，新疆自 1884 年建省之后，在整体发展的潮流中也颇有过一些风浪。

在这些风浪中，有一位坚守岗位、潜心学问的学者——于 2018 年年初离世的突厥语专家陈宗振教授，他是我的好朋友。20 世纪 50 年代，他在北京学习维吾尔文，后来到乌鲁木齐从事维吾尔文及其他突厥文字的研究。他和其他学者们花了多年心血，推出一套以拉丁字母标写现代维吾尔语的文字，类似于近 100 年来的土耳其文和当代的阿塞拜疆文、土库曼文、乌兹别克文。后来，这项文字改革的工作因为“文革”而出现过反复：这套以拉丁字母标音的新文字曾被新疆维吾尔自治区认可，并在小学里使用了好几年，但后来政府又放弃它而恢复以阿拉伯字母标音的维吾尔文。

因为“文革”期间的变动，陈宗振曾在南疆一个县里担任几年的汉语及维吾尔语翻译。由于他有这段经历，维吾尔族知识分子莫不称赞他的维吾尔语说得流畅、精准、地道。但他的学术成就并不在翻译学，而在于突厥语族各个不同语文的历史演变和横向比较。他曾经发表很多著作，并且在 80 多岁的年纪出版了一部 70 余万字、厚达 600 页的《维吾尔语史研究》。陈老先生全家在新疆生活多年，为新疆做出了贡献，他的品德与学问将流芳千古。

库尔勒的香港人

从乌鲁木齐向南，沿国道走，只需几小时车程就能到库尔勒。库尔勒是汉代焉耆国之所在，是游牧生活方式和农耕生活方式的交集点。今天的库尔勒不以游牧为主，也不以农耕为主。它目前建有许多石油公司和银行，是现代实体经济化工业和虚拟经济金融业交集的城市，可谓继承了历史上的双栖性格。

我对当代库尔勒还有一个深刻的印象：那里有一家并不豪华，但能令旅客感到温暖、舒适的四星级酒店。住在这家酒店期间，我有机会和那里的总经理聊起天来。他是香港人，在新疆已经生活了十几年，孩子都在新疆出生。言谈中得知，他很怀念香港。但是，他清楚地告诉我，他已决定在新疆落户。他还直言，每次回香港，且不说他的孩子，连他自己都觉得香港太潮湿了。作为香港人，我愿意相信，库尔勒这家酒店之所以令旅客舒畅，是因为这位从香港到新疆的总经理把他的经验和视野带到了他的新家乡。

库车的壁画与琵琶曲

库车，在古代被称作龟兹，在塔里木盆地北缘，是唐代安西都护府之所在。唐与吐蕃、大食在新疆和中亚各地的竞争，就是以龟兹为根据地与指挥部。

公元前 3 世纪，匈奴人进入河西走廊。大部分月氏人被迫西迁，越过葱岭，到达伊犁河流域。后来，因为受到另一批被匈奴人驱赶的乌孙人的排挤，月氏人又南渡阿姆河，定居在今阿富汗。这些月氏人取代了随亚历山大东侵的希腊人所建的大夏国，创立贵霜帝国，并且与汉帝国、波斯帕提亚帝国和罗马帝国都有外交往来，成为当时欧亚大陆上四大帝国之一。贵霜帝国的势力范围包括今阿富汗、巴基斯坦、印度西北部以及中亚部分地区，东北部最远到达今库车。

贵霜帝国承袭了印度孔雀王朝的佛教，并且使佛教东传。库车有建于 3 世纪的苏巴什佛寺，香火最旺盛时，僧人达一万名。鸠摩罗什曾在这里出家，玄奘去印度的路上也曾在这里盘桓两个月。虽然苏巴什佛寺已被废弃将近 1 000 年，但它的雄伟轮廓依然可见。库车还是世界闻名的佛教艺术胜地，当地的克孜尔千佛洞内至今仍保留着大量精美的壁画。

在库车时，有件事让我记忆深刻。我们一行到克孜尔千佛洞时已经接近下班时间，博物馆人员建议我们第二天早上再去。我们说，此行特地找了北京大学考古系林梅村教授同行，第二天还有别的参观计划。有两位馆员毕业于兰州大学考古系，读过林教授的书，一听他也在其中，立即应允带我们上山。这时，那两位馆员冲着我走来，认为灰白头发的人必然是他们闻名已久的林教授。我虽然教书多年，经历也不少，但那一次只能腼腆地说："我是教授，但不姓林。"

到库车，当然要去看鸠摩罗什的雕像。鸠摩罗什是佛经汉译的最重要人物，他的译文已臻于完美。

唐代长安最流行的音乐是龟兹乐。虽然今天大家都认为琵琶是中国的传统乐器，但琵琶其实是从西域传到中国的，克孜尔千佛洞里就有弹琵琶的画。我们一行人中有一位琵琶演奏家——中央音乐学院的章红艳教授。她在鸠摩罗什的雕像下弹奏了三首琵琶曲，没有音乐厅，不需门票，这却是我听过的最有意义的琵琶演奏，也是丝绸之路上文化交流的良好例证。

和田的缸子肉和驴车

和田在塔里木盆地西南部，位于沙漠的边缘，古代长期被称作于阗，以产美玉著称。这里最早的居民是说东伊朗语的斯基泰人，也有印度人和羌人。它很早就成为佛教国，拥有自己的文字（先是一种佉卢文，5 世纪后是用印度婆罗米字母拼写的塞语）。在古代西域诸国中，于阗与中原最为亲密，也最早学会中原的养蚕制丝技艺。

唐代的于阗是安西四镇之一。于阗统治者以尉迟为姓，国王按例派王子到唐朝廷任侍从。不少于阗王族在长安定居，因此唐代有许多姓尉迟的将军和官员。

我们在和田看了一些文物古迹，还和当地老百姓有不少接触。一天晚上，我们去一家歌舞厅，见到不少穿着颇为入时的青年男女在跳社交舞。在这个据称伊斯兰教氛围很浓的地方，看到这样的歌舞场面，让我体认到和田的多元化：这里既有向往现代的新潮派，又有衣着和行为保守的复古派，而最多的则是两者之间的生活派。

在和田的几天，还有两件事让我印象深刻。一件事是祭我的“五脏庙”的经历，地点在城中心，距离毛泽东和库尔班大叔握手的铜像不远处。那里的摊子上有一种叫缸子肉的传统烹饪，是在一个搪瓷杯中加小火慢煮着咕嘟咕嘟冒泡的肥羊肉，一般用馕蘸着食用。我们同行十几人大都不太能消受这种美食，但我天性好奇，大胆吃了一缸。卖缸子肉的老板和附近的食客都对我予以赞赏。

另一件事是一位朴实农民的故事。我们夫妻计划去沙漠深处的热瓦克佛寺遗址，那里虽是县级文物保护单位，但路不熟的人很难进得去并且顺利出来，于是托本地人帮我们订了一辆驴车。来回路上，我们参观留影，一切顺利。回到市里，车方停稳，我们遇到从别处参观回来的朋友，于是大家聊起了各自的见闻。不一会儿，我一回头，发现给我们赶驴车的那位农民不见了。三个钟头的劳顿，没有报酬怎么行？打听了半天，终于得知他的住处。于是，我们找到他家去。原来他太朴实，见我们几个朋友谈得热烈，不好意思打搅，就静悄悄地走了。我把钱给了他，握手道别。两个素昧平生的人，一个有善意，一个有诚意，虽然语言不通，以后也不会有机会再见面，但我相信，我们彼此都很珍惜这次握手。

喀什的文化和宗教地位

喀什在汉代是疏勒国，张骞和班超都到过这里。唐代的疏勒为安西四镇之一，是丝绸之路南、中、北三道的交会处，是名副其实的丝路明珠。

喀什的早期居民是斯基泰人，它的文化则兼有波斯、印度和中国风格。从喀喇汗王朝开始，1 000多年来，喀什一直都是新疆的伊斯兰文化中心。

11世纪，喀什出了两位著名的作家：一位是用回鹘文写作《福乐智慧》的哈吉甫，另一位是用阿拉伯文撰写《突厥语大词典》的喀什噶里。

14世纪，察合台汗国分裂为东西两部分。新疆属于东察合台汗国，天山以西属于西察合台汗国。之后，西察合台汗国的大权被突厥化的蒙古巴鲁剌思部军人帖木儿篡夺，他以埃米尔的名义东征西讨，建立了据有整个中亚和大半西亚的帝国。帖木儿的儿子沙哈鲁自己称汗，之后传过9个汗王。帖木儿帝国人才辈出，文化鼎盛。15世纪和16世纪之交，他们以波斯文为宫廷文字，同时开始使用察合台文，即以阿拉伯字母书写含有阿拉伯语和波斯语借词以及某些语法的中亚突厥语。后来，察合台文成为17—19世纪乌兹别克人的文字。

喀什距帖木儿帝国（以及替代它的乌兹别克昔班尼王朝）的费尔干纳地区只有一山之隔，因此在文字上和宗教上受到它们的影响。很自然地，察合台文成为叶尔羌汗国的文字以及近代维吾尔文的滥觞。始于帖木儿时代的纳格什班迪耶则成为新疆最重要的苏非教团。

血缘上融合了月氏、斯基泰、羌、汉、粟特、吐蕃、葛逻禄突厥、回鹘、蒙古等族裔，使用回鹘文，信奉伊斯兰教的维吾尔民族在叶尔羌汗国时期正式形成。文化上，在喀什出现了以维吾尔语创作的文学和表演艺术——十二木卡姆。宗教上，各个苏非教团成为维吾尔群众信仰的焦点。苏非教长（和卓）集团与地方贵族（别克）集团形成了维吾尔社会的上层网络。地方派系的利益分歧又导致苏非教长集团分为以叶尔羌为大本营的黑山派和以喀什为大本营的白山派。两派都能上达王侯，下通信众，拥有雄厚的人力、物力资源。此外，与历史上许多社会一样，上层集团的利害关系经常以宗教的差异表现出来或掩盖起来。

近代以来，喀什一方面是中国在南疆最重要的城市，另一方面又受到在中亚激烈角逐的英国和俄国的觊觎。19 世纪中叶，位于费尔干纳的浩罕汗国对喀什和南疆其他各地产生了很大的影响。出生于费尔干纳的军人及教士阿古柏入侵新疆后自己称汗，以伊斯兰教法统治南疆十多年，也占领过吐鲁番等地。他亲英远俄，还曾对奥斯曼帝国的苏丹表示效忠并受其册封。最终，清政府派左宗棠出兵新疆，阿古柏在吐鲁番战败，猝死于焉耆。新疆局势由此改观。

新疆于 1884 年建省后，将政治中心移到乌鲁木齐。此后，一个相对宁静的、与外界几乎隔绝，但也因此落后的喀什，一直延续到 1987 年我第一次去那里旅游的时候。

十几年后，喀什变成了一个具有现代街道、现代建筑的新都市，许多市民都衣着入时。喀什老城区、艾提尕尔清真寺、阿帕克霍加家族的陵墓（又称“香妃墓”）都成了旅游景点，给这颗带有中世纪风味的丝路明珠平添几分璀璨。

在卖乐器的地摊上，我以不高明的议价能力买了一把都塔尔（长颈二弦的弹拨乐器）。后来有维吾尔族琴师告诉我，这把都塔尔的卖相和音色都很好，当初我付的价钱很值。

在喀什附近的英吉沙，我们在餐馆里看到两名穿黑长袍的蒙面女士吃饭。她们的黑面罩只在眼睛部位留下一条缝，因此她们吃东西的时候要掀开面罩的底部，从面罩后面用羹匙把食物从下往上送到嘴里。这种装束虽然表现了宗教虔诚，但对生活实在太不方便了。

30 多年来，喀什的城市变得现代化了，戴头巾和蒙面罩的妇女却一度增加。在喀什和中国以外的世界，这样的装束近 30 多年来也增多了不少。依我看，许多穆斯林的保守和复古倾向与外教人对穆斯林的歧视是相互助长的。我诚心希望，作为南疆的宗教和文化中心，喀什能够免于这两种倾向。

伊宁的牧民和边境口岸

伊宁（旧称伊犁）是伊犁哈萨克族自治州的首府。它是清朝廷治理新疆南北两路的伊犁将军的驻地。曾称雄全疆的准噶尔汗国也以伊犁为首都。伊犁在汉代属于乌孙国，被汉武帝嫁到乌孙国的细君公主应该就住在今伊宁。

历史上，新疆大体以天山为界，分为以游牧为主的北疆和以农耕为主的南疆。今天，北疆草原上的牧民主要是哈萨克族。15 世纪，钦察汗国东部的白帐汗国分裂，一部分血缘相近的部落集体出走，被称为“哈萨克”。（这是哈萨克民族最为可信的起源。）哈萨克族的语言与维吾尔语同属突厥语族，但哈萨克人的生活方式与蒙古人更为相似。18—19 世纪，俄国逐步占领了全部中亚。1864 年，它又从清朝手中夺走了伊犁河流域的大片领土，许多哈萨克族牧民不愿意在俄国的统治下生活，于是来到伊犁、塔城和阿勒泰地区，被清政府接纳。

南疆的气候较温暖，绿洲以及外缘的土地都可以耕种；降雨量虽少，但有地下河流和坎儿井可以灌溉。北疆居民一向以放牧为主，农林业没有发展。林则徐在中日甲午战争之后被贬到伊犁，专注兴建水利。灌溉水渠修成不久，更多南疆的维吾尔族农民来到伊犁附近定居。

伊宁的西边有一个察布查尔锡伯自治县。这里生活着总人口只有几万人的锡伯族。18 世纪中叶，乾隆在平定了准噶尔之后，从东北调派了大约一万名锡伯族军人和家属，用一年多的时间，跋涉万里到伊犁戍边。如今，新疆共有几万名锡伯族人口，主要都在伊犁附近。现在，全国的满族人口几乎都不会说满语，遑论读写满文了，但远在新疆的锡伯族还有不少人保留了他们的语言和文字。据说，在北京故宫整理满文档案的人员大多是锡伯族。

2005 年，我有机会两度到伊宁，第一次去了西南方的察布查尔和昭苏草原；第二次去了西北方的赛里木湖边上的霍城县和境内正在增建的霍尔果斯口岸。霍尔果斯自古以来便是交通要道。我在 312 国道的终点碑牌拍照留念之际，想到这条公路的交通将会很繁忙。哪知，不到 10 年时间，“一带一路”倡议被提出，霍尔果斯口岸升级成了霍尔果斯市。这个位于全国最西北的口岸的吞吐量未来必然会超过东北的几个陆地口岸。

阿勒泰的图瓦人和八岁小姑娘

阿勒泰是位于新疆最北部的重要城市，乘飞机可以直达。阿勒泰的人口中，哈萨克族占颇高的比例，但这些哈萨克人一般都能说流利的汉语。

我们去阿勒泰是为了看喀纳斯湖。但我重要的收获之一不是看到了美丽多色的湖水，而是去看湖的路上和导游的小女儿聊天。这位导游是新疆生产建设兵团的子弟，开一辆越野车做散客的生意。我们出发的前一刻，他问能否让他的女儿跟去，并说她很乖，不会打搅我们。反正车上有空位，我们就同意了。上车一看，那是个聪明秀丽的小姑娘。在几个小时的路途中，我们发现这个小姑娘知识储备挺丰富。说着说着，我们两个长者和这个 8 岁小姑娘居然背起唐诗来了。三个人轮流，你一句我一句地背，这小姑娘居然大都坚持了下来。从我们在阿勒泰的经验看，那些担心中华传统文化将会被侵蚀弱化的人，恐怕太悲观了。

在喀纳斯湖的几天，我还有另一个收获：我接触到了中国境内的图瓦人。

喀纳斯湖位于中国、哈萨克斯坦、俄罗斯和蒙古国 4 国的交界地区。那一带的图瓦人的生活习惯受到蒙古国人的影响很深，但仍然说突厥语言。大多数图瓦人住在俄罗斯特瓦共和国（即唐努乌梁海），也有一些住在蒙古国西部。我过去从没有见过图瓦人，也不知道新疆有图瓦人。我们参观了他们的几个帐篷，听了一次神奇的乐器演奏。一位图瓦乐师能够把一片芦苇似的微小乐器放在嘴里，吹出两种不同但又和谐的曲调，像是在演奏巴赫的赋格。巴赫的赋格要用 10 个指头弹琴键，而图瓦人的小簧片却只要含在嘴里，用舌头和口唇来控制，就能吹出不急不缓的悠扬乐声。

“我到新疆去了九次”的故事其实还没讲完。只要有机会，我会继续童年的梦想，再去看几次新疆的新现实。

第四部分

印度速写

第 17 章

体验崛起中的印度

2014 年 3 月底，我去维也纳参加了一场主题为“不同信仰间的对话：政治决策中的全球伦理观”的小型会议。参与者共 30 人，一半是退任的各国政府首脑，另一半是来自不同宗教和文化背景的专家。会议上有一位印度人。这位印度人是个“大师级”人物，在印度很有声望，他的发言引起不少回应。会上的中国人只有我一个，我不是宗教人物，也不是儒学专家，但我在发言时用汉语背诵并派发了中英双语的《礼记·礼运·大同篇》，简单解释了孔子以降中国的政治理念，也颇受关注。

会议的正式宴会是维也纳市长在市政厅为德国前总理施密特庆贺 95 岁寿辰。法国前总统德斯坦在席间以英语致颂词，高度赞扬了施密特的远见与品德，并引用孔子的“仁者先难而后获”作为结语。

访印缘起

2014 年 9 月，印度基金会给我发来邀请函，请我于当年 12 月 19—21 日参加在果阿举行的印度建言闭门会议。会议接待委员会的主席是古儒吉（Sri Sri Ravi Shankar，在印度名姓之前冠以“Sri”是尊称，“Sri Sri”是更高的尊称，意为“备受尊敬的大人”），就是半年前我在维也纳认识的那位印度大师。此外，古儒吉还请我与其他一些参会者先到位于印度南部的班加罗尔，在他创办的“生活的艺术”静修院小住三天。

收到邀请函后，我立即改变了原有的计划，决定第7次去印度。我之所以如此迅速地做出这个决定，主要有以下几个原因。

第一，中国和印度都是文明古国。全世界穿棉衣、用蔗糖、吃鸡肉、下西洋棋、掷骰子、用十进位数字的人都要感激古代印度人，而凡是穿戴丝绸、吃猪肉、用煤生火、使用纸张、用水牛耕田的人都得感激古代中国人。

第二，中印两国从16世纪开始，分别遭到欧洲殖民势力的侵略和掠夺，20世纪中叶又都走上自主和复兴的道路。展望21世纪中叶，半年前在维也纳开会的退休政治人物和专家学者都认为，中国和印度将要振兴，世界格局将会改变。

第三，中印两国近年来都在尝试改革与创新。两国都面临不少困难，其中包括如何对待自己的文化传统——既要克服某些有碍社会发展的旧风俗、旧习惯，又不能与传统完全决裂。

第四，中印两国都是人口大国，也都是经济大国，而且仍在发展中。许多人预测，不用20年，全世界第一、第二、第三大经济体将分别是中国、美国和印度。美国总统和印度总理频频互访和会谈，就说明了中印两国在美国决策者心中的分量。

第五，中印两国是永远的邻居。但是，中国人一般对印度的认识非常模糊，印度人对中国的认识也相当有限，而且可能出于竞争心理，双方对彼此的总体印象比较倾向于负面。这对发展中印关系、造福于两国人民是极为不利的。

但和对中亚、中东以及欧洲不同，我对印度的认识没有经过长期的、系统性的阅读，所以这些文字所描述的可能只是印度这头“大象”的一部分，还希望读者中的方家不吝指正。

班加罗尔和软实力

班加罗尔是印度南部卡纳塔克邦的首府，也是印度第三大城市，人口大约有850万。我第一次到班加罗尔是在2003年年初，因为它是印度的工业中心和科技中心，我参观了那里的印度科学学院、塔塔基础研究院，以及新建的科技园里的几家生物科技和信息科技公司。这些年来，全世界不少人才和资金都流入了班加罗尔的新区，使它成为一个重要的软件中心，班加罗尔也常以“亚洲的硅谷”自况。

班加罗尔的经济发展在最近10年又有了长足的进步。但是，将班加罗尔科技园以及它附近住宅区的环境和市内的一般居民区相比，只能说印度的科技精英分子获得了优厚的报酬。与印度其他城市比较，班加罗尔市民的文盲率要低很多，班加罗尔的贫民窟数量也的确比孟买、加尔各答、金奈要少得多。

如果说孟买是因为在英国殖民时代享有的资金和技术优势而成为印地语电影业的中心，从而使今天的宝莱坞成为印度软实力的一个表现，那么班加罗尔的宜人气候则使它成为修身养性的好地方，从而表现出印度软实力的另一个方面：瑜伽、默想和灵修。

我于2014年12月16日凌晨入住的“生活的艺术”静修院就是这样一个地方。它的创始人古儒吉出身于印度南方的一个上层家庭，4岁就能背诵不少梵语的吠陀经文，后来受教于曾与甘地一起组织非暴力运动的导师。大学毕业时，他获得的是物理学和吠陀文学双学位。25岁那年（1981年），他创立了“生活的艺术”这个具有印度教根源但又不是宗教性质的非营利、非政府组织。经过30多年的发展，“生活的艺术”已经是印度最大的非政府组织。

这次和他相处三日，我感受到他的随和作风与个人魅力。除了作为精神领袖，他还是个有雄心的企业策划者和管理者。他白天要会见川流不息的访客，晚上在精修院的广场上与成千上万的群众用多种印度方言和英语对话。他的这些活动在互联网上迅速得到传播，他的推特也非常受欢迎，印度许多城市的公共场所都有“生活的艺术”广告牌，上面显示着他的肖像。说他在印度家喻户晓，应该不是夸张。

古儒吉在瑜伽练习中创造了自己的吐纳法和默想法。他以此为基本课程，建立起“生活的艺术”静修院。思想上，他宣扬无压力、无暴力、宗教宽容和人道精神的世界；行动上，他经常奔走于有暴力冲突的地区（如伊拉克的库尔德地区）。在印度，他有千百万的追随者，而且与当前执政的印度人民党上层颇为热络，因此他具有很大的影响力，被认为是印度的和平大使。他的“生活的艺术”基金会已经发展成为一个很大的国际组织，在150多个国家和地区有分支机构，因此他在国际上也享有很高的声誉，被认为是一个大师和圣者；一些西方人甚至用对天主教皇的称谓“His Holiness”（意指“宗教领袖”）来称呼他。

12月18日晚，“生活的艺术”举办了一场别开生面的圣诞晚会。我们这些从外地来的嘉宾以及附近伊斯兰教的几位领袖，还有天主教班加罗尔教区的助理主教等人，都被请到一个精心布置的大舞台上就座，两位很有经验的司仪主持了这场至少有5 000人参加的晚会。“生活的艺术”创办的免费小学的合唱团用英文演唱了西方人都很熟悉的圣诞歌曲。台上的嘉宾，如荷兰、斯洛文尼亚、约旦和立陶宛的前总理，欧洲议会的一位德籍重要议员，还有比利时的前任副议长都轮流被请到舞台中心讲述他们的感受；挪威奥斯陆的前任路德宗主教（现任诺贝尔和平奖推选委员会委员）也做了简短但很恰当的讲话。正当我庆幸自己不属于任何宗教，因而不必讲话时，司仪读出了我的名字，把我请到舞台中心的扩音器前面！我被迫发表感言。还好我素来敢言，故也侃侃而谈了5分钟。后来，从视频中看到回放，我自认为可以算是一次得体的即兴演讲。

班加罗尔的人口中，大约有79%是印度教徒，13%是穆斯林，6%是基督徒，1%是耆那教（比佛教更早从婆罗门教蜕变出来的宗教，主张不杀生、食素）。在班加罗尔，印度教徒和穆斯林所占的比例大致与在印度全国所占的比例一致，基督徒所占的比例则比在全国要高。那天晚上，伊斯兰教和基督教的代表们无一例外地盛赞主人的德行和智慧，并且大谈“四海之内皆兄弟”的道理。古儒吉讲话时，提到前一天在巴基斯坦恐怖袭击中丧生的200多名学童，向他们的家人表示沉痛的哀悼。

印度和巴基斯坦有过多次军事冲突，国内也有宗教裂痕，而且曾经屡次出现暴力冲突。但就整体而言，一个多语言、多宗教、多地域和多种姓的人口大国能够在68年间维持整体的社会稳定和经济进步，这不能不说是印度的奇迹。许多人认为印度终将崛起于南亚次大陆，正是因为印度有一个其他国家无法模仿的宗教和社会传统。这就是它的软实力。

果阿和建言闭门会议

果阿在1961年被印度强行接管，之前的450年里，它一直是葡萄牙的殖民地。葡萄牙人占领果阿和巴布尔从中亚南下印度几乎发生在同时。巴布尔的儿孙后来建立了统治印度约350年的莫卧儿帝国。

16世纪，西班牙和葡萄牙的天主教徒用宗教法庭迫害在那里居住了800年的穆斯林和犹太人，果阿也设立了一个宗教法庭，审判对天主教不忠诚的教徒。

2006年秋，我在德里大学做了为期一个月的学术访问。在一个周五，我特地飞去果阿，一下飞机就可以看出它的发展水平远超邻近的几个邦。我在那里待了三天，感到非常舒畅安逸。

这次去果阿，我是从较为新式且风光旖旎的班加罗尔起飞，所以感觉对此不是特别强烈。然而，果阿这8年来也是有进步的。我们开会和住宿所在的酒店是最近修建的，由一栋栋小楼房组成，楼房群落之间有树木、池塘和草坪，的确是度假的好地方。

只可惜，我们的会议安排得十分紧凑，完全不给人度假的机会。这次会议总共大约有 250 人参加，主要是印度人，但也有不少其他国家的人。会议的目的是给印度的未来发展建言献策。为了鼓励大家相互诘问和畅所欲言，会议不对媒体开放。这个会议正好在印度人民党以压倒性优势取得政权的几个月之后举行，所以参与者大都是印度人民党的支持者，甚至是骨干。

会议的开幕仪式由古儒吉担任主席并且做主题发言，印度国防部部长和果阿邦的首席部长是荣誉嘉宾（原来预定的嘉宾莫迪总理因事未到）。闭幕仪式由印度外交部部长演讲，题目是“印度发展之咒”。由此可见，这个会议与印度当今的执政党关系密切。

会上不少人都对当前印度的状况做出针砭。有人认为，迅速城市化只会令农村更加贫穷，因此应该改善农业技术，增加农业生产的产量，嘉惠农民；有人认为，在印度不论城市还是农村都卫生状况堪忧；有人提及男女不平等问题，认为女性的生产力平白被大量浪费了；也有人建议，应该让“最后一个人”都能享受到社会福利。

在两整天的会议中，我比较关注并且有机会与人讨论的有以下三点内容。

第一，印度是否需要发展制造业。有一位印度作者最近写了一本书，名为 *Make in India*，受到新任印度政府的大力支持。这明显是对“Made in China”（“中国制造”）这一大家都熟悉的说法的巧妙回应。只不过，“Made in China”是叙事语态，表示已完成的工作，而“Make in India”是祈使语态，可以理解为：“印度，制造吧！”这个建议关乎印度的进口政策、人力资源、能源供应和生态环境。以印度制造业的现有水平和相对齐全的工业种类，加上低廉的工资水平，印度有条件大力发展制造业，以满足国内的需求；它也可以为跨国企业代工，甚至取代中国而成为“世界工厂”。印度之所以没有这样做，应该是因为它的经济决策者选择了另外一条发展道路。

第二，印度是一个以印度教为主的“世俗化”国家。印度国民大会党执政时，对国内各种宗教尽量一视同仁，而印度人民党则有明显的印度教色彩。信仰印度教的莫迪总理就曾经对此发表过极具争议性的言论，为此还曾被美国禁止入境。印度人民党今后除了发展经济、打击贪污，会不会更强调印度教的传统，从而破坏印度教徒和穆斯林之间的和平共处？在果阿的会议上，有一个欧洲人在发言时诋毁伊斯兰教的信仰甚至穆罕默德本人的品德，固然有人发言抨击他，但也有不少人给他鼓掌。这只是一个小插曲，却足以令人警惕。

第三，印度和巴基斯坦、中国以及美国的关系。我在大会安排的正式发言中强调了中印的历史渊源以及中印友好合作的益处。我提到，在历史上，中国是印度文化的进口者：从印度传来的佛教改变了中国人的宇宙观和生死观，而中国的建筑、雕刻、绘画、舞蹈无不受到印度艺术的影响。

我发言之后，有不少人提问和评论。其中一位提出的问题很有趣：既然你们中国那么善于模仿，过去大量模仿我们，将来会不会转而模仿美国的文化？我告诉他，中国也是文化输出大国，纸张、印刷术、火药和指南针就是例子。我没说的是，他的无知和醋劲在未来只能依靠增加对中国的认识来消解了。还有一位专栏作家在会后和我说，中印应该友好合作，但条件是中国必须停止支持巴基斯坦。看来，无论是中国还是印度，在考虑自己的大国外交和周边外交时，都需要易位思维，认清对方既是世界大国又是自己的邻国。

加尔各答和英国文化余韵

从 17 世纪末到 20 世纪初的 200 多年间，英国统治印度的总部是加尔各答。

1690年，英国人从莫卧儿王朝派驻孟加拉省的督军手中拿到贸易许可证，从此，加尔各答成为英国以东印度公司的名义蚕食印度的基地。1858年，试图号召臣民驱逐英国殖民者的莫卧儿王朝皇帝被放逐到缅甸，英国正式接管了印度，由维多利亚女王亲任印度元首。此后，英国派出官员统治印度，长驻加尔各答。20世纪初，英国决定把印度首都迁移到莫卧儿王朝的旧都德里，并在德里之南另建新城，称之为新德里。新德里于1931年落成启用。

从果阿回香港的路上，我特意在加尔各答停留了两天，想见识一下这个曾经作为英国殖民统治印度的大本营的城市，体味一下它的英国文化余韵。

如果只从外观来判断，今加尔各答的主要建筑物大都是英国殖民时代留下来的，其中最主要的是用白色大理石修建的维多利亚纪念堂。1858年，在英国军队平定了印度人的第一次大规模起义后，部分英国士兵破坏了泰姬陵的外表，把上面镶嵌的宝石挖出来当作“战利品”。有印度人说，既然英国人破坏了莫卧儿时代最高雅精致的建筑瑰宝，应该要赔上一座可以与泰姬陵相媲美的建筑物。在进占加尔各答300多年之后，英国真的修建了维多利亚纪念堂。漫步于它周围的园林和街道上，我能明显感受到新旧两个时代的交错。

位于加尔各答市中心的大酒店和餐厅仍然很有气派。我到最高档的欧贝罗伊大加尔各答酒店吃了一顿晚餐。看着室内的雅致装饰，享受着侍者训练有素的服务，我想到了印度从英国殖民统治中得到的遗产，同时也在一定程度上看到了印度的未来。

英国留给印度的第一项，也是最大的遗产是英语。在印度，约有4亿人可以在不同程度上用英语进行阅读、书写和交谈，是世界上使用英语人口最多的国家。对于有上千种方言和20多种法定语言的印度来说，英语既是全国唯一被普遍接受的通用语言（英语和印地语同是印度的全国性法定语言，但有人不接受印地语为国语），又是印度人与外国人进行交流的有力工具。

英国留给印度的第二项遗产是议会政治（虽然印度的贿选、贪污现象非常普遍）。印度这个庞大而复杂的国家在 1947 年独立之前从来没有统一过，所以它几乎不可能实行中央集权制。因此，议会政治是除暴力冲突之外的唯一选择。

英国留给印度的第三项遗产是独立于行政部门的司法系统，虽然这个系统效率很低，也不是很廉洁，但它仍然是对弱势者的一种保障。

英国留给印度的第四项遗产是公务员系统（虽然这个系统庞大臃肿，效率很低）。印度全国、各邦、各地区的公务员为经常出现的政党轮替提供了连贯性和政策咨询，否则印度将会更加难以管治。

英国留给印度的第五项遗产是教育体系（尤其是高等教育体系）。如果一个地区的教育体系不健全，整个社会就无法应对现代化带来的挑战，精英们也不可能具有足够的见识、技能和创意来解决问题和规划未来。

从英国人那里获得的遗产使印度独立 70 多年来不但没有成为“失败的国家”，而且能够从事相当可观的建设和创新，从而取得了今天的成绩。印度在未来几十年里很可能会更加蓬勃发展，这是许多专家的预期，也是我的预感。这个预感是基于以下几个原因。

第一，印度是一个地道的多元社会，且印度教的传统强调多彩多姿，不要求服从和一致，所以印度的文化里没有阻碍创新意念的因子，而创新恰恰是当今国际竞争中最为重要的因素。

第二，任何一个社会都不可能完全平等，印度的种姓制度凸显了它的不平等。社会的不平等使印度大约一半人口无法获得教育机会和卫生医疗保障，这是印度社会极大的弱点。如果不改善这一点，印度将无法真正强大。但是，这个弱点并不至于致命——70 多年来，印度的进步就是最有力的说明。由于印度素来有一个人数颇多的精英阶层，只要他们能充分发挥能量，就可以带动整个社会前进。印度能独立发展出核子力量，成功发射卫星，建造航空母舰，利用现代生物技术生产传统阿瑜尔吠陀药物，这都要归功于精英阶层的优异表现。近年来，在美国、英国、加拿大的政界、传媒界、商界的印度裔人口相当多，世界500强大企业中的印度裔总裁的人数也不少。

第三，印度拥有一个颇具实力的工业体系、科研体系和金融体系，它们完全有可能在未来从量变转为质变，成为印度发展的强大引擎。

印度近些年来的总体走势是向上的，上层精英对未来普遍看好。我在加尔各答买了几本财经方面的杂志，看到不少财经评论员都对印度未来几年的经济发展持乐观态度。这种乐观也许来自他们亲身体验，也许源自他们的宗教信仰。

我既没有他们的亲身体验，又没有宗教信仰。所以，我只能说，我对印度未来的发展持审慎客观的态度。

第 18 章

认识印度“巨象”

印度是一个有 5 000 年文明的古国，是印度教和佛教的发源地。中国人的信仰以及建筑、雕塑、音乐、舞蹈、武术等都受到印度很大的影响。印度的战略位置优越，北依喜马拉雅山脉，三面向海，是印度洋地区最大的国家。目前，印度的人口已经达到 13.5 亿。2013 年，其 GDP 居世界第 10 位，2018 年升到第 5 位。印度最大的贸易伙伴就是中国。

对于这样一个和中国关系密切的国家，大多数中国人却感到很陌生，甚至觉得有些神秘。下面，我试图从不同维度揭开印度“巨象”的面纱。

种族与语言

印度是一个多姿多彩的地方，可以称得上是人类多元文化的博物馆。

从种族看，印度有黑皮肤、扁鼻梁的达罗毗荼人，主要住在南部。他们是南亚次大陆的早期居民，5 000 多年前印度河流域文明的创造者极可能就是他们的祖先。印度也有白皮肤、高鼻梁的雅利安人种，大多生活在北部和西北部。他们的祖先主要是约 3 500 年前由西北方入侵的游牧部落，还有一部分则是近 1 000 年前从波斯和中亚进入印度的穆斯林。印度还有黄皮肤、中等鼻梁的藏缅族裔，主要居住在东部和北部的边境地区。他们几千年来一直都在这个地区繁衍生息。

其实，通过3 000多年的融合，今天大多数印度人是前两个种族的不同比例的混合。在同一个地区、同一个城镇，甚至同一个乡村里，都可以见到肤色和面型很不一样的人。

在印度，使用人口达100万以上的语言有30多种，方言有超过1 500种。由联邦和各邦立法确定的官方语言共有22种，其中15种属于印欧语系中的印度雅利安语族，4种属于达罗毗荼语系，2种属于汉藏语系中的藏缅语族，还有1种属于南亚语系中的蒙达语族。

据估计，大约75%的印度人的母语属于印度雅利安语族，他们主要生活在北部、中部和西部；20%左右的印度人说达罗毗荼语言，他们主要生活在东南部。由于印度语言繁杂，很多人都会说几种不同的语言。

印度宪法规定的全国通用语言和文字是北部和中部人口使用的印地语，以及用天城体字母拼写的印地文。大约有3.5亿人以印地语为母语，受过教育的印度人差不多都能用印地语进行口头交流和书写。但在不少地方，特别是在印度南部，人们不承认印地语是印度的“国语”。

其结果就是，英语仍然是印度人最广泛使用的工作语言，相当于印度非正式的国语。其实，在印度，只有大约20%的人口能够说流畅的英语，其他80%的人口没有必要也没有机会使用英语。能说流利的英语的人口占比大致上反映了当前印度社会受过良好教育的人口占比。有些精英家庭已经连续几代使用英语，出口流畅文雅，而那些第一代接受英语教育的人，无论多聪明都不可能赶上前者的英语水平，因此难免有些自卑感。随着接受良好教育的人数大幅增加，能说一口流利英语的印度人数量也会增加。

在英语逐渐普及的同时，近30年来，“地方主义”也在印度抬头。这种现象和本地大众传媒的发展有关，也和政客特意说方言以讨好中下层选民有关。有一些国会议员坚持在国会里说本邦的语言，这就难为了那些被质询的联邦官员。因此，联邦官员到国会应答时，经常要带几名会说不同语言的助理。这个现象除了体现印度多元文化的本质，也反映了一些人对失去自我的焦虑。

暴乱与建国制宪

1947 年印度独立之前，英属印度（包括今印度、巴基斯坦、孟加拉国和部分缅甸）人民从事了将近 100 年的反抗运动，早期主要由以印度教徒为主的印度国民议会领导，后来又有穆斯林联盟参加。二战后，英国已无力阻止印度独立，于是决定退出。此时，大半个世纪以来联合争取独立的两大组织发生了根本性矛盾：印度国民议会力主在英属印度的领土上建立一个统一的、多宗教的世俗国家，穆斯林联盟则坚持要在穆斯林人口占绝大多数的地区另建一个伊斯兰国家。1946—1947 年，印度各地发生了多次不同宗教社群之间的流血冲突，因此英国决定让印度提前独立。

在英国蒙巴顿勋爵（现任王夫爱丁堡公爵之叔）的斡旋下，印度国民议会与穆斯林联盟达成分治协议，并授权英国划定疆界，分别成立印度和巴基斯坦两个国家。这时，在英属印度境内各地有超过 550 个自治邦。依照协议，每个邦的王公可以自选加入哪一国。在最北部的克什米尔邦，大多数人口是穆斯林，但王公是印度教徒。他原本一直犹豫不决，在宗教冲突已然发生之后，选择参加印度，这就引发了印度与巴基斯坦在尚未独立之前的战争。70 年多来，克什米尔地区仍然是两国敌对的主要原因之一。

印度与巴基斯坦独立初期，因为宗教冲突而丧生的人口超过 100 万，逃离家园迁往新成立的印度或巴基斯坦的人口则超过 1 000 万。1971 年印巴再战之后，才形成现今印度、巴基斯坦和孟加拉国三国相对稳定的局面。

从建国前的暴力冲突与动荡不安，到建国后坚持宗教平等、维持社会安宁，这对印度而言确实很不容易。其中一个重要因素是印度开国总理尼赫鲁对宗教保持中立的政策，而更为深层次的原因则是印度教本身具有很强的包容性。

与中国很不相同，在印度，几乎每个人都信奉宗教。在印度总人口中，占绝大多数的是印度教徒（约占 81.5%），其次是穆斯林（约占 14%），然后分别是基督徒（约占 2%）、锡克教徒（约占 2%），以及佛教、耆那教、袄教、犹太教等的信徒（总共约占 0.5%）。

在制定宪法时，印度教的上层精英显示了宽容和远见。1950 年实施的印度宪法强调保障人权，废除了在印度教社会素来被视为贱民的“不可接触者”种姓，改名为“表列种姓”，并在学校和政府中为他们提供保障名额。

2002 年我应邀访问印度，会见了印度文化部的代理部长——一位有藏缅人面型的女性。她送给我一本印度 1950 年宪法的复印件，指出印度的宪法无论在 1950 年还是在 2002 年都是一部先进的宪法。

宗教社会与世俗国家

宗教信仰对印度人来说是头等大事。印度制宪委员会经过多次辩论，决定在宪法前言里提及“神”，但没有使用任何名称。宪法中明确规定所有公民都有信仰、实践和传播宗教的自由。也就是说，印度的政府对宗教保持中立性。

然而，在保护宗教实践的自由这一点上，印度宪法的制定者面临一个非常棘手的问题。印度教古代的吠陀经文中强调牛（尤其是母牛）的神圣性；中世纪后，印度教徒不宰牛，也不吃牛肉。多个世纪以来，无主之牛在印度城镇的大街小巷上随意走动。然而，12—19 世纪，大半个印度都由穆斯林统治，而且印度的穆斯林人口成倍增加。穆斯林不但吃牛肉，每年还有一个“宰牲节”，有钱人要屠宰牛羊，把肉分给穷人吃。如何同等地保护印度教徒和穆斯林的宗教实践自由呢?

印度制宪委员会多次讨论的结果是：在宪法正文里不提及宰牛的问题；在宪法附件《邦之政策的指引原则》里温和地提到，邦可以立法保护畜牧业以及限制屠宰乳牛和耕牛等动物。之后，不少邦根据这个指引立法禁止或限制宰牛。

能否宰牛在印度一直是个大问题。不只印度共和国要用宪法附件的方式授权各邦限制屠牛，在莫卧儿王朝统治印度的时候，好几位穆斯林君主也曾经为了社会和谐而诏令禁止宰牛。英国人是强势的殖民地主人，又喜欢吃牛肉，所以在英国统治印度时期，凡有英国人聚居的地方都有屠宰场，每天屠牛数以万计。这和印度教徒的习惯背道而驰，因此引发了多次反屠牛暴动，在一定程度上助长了印度独立运动。

穆斯林不许吃猪肉，这是铁律。虽然在印度可以买卖猪肉，但大部分印度教徒都已经习惯了不吃猪肉。我曾 7 次到印度全国各地旅游，餐馆菜单上所见都是羊、鸡、鱼、虾和素菜，没有牛肉或猪肉。我想这是多宗教的印度社会从长期社会实践中得出的智慧。

根据这种智慧，印度的建国者找到了一个平衡点：在宗教的社会里建设世俗的国家，把政府和宗教分开。这就解释了为何在印度曾有一位锡克教徒长期担任总理，好几任国家元首都是穆斯林，其中一位还曾经是印度核子研究的领军人物。这些都是印度对全人类做出的表率。然而，在印度教徒占绝对多数的社会里，要长期保持国家世俗化很不容易。

强调印度教传统的印度人民党在最近两次大选中连续获胜，于是中央政府还有好几个邦都加强了对印度教的偏向。就贩牛和宰牛而言，印度加强了对越过邦界贩牛和宰牛行为的管制（这是因为，无论是过去还是现在，开设私宰场和越过邦界贩牛的商人一直存在，有很多农民养牛就是为了把牛卖给屠宰场）。追溯历史，宰牛在早期的婆罗门教（印度教的前身）并没有受到禁止；当时不但允许教徒吃牛肉，还用牛来祭祀神祇。可是，在多数人本来就既不吃牛肉也不吃猪肉的印度社会里，要在21世纪特别严格地执行禁止宰牛的法例，其意义恐怕就不仅在于杜绝违法私宰，而是要强调人们心中的印度教传统。

我认为，印度在宗教社会和世俗国家之间的平衡正在遭受考验，甚至可以说，印度执政党所持的印度教民族主义和反伊斯兰教心态正在破坏印度宪法对印度社会的设计。

民主法治和贿选贪污

今天的印度在被英国统治之前，没有过统一的中央政权。独立后，在宗教暴乱随时可能再度发生的阴影下，印度采用了联邦制和议会民主制。

由于印度素来没有过大一统的政权，各邦的语言、宗教和地理环境差别又很大，联邦制是印度最自然的选择。至于议会民主制，印度并没有这个传统：当时印度的文盲率超过85%（今天仍有25%左右），这就和欧美议会民主所需要的选民素养大相径庭。

然而，这是印度的最佳选择：印度不可能实行军事独裁，因为它当时没有一支训练有素、号令统一的军队，也没有能够控制全局的军事强人。如果不实行民主选举，印度就只会陷入暴乱不断的混乱局面。

70多年来，印度的民主取得了值得肯定的成绩，但它的进步和人们当初的期望还有相当的距离。议会民主制度的成功实施需要两个基本条件：一是看得见的独立且有公信力的司法系统和廉洁有效、政治中立的公务员队伍；二是看不见的却更加重要的选民的公民意识和法治观念。幸好印度在1947年从英国人那里接手了一个司法系统和公务员队伍。因为没有更好的选择，所以印度明知实施民主的条件欠成熟也只能勉强上路。

作为甘地的指定继承人，尼赫鲁凭借他在印度独立前多年奋斗的威望和个人的坚强信念，领导国民大会党连续执政 17 年，直到 1964 年逝世。这段时期奠定了印度民主宪政的基础。

尼赫鲁去世两年后，他的独生女英迪拉·甘地（与印度国父甘地没有关系）开始了她共达 16 年的执政过程，其间有两次因败选而被中断。她总揽大权，作风强悍。1984 年，英迪拉下令军队攻入被锡克分离分子占据的锡克教圣地金色神庙，因此对神庙造成严重破坏，这激怒了许多虔诚的锡克教徒。几个月后，她在自己的寓所被两名信奉锡克教的卫士射杀。她的死讯导致印度首都新德里和其他不少地方发生反锡克教徒的暴动，约有 3 000 人遇害。

英迪拉的大儿子拉吉夫·甘地继母亲之后，任印度总理大约 5 年。1989 年，拉吉夫选举失利，但继续担任国民大会党主席。1991 年，一名女性泰米尔极端分子引爆藏在衣服里的炸弹，将拉吉夫炸死。英迪拉·甘地母子的相继被暗杀显示，民主选举制度无法解决宗教感情和国家认同问题。

印度面临的另一个问题是全世界其他各国也都面临的，那就是权钱交易。

在尼赫鲁家族三代执政的 40 多年间，虽然贪污贿选的丑闻也不时出现，但印度选民对这个家族所领导的国民大会党还是满意的。

在尼赫鲁家族失去政权之后，印度的黑金政治就被逐渐暴露。英迪拉为了便于筹募政党经费而改变了金融政策，给官商勾结开了大门。她的小儿子桑吉·甘地很年轻时便参与政治，他的受贿腐败行为广为人知。桑吉的哥哥拉吉夫·甘地继母亲之位出任印度总理后，曾和印度国防部部长接受瑞士军火商的贿赂，并因此被起诉。后来，他的家族和支持者力求为他洗脱，经过 13 年的审判过程，拉吉夫·甘地终于在死后被宣判无罪。

1991—1996 年担任印度总理的拉奥离职后，因为受贿而入狱。他担任总理时，他的内阁部长几乎全部都要到一个金融巨富那里去接受“祝福”。黑金政治和议员受贿是印度政坛长期面临的困扰，这严重挫伤了人们对选举制度的信心。

实际上，在印度，一般平民的公民意识和法治观念仍很薄弱。有些贫困者会为了一点小钱或是受到宗亲的指使就随便投票给自己不了解的候选人，议员会为了有钱竞选或为了增加收入而以身试法。

印度的司法体系虽然独立，但人手和预算严重不足，无法应付众多的贪污案件和相关的诉讼。而那些有贪腐行为的官员和议员当然不会为司法机关和反贪部门增拨预算，增加人手。

如同其他欠发达国家一样，印度的民主法治不能遏制贪污腐败现象。

豪富、赤贫与迟来的公义

在国际货币基金组织、世界银行和联合国对 2018 年世界人均 GDP 的不同排名中，印度排第 140 多位。联合国最近划定的贫困线是每人每天收入不足 1.9 美元。2019 年，印度有超过 8 亿人生活在这条贫穷线以下。

然而，印度的超级富豪非常之多，有些富豪还特别喜欢炫耀自己的财富。例如，有些富豪在女儿出嫁时要办十几天的流水宴席，还要花钱请一些毫无关系的外国政要和影星、歌星、球星参加。

我探访过一些距离孟买巨富的豪宅不太远的贫民窟，也去过位于金奈、加尔各答和勒克瑙的贫民窟。它们从外部看上去各自不同，但相同之处是：一家几个人都挤在很小、很破，甚至不能视之为房间的“家”里——自来水、下水道就更不用谈了，连厕所都没有，电都是从附近一根电线杆上接过来的。

在印度，生活得最苦的还不是大城市贫民窟里的人，而是在乡下靠天吃饭的贫农。许多生活在城市里的贫民窟的人都是失去土地的农民。

我在美国时，曾带过一名自耕农家庭出身的博士后。他是印度理工学院马德拉斯（即金奈）分校的毕业生，在纽约州立大学念的博士，根底很好，聪明好学。在跟我工作的第二年复活节前，他突然提出为了家里的事要请假一个月。虽然我觉得时间不妥，他也没说清楚理由，但我还是答应了。结果，他两个月后才回来，只见他把头发剃光了，神情很沮丧。经过几次谈话我才明白，他父亲欠了一笔高利贷还不起，受到债主威胁。一年前，他父亲拿自己的土地作为抵押向一名亲戚借了一笔钱，以债还债。一年后，那名亲戚带了几个人硬把他家的土地给占了，还逼着他们搬家，他父亲急得要自杀。这就是他要匆忙赶回去的原因。最后，他找人出面干预和谈判的结果是把土地、牲口给了亲戚。接着，他剃了光头到一座毗湿奴庙宇里朝圣许愿，再回美国赚钱养活父亲和没有念过什么书的弟妹。

这个故事我讲给几个印度朋友听过。他们都说，自耕农因被迫失去土地而成为赤贫的事在印度乡下很普遍。我问过这名博士后：既然你爸爸有地，为什么不去银行借钱还债，而要以低价把地抵押给那个亲戚？他说：向银行借钱要有熟人，还要付给经手人一大笔酬谢费，最后拿到手的钱根本不够还当时追债的债主。我又问他：既然你爸爸抵押的土地比他拿到的贷款更值钱，为什么后来不向法院提出上诉，阻止亲戚强夺土地，然后把土地卖了还钱？他说：这个亲戚很有势力，法院肯不肯受理是个大问题；即使受理，何年何月才能够开庭又是个问题；法院没有用，只能靠神保佑。

今天，印度的银行和法院一定比当年进步了许多。但据我所知，穷苦农民还是不容易借到种子钱，引荐费和手续费的陋规也仍然存在。有纠纷却无法请法院受理，或是受理而排不到开庭时间的情况仍然存在。

在任何社会，有法律总好过只有丛林法则，有法院总好过没有法院。然而，这使我想起一句英语名言：Justice delayed is justice denied

（意思是“迟来的正义非正义”）。

西化与传统齐飞

印度社会的上层普遍能够说一口流利的英语，而且十分了解西方文化和社交礼仪。因此，印度人和欧美各国人打交道要比中国人和欧美各国人打交道方便许多。今天，在欧美大公司（比如《财富》世界500强企业）里担任高层管理者的印度人比中国人多得多，这就反映出印度人对西方社会的适应程度。但即使是十分西化的印度人也都仍然保持印度文化的许多传统。

这一方面体现在服装上。在印度，多数女性仍穿着传统服装，穿西式服装的男性虽然比较多，但仍有颇高比例的人穿传统服装。另一方面体现在名字上。现在有不少中国人喜欢取英文名，以方便外国人称呼和记忆。但这种现象在印度极为少见，许多印度人的名字都既难读又难记。但几十年来，我还没有遇到过转用欧美名字的印度人。还有一个比较容易看到的现象是，印度年轻人普遍接受父母替他们安排的婚姻。

20世纪80年代，我在麦吉尔大学任教时带了一个很优秀的印度博士生。他自小功课好，得以进入孟买的印度理工学院攻读本科和硕士学位，然后到加拿大攻读博士学位。他的兴趣很广，对西方文学和音乐都很熟悉。在麦吉尔大学读书时，他认识了一名印度裔女生，两人互生情愫，但还没怎么交往就因为女方家长不同意而告吹了。第二年暑假，他回家探亲，开学回来时，手上戴着戒指，说是已经结婚了。他的妻子也是学工程的，是他母亲先看中了才让他暑假回去完婚。我知道的这样的故事不胜枚举。

我在北美洲和印度都参加过印度式婚礼。几乎毫无例外，新郎、新娘以及家人、来宾都穿着华丽多彩的印度传统服装，没有白色婚纱和成群的伴郎、伴娘等西方礼仪。他们一般是按印度教习惯和本地习俗诵念经文、家长祝福、在新娘与新郎头上涂抹香灰和交换戒指，然后就是吃喝跳舞。婚礼上的音乐一般也都是印度音乐而不是西方乐曲。

在印度，有两种极为受欢迎的运动：一种是英国人带去的板球，另一种是源于几千年前的印度的瑜伽。在过去曾属大英帝国势力范围的地区，板球仍然颇受重视，印度的板球队经常拿世界冠军。现在，瑜伽已经被全世界公认为是健身养性的好活动。如果说印度是“西化与传统齐飞”，板球和瑜伽便是典型的例子。

印度人对外国习俗的借用颇有选择。印度似乎很少有“时尚”人物会把和自己的历史文化毫无关系，甚至在西方也不很普及的节日（比如情人节、万圣节、感恩节）和礼仪（比如男子单膝跪地向女友求婚）搬到印度，让不明就里的普通人跟着庆祝。

19 世纪末，印度上层精英从事宗教改革和文学革新蔚然成风，这反而增强了印度人的民族主义。中国知识界大都熟悉的诗人泰戈尔就极力主张吸取其他民族的文化作为印度文化的养分。他认为，印度文化有自己的韧性与活力，不会因为与其他文化接触便被冲击得承受不住。这种信念来自他的一种判断：印度文化自身有拒绝断裂的倾向。从 100 多年后的今天来看，印度绝没有因为接受西方而失去自我。

第19章

印度的“特别行政区”：本地治里

在2012年之前的10年间，我共去过印度5次，总共停留两个多月，游历了不少地方。2012年12月中，我看了《少年派的奇幻漂流》后，心中产生了强烈的冲动，想要到少年派的家乡去看看。12月底，我便将心中的冲动化作实际行动，第6次飞往印度。

泰米尔纳德邦的古老语言

我乘飞机从香港经过新加坡到印度南部，第一站是泰米尔纳德邦的首府金奈，英国人称之为马德拉斯。金奈的人口超过500万，是印度第五大都会。泰米尔纳德邦在印度的最东南部，与斯里兰卡隔海相望。泰米尔纳德邦和斯里兰卡北部的居民都是泰米尔人，肤色很深，说古老的泰米尔语。

泰米尔人的姓氏一般很长，很难记。40多年前，我带的第一个博士生就是泰米尔人，他毕业于印度理工学院马德拉斯分校。有一次，我和他谈到印度理工学院在德里、孟买和马德拉斯这几个地方的著名分校，他告诉我，这三个地方的语言并不是地区方言，而是完全不同的语言。

讲到不同的印度语言，就得从印度河流域的古文明说起。考古学者已经查明，印度河流域在约4 500年前就有相当发达的农业文明，据推断当时的居民是黑肤色的达罗毗荼人。大约3 500年前，（源自南俄罗斯草原的）白肤色的雅利安人持续从西北部的兴都库什山脉隘口进入印度河流域和恒河流域，继而向印度南部扩张。他们用梵语口传下来的吠陀经是早期婆罗门教的古典经文，也是今日形形色色的印度教信仰的源头。

雅利安人和印度原住民经过3 000多年的通婚融合，再加上近2 000年来分批由中亚进入印度的斯基泰人、月氏人、嚈哒人、波斯人以及不同时期南下的各突厥语部族都和印度原住民大量通婚，今天的印度不啻为一个有13.5亿人口的人类博物馆。大体而言，印度西北部人口肤色较浅，身材较高大，所用语言与梵语的关系较近；印度南部人口的肤色较深，身材较矮小，所用语言与梵语迥异，属于达罗毗荼语族（包括泰米尔语和其他三个南方邦的官方语言）。

印度在1947年独立之前从没有过全国统一的政权。统治印度南部1 000多年的朱罗王朝是泰米尔人所建，中世纪时，他们排斥曾在印度盛行的佛教，大力复兴婆罗门教，在印度南部修建了大量庙宇（今天仍有3万座），留下了极为珍贵的文化遗产。

金奈掠影

近30年来，泰米尔纳德邦由两个互相对立但又一致强调泰米尔文化的政党轮流执政，把英国统治时代的名称一律改为泰米尔名称，所以过去的“马德拉斯”如今被称为“金奈”。

我与妻子在金奈游览了两天。滨海的金奈是英国在印度的早期根据地，因而直到今天仍然是商业发达、名胜古迹颇多的名城。英国治理时代的圣乔治堡，政府机构和商业中心所在的乔治城以及马德拉斯大学的建筑都很有特色。它们的建筑布局很能说明英国殖民时代以军事力量、行政力量和文化力量共同维护商业利益的基本政策。金奈城内的圣安德鲁大教堂、圣乔治大教堂和马德拉斯俱乐部则体现了英国人不与本地人混杂，因而需要自己的教堂和俱乐部。大英帝国是英格兰和苏格兰合并之后共同在海外创建的，从金奈的圣安德鲁大教堂和圣乔治大教堂分别以苏格兰和英格兰的守护神来命名就可以看出，苏格兰人和英格兰人之间还是有所区分的。

我们在金奈旅游的另外一个重点是参观代表印度传统文化的众神博物馆群落。藏有宇宙舞者湿婆青铜塑像的国家艺术馆里有不少精美的南印度艺术品，但伦敦的大英博物馆、巴黎卢浮宫和纽约大都会艺术博物馆的印度藏品不但比这里要精美，而且数量也更多。艺术馆的建筑是华丽而庄严的莫卧儿风格，这也说明了印度文化的多元性。

由于印度教有严格的种姓制度，而伊斯兰教的组织原则是穆斯林之间彼此平等，莫卧儿统治时期许多下层的印度教徒皈依了伊斯兰教。不过，在今天的印度大城市里，许多穆斯林都住在穷街陋巷里，所以人们见到的是两极化的穆斯林社区：一方面是供游客参观的高雅清真寺和王宫豪宅，另一方面则是贫穷脏乱的穆斯林居民区和破旧小商店。

我包了一辆小轿车去少年派的故乡本地治里（泰米尔文意为“新村庄”）。一路上见到几座朱罗时代精致辉煌的庙宇和简陋破旧的民房，小镇里人与牛一同漫步街头，公路上汽车与牛车并驾而不齐驱。

不列颠与法兰西之争

从泰米尔纳德邦进入本地治里要过关卡，停车缴费，但不需要检查证件。一进入本地治里，就见到不少泰米尔文与法文并列的路标与招牌，这是因为本地治里在 1954 年成为印度的“特别行政区”之前，曾被法国统治过 200 多年。

葡萄牙人于 1498 年绕过非洲南部的好望角到达印度西南端的古里（即今卡利卡特，郑和于 1433 年在这里逝世），开通了欧洲与亚洲直接贸易的航线，打破了阿拉伯人在印度洋持续多个世纪的垄断。

16—17 世纪，葡萄牙人、荷兰人、英国人和法国人先后在印度沿海各地建立据点。当时，统治印度北方大部分地区的是于 16 世纪自中亚南下的莫卧儿人（意为蒙古人，是 14 世纪末期曾经一度洗劫德里的帖木儿的后裔；他们虽然有一点成吉思汗的血统，但早已突厥化和伊斯兰化）。在印度南部，还有一些不受莫卧儿帝国控制的地方政权，包括一个盘踞在西南部各地、由属于武士种姓的马拉他人所建立的王国。他们一方面与欧洲人合作以打击莫卧儿势力，另一方面又时常袭击欧洲人的据点。

英国与法国各有一个由皇家特许的东印度公司。英国公司起步较早，贸易范围大，法国力量起初差得很远，于是双方也就相安无事。后来，英国人发现法国的贸易量和军事力量快速增加，很有“大国崛起”的架势，就开始想办法对付法国，从而引起不少摩擦。

英法之间最激烈的冲突发生在印度的东海岸：英国获得地方政权的同意，于 1639 年在一个叫马德拉斯的农民的滨海香蕉林建立要塞，将其命名为马德拉斯，并设置总督；法国则于 1673 年把总部设在位于马德拉斯之南约 130 千米的良港本地治里。

18 世纪的印度历史有两个主旋律：莫卧儿帝国由于内部分裂而逐渐瓦解，英法两国在分崩离析的帝国边远地区相互角逐。

尽管当时印度内部有各种势力相互杀伐以求继承莫卧儿帝国的部分领土，但在今天看来，英法两国才真正有能力接替莫卧儿帝国。法国军队于 1746 年打了一场漂亮的胜仗，抢夺了英国在印度东南部的主要据点马德拉斯。由于没有依约把马德拉斯交还给在英法作战时保持中立的莫卧儿人，法军被莫卧儿的地方总督率军进攻。结果，200 名法国军人和 700 名由他们训练的印籍士兵击溃了 10 000 人的印度部队。这次战役是一个征兆：印度将沦入欧洲人的手中。

18 世纪中叶，英法两国势力旗鼓相当。印度会成为哪一国王冠上的宝石，确实很难预料。但英国似乎真有“天佑吾王”的国祚，一个粗犷暴躁、曾在与人争吵时冲动自杀而未遂的年轻军官克莱武在1751年对法国作战时大展神勇，激励了英军的士气，迫使占优势的法军投降。克莱武在对印军作战中也屡建奇功，被任命为马德拉斯总督。他采用了被他击败的法国对手的规划，为大英帝国在印度的发展奠定了厚实的基础。回国后，他成为英国三大富豪之一，但因贪污罪名受审，于是再度举枪自杀，卒年49岁。

法国驻本地治里的总督杜布雷侯爵智勇双全，才略出众，但是时运不济。在1746年对英国的海战后，以善战知名的法国舰队司令马埃因为和杜布雷有瑜亮情结，不肯把军舰驶入本地治里的港内受后者节制，便故意带领舰队到远在南半球的毛里求斯。经过这次战败，杜布雷侯爵企图力挽狂澜，一面斥资兴建堡垒工事，一面用交涉和贿赂的方法来扩张法国势力。但是，法国东印度公司的投资者因为利润太低而对他展开激烈批评。1754年，杜布雷侯爵奉召回国后，穷困潦倒，晚景十分凄凉。

在这之后，欧洲列强之间爆发了“七年战争”，参战国（主要是英国与法国）在全世界范围内的殖民地归属发生了重要的变化。1761年，英军攻占本地治里，法国的军事设施尽遭摧毁，法国在印度的势力大为削弱。进入19世纪，法属印度只剩下了东西海岸的几小块地方。

印度的联邦直辖区

印度社会于1857年掀起了一次全国性的大起义，也有史家称之为“反叛”，许多英国人遇害。英国称这个历时将近一年的事件为“叛变”，当代印度人却把它称作“第一次独立战争”。起义平息后，英国于1858年由英王任命总督直接统治印度。除了由英国直接管辖的领土之外，印度还有性质不同、大小不一的500多个地方割据势力以及分属葡萄牙和法国的殖民地。

印度于1947年自英国手中独立时，法国和葡萄牙保留了它们的殖民地。葡属果阿位于西南部，于1961年被印度军队强行接收，现在是印度的一个邦。法属印度在东西海岸共有4小块土地，总面积不到中国香港特别行政区的一半。

1954年，法国在越南战败，被迫退出中南半岛。印度乘机和法国谈判，接管了这4小块领土，将它们组成本地治里联邦直辖区，首府设在其中最大的一块领土——本地治里。其他三块领土均分布在东西海岸：面对阿拉伯海、被喀拉拉邦包围的一块叫马埃（该地名是为纪念那位18世纪的法国舰队司令）；面对孟加拉湾，被安得拉邦包围的一块叫亚南；在本地治里市之南，同样被泰米尔纳德邦包围的一块叫加里加尔。这4小块领土上共有4种官方语言：第一是泰米尔语，第二是安得拉邦的泰卢固语，第三是喀拉拉邦的马拉雅拉姆语，第四是法语。但英语和印地语才是当地最通用的语言。

本地治里联邦直辖区由内阁直接管辖。它在印度联邦议会中没有代表，但有自己的议会，可以通过“特别行政区”法律，但须经新德里中央政府批准后才能生效。目前，本地治里联邦直辖区成立60多年，它目前的总人口约130万，居民教育程度和人均收入仍然在整个印度名列前茅。

本地治里的风情

本地治里市是一个小城，过去分为欧洲人居住的“白城”和印度人居住的“黑城”。“白城”是今日印度的旅游胜地之一，街道呈棋盘形，绿荫夹道，欧式大宅点缀其间；海滨有颇多白色别墅，宛如法国地中海岸的小镇。

法国撤退时，应允给予当地居民法国国籍，许多印度裔居民都选择了法国国籍。60 多年来，持法国护照的人大为减少，能说流利法语的本地人已经不多。但是，当地仍有一个颇为庞大的法国总领事馆和几个法国文化机构，包括以考古和历史研究著名的法国远东学院、法国文化协会和法国教育部认可的法国中学。

我们住在一间叫作东方酒店的小旅舍，它坐落在以法国小说家罗曼·罗兰命名的一条小街上，距孟加拉湾只有三条街。傍晚的海滨长堤上有各色人等散步休憩，妇女们鲜艳的纱丽和头巾与许多男士的单调衣着和络腮胡子，在落日的映照下显得有些不协调。

海滨大道上有新建的直辖区行政大楼。城中还有一座建于 19 世纪的天主教堂，里面挂着拿破仑三世颁赐的“圣母升天”油画，里面的信众以中年女性为主。我们还游览了一座色彩缤纷的印度教庙宇。早期鼓吹印度独立的学者室利·阿罗频多为躲避英国当局迫害，曾在这块法国殖民地定居，并在这里参悟和阐述了瑜伽的精义。以他为名的灵修中心经常接待来自世界各地不同背景的人在那里学习和交流，是南印度的一道文化风景线。

在一个住宅小区前面的平地上，一群印度男子在玩法国南部常见的掷铁球游戏。他们是什么国籍我不清楚，但我猜想，时至今日，他们应该以印度人自居了吧。

在海滨长堤尽头有一个告示牌，上面以英文写着：“如果你乱扔东西，本地治里就会变得不同。”而一大堆杂物正好堆在告示牌前面。从这个垃圾堆往里走一小段路，就到了一个嘈杂熙攘的小市场，市场旁边是一座装饰颇为别致的印度教神庙。庙门口有一头大象供游客拍照，只见它的右后腿上拴着一条粗铁链。

曾有人把印度比作大象。10 多年来，我见证了大象的智慧与力量，但还没看到它真正奔跑时的速度。本地治里市的这只大象明显受到桎梏，难以行动。喜欢比喻的人也许会问：这种桎梏是印度社会的旧传统，是前殖民地主人的影响，还是当今政客和官僚的腐败无能？

第五部分

波斯文明圈

第 20 章

伊朗高原的早期文明

地理和人文环境

波斯文明是世界上最古老的文明之一，在西亚和南亚都有非常重要的影响。波斯文明的核心地区是伊朗高原，但波斯文明圈的范围远超过伊朗高原。大致而言，波斯文明圈的范围东至帕米尔高原和印度河，西至叙利亚沙漠，东北到咸海与锡尔河，西北达高加索山脉，南部的边缘分别是波斯湾、阿曼湾和阿拉伯海。

伊朗高原位于美索不达米亚和波斯湾的东北部，其西部界限是绵延 1 200 千米的扎格罗斯山脉，西北端接近高加索山脉，东南部则延伸到波斯湾东边，再向东、向南就是俾路支斯坦地区。虽然被冠以高原之称，但实际上这个地理单元内也有一些低地。整个高原的水系特征明显，河流都比较短小，流量也不大。因此，从发展农业的角度看，伊朗高原不算是肥沃丰腴的地区。

考古学的证据显示，伊朗高原是全世界最早一批发展农业的地区，距现在有将近一万年的历史了。这基本意味着，人类在从石器时代进入农业革命的时候，伊朗高原就是发源地。但可能是由于地理环境的关系，伊朗高原的西邻美索不达米亚平原后来居上，反而比伊朗高原要更早进入有文字、有制度的文明时代。

从整个欧亚大陆的交通情况来看，伊朗高原包含了许多欧亚交通的要道。早在新石器时代，人类已经开发出贸易通道。比如，产自小亚细亚的黑曜石就是通过美索不达米亚平原和伊朗高原的商路运到今阿富汗和印度。反过来，阿富汗的青金石又沿着同样的道路输入伊朗，并通过伊朗高原传到美索不达米亚和小亚细亚。所以，在人类进入农业文明之前，伊朗高原已经是西亚、美索不达米亚以及小亚细亚之间重要的贸易通道，有着“黑曜石之路”和“青金石之路”的盛名。伊朗高原上这些商路沿线的一些贸易站遗址已经为现代考古所发掘。

三个早期文明区：美索不达米亚、尼罗河流域、伊朗高原

同所有早期人类社会一样，伊朗高原的文明一开始也经历了城邦和列国时代。伊朗高原上最早出现的城邦位于西南部的埃兰地区。之后，扎格罗斯山区也逐渐形成了早期的国家。最晚形成的是位于伊朗高原西部、由雅利安人所建立的米底王国和波斯帝国。

下面，我们先来看雅利安人到来之前存在于伊朗高原埃兰地区的早期文明。

埃兰地区位于伊朗高原西部、美索不达米亚的东部，自然条件相对比较优越，有适合发展牧业的牧场，也有可以灌溉的肥沃平原，还有较为丰富的木材和矿产资源可以发展各种手工业。因此，埃兰地区成为伊朗高原最早出现文明的地方不足为奇。

通过研究，我们现在知道，埃兰地区的早期人口说一种闪米特语言，已经进入了城邦时代。这些城邦虽然有男性领袖，但还保持着母系社会的形式，一般的继承顺序是兄传弟，后来才过渡到从父传子。其间，为了保持母系社会的特性，常常会有兄妹结婚以将权力保留在共同母系的情况。

埃兰地区的人口对外有过战争，也有贸易交往。位于美索不达米亚

的苏美尔人就曾经入侵埃兰，统一了两河流域南部的阿卡德王国也曾经征服过埃兰地区。

因此，埃兰地区的早期文明受美索不达米亚文明的影响非常大。其中对该地区影响最大的是阿卡德文明和喀西特文明。埃兰人在大概距今6 000年前就已经开始学习美索不达米亚地区的楔形文字，后来这种文字逐渐演变成线性文字。在埃兰的首都苏萨以及另一个重要贸易城市埃善，人们都曾经发现过这种楔形文字和经过改良的线性文字。

再后来，埃兰人借用了美索不达米亚地区的楔形文字发展出了自己的楔形文字。这时，在他们的首都苏萨，阿卡德语（闪米特语族的一种）是很通用的语言，许多法律文件和宗教文件都是用阿卡德语书写的。

苏萨遗址所出土的考古证据显示，苏萨文明除了具有埃兰本地的特色之外，还受到两河流域神庙城市的重大影响。

但总体而言，早期的埃兰文明应该是属于两河流域的喀西特文明的一个支脉。在很长一段时间里，说一种印欧语言的喀西特人是美索不达米亚的主导者。它一方面接通西方的埃及王国，另一方面影响着东边的伊朗。喀西特人还一直维持着从中亚途经伊朗、美索不达米亚，向西至埃及的商路系统。

这个商路系统比丝绸之路出现得更早。丝绸之路初期主要是从东亚到中亚，后来才进一步延伸到地中海。而这条喀西特时代的古商路则是从中亚到埃及，其中伊朗高原的埃兰在这段时间里扮演了中转站的角色。

雅利安人成为伊朗的主人

大约6 000年前，在黑海之北，西起多瑙河地区、东到今中亚的大片草原上，生活着一批说印欧语系语言的部落，他们大多数以游牧为生，少部分从事农耕。大概是出于气候变迁的缘故，大约 5 000 年前，这批人在进入青铜时代的同时，开始向各个方向迁徙。其中，进入中亚、西亚和南亚的广大地区的一部分人被学者称为雅利安人。“雅利安”（Aryan）本意是“农夫”，后来引申为“高贵”的意思。今天，伊朗的国名（Iran）就是由“雅利安”演变而来。

大约过了 1 500 年之后，雅利安人从他们的第二故乡中亚出发，赶着牛车和马匹再一次向不同的地方迁徙。一部分人向南、向东到了印度，成为说吠陀语、梵语的印度 – 雅利安人。还有一部分人向西、向南而行，成为说雅利安语（或伊朗语）的西伊朗人。另有一部分人向东边的草原迁徙，就是我们所知的斯基泰人，也被称为东伊朗人。也有一部分人向中亚的河中区迁徙并定居从事农业生产，他们就是后来的粟特人、花剌子模人，也被称为南伊朗人。总而言之，到了距今 3 000 年前的时候，雅利安人已经大致占据了上文说到的波斯文明圈，形成了创造后来的波斯文明的主要人群。

米底王国与波斯帝国

雅利安人在迁入伊朗高原和印度之前，已经进入了青铜时代，并且有了明显的社会分工。他们拥有一段久远的口传历史，后来被编纂成为《阿维斯塔》。在这部雅利安人的口述史书里，社会成员分成三个种姓，分别是祭司、武士和农民（或牧民）。这就是印度种姓制度的滥觞。

在伊朗高原西部和西北部形成了以游牧生活为主的，分为祭司、武士和游牧者三个种姓的部落集团，后来统一被称为米底王国。

在伊朗高原西南部的波斯地区，逐渐出现了一些以定居农业为生活方式的部落集团或城邦。他们就是后来建立了最早的波斯帝国的人群，实行统一的王国制，但又容许某些城邦和偏远地区自治。

在此需要提到在全球各地历史的不同阶段都曾经发生过的一种现

象，那就是当某一地区类似的人群分成不少部落或者城邦、各自为主的时候，往往会因为外部的压力而团结起来，进而建立统一的王国。这个统一的王国一旦能够集中相当规模的人口和资源，就很可能向外扩张，进而演变成帝国。

这个一再出现的现象可能最早就发生在伊朗高原。当说着印欧语系西伊朗语的波斯人在伊朗高原建立起自己的力量和城邦之后，在西边不得不面对比他们更发达、更强大的几个国家。米底面对的是在伊朗高原西部和美索不达米亚东部的几个说闪米特语的国家，其中最直接的是邻近的埃兰，还有美索不达米亚南部的新巴比伦与北部的亚述。这些国家一方面对新兴的米底和波斯发挥了引导者的作用，另一方面也对它们的发展造成了强大的外部压力。米底先是取代了埃兰，后来联合新巴比伦击败了亚述。波斯则是从苏萨和埃善这两个地方起家，从内部把埃兰给消融掉了。

大概在公元前 8 世纪末、7 世纪初的时候，米底和波斯终于在西亚获得了比之前美索不达米亚各个国家更为强大的力量，成为西亚的争霸列国中的新一轮强者。

经过几百年的融合、斗争和较量，说印欧语的雅利安人的后代——米底人和波斯人所建的王国最终由米底的贵族阿契美尼斯的后代统一，这就是世界上最早的，也是当时所见到的领土最广大的波斯帝国阿契美尼德王朝。

阿契美尼德王朝

阿契美尼斯的后代继承波斯王权的详细过程我们并不知晓。但他们确实以波斯为基地反向统一了在过去军事力量更为强大的米底。所以，虽然表面上是波斯统一了米底，但实现统一的波斯国王是从米底南下继承了波斯王位的米底贵族。因此，与以农业立国的北非的埃及和东亚的华夏不同，波斯帝国在形成之初就具有农耕－游牧二元性。

从波斯起家统一了米底、建立阿契美尼德王朝的波斯王叫作居鲁士。他的功绩非常辉煌：向西打败了美索不达米亚的几个重要国家，向东则使波斯的势力进入了今阿富汗和巴基斯坦。这一系列武力扩张的物质条件是，此时的波斯人已经全面进入了铁器时代，武器十分先进。

居鲁士向西巩固了米底已经在美索不达米亚存在的一些力量，重新攻入了巴比伦城。但他保留了巴比伦的建筑，禁止士兵抢劫，又把被巴比伦人俘虏来的几万名犹太人释放，让他们回到耶路撒冷，并重建犹太圣殿。

居鲁士去世后，他的一个名叫大流士的远房侄子继承了他的位置。无论是居鲁士，还是大流士，历史对他们的身世都没有清楚的记载。但从后来波斯帝国的发展来看，无疑大流士是当时最合适巩固和扩张波斯帝国势力的人物。

大流士首先平定了仍在反抗的埃兰、米底和巴比伦的若干力量，包括波斯宗教领袖掀起的反叛。之后，他把自居鲁士以来，包括自己统治时期所占领的广大土地分成20多个行省。在全面胜利之后，大流士在伊朗西部的一个山崖上用三种文字（从大流士时代开始使用的古波斯文、埃兰文和古巴比伦文）铭刻了他获得王位和镇压叛乱的经过，这就是著名的《贝希斯顿铭文》。

大流士在他统治的波斯帝国首先创立了制衡的概念：他在每一个行省都派一位总督，负责管理该行省的税收、财务和民政工作；同时，他又把全国分成5个大军区，每个军区下设若干分军区，军区的首长和地方的总督互不从属，以便互相监督、牵制。这也是波斯帝国的皇帝能够坐镇苏萨而遥控这么广阔的领土的原因之一。

波斯帝国的有效统治还要归于几个政策性的原因。第一，波斯帝国以怀柔政策治国，虽然帝国拥有强大的军事力量并且向各省派驻了行政首长，但帝国主要是依靠各地的豪强来代管本地事物，包括征收税赋，而并非事无巨细皆令出都城。第二，波斯帝国早期就致力于修建许多驿站和道路，其中路况最好、直通苏萨的供皇帝专用的道路被称为“御道”。比如，从苏萨到爱琴海边虽有长达约 2 400 千米的路途，但只要几天就能到达。第三，大流士向各地派驻一些情报人员，他们被形象地称为“皇帝的眼睛”。情报人员打探、暗访所得的情报会汇集到首都，作为皇帝和大臣施政举措的依据。

波斯帝国阿契美尼德王朝不仅在军事上的成就非常突出，在行政上的成就也很卓著。但是，这个帝国对人类文明的最主要贡献在宗教方面。波斯帝国将建国之前约 100 年的一位先知——琐罗亚斯德所创的宗教奉为国教，并且依靠国家的力量宣扬了这一套相对原始，但非常具有创造性的宇宙观、生死观和社会观。在波斯帝国统一的状况下，琐罗亚斯德的思想在伊朗语世界里传播得很广，对后世的影响极为深远，这是波斯人对世界文明做出的巨大贡献。

希腊人的影响

波斯帝国建立以后统治了西亚、东北非和欧洲的广阔地区，当时唯一有力量和波斯相抗衡的就是希腊的各个城邦。假如希腊的各个城邦能够像较早的波斯与米底一样结合在一起的话，阿契美尼德王朝未必能够长时间顺利地统治幅员辽阔的国土和许多信仰不同的民众。

但是，希腊人的分裂使得波斯人能够在公元前 5 世纪时跨过博斯普鲁斯海峡，占领色雷斯（博斯普鲁斯海峡之西、希腊城邦之北的地方）的一部分以及马其顿。后来，还是因为希腊各城邦的不团结，北部的马其顿得以统一希腊，并且由马其顿的王子亚历山大率兵攻陷了波斯帝国的首都，占领了波斯帝国的大部分领土。

亚历山大大帝东征的历史早已人所共知。他在公元前 336 年，以 20 岁的年龄继任马其顿国王。后来，他统帅军队，利用他自己改进的由士兵手持长枪列成矩阵的作战方式，摧枯拉朽般地攻陷黎凡特（地中海东岸地区），南下摧毁了波斯在埃及的统治，再回师攻入巴比伦和波斯本土，进而向东攻入今阿富汗，甚至越过印度河，兵锋直达巴基斯坦。此时，东征已经进行了 10 年之久，与他一同出征的希腊 – 马其顿士兵因思念家乡而躁动，亚历山大不得不班师西返。在班师途中经过波斯帝国时，他在距离波斯首都苏萨不远的巴比伦娶了一位波斯公主。在婚宴上，亚历山大身着波斯皇袍，接受臣属的跪拜，展现他是波斯人的皇帝以及愿意跟东方民族融合的意愿。他还鼓励麾下一万名希腊将士迎娶当地的波斯女郎，并在婚宴上身穿波斯服饰。但婚宴不久后，亚历山大猝死，英年早逝。

亚历山大大帝去世之后，他所征服的大片领土被他的三名部将瓜分。托勒密占领埃及，建立了托勒密王国。塞琉古则占据了西亚和中亚地区，自建塞琉古王国，首先建都在东部的巴比伦，后来为了兼顾西方的希腊本土而迁都至地中海东岸的安条克，即今叙利亚的主要海港拉塔基亚。塞琉古王国辖有黎凡特、美索不达米亚、波斯、阿富汗和中亚部分地区。这时的巴尔干半岛、小亚细亚、托勒密王国、西亚以及部分塞琉古王国都受到希腊文明的巨大影响，史学家称之为“希腊化时代”的开端。

第 21 章

波斯文化的复兴

希腊化与波斯化

亚历山大征服波斯之后不久便去世了。他的部将塞琉古在亚历山大帝国的范围内建立了塞琉古王国，其规模大致相当于过去波斯帝国的面积和人口。其疆域最西至今叙利亚和黎巴嫩，最东到今巴基斯坦。在亚历山大东征以及塞琉古王国统治时期，希腊人在各地建立了不少城邦，占了塞琉古王国相当比例的人口。在长达 300 年左右的希腊化时代，一方面是东方的波斯受到希腊文化的影响，另一方面是生活在东方的希腊人受到波斯文化的影响。其实，亚历山大已经预见到东西方文明不可避免的交流与融合。在东征过程中，他就招募了很多波斯士兵——所以，所谓的亚历山大东征，其实有不少东方的波斯人参加。

塞琉古王国属下的城市有东西两种制度并存的现象，有希腊城邦的民主制，也有波斯地区的王权专制。虽然塞琉古王国统治的区域主要在东方，但其统治集团来自西方，他们还把首都从初期的巴比伦迁到最西边的安条克。除了在心理上重视西方之外，王国统治者决定迁都还出于利益考量。安条克是欧亚之间贸易路线（即丝绸之路）的西部终点，该贸易路线的另一个重要枢纽在今约旦西南部的佩特拉。该城位于由希腊人托勒密家族统治的埃及和塞琉古王国的领土之间。正由于塞琉古王国的统治者在心理上和实质利益上都需要把力量用在这两个西部重镇，他们就将东部地区主要交给波斯人自行管理。但是，希腊人在波斯各地，尤其是在今阿富汗和巴基斯坦一带，还是留下了很重要的影响。比如，经过希腊和印度文化的交流而产生的犍陀罗文化，就成为今日亚洲佛教艺术的起源。

希腊化时代历时将近 300 年，但是塞琉古王国的寿命没有那么长。当该王国的统治者把大部分精力放在与托勒密王朝斗争时，在东方的省份里有一支游牧力量悄然崛起，这就是帕提亚王国。

在叙述帕提亚家族如何建国以及他们的文明状态之前，我们需要先讲一下祆教和琐罗亚斯德其人。

笑着降世的先知

公元前 620 年左右，出生于今阿富汗一个祭司家庭的琐罗亚斯德提出了他对宇宙和人生的看法，被后人口口相传。关于他的生平，后世并没有确论，也有人认为他是于公元前 700 年左右出生在今阿塞拜疆。无论如何，他去世多个世纪后，由信徒编纂的名为《阿维斯塔》的书里记载了他的思想。因为《阿维斯塔》里没有提及任何有关波斯与米底的人物与事件，所以琐罗亚斯德在世的时间应该早于波斯与米底时期，但绝不会迟于阿契美尼德王朝的建立——因为阿契美尼德王朝把祆教视为最重要的宗教。

传说中，这位先知是含着笑降世的。琐罗亚斯德的思想应该反映了游牧的雅利安人在迁徙的过程中遇到了更复杂的生活环境——和不同的人群产生交流之后，其中的一部分人转为定居农民。他提出的宗教思想是对新情况做出的反应，也是世界上最早出现的相对完整的宗教体系。

《阿维斯塔》中的基本概念是宇宙二元论。它提出，善和恶分别由两个神代表：一个叫作阿胡拉·马兹达，是光明与生命的源泉，是智慧、善良、真诚与创造的象征；另一个叫作阿赫里曼（有一个宗派认为他是马兹达的孪生兄弟），是黑暗和死亡的渊薮，是愚昧、邪恶、虚伪和破坏的代表。在整个宇宙和全部的人生中，善和恶同时存在，但经过长期的斗争，善终会战胜恶。而在未来某个时间，一位生于童贞女的救世主苏什扬特将会奇妙地降临，并审判世界，结束马兹达的时代。

琐罗亚斯德所创的宗教强调伦理与道德。他对人的行为与未来的关系做了解释：如果一个人在生活中恪守善思、善言、善行的原则，那么他会在未来的末日审判中接受考验，并在救世主苏什扬特的指引下，在天堂永享福乐。但是，决定一个人行善还是作恶的力量，不是来自善神马兹达的加持，也不需要罪魁阿赫里曼来蛊惑，而是由具有自由意志的人自己决定。该教在随后的发展过程中，强调利用代表光明的火作为宗教崇拜的祭坛，所以它有时被认为是一个崇拜火的宗教。该教之后的发展又增加了一些神祇与礼仪，因而分成了两派不同的观点。一派特别强调马兹达的身份和力量，所以又被称为马兹达宗教或马兹达主义。另一派则主张两个主神同时并重，持黑与白、善与恶同时存在的二元论。这是祆教历史上存在的内部分歧，但对世界文明而言，琐罗亚斯德关于善恶对立、救世主、末日审判以及自由意志的思想，对后来的犹太教、基督教和伊斯兰教都有重要的启发作用。

马上得天下的帕提亚王国

在塞琉古帝国经过了几代统治者之后，人少事多，内斗频繁，因而就使波斯领土上的地方势力得以伸张。在里海东岸有一个被称作帕提亚的部族，他们不算是波斯人，但语言与波斯语类似，其主体是游牧者，所以骑兵十分强悍。帕提亚人在领袖阿萨息斯家族的带领下统一了波斯，并且向西扩展到美索不达米亚西部，向东进到阿富汗东部。由此，他们建立了持续将近 400 年的帕提亚帝国，又称阿萨息斯王朝，中国史学家称之为“安息”。

帕提亚人马上得天下，但是无法马上治天下。所以，他们在治理国家的过程中借鉴了很多希腊的手段，也学习了希腊的文化。帕提亚帝国的领土辽阔，经济上分成三个不同的区域：在西部的美索不达米亚平原和中亚西南部比较肥沃的绿洲上的农业经济区、在希腊化的城市和东方既有的城市中的手工业区和商业经济区，以及存在于草原地区的游牧经济区。有这种三元经济的力量，加上强大的军队，帕提亚帝国在公元前 200 年—公元 200 年，也就是欧亚大陆的贸易因丝绸之路而蓬勃发展的时候，扮演了十分重要的角色。考古学家曾经在中亚和中国西部发现了帕提亚帝国时期的货币，这也证实了帕提亚帝国在欧亚大陆贸易中的地位。这些货币都以希腊文为抬头，说明帕提亚帝国仍然处于希腊化时代。

在伊朗的马兹达信仰中，有一种类似于神秘结社的信仰，那就是对太阳神密特拉的崇拜。密特拉崇拜在帕提亚帝国虽不是主流，但许多罗马军人因为常与帕提亚军人作战，慢慢也接受了密特拉崇拜。后来，罗马帝国的皇帝奥勒良特别把太阳神定为罗马的诸神之首。这是东方的波斯文明影响西方的罗马文明的另一个例子。

波斯与罗马的对抗

在帕提亚帝国成立了 100 年左右之后，在巴尔干半岛上的希腊被从意大利半岛起源的罗马取代，所以罗马就变成了西方的代表，而波斯帕提亚帝国则是东方的代表。罗马和帕提亚帝国之间曾直面发生了一些冲突，当然也有诸多的贸易行为。

两方冲突主要围绕两个焦点地区。一是位于波斯西北的亚美尼亚，即今南高加索和土耳其东北部地区。亚美尼亚素来是波斯的势力范围，甚至有一段时间是波斯的一个行省。但随着罗马帝国的扩张，其边境推到了幼发拉底河，亚美尼亚实际上成为罗马的保护国。另外一个冲突的焦点地区在今叙利亚的帕尔米拉，这是自东向西跨过底格里斯河之后，需要经过大片沙漠才能到达的地方，是丝绸之路上的重镇。

帕提亚帝国跟罗马帝国的对抗中，一个高潮发生在公元前 50 年之前的几年。罗马三大名将之一的克拉苏为了显示自己的功勋能够跟庞培和恺撒相比，率兵数万进袭帕提亚。但是，帕提亚骑兵都是射箭好手，而罗马士兵则长于在平地上近距离作战。结果克拉苏兵败身亡。这里有一则历史轶事：当克拉苏被波斯军队杀死的时候，波斯国王正在宫廷里看希腊的戏剧。也就是说，希腊化的结果是，帕提亚帝国的国王在希腊人被赶走 100 多年之后，仍然在宫廷里以看希腊戏剧为娱乐活动。而恰在此时，作为希腊继承者的罗马帝国的大将克拉苏被帕提亚的军队击毙。

像世界上所有的朝代一样，帕提亚帝国固然抵挡住了克拉苏的进攻，但与罗马帝国之间的长期竞争不可避免地影响了它的国势，而更致命的打击则来自帝国内部的斗争：王权的更迭往往过于频繁——曾经在 100 年里换过 15 位皇帝，平均每位皇帝在位时间还不到 7 年。这对一个大一统的帝国来说显然十分不利。然而，帕提亚王朝的衰落和溃败为波斯历史上另外一个著名的王朝——萨珊王朝的建立创造了条件。

萨珊王朝：祆教及摩尼教

在帕提亚帝国的后期，波斯文化已经跟西方的希腊文化有了相当程度的融合，而波斯文化的基本信仰祆教以及对马兹达崇拜等都得到了恢复，希腊化时代至此基本结束。帕提亚帝国后来日渐式微，在外有强敌、内有恶斗的情况下，被另外一个王朝取代。

3 世纪时，在今伊朗的法尔斯省西南部有一名贵族率军战胜了帕提亚的军队，建立了自己的王朝，此人叫作阿尔达希，他以祖父萨珊的名字命名自己所建的王朝。

萨珊王朝立国伊始就奉祆教为国教。这个时候，祆教虽然已经是多数波斯人的信仰，但有东部教派和西部教派的区别，萨珊王朝设法尽量让东西两派互相兼容。

萨珊王朝是波斯几个王朝中和中国来往最多的一个。它所存在的年代正与中国的魏晋南北朝至唐朝初年这段时间相吻合，也正是丝绸之路逐渐开通到波斯，进而西达地中海的阶段。

历史上有许多案例都证明，一个帝国要保持强大，一定会且几乎必须要有外部敌人。萨珊王朝的外敌就是罗马帝国和后来继承罗马帝国、逐渐改用希腊语的东罗马帝国。东罗马帝国尽管首都、语言、领土范围都改变了，但仍然自称罗马帝国。

萨珊王朝除了在西部有敌人之外，在东部也有一个新兴起的对手——嚈哒人。嚈哒人主要说阿泰语系的语言，是类似于匈奴的游牧民族，他们在 5 世纪左右到达中亚。嚈哒人又被称为白匈奴，可能是因为后来这个部落的主要统治阶层是说阿尔泰语系的北亚人口和说波斯语系的中亚人口相互通婚所形成的。嚈哒虽然和萨珊王朝交界并且常有冲突，但又鼓励萨珊王朝跟东罗马帝国作战，并帮助萨珊帝国去攻打东罗马帝国。所以，萨珊王朝在东西两边皆有强敌需要应付，而自身财务税收又不充裕。在这种情况下，萨珊王朝虽然是波斯帝国历史上最为显耀的朝代之一，享国也有 400 年左右，但终其一朝也无法让老百姓真正安居乐业。

从整个波斯文明圈的角度看，萨珊王朝是最为纯正的波斯文明的代表，也是波斯文化复兴的高度表现，因此，在萨珊王朝亡国之后的史书记载中，甚至包括现当代的伊朗历史书上，萨珊王朝以及其若干个君王都享有非常正面和显著的地位。

早期波斯帝国的治国方式主要是地方自治，地方政权得到中央政府的首肯之后，拥有很大的自主权。但是，由于时代的推演，到了萨珊王朝时期，中央集权大大加强。帝国疆域东到印度河，整个中亚几乎都属于它，而其对臣民的统治则比前代细化得多，例如，其治下粟特人的信仰和很多行为都要受到萨珊王朝的规范。

由于萨珊王朝特别强调宗教信仰，突出波斯本土的文化，祆教的教士阶层就有了更强的政治影响力以及更大的势力，同时手握更大的经济力量。因此，这一时期修建祭坛非常盛行，教士的社会地位也非常高。于是，波斯社会出现了不满宗教上层腐化和跋扈的情绪。在这一背景下，一个新的宗教出现了，这就是摩尼教。

任何乱世都容易有新的宗教产生。216年，有一位在美索不达米亚出生的帕提亚帝国王族的后代，名叫摩尼，他在琐罗亚斯德二元论的基本概念下，创建了一个受到基督教神秘派影响的新宗教。摩尼身体有残疾，早年可能曾信仰基督教，也受到了新柏拉图主义的影响。他所创的宗教对人的肉体持一种厌恶的态度，认为洁净的精神才是崇高的和需要努力追求的。摩尼教虽然也是二元论，但和琐罗亚斯德的二元论不同：它认为世间有善和恶，而这两种力量在三个阶段有不同的表现。摩尼教的教义被称作二宗三纪论。二宗就是善神阿胡拉·马兹达和恶神阿赫里曼。三纪是指光明和黑暗二宗的斗争要经过三个时代：上纪时，光明与黑暗分开，互不相干；中纪时，黑暗侵入光明，互相缠绕，反复斗争，先是黑暗战胜，后来光明似乎又有点恢复；下纪时，两者分开，恢复到原始的状态。（祆教则认为，经过斗争，光明最后会战胜并且消灭黑暗。）二宗体现在人类中，就是精神和肉体的斗争：灵魂是圣洁的，但被束缚于肮脏的肉体之中；要恢复纯净和光明，圣洁的灵魂就应该抛弃物质享受，不置产业，不结婚，不生小孩，不吃肉，等等；这样才能使人死后进入冥界，升入光明，与肉体所属的黑暗永远分离。这其实是一种脱世的，甚至是悲观的宗教。但在那个时代，这种信仰传播得很快，而且除了在波斯本土传播，它也很快就传入了中亚的粟特人地区，继而通过粟特商人传到北方草原上的突厥语民族，也传到了中国的中原地区。

唐武宗灭三夷教的时候，摩尼教就是其中一个，所以摩尼教在中国公开存在的时间并不长。不过，摩尼教不久就转入地下，其地下组织被称为明教，一直到明朝初年都还存在。

霍斯鲁一世中兴

按照《阿维斯塔》的说法，萨珊王朝统治下的社会分为 3 个种姓，后来又加了一个，共 4 个种姓。第一是祭司种姓；第二是武士种姓；第三是新加入的文书员种姓；第四是农民、牧民、手工艺者、商人等，即纳税种姓。社会基于这种分工来运转固然并非不可，但在这个种姓制度之下，祭司和武士贵族阶层往往占据了大部分的财产，使社会严重贫富不均。摩尼教的出现与官方的国教形成对抗。在摩尼教内部还出现了一个极端的派别，他们认为既然这个世界上的罪恶主要都来自财富和情欲，那么就应该把这两者彻底禁绝，或者大家完全平等，不应该存在富人有土地且多妻妾，而穷人无立锥之地且无妻的现象。在一个叫玛兹达克的领袖人物的倡议下，萨珊王朝各地掀起了一场没收富人财产并将其平分的运动，有的地方甚至还专设场所，供男子自由分享女性。这场运动使社会非常混乱，但国王卡瓦德起初支持这项运动，目的是要遏制祭司和贵族的势力，防止他们威胁到自己。后来，他又设法镇压玛兹达克反叛运动，但不久便突然去世。

几乎在玛兹达克动乱发生的同时，萨珊王朝还受到嚈哒人的威胁。卡瓦德国王去世后，霍斯鲁一世于 531 年继位。他首先设法平定了玛兹达克动乱，然后着手恢复社会秩序——把动乱后无人继承的财产和土地都交给慈善组织。接着，他下令改革赋税，重新调查人口，丈量土地、测定各类土地的产值，并且编订了两套全国的纳税名册。此外，霍斯鲁一世还大兴水利，修整田宅，促进农业生产。

霍斯鲁一世在位期间是波斯文化最为昌盛和活跃的时期。霍斯鲁一世自己曾学习过希腊的哲学以及印度的各种知识，包括印度人发明的棋术。于是，他下令把重要的希腊文、叙利亚文和印度文的学术著作和宗教著作（包括一些新柏拉图主义的著作）都翻译为波斯的巴列维文，又把棋术引进到波斯。他还导引学者编纂整个波斯的历史——这本是希腊人和中国人的专长，印度和波斯过去并不重视撰写历史。

由此可见，霍斯鲁一世不仅能外御强敌、内平动乱，而且能发展经济、促进文化，是一位有知识、有谋略、富于领导才干、长于执行能力的雄主。

由于他的巨大成就，后人称他为“不朽的灵魂”，也有人称他是“公正的化身”或是“哲学家皇帝”。霍斯鲁一世统治时期是萨珊王朝末期的中兴。虽然后来萨珊王朝曾经战胜东罗马帝国，占领耶路撒冷，甚至进入小亚细亚，也曾经打败嚈哒人，但始终没有办法彻底解决王室与祭司集团彼此妒忌和争锋的问题。

在萨珊王朝初创之时，阿尔达希就对他的儿子说：教会和王权是互相依赖的，没有教会的支持，王权就无法稳固，没有国王的支持，教会就兴盛不起来，所以必须要两者兼顾，使其保持平衡。事实上，在整个萨珊王朝时期，祆教是国教，且萨珊王朝的开国君主本身就出自祭司家庭，但始终没有能够避过开国之君的警语。7 世纪中期，萨珊王朝已经民穷财尽，国家的团结也因教权和王权的斗争而遭到严重的打击。这就给阿拉伯半岛新涌现出来的一股新力量造成良机，使其得以进入 1 000 多年来辐射出巨大影响力的波斯文明圈。

第 22 章

伊斯兰教与入侵者

阿拉伯人的征服活动

在整个波斯民族几千年的历史中，最大的事件莫过两起：一是公元前 6 世纪中叶，波斯人建立阿契美尼德王朝并开始信奉袄教；二是 7 世纪中叶，萨珊王朝被阿拉伯人征服，并开始伊斯兰化。7 世纪中叶以后，在将近 1 000 年的时间里，波斯文明圈的主要地域先后被阿拉伯人、突厥人、蒙古人统治。

7 世纪，正当东罗马帝国和萨珊王朝互相缠斗到精疲力竭之际，阿拉伯半岛原本异常分散、各有自己的偶像和崇拜仪式的许多部落，在先知穆罕默德的引导下，逐一皈依了伊斯兰教。阿拉伯民族从此得以团结，并转而向外扩张。他们扩张的速度之快与范围之广确实可谓史无前例。其外在表现当然是以武力征服其他民族，扩大自己的统治范围，但这种表现的内在动力则来自新近信奉伊斯兰教的阿拉伯人的宗教热诚。

阿拉伯人向外扩张初期，其领导层做出了一个似乎不合战争常规的决定，那就是在征服了东罗马帝国在阿拉伯半岛北部（今伊拉克、约旦、以色列 / 巴勒斯坦、黎巴嫩、叙利亚）的领土之后，立即向西进攻东罗马帝国辖有的埃及和突尼斯，同时向东进攻波斯帝国萨珊王朝。做出这一决定无疑需要具备强大的自信和非凡的勇气。

两个分别代表西方文明和东方文明、互相缠斗了几百年的大帝国，居然被一个从未有过光辉历史、文明落后且人数不多的阿拉伯民族以摧枯拉朽之势击溃。究其原因，这两个国家常年作战，使得双方都精疲力竭、民穷财尽、赋税沉重，所以普通百姓不再愿意支持自己的君王。

阿拉伯军队远征各地有三重目标：一是作为入侵者，统治大多数的被征服者；二是宣扬伊斯兰教；三是使被统治者阿拉伯化。这三重目标无论在埃及、黎凡特，还是在伊朗都是一样的。

历史证明，阿拉伯化和伊斯兰化在埃及和突尼斯相当成功。阿拉伯人征服埃及之后不出200年，阿拉伯语和阿拉伯文已经成为埃及全体居民的工作和生活语言，但因为伊斯兰教的教义尊重犹太教徒和基督徒的信仰，所以埃及的部分科普特派基督徒并没有伊斯兰化（今天仍然有大约10%的埃及人口是科普特派基督徒）。犹太教徒也是如此。在原来东罗马帝国的领土黎凡特地区，阿拉伯化和伊斯兰化也极为成功。这些地区的语言和文字完全阿拉伯化，绝大多数的人都信奉伊斯兰教。当然，出于和埃及同样的理由，小部分基督徒并没有改变信仰，而犹太人则早已被罗马人驱赶离开了巴勒斯坦。

伊朗的伊斯兰化与阿拉伯化

通过经济和行政手段——对祆教的教徒征收人丁税，并对穆斯林实施有利的行政措施，过去缺乏统治经验并且文明程度和伊朗完全不可同日而语的阿拉伯人，居然完成了三项目标中的两项：成功统治波斯人，并且使伊斯兰教变成波斯文化圈最主要的宗教。但是，也有许多阿拉伯人认为，伊斯兰教是真主用阿拉伯语向先知穆罕默德做出的启示，是恩赐给阿拉伯人的宗教，其他民族不需要甚至没有资格成为穆斯林。此前麦地那附近的犹太人就先后受到不同的待遇——先是被尊重、允许共处，后来又遭到申斥和限制。但无论如何，伊斯兰教承认同样属于一神论宗教的犹太教徒和基督徒属于“有经之人”，可以继续保持自己的宗教信仰和社区自治，但需要对穆斯林统治者缴纳人丁税。

阿拉伯人统治伊朗之后所面临的最大问题就是：祆教到底是多神教还是一神教？祆教的教徒算不算“有经之人”？在这一问题背后存在两重考量：一是理论层面的，即应不应该逼使祆教的教徒信奉伊斯兰教；二是现实层面的，即如果人人都成为穆斯林而不必缴纳人丁税，那将如何弥补政府收入的损失。最终，阿拉伯人的结论是：祆教大多独尊马兹达，算是一神教；《阿维斯塔》是一本正经。但是，在心理层面和行动层面，阿拉伯人对祆教的教徒是有歧视的。

也许连阿拉伯人都未能预料到，在不到 100 年的时间里，整个波斯文明圈里的绝大部分人都皈依了伊斯兰教，其中固然有不少人是为了免交人丁税和提高社会地位，但不可否认，伊斯兰教义中穆斯林互相平等的概念对属于低等种姓的波斯人确实具有吸引力。

这些人改宗之后必然要学会阿拉伯语，并且要使用阿拉伯语从事宗教活动，因此波斯语里出现了大量阿拉伯语词汇。不久，波斯人不再使用巴列维文书写波斯语，而采用稍微调整过的阿拉伯字母来书写波斯语。实质上，波斯的语言和文法并没有真正改变，改变的只是字母。一方面，波斯的语言里增加了许多关于宗教和其他方面的阿拉伯词汇；另一方面，波斯的语言中那些很丰富的关于行政、财务以至哲学、物理学、医学方面的词汇，也因为改以阿拉伯字母书写而逐渐进入了阿拉伯的文字和语言里。这就形成了阿拉伯语和波斯语、阿拉伯文和巴列维文的互相交流和融合。

总而言之，不可否认的是，阿拉伯很轻易地征服了伊朗高原。尽管阿拉伯人并没有全力推动波斯人的伊斯兰化，但绝大多数波斯人都改信了伊斯兰教。阿拉伯的文字和语言被信仰伊斯兰教的波斯人接受，同时，波斯语里的词汇也渗入了阿拉伯人的语言。

伊斯兰教的波斯化

波斯的人口众多，地域辽阔，文明悠久，一旦许多波斯人都信仰伊斯兰教之后，伊斯兰教就必然会发生改变。

8世纪，新近改宗的波斯穆斯林（他们被阿拉伯人称为“麦瓦利”，带有轻蔑的意味）曾经对阿拉伯人颇为不满，还掀起过以波斯民族主义为基础的“舒比叶”运动，以示抗议。有些地方的阿拉伯军政长官要求已经改奉伊斯兰教的波斯人依旧交纳人丁税，并且在生活和工作中也有诸多歧视条例，所以波斯人是带着不满的情绪进入阿拉伯人所建立的宗教帝国和伊斯兰社会的。

这种情绪在呼罗珊（伊朗的东部）特别显著。因为呼罗珊与阿拉伯人集中的两河流域相距较远，离倭马亚王朝的首都大马士革更远。一个叫阿布·穆斯林的麦瓦立与多年来一直反对倭马亚王朝的阿拔斯家族（穆罕默德叔父阿拔斯的后人）合作，于746年在他的家乡呼罗珊组建了一支以黑色旗帜为标志的军队，并于749年击败了驻守当地的倭马亚军队。他继而带兵西进，与阿拔斯家族协同攻入大马士革。连续几任哈里发都嗜酒、好色、不知天下大事的倭马亚王朝迅速瓦解（只有一位母亲是摩洛哥人的年轻王子在一名义仆的护卫下西逃摩洛哥，后来在西班牙建立了后倭马亚政权）。哈里发由阿拔斯家族接任后，阿拔斯王朝决定把首都东迁到波斯人口聚集的地区，先是在萨珊王朝的首都泰西封附近。阿拔斯王朝初期，波斯人阿布·穆斯林地位显要。生性多疑的哈里发为防止阿布·穆斯林权势过大，设计将他杀害。然后，阿拔斯王朝在距离波斯不远、主要是阿拉伯人聚居的底格里斯河边建了一座新城——巴格达作为首都。阿布·穆斯林的被杀与他和哈里发之间的个人恩怨有关，并没有影响到后来大批波斯裔高官在阿拔斯朝廷中担任要职，并且得到荣耀的封号。

阿拔斯王朝建都巴格达，是把伊斯兰教的统治中心设在波斯文明圈的边缘。新王朝开始模仿波斯式建筑风格修建清真寺。事实上，阿拉伯人并没有自己的建筑风格。穆罕默德在麦地那时所住的是很简单的屋子（masjid），也兼作清真寺用。今天，在阿拉伯文里，清真寺被称为“masjid”，其故在此。但是，倭马亚王朝在大马士革修建了很大的拜占庭式清真寺，阿拔斯王朝则在巴格达则建造了宏伟华丽的、受波斯风格影响的清真寺。此时，阿拔斯王朝的哈里发除了担任宗教领袖之外，渐渐地不再处理具体政务了，因为后来的哈里发采用了在波斯已经沿用很久的首相制。9 世纪以后，虽然哈里发本人是阿拉伯人，而且是穆罕默德家族阿拔斯家族的后裔，但不少哈里发的母亲都是波斯人，而且首相往往也是波斯人。因为朝廷里和重要场合都使用阿拉伯语，大部分波斯知识分子都兼通波斯语与阿拉伯语。许多波斯人也都以阿拉伯文著作。

波斯人有长久的治国经验与优秀的文化传统。阿拔斯王朝正是借鉴了波斯人的长处才发展出中世纪全世界最辉煌的文明之一，创造了今天许多穆斯林仍然念念不忘的伊斯兰文明的黄金时代。

波斯与阿拉伯 - 伊斯兰文明

讲到伊斯兰文明的黄金时代，一般是指 9—12 世纪的阿拉伯 - 伊斯兰文明。这个说法虽然很普遍，但它忽略了波斯人的贡献。

阿拔斯王朝建都巴格达不久之后，就建造了一座“智慧之宫”，并且开启了历时一百多年的翻译运动。这里面当然有很多波斯人参与，翻译的内容主要是希腊的古典哲学、文学和科学，以及波斯和印度的古籍。在这个基础上，伊斯兰教发展了自己的伊斯兰教理学、教义学、教法学，也发展了自己的哲学、数学、天文学和医学。即使是通俗的文学——阿拉伯文的经典著作《天方夜谭》中的大部分故事也都源自波斯，少数故事源自印度。

之前我们也说过，现在大家都认为高等代数是阿拉伯人的发明。这方面的书最早确实是用阿拉伯文写的，但其作者是于8世纪末出生在咸海附近的花剌子模的波斯人花剌子米。

还有一位非常天才的哲学家和医学家也是波斯人，他就是10世纪末出生在中亚布哈拉的伊本·西那。他10岁就能背诵全部《古兰经》，16岁跟一位印度医学家学医，18岁开始行医。当时，萨曼王朝的国王重病而御医束手无策，伊本·西那奉召入宫，将其治愈。伊本·西那精研过亚里士多德的哲学，后来还为此放弃信仰，并受惩罚。他一生著作极多，其中包括一部包罗病征、诊断、疗法和药物学等的百科全书式《医典》。这部以阿拉伯文写成的医典后来被译成拉丁文，12—17世纪，欧洲许多医学院一直沿用这部《医典》作为教科书。元代，《医典》的主要内容也被介绍到中国的医学界，对今日的中医有相当大的影响。

从7世纪中叶阿拉伯人征服伊朗，到11世纪左右伊斯兰文明达到黄金时代，这近400年里，虽然在宗教、政治、军事上是阿拉伯人征服了波斯人，但在文化、思想和生活习惯上，则是波斯人改变了阿拉伯人。所以我们今天说的阿拉伯-伊斯兰文明，其实忽略了波斯人的贡献。

波斯人建立地方政权

因为阿拔斯王朝的首都巴格达就在波斯附近，而哈里发政权的内部时常有斗争，这就给了文化力量和凝聚力都很强的波斯人一个自行建立地方政权的机会。从9世纪开始，波斯文化圈里先后出现了几个地方的统治者建立的近乎独立的政权。之所以说它们是“近乎”独立而不是完全独立的政权，是因为它们多半都还奉巴格达的哈里发为元首，在周五的瞻礼上多半还是提哈里发的名字（虽然后来也有人提自己的名字），所铸造的货币还是以哈里发的名义发行的。但实质上，这些都是波斯上层在波斯人聚居地区建立的政权，阿拉伯人已经无法对其实施管辖。

波斯人最早成立的地方政权应该是820年在今土库曼斯坦的东南部建立的塔希尔王朝，首都定在丝绸之路的重镇马雷（中国古时称之为木鹿）。不久后，一个出身锡斯坦地区（今巴基斯坦的西部和伊朗的东部一带）的铜匠建立了萨法尔王朝（萨法尔的意思就是铜匠）。这些地方政权的建立者往往并不称自己为国王，而是用阿拉伯文中的“埃米尔”一词（意为将军或者督军），有时也自称“马利克”（意为王公），表明他们并没有与哈里发“共比高”的意思。

在波斯文明圈东部，影响力最大的地方政权有两个。一个是9世纪时打败了萨法尔王朝的萨曼王朝。萨曼王朝在一百余年里，以今乌兹别克斯坦的布哈拉为首都，建立了一个相当有力且稳定的政权。在这段时间，锡尔河之南、阿姆河之北的河中地区有大量突厥裔的奴隶被贩卖到波斯各地区，于是布哈拉就成了当时波斯文明圈的主要奴隶市场。9—10世纪，阿姆河地区是从北方草原南下的说突厥语的游牧人口、从事定居农业和贸易的说东伊朗语的粟特人、阿姆河南部的今阿富汗地区说其他伊朗语的人口，以及其他西部波斯人口频繁交汇的地方。萨曼王朝既然定都于此，必然要和各种人口交流。于是，萨曼王朝在阿拉伯语盛行的时代，出于中亚地区不同人口彼此交流的需要，以及对古代波斯文明的珍惜，有意识地把当时不同的伊朗语族的语言统一为萨珊王朝时代的标准语，即以法尔斯地区的方言为标准的波斯语。所以，今乌兹别克斯坦的波斯语人口、塔吉克斯坦的主要人口以及阿富汗的第二大族群塔吉克族说的都是今伊朗的标准语。20世纪以来，出于政治原因，波斯语在阿富汗被称为达里波斯语。此外，阿富汗的最大族群普什图人的语言也与波斯语很接近。

发生于10世纪的这次语言统一，使各个突厥语族群在波斯化时也都改用“标准”波斯语。因此，波斯文明圈在12—18世纪其实包括了今伊朗、土库曼斯坦、阿富汗，以及大部分巴基斯坦、印度的西部和土耳其东南部。由于语言相通，波斯人所创作的诗歌和建立的苏非社团在这些地区也都相互流通无阻。

另外一个影响力较大的波斯地方政权是伊朗西部一个波斯血统的人所建立的白益王朝，又称布维希王朝。他们信仰的是伊斯兰教什叶派，自称是萨珊王朝的后裔，并且曾在萨曼王朝里担任高级军职，所以拥有军事力量。其后，当巴格达的哈里发日渐式微，不得不聘用突厥族裔的军人担任禁卫军时，白益王朝把军队开入巴格达，解救了受禁卫军摆布的哈里发。此后，几任哈里发又成了白益王朝的傀儡。这确实是对伊斯兰教历史的一大讽刺——逊尼派的哈里发要听命于什叶派的军阀。

萨曼王朝和白益王朝的领导者都自称是萨珊王朝重要人物的后代，萨曼王朝的领导者还自称祖上是祆教的贵族。他们所处的时代正逢突厥语裔各个民族大量进入中亚波斯人的世界，并且逐渐波斯化。这就给这些波斯人建立的地方政权的历史增加了一个新的维度。

突厥人与蒙古人的入侵

突厥语部落最早出现在今蒙古高原西北部叶尼塞河的上游一带。隋朝时，他们曾经征服草原各个民族、部落，建立了突厥汗国，后来受到隋朝和唐朝的打击，分成东突厥与西突厥两部分。西突厥汗国的活动范围大概在今新疆的西部、乌兹别克斯坦和吉尔吉斯斯坦一带。其中一部分西突厥的部落继续西迁，这就是史书上所称的乌古斯部。

乌古斯部到了咸海附近，向南越过锡尔河进入了波斯人的世界。由于这些突厥语部落在草原上时就已遇到过许多波斯的苏非，所以其中一部分人已经转信了伊斯兰教，但多数人仍然信仰原先的萨满教或者信仰佛教。由于不是穆斯林，他们许多人卖身为奴隶兵或是波斯上层的家奴，因而进入了布哈拉、撒马尔罕等城市。这些出自突厥语各部落的军人中，后来有人掌控军权，又进一步取得政权。由此，在波斯人的土地上，已经波斯化了的突厥军人开始建立属于他们的地方政权。比如，在今阿富汗地区的伽色尼本来存在着波斯人建立的政权，但 11 世纪初，拥有军事力量的乌古斯突厥集团篡夺了政权，建立了伽色尼王朝，屡次攻入印度。

乌古斯人持续向西迁徙，于 11—13 世纪在伊朗和伊拉克建立起一个面积广大、人口众多的塞尔柱王朝。他们还是按草原游牧者的习惯称自己的国家为汗国。统治塞尔柱汗国的两兄弟都非常有能力，一个率部打入了小亚细亚，进入今土耳其和亚美尼亚。另外一个兵临巴格达城下，被哈里发册封为苏丹，之后驱逐了信奉伊斯兰教什叶派的白益王朝，成为伊斯兰教逊尼派的实际控制者。这个时候，虽然来自不同部落的突厥人都已经学会了波斯语，但他们在日常生活中还是使用各自的突厥方言。他们实行的是三语制度：以阿拉伯语为宗教语言，以波斯语为行政语言，以突厥语各方言为生活语言。

塞尔柱人掌控阿拔斯王朝和统治波斯地区时，当地的经济和文化都相当发达。他们还起用出色的波斯学者尼扎姆为首相，替塞尔柱汗国建立起此时已经行之有效的阿拔斯王朝的治理模式。这位名相曾写过一部《治国之道》，在伊斯兰世界颇具蜚声。

进入小亚细亚的塞尔柱人不久就以今土耳其中南部的科尼亚为基地，建立了自己的国家，而且用巴格达的哈里发赐给他们的封号“苏丹”作为名号。因此，他们的国家被叫作塞尔柱鲁姆苏丹国（“鲁姆”的意思是“罗马的”），意为塞尔柱人在罗马的苏丹国。

突厥人在伊朗建立的政权中最早的当属伽色尼王朝。伽色尼王朝时期，有一位波斯裔诗人名叫菲尔多西。他继承了萨珊王朝时期一位诗人开始但未完成的努力，用波斯文写出一部《列王记》，书中记载了波斯历史上各个“马上打天下的国王”的故事。菲尔多西出生于今伊朗的呼罗珊省内沙布尔附近，他写作《列王记》花了 30 年的时间，全书尽量避免使用早已深入波斯文中的阿拉伯词汇，而以纯正的波斯文写成。《列王记》从 11 世纪初问世到今天，一直是波斯人的文学瑰宝，每一个波斯学童都要学习，几乎没有一个波斯人不知道《列王记》里面的历史——它就相当于一部波斯文化史或是波斯民族史。菲尔多西完成这部巨著时，恰逢萨曼王朝覆灭。于是，菲尔多西就把这部书献给了位于东南部的伽色尼王朝的国王。但因为伽色尼王朝的当政者是刚取得政权的突厥人，并不重视甚至不愿意见到这本着意颂扬波斯文化的书，所以菲尔多西的毕生努力根本没有得到认可。万幸这本书没有被毁坏，得以流传至今，成为伊朗的国宝。

当塞尔柱人逐渐把重心迁移到小亚细亚，即今土耳其亚洲部分的时候，波斯文明圈里最强大的政权是花剌子模。正是花剌子模与新兴的蒙古政权之间的冲突，引起了蒙古人的三次西征。

蒙古人三次进入伊朗，在许多地方都实行了屠城政策，还破坏了许多清真寺。第三次西征后，成吉思汗的孙子旭烈兀以伊朗为中心建立了伊儿汗国，首都设在伊朗西北部阿塞拜疆地区的大不里士。伊儿汗国的统治者起初对穆斯林非常不友善。他们自认为是萨满教信徒，而当时蒙古大汗和伊儿汗国的皇后以及家人还是景教徒。所以，他们常在伊斯兰文化的基地上进行破坏伊斯兰文化的活动。当然，这些活动难以长久维持下去，毕竟蒙古人的数量和波斯人、阿拉伯人相比太少了。经过几位汗王之后，伊儿汗国的统治者合赞汗于 1295 年决定改宗伊斯兰教，成为伊斯兰文化的捍卫者和重建者。从他以后，蒙古人建立的伊儿汗国就成为信奉伊斯兰教的汗国了。当然，伊儿汗国境内的蒙古人很少，数代之后就同化在当地人之中，蒙古政权甚或蒙古族都不复存在了。

这里要补述一点，伊儿汗国初期，尽管统治者不信伊斯兰教，坚持蒙古传统，但也任用了一些本地人作为首相或重要顾问，其中就包括志费尼兄弟。他们二人都去过蒙古帝国的首都喀剌和林，志费尼的著作《世界征服者史》被后世学者认为是对于成吉思汗家族征服各地的那段历史的极为重要的记录。此外，还有一位原本是犹太裔，后来转信伊斯兰教的学者拉施特。他做过伊儿汗国的宰相，后来还奉命带领来自不同国家、信奉不同宗教的学者编写了著名的《史集》，这部书可以被称为是人类第一部世界史。合赞汗做出了很多项改革，但其中不乏极端的举措：他因为改宗伊斯兰教，就下令摧毁大量的基督教堂和祆教的庙宇。

因此，我们可以这样总结这段历史：波斯人很早就发展出了自己的文明，很早就通晓治国之道，在被阿拉伯人征服之后，他们改变了宗教信仰，但并没有改变自己的语言和治国之道；突厥人曾经权重一时，但后来逐渐波斯化；蒙古人曾经凶残屠杀，甚至把头颅堆成金字塔，也曾经破坏清真寺，禁止穆斯林宰牛羊时放血，但后来还是改宗了伊斯兰教，并且在语言上和生活习惯上都被波斯人同化。

帖木儿帝国与波斯－伊斯兰的文艺复兴

帖木儿出生在今乌兹别克斯坦的历史名城撒马尔罕附近，属于一个突厥化的蒙古别部。在他儿童时代，蒙古人所建的伊儿汗国已经消失。帖木儿娶了西察合台汗国的一位公主，所以他以作为成吉思汗黄金家族的驸马为荣；由于他毕竟不是真正的“黄金家族”成员，所以他终生没有称“汗”，只用“埃米尔”的称号。

帖木儿由撒马尔罕起兵，控制西察合台汗国之后，以伊斯兰圣战和成吉思汗法典为旗帜，到处征伐，从没有打过败仗。他曾经侵入印度，攻下今整个伊朗，占领高加索地区，也曾进入今土耳其。他的战绩远超伊儿汗国的创始者旭烈兀，最终建立了帖木儿帝国。

在帖木儿和他的儿子沙哈鲁以及孙子兀鲁伯三代人统治时期，他们的政治与宗教信条是蒙古－阿拉伯式的，法律体系是突厥－成吉思汗式的，文化上却是波斯－突厥式的。以这样一种意识形态和统治体系，帖木儿建立了一个新的帝国，不止弥补了蒙古人统治时期对伊斯兰文明造成的破坏和不愉快记忆，而且成功地推动了波斯－伊斯兰的文艺复兴。波斯－伊斯兰的文艺复兴在时间上大致与欧洲的文艺复兴同时，且内容也主要在文学、绘画、建筑等方面。

帖木儿帝国的历任统治者都致力于推动波斯文化，奖掖诗人，鼓励细密画，提倡数学与天文学。

帖木儿出生在中亚，虽然属于波斯文化圈，但那个时候中亚已经以突厥语为主了。他的儿子沙哈鲁把帖木儿帝国的首都从撒马尔罕迁到今阿富汗的赫拉特，规定在宫廷中双语并用——中亚的突厥语（今乌兹别克语）与达里波斯语（阿富汗的主要语言，与波斯语无异）同等重要。

帖木儿的孙子兀鲁伯曾经在布哈拉建立了许多重要的伊斯兰建筑，包括清真寺、经堂学院等。他还是一位天文学家，在撒马尔罕修建了当时世界上最为先进的天文台，并且记录了1 000多颗恒星的位置，以及一些行星的运动轨迹。他还亲自到经堂学院去讲课。

帖木儿帝国兴盛时候在许多方面取得了重要成就。细密画大师毕扎德在赫拉特创作了他最主要的作品。波斯古诗的集大成者贾米也是在赫拉特成名，后来迁居大不里士。有许多重要的和创新性的伊斯兰建筑都建于帖木儿帝国时期。

因此，从波斯文明的历史可以看到，这样一个富有想象力、创造力和感染力的古老文明，确实经过了几千年的跌宕起伏。而文明史的引人之处就在于它高潮迭起，永无停止。

第 23 章

波斯的诗与画

入侵者激发的波斯文化自觉

从 7 世纪中叶开始，波斯文明的诞生地——伊朗高原先是被阿拉伯人占领，之后又被嚈哒人、塞尔柱突厥人、花剌子模人、蒙古人和土库曼人轮流统治。作为文明体，波斯文明始终健在，而波斯帝国和它的王统却间断了大约 1 000 年。在这 1 000 年间，多批入侵者大都已经变成穆斯林，并且在语言上几乎全部波斯化。所以，虽然从表面上看是波斯被征服了多次，但实际上是多批入侵者都在语言和宗教上被波斯征服。多番被入侵后，波斯人对自己的文明产生了一种加以保护和予以发展的欲望。9 世纪，波斯人建立的地方性政权萨曼王朝在中亚崛起。虽然王朝的统治者是奉哈里发之名进行统治，但其主体意识是波斯的，因此刻意推行波斯文化。

早在萨珊王朝时期，波斯人在建筑、绘画、音乐和文学等方面就已达到相当的高度。然而，诗作为文学的一种表现形式，在早期的波斯文明里并不受到重视。7 世纪，阿拉伯人征服波斯后，绝大多数波斯人皈依了阿拉伯人的宗教，许多人通晓阿拉伯语。阿拉伯语很有韵律感，容易押韵，所以阿拉伯人对诗素来非常重视。两个民族逐渐融合，在文化上的体现就是波斯人也开始重视诗。9—10 世纪在呼罗珊地区（包括今乌兹别克斯坦和阿富汗）出现的使用波斯语的政权——萨曼王朝和伽色尼王朝都很重视诗，在宫廷里时常有波斯诗歌朗诵活动，因此诗人的社会地位很高，对民间的语言和文字有重要的影响。

萨曼王朝的创建者是萨珊王朝王族的后代。7 世纪，萨珊王朝亡国后，其王族东迁呼罗珊地区。过了 100 余年，他们以布哈拉为首都，建立了以波斯人为主的王国，鼓励诗人以萨珊王朝的宫廷语言达里语创作诗歌。达里语诗歌在萨曼王朝王室的推动下，在各地广泛流传，以至波斯文化圈的东部人口在 9—10 世纪都改说以西部法尔斯省的语言为基础的达里波斯语，即宫廷的波斯语。

波斯语盛行的时期恰巧也是苏非神秘主义在波斯文明圈迅速发展的时期。所以苏非主义的哲学思想以及苏非信徒的一些感受，往往通过很简短的诗句表现出来。苏非信徒把人与真主之间的关系当作最重要的宗教体验和神学命题，把寻求与真主合一当作最高的期盼和快慰。在四行诗出现之后，通过苏非信徒的传播，终于在 9—10 世纪时使得诗歌在波斯文明圈成为重要的文学形式。

波斯四行诗的发展与特色

虽然波斯诗在萨珊王朝时代就已经存在，但一直到 9—10 世纪才出现了几位著名诗人。当时盛行的诗体是四句，句尾有押韵，跟中国唐代盛行的绝句颇为相像。北京外国语大学的穆宏燕教授曾分析过波斯四行诗与中国唐代绝句之间的异同，并引述了一位意大利学者的研究，提出波斯四行诗与中亚的西突厥人的诗很可能都起源于中国的绝句。

四行诗和绝句的确有相似的特质，它们都短小简洁，很适于表现一种瞬间的感觉或是直观的意念。诗人可以用比喻手法，让读者在短短四行文字里感受到自己想要传达的意念。

在波斯早期的诗人中，最著名的是 9 世纪时出生于今塔吉克斯坦的鲁达基。他是一位穆斯林，受到萨曼王朝宫廷的推崇，被公认为四行诗的奠基人。

较晚一些的著名诗人海亚姆出生于今伊朗东部的内沙布尔。他同时也是一位天文学家和数学家，很尊重理性，与信奉苏非神秘主义的诗人很不相同。海亚姆虽然只写四行诗，但他的诗作精辟，题材十分广泛，可以说是波斯四行诗中的代表性作品。可能因为海亚姆崇信理性，学识广博，与后来欧洲文艺复兴和启蒙运动时期的学者有共同点，所以他在西方非常受欢迎。他关于爱情、苦难、人间不公以及宇宙奥秘等方面的诗作都被翻译成数种西方文字。

12 世纪以后，波斯诗歌又出现了其他体裁，但四行诗始终是最受人们欢迎的。

沉醉于爱情的苏非诗

在鲁达基、海亚姆以后，出了许多用波斯文写作的著名诗人，他们中除了有波斯人之外，还有塞尔柱突厥人、花剌子模人、阿塞拜疆人、以及后来的奥斯曼人和莫卧儿印度人。可以说，中世纪和前现代波斯文学的传播地区与古典时期波斯帝国的领土大致重合——西起爱琴海，东达印度河。

继鲁达基与海亚姆之后，生活在阿塞拜疆的内扎米以他的《五卷诗》著称。《五卷诗》中的《蕾莉与马杰农》是内扎米的代表作，根据阿拉伯传说而写成，讲述了一对属于不同部族的青年男女为追求爱情而殉死的悲剧。诗中有这样的句子："若不是胸中燃烧着爱你的情火，为你而流的泪水早已把我淹没；若不是眼中饱含为你而流的泪，忧伤之火熊熊早已把我焚烧成灰。"

波斯历史上最著名的三位苏非诗人都生活在蒙古人统治的时代。在蒙古人建立的伊儿汗国治下，波斯和中国来往很多，所以在文学上和艺术上也有相当程度的交流。

伊朗西南部的设拉子在遭到蒙古人入侵时，因为本地统治者付出重金，所以没有受到破坏，社会环境比较平和。也许正因如此，那里出现了两位世界著名的诗人：萨迪与哈菲兹。萨迪的名作《果园》《蔷薇园》以及哈菲兹的《诗歌集》在波斯世界可谓无人不晓，任何人都能背诵其中几首。在整个波斯文学史中，除史诗作家菲尔多西所著的《列王记》之外，哈菲兹的几百首抒情诗可能是最被广泛引用的作品。

萨迪幼年丧父，出身寒微，长大后曾到巴格达学习阿拉伯文学与伊斯兰法律，也曾经以沿途托钵的苏非信徒身份游历中东各地。他的作品包括诗歌及短篇小说，文字高雅且富于深刻的哲学思想与社会意义。他有一句名言："全能的真主所钟爱的人是富有但具有穷者的谦卑的人，以及贫穷而具有富者的雅量的人。"

哈菲兹是一位没有教团或官府职称的文学家，自小就能背诵全部《古兰经》（在伊斯兰世界，能够背诵全部《古兰经》的人被称为"哈菲兹"，他的名字就是如此得来）。他有大量诗作流传下来。从这些诗中，人们能够看到从哈菲兹的"酒杯"里流出来的不是"琼浆"，而是对精神自由的追求，是狂放不羁的、真正的风流。正因如此，哈菲兹的诗也被全世界（特别是欧洲）的文学爱好者推崇。

另外一位极为重要的苏非诗人是苏非教团领袖莫拉维（即鲁米，他在 13 世纪出生于今阿富汗，后来随父亲定居今土耳其）。当他写饮酒的时候，他把酒分为"真主之酒"与"魔鬼之酒"；他还把"爱情"视作"人神之爱"，并且经常以"男女之爱"来比喻人和真主之爱。他认为人生所有痛苦的来源是与真主分离，所以设法和真主结合并且设法保持"人和真主合一"的状态应该是所有人的最高追求。

既然苏非诗人笔下的美女与醇酒都另有隐喻，那么要理解苏非神秘主义的诗，就必须要能够理解，作者是以喻托来表达他们对真主的感情，以及达到与真主结合的体验时难以名状的欢愉。

在这类表述中，苏非信徒其实相当于修改了伊斯兰教最基本的“信主独一”的教义。依照传统教义，万物皆为唯一的真主所创造，莫不为唯一的真主所有。而苏非神秘主义则认为，万事万物都是真主神性的一部分，所以诗人们在诗中描写的往往是对真主的爱情以及与真主合一时的陶醉。他们把着眼点从“后世才能回归真主”转为“今世即可与真主合一”，把真主和人之间的创造者与被造者的关系说成是“恋人关系”。所以，我把这一节的标题定为“沉醉于爱情的苏非诗”。

波斯诗发展到15世纪的时候，重心又转移到呼罗珊。当时，整个波斯文艺复兴的重点在中亚。这是因为受波斯文化影响很深、说突厥语而自认是蒙古人的帖木儿所建立的王朝继承了波斯文明，并且大力推动波斯文明的复兴。也就是说，13世纪蒙古人的入侵削弱了波斯文明，而15世纪突厥化蒙古人的后代又促进了波斯的文艺复兴。

当时有几位重要的波斯诗人，其中最著名的是波斯诗歌的集大成者——贾米。他出身于一个苏非教士的家庭，主要生活于帖木儿帝国的首都赫拉特，是纳格什班迪耶苏非教团的重要成员。贾米除了是苏非神秘主义的论述者，还精研伊斯兰教逊尼派的教理学与哲学，主张今世与后世双修。他的诗作和散文极多，文字优美，风格清新，受到帖木儿朝廷和民间学者的共同赞赏。他的作品中有七部被合编为一套，名为《七宝座》。贾米为著名苏非神学理论家伊本·阿拉比（1165—1240）的《智慧珍宝》做过注释《闪光集》。明代伊斯兰学者刘智将其译为中文，取名《真境昭微》。16世纪后，贾米的著述在奥斯曼帝国、阿富汗、塔吉克斯坦、乌兹别克斯坦等地广为传播，对我国伊斯兰学者王岱舆等人也产生了深远影响。

总之，波斯文明在发展出独特的军事组织、政治制度和法律系统之外，还创造了祆教。自从波斯人信奉伊斯兰教之后，波斯人在文学上开始注重诗，而诗的发展又和苏非主义的发展差不多并行，因而形成了苏非爱情诗这种文学类别。

从浮雕到细密画

波斯文明在艺术方面，其实很早就有所表现。约 2 400 年前的波斯波利斯王宫里就有栩栩如生的浮雕艺术。萨珊王朝时代，摩尼教的创始人摩尼本人就是一位艺术家、画家。后来，摩尼教非常注重绘画，还用金箔等特别鲜艳的颜色创作艺术。蒙古人在征服西亚后所建立的伊儿汗国时期，波斯与中国来往频繁，通过史书、绘画、瓷器，以及人员的来往，波斯的几个艺术品类都有了改变，特别是波斯绘画有了新的发展。

这一时期，全部波斯文明圈早已伊斯兰化，而在伊斯兰教传统里，绘画是不受鼓励的，尤其不能画人像，甚至也不能画动物，以免触犯偶像崇拜的禁令。因此，在伊斯兰社会，人们一般只能画花草、几何图形以及经过艺术加工的书法。在蒙古人统治西亚和中亚的时代，中国的绘画艺术传到了波斯，许多画工开始受到影响，从而将“中国画风”表现在他们的画作里。如前文所述，这正是波斯文学非常昌盛、有许多诗作问世的时期，同时也是苏非神秘主义成为波斯文化主流的时期。由于许多史书和诗集（如前面讲到的《列王记》《五卷诗》《蔷薇园》）相继问世，而且多数书中都有富含历史意义、生动感人的情节，于是出现了一种新艺术形式，即在书中用插画把某些情节表达出来。插画家需要用很细的笔和多种色彩来画成令人赏心悦目的图画，这就是细密画。

细密画里面有人、有物、有景。这种插图艺术因为需要很细的笔和很细致的功夫，与从中国传过来的工笔画相比，青出于蓝而胜于蓝。这种插图艺术是波斯文明绘画艺术几乎中断后，重新创造出的一种绘画方式。它和中国的绘画以及文艺复兴时期欧洲人的绘画相比，无论在理论上还是作画方法上都很不同。细密画后来传到莫卧儿时代的印度和奥斯曼时代的土耳其，也传到了阿拉伯地区。由于阿拉伯地区的宗教信仰更传统，大多数人不接受苏非思想，所以细密画在阿拉伯地区固然存在，但没有盛行。在土耳其、印度和整个波斯文明圈，细密画逐渐成为最受重视以及最高档次的绘画艺术。

2003 年暑期，我偶然间得到一本翻译成英文的土耳其文小说《我的名字叫红》，作者是土耳其小说家奥尔汗·帕慕克。我一打开就爱不释手。但这部情节曲折、环绕一群宫廷细密画师而写的小说必须要仔细看，前后对照着看才能明白。

读毕这本书，我对作者非常钦佩。半年后，通过朋友介绍，我得以在伊斯坦布尔见到了奥尔汗·帕穆克。我们谈得很投机，我还邀请他到香港城市大学做一场特别讲座。后来，我还请他到我寓所，作为我主持的每月一次的“城市文化沙龙”的特邀嘉宾。

奥尔汗·帕慕克是一位建筑学专业出身但没有当建筑师的小说家。为了写《我的名字叫红》，他花了好几年的时间在图书馆里查阅资料。令我十分高兴的是，就在帕穆克到香港做客两年之后，他获得了 2006 年度诺贝尔文学奖，成为突厥语作家中的第一人。就在诺贝尔奖得主名单公布的当天，我恰巧在伊斯坦布尔和帕穆克的兄嫂会面。

《我的名字叫红》的确是一本非常吸引人的小说。但我认为该书的价值远不止于此，作者在书中对细密画做了多维度的介绍，因此它可以说是一部细密画专辑。此外，作者也在书中以看似随意的方式表露了他对一些问题的颇为深刻的看法。在这本小说里，细密画与意大利文艺复兴时代的绘画之间的冲突引发了一宗离奇的谋杀案，因此带动了整本书的主轴。

作为一种艺术表现形式，波斯细密画所代表的思想以及画家的作画方式，可以与意大利文艺复兴时期的绘画以及唐宋以来的中国画相对照。

在这里，我们先说由意大利开始的文艺复兴时代的欧洲绘画。这种绘画的基本特点是，画家先选定自己的位置，然后开始画出自己眼中所见到的。画中有远近大小的分别，表现出立体几何的概念。此外，画中的人和物都有色泽和光线的分别，昼和夜的明暗当然不同，表现光影透视。文艺复兴时，欧洲人开始追求人本主义。画出人眼看到的世界，正是人本主义的表现。

中国唐宋以来的绘画原理和方法则与此不同。中国画讲求的是意境而不是写真，因此所用的是散点透视法而不是定点透视法。同一幅画里，画家可以从不同的地点去观察他要描绘的人物和景象，他可以忽而从山上看山下，忽而从山下望山上，而且可以将想要突出表现的人或物画得很大，旁边作为陪衬的物体则不必与之成比例。但中国作画者仍有一定的规律要遵循：夜就暗，昼就亮，花卉必然鲜艳，山石树木必须别致，等等。

细密画是作为某一本书的插图，就画在文字旁边。所以，细密画的内容情节从旁边的文字中便可以得到体现，插画只是细密画画家对书中某段情节的着重介绍。如何在插画里表现一段已经清楚地描写出的内容，这既是对画家的考验，又给画家提供了创作空间。

由于许多书中表现的都是苏非信徒的幻境般的体验，所以画家就要从苏非神秘主义“人主结合”的角度作画。细密画画家所持的基本论点是：人的肉眼所见并非真实，而只是虚幻的景象。因此，他们不把人之肉眼所见作为绘画的基准。在苏非信徒看来，是真主创造了宇宙，并且随时看得到宇宙间的万事万物；人眼会被一座山或是一道墙遮住，但这并不改变山和墙的另外一边也有人或物。细密画画家相信，真主既然这么安排，画家自然就完全可以把墙另外一面的情景画出来。同时，故事的主角在绘画里会比其他元素要大，这与中国画有相似的地方。绘画并非限于人眼所见，这是细密画的第一个特点。

细密画画家对于光线的用法，跟中国的国画以及欧洲绘画都很不同。他们要用红色就用到底，要用绿色就用到底，不用中间的颜色，所以整张画经常是彩色鲜艳。为了达到这个目的，一匹马可以是蓝色的，也可以是红色的。白天的事固然要画得清楚，但夜里的故事也要画得很光亮，而不是黑蒙蒙的；为了说明故事发生在夜间，画家会画一轮月亮，说明这是在夜里。这是细密画的第二个特点。

细密画的主要特质是要画得非常细，画家在作画时就会用眼过度，所以不少画家年纪大的时候会失明。奥尔汗·帕穆克的小说里就提到，有一位老画家在已经看不见东西的时候还能够继续作画，因为他已经对所有需要表现的事物有清楚的记忆。也就是说，细密画是一种程式化、概念化的艺术，有点像京剧的脸谱。究其原因，一是伊斯兰文化中素来不讲究为人或动物作画，因此马就是马，是意念中的马，而不是某一种特定的马。白马非马是也！故事中的人物长什么样并不重要，反正也没人见过，所以用程式化的人脸不是问题。正统伊斯兰学者根本不赞成画人物，所以对画家来说，在很小的画面上避免人脸写真不但比较容易，而且会少受正统学者的批评，在伊斯兰教义中反而更具有合法性。所以程式化是细密画的第三个特点。

从波斯的诗与画的发展，我们可以看到，波斯文化的演化与发展是和波斯与外界的交往息息相关的。无论是诗还是画，都受到外界的影响。但是，波斯人又会从自己的文化根底出发，创作出别具一格的诗与画。细密画固然主要是苏非信徒的创作，但在14—16世纪的波斯文化圈里，无论作画者的信仰是什么，其画风大致都是一样的，并无非苏非或反苏非的画派。

蒙古统治时代为波斯文化圈带入了敦煌壁画里的佛教艺术，也加入了中国画里盘根的树、卷云、麒麟、龙凤等元素。这些在14—15世纪的细密画中都有所表现。细密画大师比赫扎德就曾经作过一幅先知蒙召登霄的名画，他把佛教的概念引入这幅画里，甚至所画的具象也是从中国佛教画里传过去的。

波斯文明有自己的深厚底蕴，又能够不断接受外来元素，因此可以一再创造出具有勃勃生机的“古老而崭新的文明”。

第 24 章

伊斯兰教什叶派与萨法维王朝

伊斯兰教什叶派

伊拉克战争爆发之后不久，伊斯兰教逊尼派的恐怖主义份子炸毁了在伊拉克东部的伊斯兰教什叶派第 11 位伊玛目（什叶派所拥戴的政教首领）的陵墓，凸显了伊斯兰教内部逊尼派和什叶派之间的分歧甚至仇恨。

其实，伊斯兰教的逊尼派和什叶派信仰和阅读的是同一本《古兰经》，基本教理是一样的。两者之间的区别甚至比基督教中的天主教与新教或东正教之间的差异更细微。

当今，全世界有大约 17 亿穆斯林，其中约 85% 属于逊尼派，约 15% 属于什叶派。在伊朗，几乎全部国民都是什叶派穆斯林，而由于伊朗近 40 年来在新闻里频频出现，所以“什叶派”一词也逐渐为世人熟知。

680 年，先知穆罕默德的外孙侯赛因带着几百人从麦加穿过沙漠，前往伊拉克东部的库法。倭马亚王朝派出的大军在距库法不远的卡尔巴拉截拦了他们。侯赛因提出留他一个人面对这些军队，换取其他人继续前进。军队没有答应，甚至不许这些人到河里取水。经请示位于首都大马士革的领导者后，倭马亚王朝的军队要求侯赛因立誓效忠大马士革的哈里发叶济德，即倭马亚王朝的创建人穆阿维叶之子。侯赛因拒绝了。倭马亚王朝的军队于是开始杀戮侯赛因的部众和家人。侯赛因作为最后一个幸存者，手里还抱着他那被一箭射死的年仅两岁的幼子。很快，他也被打倒在地，一名倭马亚军官用长矛刺穿了他的身体。他的首级被割了下来，放在一个蜂蜜罐子里被送回大马士革。这个惨剧是后来在什叶派信徒中一再被传述的故事。据说，在侯赛因被围困的那几天，库法有人得闻消息，想过要前往卡尔巴拉营救侯赛因，但由于人少，又缺乏决心，最终没有成行。事后，库法的那些人十分悔恨自己的无能与怯懦，于是在每年伊斯兰历的 1 月 10 日都要悲痛地度过“阿舒拉节”（“阿舒拉”是阿拉伯语中 10 的意思），纪念卡尔巴拉的悲剧。在这一天，许多人都会放声痛哭，用鞭子抽打自己。这说明，什叶派穆斯林虽然和逊尼派穆斯林信仰相同的《古兰经》，也有大致一样的礼仪，但在心理素质上，什叶派穆斯林始终有一种伤痛、被背叛以及被羞辱的感觉。

什叶派这个名字并不是信徒们的自称。“什叶”在阿拉伯文里是“党派”的意思。自从穆罕默德辞世之后，一直有一部分人追随阿里，被人称为“阿里的党派”，简称为“党派”，也就是“什叶”。阿里是穆罕默德的堂弟和女婿，他和穆罕默德的亲生女儿法蒂玛结婚，生了两个儿子，即大儿子哈桑和上面提到的次子侯赛因。什叶派穆斯林认为，只有穆罕默德的后裔，即阿里的后代，才能作为先知的继承人（阿拉伯文中称之为“哈里发”），担任全体穆斯林的宗教和政治领袖。

但是，逊尼派穆斯林认为，任何一个穆斯林都可以成为哈里发，从而统领全世界的穆斯林。开创伊斯兰教早期事业的四位继承人被称为正统哈里发，分别为阿布·伯克尔、欧麦尔、奥斯曼和阿里。多数什叶派信众认为，阿里早就应该成为穆罕默德的继承人，因此对于阿里之前的三位哈里发并不太尊重，甚至不予承认。

基督教分裂为几个不同的宗派是在耶稣去世 300 年之后，而伊斯兰教则在穆罕默德去世之后不到 50 年就发生了严重且血腥的分裂。四大正统哈里发中，有三人（包括阿里）都是被刺身亡。

阿里是第四任哈里发。他为人忠厚谦和，用很多时间祈祷和默思，不常与人争斗，所以等了 20 多年，直到前三任哈里发去世之后，才被选为哈里发。可是，他的当选受到叙利亚总督穆阿维叶的直接挑战。两方交战，难分胜负，经过“神裁”后，阿里一方被判失败。穆阿维叶是麦加贵族出身，也是第三任哈里发奥斯曼的侄子，过去一度反对穆罕默德。他成功挑战阿里之后，立即建立了以他的家族为中心的倭马亚王朝，首都设于他所征服和管理之地——大马士革。阿里的党人对穆阿维叶不服，穆阿维叶的后人也对阿里的党人厌恨并且压制。因此，阿里的徒众在卡尔巴拉悲剧发生之前，就有一种失落和被凌辱的感觉。

卡尔巴拉事件发生之后，什叶派开始组建自己的行政系统，推举自己的领袖。他们称自己的领袖为“伊玛目”，伊玛目本是指在清真寺礼拜时的领经人，后来被用来指什叶派的最高领袖。今天的逊尼派穆斯林仍然称任何一座清真寺的主持人为伊玛目，但波斯语地区和中国的穆斯林把这个职位称作“阿訇”。（这也间接说明，历史上中国的伊斯兰教受波斯的影响很大。）

7—8 世纪时，逊尼派的继承人逐渐形成了家族王朝，父传子或兄传弟的继承制度建立起来。后来，穆罕默德的叔叔阿拔斯的后裔乘波斯穆斯林在东部起义得胜之际，和其他反对倭马亚王朝的力量联手起兵，消灭了倭马亚王朝。紧接着，阿拔斯家族在伊拉克东部建立了阿拔斯王朝，不久修建新都巴格达。阿拔斯王朝一直到持续到 1258 年被蒙古人灭亡。

与之相比，什叶派穆斯林从来没有类似首都的概念。他们始终分散在各地，有不少支派，各有自己的学说与传统。例如，伊朗、埃及、突尼斯、摩洛哥、也门都经历过什叶派政权的统治，但它们都不是全体什叶派的首都。

什叶派在发展过程中经过多次分裂。第一次重要的分裂是在侯赛因之孙——第五代伊玛目栽德统治时期。他曾在库法组建军队，企图推翻倭马亚王朝，但于740年死于战斗。只承认栽德而不承认第六代伊玛目的人就被称为“栽德派”或是“五伊玛目派”。这一派的宗教见解比较接近逊尼派，承认阿里之前的三个正统哈里发，也容许几个哈里发同时并存，各自在自己的领土内独立行使权力。

事实上，宗教的发展并不一定需要有政权，因为信仰毕竟属于精神范畴。有政权维护的宗教更容易发展，但没有政权的维护，宗教也未必会消亡。在整个伊斯兰教的历史上（包括欧洲基督教的历史上），宗教的虔诚度与统治者的施政手法之间经常出现张力，但两者又需要彼此适应与配合。

第六代伊玛目有两个儿子。他剥夺了长子伊斯玛仪的继承权，立次子卡兹姆为第七代伊玛目，这引起叶什派内部的严重分歧。许多人主张应该由伊斯玛仪继承，但这并没有成为事实。伊斯玛仪于762年去世，他的信徒认为伊斯玛仪不仅是第七任伊玛目，而且是末代伊玛目，他已隐遁而成为“隐遁伊玛目”。这一派被称为“七伊玛目派”，但更多人直接称他们为“伊斯玛仪派”。

伊斯玛仪派建立了复杂且神秘的宗教哲学体系，他们认为《古兰经》含有表隐二义：表义包括对经文的公认的解释，隐义包括隐含在经文和教法中的永恒真理，应该以隐喻、意会的方法求其玄义。10—12世纪，伊斯玛仪派曾经在北非建立了法蒂玛王朝，并且建立一个新城市开罗作为首都。

第十一代伊玛目哈桑·阿斯卡里一生都被软禁在巴格达之北的萨马拉的军营里，并于28岁时被毒杀。没有任何记录能证明他有子嗣，所以很难将伊玛目的职位照什叶派的原则传下去。但许多支持他的人声称他有一个儿子，名叫穆罕默德·本·哈桑，是隐遁的第十二代伊玛目，也是最后一位伊玛目。他将于世间充满黑暗时，以马赫迪的身份复临大地，铲除邪恶，使大地充满公正与光明。这部分穆斯林被称为什叶派中的“十二伊玛目派”。由于今天伊朗将近 8 000 万人口中的绝大多数都属于十二伊玛目派，伊拉克人的 3 800 万总人口中有超过 2 100 万人都属于十二伊玛目派，所以一般人们说到什叶派时，大都是指十二伊玛目派。

马赫迪重临世界的思想，和祆教相信马兹达终将战胜阿赫里曼给世界带来光明和正义，以及基督教相信耶稣将于世界末日重返世界这两种宗教理念十分近似。所以，这个源自伊朗的救世主概念渗入了犹太教、基督教与伊斯兰教什叶派的基本信仰里。

从比较宗教学的观点看，什叶派和逊尼派的确有一些区别。比如，由于什叶派穆斯林经常遭受迫害或者压逼，因此有一个可以隐瞒信仰的塔基亚原则，就是说当敌人占据压倒性优势的时候，什叶派穆斯林可以隐瞒自己的身份，从而避过灾难。逊尼派则不同意塔基亚原则。可是在十字军占领巴勒斯坦的时代，基督徒曾经压迫和杀害过各派别的穆斯林，所以可能有若干逊尼派穆斯林也曾借用这一方法逃过劫难。其实，在基督教分裂为旧教和新教之际，也伴随着相互的迫害。当时，就有天主教（旧教）学者提出“意识上保留”的概念，大意是信众可以表面上服从对方的教仪，但仍然保留自己的心理状态。这个“意识上保留”和若干世纪之前什叶派穆斯林提出的塔基亚原则其实是类似的。

讲到比较宗教学，我还有一项观察：在逊尼派和什叶派的总分歧中，逊尼派自称是尊重传统的，因此对教法、法律更注重。在这一点上，伊斯兰教逊尼派和首创一神教的犹太教更接近。而伊斯兰教什叶派和耶稣所创的基督教更加接近，因为这两个宗教都更注重谦逊和牺牲，并且在发展过程中产生了教阶制度。教阶是指每个教徒并非有完全平等的地位和对宗教的理解，有人更接近上帝或真主，更能够诠释上帝或真主的意思。比如，在天主教里有教皇、主教、神父、修士，然后才是一般教民。什叶派的发展过程中也逐渐形成了教阶制度，特别是十二伊玛目派。总体而言，在什叶派中，一般信众和受过宗教训练的学者（即

“乌莱玛”）之间的地位差异比逊尼派里两者之间的差异要大。在伊朗的十二伊玛目派中，最高的教阶有大阿亚图拉、阿亚图拉，以及霍加特伊斯兰和大毛拉等并没有精确定义的尊称。

除了教阶制度外，十二伊玛目派和天主教在信条方面还存在相似之处。在天主教里，教皇被认为是耶稣在世上的代表，因此教皇在宗教问题上所发出的上谕是不会错误的，这个信条叫作“教皇不会错误说”。在十二伊玛目派的信条中，十二伊玛目是在隐遁中，他的意志会通过最高阶的教士（如大阿亚图拉）显示出来，所以不会偏离真主的旨意和《古兰经》的启示。

正是由于这一个信条，再加上什叶派素来重视自由意志以及众议公决和类比推理，什叶派在面对现实问题时可能比逊尼派更容易改变传统，“与时俱进”。

苏非主义与苏非教团

从9世纪开始，伊斯兰教里有不少新进的穆斯林都有过其他的宗教体验。比如有穆斯林曾经信仰过基督教、祆教，后来还有许多信仰过萨满教的人转奉伊斯兰教。这些宗教的体验似乎都比伊斯兰教的朗诵某段《古兰经》和重复鞠躬、跪地这些动作更能够打动人的宗教情感，更能让人感到与真主接近。所以，逐渐有人用简单的生活、沉思默想作为一种宗教体验的方式，以接近真主；还有人用歌唱、舞蹈、音乐来协助宗教仪式，增强心灵感应。这就是苏非主义对伊斯兰礼仪的补充。

但是，要得到这种体验，也不是任何人都能凭自己喜好便能感受到，它往往需要有一个导师给予指导，指出特定的方式，即所谓的“道路”（Tariqa）；在中国的伊斯兰教中往往被称为“门宦”。因此，苏非主义慢慢就变成了有组织的苏非教团。因为一旦某个导师成名，就会有人聚集在他身边，很自然地就形成了教团。有的宗教导师会募集金钱，修建自己教团的清真寺，并且把这个教团和清真寺的领导权交给自己的后人，这就是苏非教团的延续。所以，苏非信徒是相信某一种崇拜形式的穆斯林，有时也会持有某一种与众不同的对于真主的理解。苏非教团既是一种伊斯兰教神秘主义信仰者的聚集，又是伊斯兰社会的一种组织形式。

苏非主义独立于逊尼派和什叶派之间的差异或者争论而存在。苏非既可以是逊尼派，又可以是什叶派。但苏非主义的盛行或者苏非教团的出现，主要都是在波斯语族和突厥语族聚集的地方。阿拉伯世界也有苏非主义，但是所占比例不如在波斯文明圈里那么大。这跟过去的文化历史因素明显有关。

此外，传统的伊斯兰学者大多生活在城市里，他们极少与乡间百姓或是草原上的突厥人接触。因此，在伊斯兰教的发展过程中，许多在乡村或是草原上托钵行走的波斯苏非信徒与朴素的穆斯林农民或游牧的萨满教徒接触较多。逐渐地，苏非主义的崇拜方式宣扬和传播了伊斯兰教，但也偏离了正统伊斯兰教的一些教规和仪轨。这就引起了传统宗教学者与苏非信徒的争论。11—12世纪，一位饱读传统宗教理论但又出身苏非家庭的波斯裔学者安萨里提出一个影响全体伊斯兰社会的折中方案：传统伊斯兰学者承认苏非信徒的所为合乎伊斯兰教的教理；苏非信徒在各种仪式中只可以根据《古兰经》的内容，而不可偏离“真主独一”的基本教义。

突厥军事集团与“红帽军”

在突厥语民族从草原上陆续进入波斯人的生活圈，并且接受了波斯人的宗教以后，有突厥背景的苏非教团更加盛行。重要的苏非教团的创始人几乎都是波斯人（如世界上最大的纳格什班迪耶教团），但苏非教团的信奉者和参与者主要是突厥语部族的穆斯林。

14 世纪左右，在今里海的东岸和南岸，后来甚至到安纳托利亚（今土耳其的东部和南部），都有一些有突厥背景但已经波斯化的突厥部众改宗伊斯兰教。后来他们形成了部落联盟，在塞尔柱鲁姆苏丹国被蒙古人冲击之后，逐渐掌控了各地的政权。最早是在大不里士附近形成的白羊王朝。后来，帖木儿帝国衰落之后，在阿富汗东部的赫拉特附近又出现了一个黑羊王朝。这两个王朝都是由伊斯兰化且波斯化的突厥语族所建立。它们之间曾发生战争，以黑羊王朝的失败告终。

白羊王朝创始人的一个后代名为伊思玛仪，他是一位有魅力且有魄力的领袖，于 1501 年统一了今天大部分的伊朗和一部分高加索地区，在大不里士建立了新政权，并以他的祖父之名为国号，这就是萨法维王朝。

伊思玛仪建立的萨法维政权起初相当极端。他宣布以伊斯兰教什叶派为萨法维王朝的信仰，又选择了什叶派里一个非常极端的小支派，要求每一个信徒都要咒骂逊尼派四大哈里发中的前三位。在萨法维王朝建立的同时，其西边的奥斯曼帝国是坚定的逊尼派，东部呼罗珊省之东还有一群来自南俄草原的蒙古裔乌兹别克人，他们取代了帖木儿帝国并建立了自己的汗国。所以，萨法维政权建立初期就需要两面作战。但萨法维王朝的建立者成功地巩固了自己的统治，重整了被黑羊王朝和白羊王朝占领过的地区，基本上恢复了萨珊王朝的领土，大致奠定了今伊朗的地理范围。

伊思玛仪之所以能够取得军事上的胜利，是因为他有一支宗教信仰非常虔诚，并且作战非常勇猛的突厥裔军队。由于他们都戴着红帽子，所以被称为“红帽军”。一方面，伊思玛仪本来是白羊王朝统治集团的一分子，可当他建立了自己的政权之后，为了维护自己的统治，他必须要打击或者消灭白羊王朝的残余势力。另一方面，他曾利用苏非教团，但在后来又对其进行打击。可以说，伊思玛仪既有苏非集团的家庭背景，又与“红帽军”有联系，可他在胜利以后却决心限制这两者的发展。出于这一原因，他需要重新选择宗教上的支持者，最终他选中了十二伊玛目派的上层人物。他在什叶派的长期基地库姆培养并选拔了支持他的人。所以，伊朗在萨法维王朝时代就开始大批任用高级教士，其中许多人都出自库姆。

阿拔斯大帝

萨法维王朝的成功所依靠的主要军事力量是“红帽军”，它主要的政治和思想力量则来自什叶派的教士集团。到 17 世纪，有一位新的国王出现，他就是在伊朗历史上占据相当重要的地位、在萨法维王朝历史上占最主要地位的阿拔斯一世。伊朗人尊称他为阿拔斯大帝。

阿拔斯所处的时代使他必须做出改革，他也因势做出了改革。他首先改革了军队的军装和武器，开始使用长枪和大炮。他的长枪团和奥斯曼帝国的长枪团类似，但比后者出现的时间要晚一些。之后，阿拔斯又着手改革国家的治理方式。他在概念上以及实践上建立了一个由波斯人、普什图人、土库曼人、阿塞拜疆人、亚美尼亚人和库尔德人共同组建的大国家，官方语言是波斯语。在这个系统下，各个民族的职业取向有所不同。比如，亚美尼亚人一向以经商为主，主要通过从事丝绸贸易来获利——这时他们贩卖的已经不是存在于古代丝绸之路上的那种丝绸了。由于乌兹别克人的出现，古代丝绸之路在此时几近中断，加之海上贸易日渐繁荣，加剧了古代丝绸之路的衰落。这里所说的丝绸是在伊朗境内的吉兰制造的丝绸。

除了改革军队、行政以及宗教方面的工作以外，阿拔斯还改变了只有波斯人能够担任上层统治职务这种观念。这个改变和他的迁都有关——他把首都从大不里士迁到了位于今伊朗中部的伊斯法罕。伊斯法罕的建筑美轮美奂，所以 17—19 世纪的波斯人很自豪地认为：世界的一半在伊斯法罕。

阿拔斯大帝之后，萨法维王朝就没再出现过像他这样的英主雄君。再加上世界局势的改变也使得萨法维王朝逐渐落伍，不得不承认欧洲人崛起的事实。当讨论萨法维王朝逐渐衰落和灭亡的过程时，我们仍然不得不提到阿拔斯。虽然阿拔斯创建了一个新式的行政管理机构，但一个行政管理机构的力量并不在于其本身，它可以清廉且有效，也可以腐败而散漫，重点在于它是由谁用什么方法来领导。阿拔斯在位的时候，他以个人魅力和过人的精力进行领导，并辅以对宗教的热忱——他曾经步行 28 天到伊朗东部的马什哈德去朝圣。他以这些特质影响王朝行政机构里的成员，结果很成功。

然而，他所创建的行政管理体制在他去世后不久后就逐渐松散。于是，萨法维帝国从此走向衰亡。

第25章

波斯文明与伊朗的现代化

面对欧洲，波斯的王朝更迭频繁

波斯帝国萨法维王朝的阿拔斯一世去世不久，世界局势开始急剧变化，波斯帝国也由此进入了一个新时代。

首先，此时的欧洲人已经在美洲和亚洲占据了若干据点，并且大力经营殖民地。其次，当时世界上几个大国都由历史上著名的君主统治，比如中国的康熙皇帝、俄罗斯的彼得大帝和法国的路易十四。他们分别巩固和拓展了各自国家的疆土，并且扩大了王权。

和这几位君主同时在世的，还有对后世影响可能更大的几位科学家，比如牛顿和莱布尼茨。牛顿对物理学和天文学的贡献构成了我们今天对世界认识的基础；莱布尼茨的数学运作和二进位算法奠定了微积分的运算方法和数字时代的基础概念。

在同一时代，波斯没有致力于拓展疆土的强势帝王，也没有伟大的科学家。而波斯这时所面对的欧洲，已经不再是古希腊城邦、亚历山大帝国、西罗马帝国或东罗马帝国。这就决定了波斯在西部和北部会面临很大的挑战。在波斯的东面，同属波斯文明圈的阿富汗也曾遭到军队攻入，波斯人颇以为豪的首都伊斯法罕被占领。

于是，萨法维帝国终于走向终结，取而代之的是出自西部、首都位于波斯省的设拉子的赞德王朝。不久后，赞德王朝被一个由土库曼部落建立的恺加王朝推翻，首都也随之搬到位于里海南缘的德黑兰。

在恺加王朝统治的 100 多年里，波斯面对的挑战是如何保持它原有的疆域和文化传统，以及如何应对来自俄国和英国的军事和经济压力。

恺加王朝的变革

恺加王朝曾主动聘请欧洲的军事教官来改革军队编制和武器，统治阶层自己的生活方式也逐渐欧化。比如，他们不再半卧在传统的榻上，而是坐在欧式沙发上。国王的服装也发生了改变：不再缠头，穿宽裤子，而是戴尖顶呢帽，穿窄腿裤，但没有采用欧洲帝王的假发和带跟的皮鞋。其实，波斯国王装束的改变颇有象征意义：波斯要学习西方，但并不是要全盘西化。

恺加王朝一方面试图自我改革，另一方面借鉴欧洲人的长处。但是，很快俄国就把波斯帝国的北部划入了自己的势力范围，英国也通过印度和阿富汗把波斯帝国南部视为自己的势力范围。19 世纪，俄国与英国在中亚进行著名的“大博弈”角逐时，波斯被夹在中间。那时，其他的欧洲列强也先后向波斯要求经济和政治特权，比如，要求赋予其公民不受波斯法庭管制的权利。这与同时代中国和奥斯曼帝国的情况类似。

此外，波斯的各级官员多数不熟悉财务管理，又经常贪污公款，因此波斯欠缺有效的税收制度和稽核制度。中央王朝的财政经常捉襟见肘（有几任国王生活十分铺张，除了在宫廷里养了众多妃嫔和仆役，还动辄体验欧洲豪华旅游），因此频频向西方借贷，每次都必须以某些专营权或某地的开发权作为获得贷款的条件。

19 世纪末至 20 世纪初，恺加王朝曾经聘请一位比利时人担任海关总长（后来担任财政部部长），也曾请过一位瑞典军官负责训练武装警察，后来还请过一位美国人担任国家财政顾问。这些西方人对当时的波斯确实起到了一些正面作用。

谈到变革以图存，从伊斯兰教法来看，逊尼派更注重法律和传统，什叶派则较宽松且易改变，而且什叶派的哲学体系相对更容易接受新科技和新思维。

一方面，在波斯社会，由于什叶派力量十分强大，不像某些逊尼派掌权的伊斯兰国家那样，基于宗教的保守性而抗拒科技和社会革新。另一方面，什叶派庞大的教士集团总体上不愿意打破旧的经济和社会结构，尤其不愿意放弃他们自身所拥有的土地和对大量捐献土地的管理权。因此，波斯始终没能够把适当的资源用于投资工业。

在思想文化方面，19 世纪出现了一位没有教阶却被誉为大师的伊斯兰思想家——阿富汗尼。他名为阿富汗尼，可能是因为在阿富汗成长、出名，事实上他是波斯人。阿富汗尼认为，伊斯兰教与科学没有冲突，可以用伊斯兰教法所容许的众议公决和类比推论原则来建成和西方同等甚至超过西方的科学和技术。阿富汗尼的思想得到了不少当时伊斯兰国家统治者的青睐。他本人也善于结交，至少是尝试接近这些当权者，这令他在当时的整个伊斯兰世界有相当大的影响力。虽然他的思想表述在不同时期并不一致，但总体来说，他是一位有新见解的伊斯兰主义者。

阿富汗尼曾在巴黎居住过，因此影响了一部分在巴黎的波斯留学生。这些留学生回国以后，多数不满波斯的状况，希望能够通过宪政改革建造一个更为现代化的波斯。

在知识分子觉醒以及国势衰颓的情况下，许多巴扎商人和什叶派教士也纷纷参与政治讨论。恺加王朝的统治者在 19 世纪最后几年迫于形势，放宽了对出版物的审查标准，允许民间成立各类协会，还成立了女子学校。这在当时，无论是在伊斯兰国家，还是在整个亚洲，都算是先进之举。

进入 20 世纪，波斯社会出现了强烈要求改革的声音，其中不少还是来自倾向保守的教士阶层。1905 年夏，正值“阿舒拉节”，全国都在哀悼侯赛因被害，德黑兰几百家商店罢市，许多人游行到阿里六世孙的陵墓（近代几位波斯国王也葬于此）。同年冬天，两名巴扎商人被警察打伤，引发大批民众抗议。从此社会上议论纷纷，民众要求宪政的声音越来越大。1906 年夏，因为政府企图压制一批言辞激烈的教士，一名圣裔被警察击毙，这导致街头抗议再起，民情沸腾。此时，大批商人、毛拉（中层宗教学者）和市民到德黑兰北部的英国公使馆请求庇护，最多时公使馆的大院子里曾经有 14 000 人。外面的巴扎商人主动为他们提供饮食及生活用品，而德黑兰的市面连续冷清了一个多月。迫于形势，国王穆扎法尔丁·沙于 1906 年 8 月签署命令，同意成立国民议会。

恺加王朝第一届国民议会于 1906 年 10 月召开，迅速开始制定宪法，先把国家的基本制度写成《基本法》，并得到了国王的批准。不久之后，穆扎法尔丁·沙去世，终年 54 岁。他的儿子穆罕默德·阿里·沙随后即位。

国民议会的议员虽然分为西化派与伊斯兰派，但不久之后还是通过了一部宪法。这不光是伊朗历史上，也是世界历史上的一件大事。这部宪法确立十二伊玛目派为国教，但明言国家的权力来自人民（而没有提及真主或十二伊玛目）。宪法规定，国民议会所通过的法案必须符合伊斯兰教法，由五名高级教士组成的委员会负责判定具体某项法案是否符合教法。此外，宪法保障非什叶派穆斯林人口的人权，为少数民族地区（如阿塞拜疆）以及其他宗教和民族（如亚美尼亚人、犹太人）提供了国民议会中的保障名额。宪法还规定，选举权限于有产者，实行两层的间接选举制。

这一政治变革发生在中国的辛亥革命之前的 5 年，没有经过暴力与流血，而是通过和平示威实现的。这部于 1906 年通过的宪法直到 1979 年还有效。

巴列维王朝

波斯不流血革命发生之后不久，英国和俄国就正式划分了在波斯的势力范围，其中英国的势力范围相对较小。虽然英国和俄国瓜分了在波斯的势力范围，可是恺加王朝最后一位实质上的国王——穆罕默德·阿里·沙的策略是容俄制英，所以就由俄国人帮他在北方训练了一支被称为“哥萨克旅”的精锐部队。

宪法公布后，社会上出现了激进派和保守派的争论。这一争论也反映在教士集团的上层，全国许多地方的高层教士都做了表态，在纳杰夫甚至出现了暴动。1908 年 6 月，国王感到时机已到，于是命令哥萨克旅开进首都，炮轰国会。在一片混乱中，国王趁机解散了国会。

但不久之后，一战爆发，俄国的力量退出了波斯。十月革命之后的苏俄更是无暇兼顾，何况列宁还发表了废除沙俄时代的不平等条约的宣示。所以，一战之后，在波斯的最大赢家毫无疑问是英国。

这时，波斯的两派冲突颇多，双方都有人被暗杀。民主派被商人批评，少数民族屡次被攻击。1921 年，德黑兰爆发反犹太人的暴动。哥萨克旅的指挥官礼萨·汗平定暴动后，乘机攫取了首都的控制权，任命自己为国防部部长。各地也乘机不再替中央政府征税，恺加王朝从此失去了力量。但是这时的恺加王朝尚未正式寿终正寝。动乱后，穆罕默德·阿里·沙 12 岁的儿子被立为新国王，礼萨·汗则成为总理。

1925 年，礼萨·汗正式废除了恺加王朝。之后，他自己取姓氏巴列维，建立了巴列维王朝。传统上，穆斯林是不用姓氏的，所以采用姓氏是穆斯林现代化的重要举措之一。礼萨·汗取的姓氏是巴列维，这乃是萨珊王朝时代波斯语言文字的名称。伊斯兰化之后，波斯文大量引入阿拉伯文，因而也开始普遍采用阿拉伯式的名字。总而言之，礼萨·汗是一位有军事和政治才能，有独裁倾向，但又有民族情节的军人。

一战之后，尽管礼萨·汗不愿意，英国还是强行和波斯签订了一系列不平等条约。恰巧在这时波斯境内发现了大量的石油，这就使英国当初强迫波斯签订的一系列条约变得对英国更为有利。同时，波斯境内石油的发现使礼萨·汗掌控的国库比较充裕，具备了进行改革的财政基础。

但礼萨·汗没有经过仔细的社会调查就进行了一系列改革。第一项就是世俗化的变革，要求每个家庭要有一个姓氏，这和土耳其之父凯末尔的做法类似——仿效欧洲而忽视伊斯兰传统。第二项是强制性的波斯化，要求每个人都要说波斯语，贬抑或是弱化库尔德人、阿塞拜疆人、土库曼人、亚美尼亚人、犹太人等少数民族的地位。礼萨·汗忽略了一个现实，那就是这个国家有很多不同的民族或族裔，而能够把他们结合在一起的是伊斯兰教，尤其是什叶派。萨法维时代，伊斯兰教什叶派成为波斯帝国境内最大的公约数，是大多数人口彼此认同的基础。礼萨·汗草率地实施波斯化的政策，破坏了社会凝聚力，把阿塞拜疆人和土库曼人等都排除在外。此外，他对于传统的贵族，尤其是拥有土地的贵族和教士比较蔑视，不给予他们原有的地位。最终，他陷入四面树敌的境地——西方国家批评他有法西斯主义倾向，老百姓不支持他的世俗化改革，而且过去当权的贵族和教士希望看到他垮台。

1935 年，波斯政府照会世界上所有国家，波斯正式更名为“伊朗”，因为“伊朗”是“雅利安”的别音。此时，德国的纳粹党人正在鼓吹雅利安人是优越人种，英国、美国、法国、苏联等国家反对纳粹德国，当然对礼萨·汗把波斯更名为伊朗不满。虽然礼萨·汗实行波斯化，有强烈的雅利安情结，但是据调查，他的家族其实是蒙古人的后代。当然，“血统”在文化和民族认同中并不重要，何况是混杂了将近 700 年的血缘。

13—14 世纪蒙古人统治波斯期间，与本地的波斯人大量通婚，以致蒙古人最终消失在波斯人口中。所以，在现代伊朗人中，任何人都很难查清楚自己家族千百年来的基因变化。

在各种反对的声音和争议中，礼萨·汗逼不得已，于 1941 年逃亡到南非。他 21 岁的儿子穆罕默德·礼萨·巴列维继任为巴列维王朝的第二任国王。

白色革命

巴列维王朝先后两任国王执政理念相同，采取的政策也相似，都希望尽快推进伊朗的现代化。穆罕默德·礼萨·巴列维登基之后，极力争取伊朗应该得到的石油收入，希望利用这份收入来建立伊朗的工业。他曾高薪聘请大量外国工程师、会计师等到伊朗工作，因此伊朗的工业化和整体现代化在他统治的几十年里有相当突出的成绩。

1951 年，正值冷战期间，一位主张社会主义的伊朗政治人物摩萨台担任总理。他希望伊朗在石油行业获得更高的收入分配，所以就把英国在伊朗的石油公司进行国有化，这引起了英美两国的强烈反弹。

此后，巴列维国王在冷战中选择亲近美国。在农业和土地改革方面，他还借鉴了当时中国台湾所实行的政策。1958 年，巴列维国王到过中国台湾，回到伊朗之后，他开始了土地改革，部分借鉴了中国台湾的经验。中国台湾较早时期曾把公家控制的一部分工业资产分成股份，以工业股份向地主赎买某个限额以上的私人农田，然后再把这些土地分给本来没有土地的佃农；佃农有了土地后，除了向政府交税，还需要向公私合营的公司购买肥料、农药、农具等。中国台湾的许多大工业家，都曾经是过去的大地主。

巴列维国王在 1963 年正式宣布实行“白色革命”，希望以这种方法满足农民对土地的渴求。然而，这种方法有损大地主和教士们所管理的教产，因此遭到了他们的反对。与此同时，伊朗过去曾经出现过社会主义思潮，部分有民族主义思想的知识分子不愿意见到国家跟着美国走。

为了制服或镇压反对者，巴列维国王建立了一个听命于自己的特务机构 SAVAK。SAVAK 能够不依法律而拘押、刑讯甚至杀害反对国王的人。这当然引起许多伊朗人民的反对，他们反对的矛头自然就是专制的国王。

在教士集团眼里，巴列维国王想要在伊朗进行去伊斯兰化，把伊朗变成像土耳其那样的世俗化国家。这对教士来说是不可接受的，而这个指控的确有相当的根据。

巴列维国王和任何当权者一样，最重视的也最不愿放弃的就是自己的统治权。他的一系列行为不仅招致普通市民和教士的反对，而且令西化的知识分子感到憎恨，左派的知识分子则先天就反对王权。这最终导致的结果是，1979 年，连续多日有几百万人在全国各大城市上街游行并且高呼口号，要求处死巴列维国王。巴列维国王眼见大势已去，于是步上了他父亲逃亡国外的老路，出走埃及。不久，他因为癌症恶化而赴美国就医，但终究不敌病魔，于 1980 年 7 月病逝于开罗。

教士集团领导的革命与现代化

巴列维国王出走后，曾经被他严厉处置并因而自我放逐到外国多年的什叶派领袖人物——阿亚图拉霍梅尼从巴黎飞回伊朗，在德黑兰机场受到几百万疯狂的群众的欢迎。但这些欢迎者想法不一，他们之所以如此欢迎霍梅尼，部分是因为霍梅尼在巴黎的时候就不停地把他议论伊朗时政与前途的卡式录音带秘密运进伊朗，内容都是反对巴列维国王的，受到大多数普通市民的支持。那时，效忠于霍梅尼的教士所遵循的统一战线策略是集中力量反对巴列维国王，凡是想要推翻国王的人都被视为他们的战友。这个统一战线里包括政界的自由主义派人物、社会上具有真诚宗教信仰的知名之士、知识界的西化派，还有在“白色革命”中受到伤害的商人以及地主。

回国以后的霍梅尼具有极高的威望。他是一位非常有能力、有决心的领导人。他利用自己的威望迅速组织了一个“伊斯兰革命委员会”，逐渐镇压、判刑、逮捕或是驱逐反对他的人，把统一战线中的自由派和民主派排除在新政权之外。然后，他以迅雷不及掩耳的速度进行了一次全民投票，把国名改为“伊朗伊斯兰共和国”。在保留巴列维时代已经颇为现代化的军队的同时，伊朗成立了一支由最高领袖直接统御的“伊斯兰革命卫队”。

根据伊斯兰革命委员会的理念，教士们改写了由自由主义分子、前任总理所拟就的宪法草案。新宪法的大致内容是：确定伊斯兰教十二伊玛目派为国教；政治与宗教无须分开，也不能分开；国家仍然维持一个世俗性政府机构，有民选的总统、省长、市长等，以及民选的国会、省议会、市议会等，但除选举之外另有任命、推荐和审查等制度；被选举人的身份必须要经过各相关教士会议的认可。也就是说，根据新宪法，伊朗要以宗教领导国家，以宗教最高会议领导政府，每一个重要部门都有一个宗教委员会。这是过去伊斯兰世界从来没有尝试过的制度：一是伊斯兰教要国家化，各级政府都要承认真主的统治并顺从真主的意向；二是国家要伊斯兰化，政府各个部门都要有包括教士在内的集体负责的专家会议、监护委员会等；三是体现法律之下人人平等的概念，“领袖或领袖委员会在法律面前与其他公民平等”。

简言之，如果将霍梅尼领导的伊斯兰革命的特点总结为一点的话，那便是伊斯兰教的制度化和制度的伊斯兰化。但是，这里的伊斯兰教指的是什么呢？

在今日伊朗的情况下，伊斯兰教不是逊尼派所代表的伊斯兰教，也不是曾经十分活跃的苏非派所代表的伊斯兰教，而是十二伊玛目派教士们所代表的伊斯兰教。在几百年的发展中，伊斯兰教什叶派的学者创建了一套理论和制度。其理论的基础是，十二世伊玛目隐遁之后，直到再次现世之前，需要由一些伊斯兰学者组成的教士集团代为解释和执行伊玛目的理念。这些教士分成不同的级别。之前，他们中间有一种非正式的称号——阿亚图拉（意思是“大学者”）。在伊朗伊斯兰革命之后，阿亚图拉的任命变得更制度化、更正式化。谁真正掌握了权力，谁就能够任命阿亚图拉。

此外，原本整个伊斯兰教什叶派里面，包括在伊拉克、伊朗、部分阿富汗和巴基斯坦的信徒中都可能产生阿亚图拉。但在伊朗伊斯兰革命之后，设立了一个“大阿亚图拉”，就是首席阿亚图拉。教士集团坚守一个信条：在宗教事务上，大阿亚图拉（经过咨询其他高层教士的意见）做出的决定代表着隐遁中的第十二伊玛目，除非第十二伊玛目自己出来拯救并改变这个世界。

霍梅尼没有回来之前，伊朗曾经有一名非常受尊敬的阿亚图拉。霍梅尼成为伊朗最高领袖之后，褫夺了这位宗教学者的荣誉称号，这是历史上从来没有过的先例。由此可见，霍梅尼这名伊斯兰大学者出身的革命领袖是一个非常果断、不畏人言，同时也非常冷酷无情的政治人物。

伊朗伊斯兰革命原本未必要和美国互为死敌。但 1979 年，伊朗学生们闯入了美国大使馆，把 52 名美国外交人员作为人质前后扣留了整整 444 天，这引起了全体美国民众对伊朗的恶感，造成了美国和伊朗到现在为止还没办法打开的死结。

霍梅尼于 1989 年去世。他的去世又发起了人群的疯狂举动——大家都希望能够从他的棺材上面拿到一小块作为圣洁的遗物，以致最后他的棺材需要用直升机运到墓地。

霍梅尼的继承人哈梅内伊也是强势型领袖。伊朗的伊斯兰革命已经进行了 40 多年。40 多年来，伊朗确实按照宪法规定，按时选举了几届总统和其他的政府官员。其中是否有作弊行为，论者不一。但毫无疑问，伊斯兰教的最高级教士是谁能够成为候选人的终极决定者。

在当前的情况下，俄罗斯跟伊朗有许多交往，中国、土耳其跟伊朗也有若干交往，叙利亚与伊朗交往颇多，可其他的国家多半都对伊朗采取制裁或是敬而远之。2018 年，美国退出了经过 10 多年讨论后与伊朗签订的核协议，这使美国和伊朗的关系再度紧张，波斯湾空战再度出现。

我曾数次去伊朗，并且和一些伊朗知识分子进行过交谈。我发现，他们多数并不气馁，也不反对伊斯兰教，但他们对教士集团过大的影响力普遍感到不满。巴列维王朝的最后两位国王都很希望伊朗走向现代化、世俗化和西方化，但两人都不愿意放弃自己的王权。今天的伊朗伊斯兰共和国也非常希望实现现代化，并且做出了相当突出的成就。

无论如何，现实会逼迫伊朗在经济上、军事上逐渐走向现代化。但是，伊朗现在所施行的制度很自然地把国家分成了类似于过去的贵族和平民的两种阶级——有影响力、有裙带关系的教士阶层以及普通的平民阶层。有一点值得欣慰的就是，尽管伊朗实行教法治国，但目前伊朗最有名望和学术实力的德黑兰大学中，有 60% 的学生是女生。尽管不少穆斯林并不鼓励女性读书，但今天的伊朗确实与沙特阿拉伯不同。霍梅尼当初和巴列维国王的争论之一就是女性是否可以拥有选举权和被选举权：国王认为女性应该拥有选举权和被选举权，而霍梅尼则反对这一点。现在我只能说，一个社会的运转和演变毕竟有它自己的逻辑。

西方和伊朗曾经在 2 500 年前以希腊和波斯的身份对峙过，在 1 500 年前又曾经以东罗马帝国和萨珊王朝的身份对峙过。不知道今日的西方世界和伊朗会怎样打开彼此的心结，何时打开？伊朗能够实现经得起客观检验的现代化吗？

第六部分

高加索巡礼

第 26 章

高加索：欧亚交界线上的民族博物馆

1953 年，斯大林去世，实际上的“二号人物”贝利亚随即被处决。当时还在台北读初中的我从报纸上得知，他们两个原来都不是俄罗斯人，而是高加索地区的格鲁吉亚人。不久我又得知，苏联的另一位重要领导人米高扬是高加索地区的亚美尼亚人。

1963 年，我在美国斯坦福大学研究院读书，有两个来自土耳其的同学，他们本科就读于土耳其安卡拉的中东科技大学，一个是土耳其裔，另一个是亚美尼亚裔。他们两人一起租房，共用一辆二手汽车，但对一战时亚美尼亚人的遭遇有不同的说法。

1973 年，我在纽约州立大学任教，认识了好几个伊朗人，他们都说波斯语。其中有一名伊朗学生自称是北部的阿塞拜疆人，还有一名年纪大一点的伊朗博士后自称是亚美尼亚人。为了弄清楚亚美尼亚、阿塞拜疆、格鲁吉亚与土耳其、伊朗和苏联的关系，以及高加索地区的不同民族，我查阅了《大英百科全书》，对高加索地区的人文地理和历史沿革算是有了初步的认识。

1992 年，刚从苏联独立出来的格鲁吉亚因为境内的阿布哈兹地区爆发独立运动而陷入内战。

2003 年，大批格鲁吉亚民众在曾接受美国教育的青年政客萨卡什维利的领导下，拿着玫瑰花闯入国会，驱逐总统，夺得政权。这就是西方媒体所赞扬的“玫瑰革命”。萨卡什维利接任了格鲁吉亚总统的职位。

2013 年，善于奇想、惯于斗争的萨卡什维利已失去民心，被指控贪污与滥权。他随即逃亡波兰，次年进入乌克兰，并在时任乌克兰总统波罗申科的帮助下取得乌克兰国籍，还被委任为敖德萨州的州长。不久，他被格鲁吉亚法院缺席判刑，后又因为和波罗申科发生龃龉而被取消了乌克兰国籍。2018 年春，他被乌克兰强制遣送到波兰。因为格鲁吉亚政府要求波兰引渡萨卡什维利回国服刑，于是他又再度从波兰闯关进入乌克兰，并且对媒体高调批评波罗申科，还组织反波罗申科的示威。

白云苍狗，世事多变。高加索的政治版图、人口分布和社会制度在近 50 多年来发生了令人惊讶的变化。

对大多数人来说，“高加索”这个名词并不陌生，但这个地区的人口、语言、宗教和政治形势到底如何？它的历史背景是什么？它和丝绸之路有什么关系？它对今后的国际格局会产生什么影响？恐怕能回答出这些问题的人并不多。

别具一格的地理与人文

横亘于黑海与里海之间的大高加索山脉（它的南面还有一座小高加索山脉）是欧亚两洲分界线的一段：山脉北麓被认为属于欧洲，南麓则被视作属于亚洲。整个山脉自西北向东南绵延 1 000 多千米，山势陡峻，最高的厄尔布鲁士峰海拔 5 642 米，是欧洲最高的山峰。大高加索山脉另外还有 14 座海拔超过 5 000 米的山峰，而阿尔卑斯山脉的最高峰勃朗峰（位于法国南部）海拔仅有 4 807 米。

高加索地区的西北边缘是黑海的东南岸，与克里米亚半岛相邻，最重要的港口是 2014 年冬季奥运会举办地索契；它的东部边缘是里海的西岸，主要海港是阿塞拜疆的首都巴库。

高加索山脉中有 200 多条冰川，但很少有便于交通的隘口。山脉北麓的坡度比较平缓，与库班草原相接，属于温带气候；山脉的南麓十分陡峭，与土耳其以及伊朗相接，大体上属于亚热带气候。整个山脉的南北两侧都有山峰、高原、平原、沙漠，甚至是低地，但也不乏湖泊、河流、湿地、森林、草原。因此，高加索地区的物种丰富，很适于打猎、畜牧和种植。

在高加索地区盛传一则神话。造物主在创造了地球之后，发现它太过平淡无奇了，于是决定把一些好山好水和花草树木散布在各地。他把这些壮观且美丽的景色都装在一个大口袋里，正要飞上天去散播时，魔鬼撒旦心生歹念，不想让地球变得太壮丽，就偷偷地在上帝的大口袋下部剪开一条缝。当上帝飞到高加索上空时，这些美景全部都落到了黑海和里海之间。

现实中，许多学者都认为，高加索地区是人类文明最早的发源地之一，与美索不达米亚文明在时间上相差无几。不少考古证据显示，大约4 000年前从黑海北岸进入新疆的月氏人，以及约3 500年前进入伊朗高原与印度半岛的雅利安人，都是通过高加索地区绕过里海南岸而东进的。大约3 000年前，许多来自黑海之北的南欧草原上的游牧部落（如斯基泰人）入侵高加索地区，他们说的都是属于印欧语系的语言，而高加索地区的早期居民说的则是多种“高加索语言”，与印欧语系全然没有关系，而且这些语言之间存在较大差异。

人类学专家最近确认，欧亚大陆上最早的直立人骨骼是在高加索地区的格鲁吉亚境内发现的，这批骨骼距今大约有180万年。但这不等于说高加索地区是现代智人最早出现的地方。今天，绝大多数科学家都认为，直立人、尼安德特人和现代智人是由原始人类逐渐在非洲东部进化而来；他们分别在大约200万年前、30万年前和10万年前从非洲进入欧亚大陆。

提到高加索地区的早期人类，应该首先对常见的“高加索人种”这个名词稍做解释。

19 世纪后半叶，许多欧洲学者热衷于人类种族的研究。1870 年，德国哥廷根大学有几位从事体质人类学研究的学者提出了一种简单的人种分类法。他们根据头颅、颧骨、眼眶、鼻梁、毛发、肤色等体质特征，把人类分成高加索人种、蒙古人种和黑色人种，一般俗称白种人、黄种人和黑种人。这一对人种的划分方式很不科学：它没有指出三个人种在生理学上的差异；即使他们所指出的外形差别，也缺乏清楚的区分标准。比如，在中亚、南亚、西亚、北非和东南欧的许多族群都难以判定究竟属于哪个人种。

欧洲在殖民时代盛行种族主义，多数人都有“白种人最优越”的误信和偏见。这种偏见因为欧洲当时的强盛而传播到世界各地。在中国，大学者梁启超就曾在他的著作里写道：在三个人种里以白种人最优越，而在白种人之中以条顿人最为优越，条顿人中则以安格鲁－撒克逊人最为优越。这种说法符合当时大英帝国是世界第一强国的现实。但如果他今天还在世，就断然不会有这种说法。

近半个世纪以来，人类基因的研究突飞猛进，对各地人群的基因库以及可见的与不可见的体质特征的数据业已十分丰富。因此，除了少数无知或具有种族主义倾向的人，一般科学家都不再使用“高加索人种”这个词汇。相同的族群之间固然有一定程度的血缘联系（即类似的特别基因），但文化与心理也是重要的因素。由此看来，高加索地区的人口被认作标准的“白种人”乃是“浪得虚名”。

民族、语言博物馆

高加索山脉两侧的总面积大约 40 万平方千米，约为广东省的 2 倍，总人口不到 3 000 万人，是广东省人口的 1/3。然而，在高加索山脉两侧有将近 40 个民族，使用超过 100 种语言。

欧、亚、非大陆上，“白种人”的语言一般不是属于印欧语系（如伊朗语、俄语、西班牙语），就是属于非亚语系中的闪米特语族（如希伯来语、阿拉伯语）。但由于高山的阻隔，高加索地区的原住民所说的多种语言彼此之间存在很大不同，而且它们都不属于任何语系。因此，语言学家只能无奈地把它们统称为“高加索语”。

北高加索地区现在是俄罗斯的领土，被分成好几个自治共和国和州。粗略而言，这一地区说高加索语的早期居民包括东部的达吉斯坦共和国的几个族群、中部的车臣人和印古什人，还有过去分布颇广、目前主要住在西部近黑海地区的切尔克斯人。不算是原住民的奥塞梯人说的是古伊朗语，主要居住在高加索山脉的中部。当然，北高加索地区也生活着大量的俄罗斯人、乌克兰人、鞑靼人、蒙古人等。实际上，俄语是近一个半世纪以来高加索地区最主要的生活与工作语言，俄罗斯东正教和伊斯兰教逊尼派是北高加索地区的两大主要宗教。

车臣与印古什的恐怖分子这些年来给俄罗斯政府和民众带来了许多伤痛。男子以彪悍善战著称，女子则以美丽又能干出名的切尔克斯人，在 19 世纪中叶大半已经被杀戮或是被放逐到欧洲与亚洲各地。历史上，12 世纪末至 19 世纪初统治埃及的马穆鲁克（阿拉伯语中意为“被拥有者”，即奴隶）军人集团的重要首领中，许多都是切尔克斯族的奴隶兵出身。不少奥斯曼帝国的苏丹、军政要员和富商都喜欢娶切尔克斯女子为妻或为妾，以至今天土耳其的一些时髦女性还骄傲地自称有切尔克斯血统。北高加索地区东部的达吉斯坦人也以善战闻名，他们的军刀既锋利又漂亮。我在俄罗斯旅游时，虽然没有机会邂逅切尔克斯女郎，却买得一把令许多人羡慕的达吉斯坦军刀。

至于南高加索（又称外高加索），最著名的原住民当然是格鲁吉亚人。他们在 3 500 年前便已进入文明状态，于 4 世纪中叶信奉基督教，5 世纪时创造了至今仍然被使用的字母。最近 10 年来在新闻中屡屡出现的阿布哈兹人主要住在格鲁吉亚西北部，说一种不同于格鲁吉亚语言的高加索语，处于实际独立的状态。在格鲁吉亚西南角与土耳其相邻的阿札拉人说的是另一种高加索语，他们大半是穆斯林，实际上也处于独立状态。

说印欧语的民族主要有亚美尼亚人。他们大约在2 000年前由小亚细亚迁入高加索地区，于301年建立了世界上第一个以基督教为国教的王国。今日的亚美尼亚教会和埃塞俄比亚教会一样，独立于罗马天主教与东正教，在耶路撒冷旧城里各自占一席之地。亚美尼亚的文字创造于406年前后，比现行的格鲁吉亚文字略早，也一直沿用至今。这两者的出现比俄罗斯字母的出现要早600年左右。值得一提的是，格鲁吉亚与罗马帝国大约同时信奉基督教，因此格鲁吉亚的教会也算是早期教会了，但俄罗斯于19世纪初控制格鲁吉亚后，格鲁吉亚的教会在组织上附属了俄罗斯正教。

在南高加索，另外一支说印欧语的民族就是上文已经提到的奥塞梯人。最近十几年来，他们已经成为俄罗斯与格鲁吉亚两国冲突的导火线。他们的语言是一种古老的印欧语言，有学者认为他们的祖先和今库尔德人的祖先相当接近。

因为山地交通非常不便，高加索地区各部落与族群素少往来。所以，即使没有不同历史时期的入侵者，这个地区的语言也很复杂。2 000年前罗马军团征服高加索时，便要雇用80多名通译方能和本地人打交道。

当然，今高加索地区少不了近代的入侵者俄罗斯人、较早的入侵者蒙古人，以及更早的入侵者突厥人，再早一些的入侵者还有欧洲的希腊人、罗马人、拜占庭人，亚洲的亚述人、米底人、波斯人。他们都先后在高加索地区驻扎军队和建立行政区。今日，格鲁吉亚的东西两部分就长期被来自小亚细亚的力量和来自伊朗高原的力量分别主宰，它的首都第比利斯曾经被战火摧毁过29次。所以高加索地区自古以来就是一个东西方对峙的地方。

第 27 章

你方唱罢我登场的高加索舞台

7 世纪上半叶，伊斯兰教在阿拉伯半岛勃兴，由此改变了西亚、北非以及中亚的历史进程。阿拉伯帝国取代波斯帝国萨珊王朝，继续与东罗马帝国在高加索地区对峙，为这一地区带来了全新的元素。

突厥人登上舞台

6 世纪末期，源自蒙古高原的突厥汗国分裂为东、西两部分。西突厥汗国的一部分于 7 世纪向西推进到里海之北，建立了由不同部落联盟组成的可萨汗国，势力逐渐发展到北高加索地区和今乌克兰。8 世纪，可萨人因为处于东西贸易的通道上而获利。同时，因为处于信仰基督教的东罗马帝国和信仰伊斯兰教的阿拉伯帝国之间，不愿意在这两种宗教中做选择，所以可萨汗国的统治集团决定信奉犹太教。可萨汗国的势力维持了将近两个世纪，是历史上唯一一个不是由犹太民族建立的信奉犹太教的国家。可萨汗国后来被其他突厥部族以及更晚些的蒙古人和斯拉夫人消灭。当初可萨汗国各部落的不少后裔至今仍然居住在北高加索地区的东部。

从 8 世纪起，许多原来在中亚草原上的突厥人皈依了伊斯兰教，并越过咸海之东的锡尔河，进入了此前属于波斯文化圈的区域。10 世纪开始，许多突厥部落纷纷南渡阿姆河，进入今阿富汗、土库曼斯坦与伊朗境内。其中最强大、向西迈进得最远的一支是塞尔柱突厥人。他们于 11 世纪在西亚波斯地区建立起幅员辽阔的王国，并于 1071 年在高加索地区之南的亚美尼亚王国的一个叫曼西克特的地方大败东罗马帝国军队，俘虏了东罗马帝国皇帝。自此，原本在波斯文化圈东北部的突厥人大量进入东罗马帝国最重要的领土小亚细亚，到了波斯地区的西北。

随着塞尔柱突厥人大量进入高加索地区，伊斯兰教在这一地区声望大涨，许多本来信仰基督教或其他宗教的高加索居民也都逐渐皈依伊斯兰教。今天的阿塞拜疆人原是随塞尔柱人进入高加索地区的突厥部族。12 世纪，他们的上层人物已经开始使用波斯语，其中有一位生长在今阿塞拜疆西部的诗人叫内扎米。他用波斯文写了五部韵律优美的浪漫长诗，成为伊斯兰世界的文学瑰宝。其中一部描述了波斯王子霍斯鲁和亚美尼亚公主希琳的爱情故事。几个世纪以来，无数的波斯细密画都以这个故事为题材。

14 世纪初，处于小亚细亚西北角、塞尔柱鲁姆苏丹国边疆地区的一个小公国的首领奥斯曼逐渐扩充领土，自立国家。奥斯曼之后的 10 代统治者，个个能文能武、勤政善战。到 16 世纪中叶，奥斯曼帝国的国势达到巅峰。它的领土包括了匈牙利、罗马尼亚、巴尔干半岛、小亚细亚（过去很大一部分是亚美尼亚王国的领土）、北非、埃及、巴勒斯坦、叙利亚、两河流域、阿拉伯半岛东西部和波斯湾西部沿岸地带。这个强大帝国的东北边疆就在今格鲁吉亚的西部。

由于奥斯曼帝国的声势浩大，影响力越过了黑海，到达当时统治克里米亚的鞑靼汗国，同时对克里米亚之东的大高加索山脉北麓尚未皈依伊斯兰教的最大民族切尔克斯人产生了影响。之后，切尔克斯人放弃了古老的信仰和规矩，于 17 世纪普遍转奉伊斯兰教逊尼派。

波斯文化复兴

13 世纪中叶，由成吉思汗第四子托雷的儿子旭烈兀统帅的蒙古人征服了伊朗与南高加索地区，建立伊儿汗国，并将首都设在高加索地区南缘的大不里士。此一时期，波斯 – 伊斯兰文明受到极大的破坏。

比旭烈兀的部队更早到达高加索地区的是成吉思汗长子术赤的儿子拔都所率领的蒙古军。他们占领了整个南俄罗斯草原，包括高加索山脉之北的库班河流域平原与湿地。蒙古军与更早前已经在此放牧与进行长途贸易的突厥语各族很快就融合起来，也信奉了伊斯兰教。信奉东正教的俄罗斯人将他们并称为鞑靼人。俄罗斯人与鞑靼人的相互交往与斗争持续了 200 多年。16 世纪，俄罗斯人击败鞑靼人，巩固了对伏尔加河中游的控制，开始与北高加索地区相邻。

伊朗的蒙古统治者不久也皈依了伊斯兰教，波斯文化因此又开始复兴。15 世纪初，中亚撒马尔罕有一个自称是蒙古人但说突厥语的军人帖木儿，他率军占领整个西亚，包括部分小亚细亚与南高加索地区，建立帖木儿帝国。他的儿子将帝国首都迁至阿富汗西部的赫拉特，帖木儿帝国的宫廷自此使用波斯文。他们在中亚和西亚大量修建清真寺，建立伊斯兰经学院，发展科学，提倡文学，注重艺术，形成波斯的文艺复兴。16 世纪初，帖木儿帝国败亡。代之而起的，在中亚是从伏尔加河中游南下的、突厥化的蒙古人所建的乌兹别克汗国，在西亚则是由波斯化的阿塞拜疆人和土库曼人所建立的萨法维王朝。因为乌兹别克人从来没有波斯化，所以今天的中亚主要是突厥语的世界；伊朗与阿富汗则仍然属于波斯文化圈。

萨法维王朝在 16—17 世纪里将伊朗建成一个什叶派伊斯兰帝国，其军事、商业、文学、艺术都相当发达。这个帝国的西北边疆就在高加索地区的东部，包括今阿塞拜疆共和国和俄罗斯的达吉斯坦自治共和国。进入 18 世纪，波斯与奥斯曼帝国的边界趋于稳定，而波斯与俄罗斯的边境却因为战争而一再变动。

我曾在今伊朗北部、靠近阿塞拜疆共和国的大不里士买了一条闻名世界的大不里士地毯，也重温了14世纪时蒙古人的钦察汗国与伊儿汗国为它而发生的战争，以及16世纪时在奥斯曼帝国与萨法维帝国的争夺下这座古城数易旗帜的往事。

俄罗斯的长期经略

占地广袤、组织松散、生活于森林中的俄罗斯人于13—15世纪被草原民族蒙古/鞑靼人统治。15世纪开始，俄罗斯人逐步摆脱了蒙古/鞑靼人的控制，以莫斯科公国为核心，向四周扩张。18世纪初，俄国沙皇彼得大帝为向西欧学习，将国都自莫斯科迁至新建于波罗的海之滨的圣彼得堡。但这位拥有雄才大略的君主和比他更有才华的叶卡捷琳娜女皇丝毫没有忘记向东、向南拓展领土，寻求位于温带的不冻港口。1722年，波斯帝国萨法维王朝覆灭，高加索地区的不少小王侯纷纷拥兵自立，受到继起的波斯国王发兵讨伐。这些小汗国的王公于是向沙皇求救。这正是前门拒狼，后门迎虎。

在俄国扩张时代为沙皇效力的，除了由贵族统帅的正规军和行政官员，还有哥萨克人。哥萨克人是一个成员彼此之间未必有血缘渊源的亦兵、亦盗、亦农的社群。许多俄国文学作品，包括曾经在高加索任职的托尔斯泰的名著《哥萨克人》，都以哥萨克人替俄罗斯开疆拓土为主题，描述他们的冒险精神与罗曼蒂克的生活。其实，哥萨克人不是一个民族，他们主要是来自俄国、乌克兰、波兰社会的下层，通过战争获得了新土地后，就在土地上从事耕种并实行自治，但他们基本上仍然效忠于沙皇。

18世纪末，俄国已然吞并了大部分北高加索地区，将诺盖人（居住在北高加索西北部的突厥语族裔）、库梅克人、切尔卡西亚人与奥塞梯人置于自己统治下。19 世纪中叶，通过对波斯和奥斯曼帝国的多次战争与条约，它又蚕食了南高加索的大部分土地，把格鲁吉亚、亚美尼亚和阿塞拜疆纳入俄国版图。

20 世纪初，一名格鲁吉亚神学院的修士易名斯大林，他改信马克思主义，并与同伴贝利亚在南高加索宣传无产阶级革命。十月革命来临时，兴起于欧洲的民族主义浪潮席卷了南高加索各民族。1918 年，格鲁吉亚、亚美尼亚、阿塞拜疆这三个分属不同民族、信仰不同宗教、使用不同语言文字的民族，经过一番战斗，各自成立了独立的共和国。1922 年，苏联取消了这三个共和国，另组成“外高加索苏维埃社会主义联邦共和国”。苏联的第一任民族事务委员会主任就是斯大林。斯大林当政时期，南、北高加索地区的行政版图及民族划分屡有改变：1936 年，在斯大林主导下，苏联新宪法取消了外高加索苏维埃社会主义联邦共和国，把南高加索地区又重新分为格鲁吉亚、亚美尼亚和阿塞拜疆三个加盟共和国；北高加索则作为一个边疆区，完全并入俄罗斯共和国。1943—1944 年，在德军进攻苏联的伏尔加河地区时，北高加索的车臣人和印古什人，还有克里米亚的鞑靼人，被苏联当局以具有同情德国的倾向为由，集体流放中亚和西伯利亚。斯大林死后被赫鲁晓夫批判，他们才获准还乡，但并没有得到补偿，过去的房屋、财产自然也要不回来了。

历史上这些大规模的杀戮和放逐，一方面固然加强了沙俄和苏联在北高加索的控制，另一方面也成为今天北高加索地区层出不穷的恐怖主义活动的渊薮。

20 世纪 80 年代初，苏联出兵阿富汗之后不久，我在一份美国外交学刊上读到一篇文章。文中指出，苏联虽然看似强大，但内聚力很低，因为它幅员太广，境内民族太多。这篇文章给出的结论是：只要有适当的条件，苏联的各共和国会相继独立，而且独立后也不会太平无事。这个推论对高加索地区来说，可谓相当准确。

第 28 章

北高加索与俄罗斯

俄罗斯的南部边疆

俄罗斯人自从 16 世纪进入伏尔加河中游占领了喀山之后，在 100 多年间持续向东、向南发展。地理位置和气候因素使得俄罗斯虽然国土广袤、资源丰富，却很难与外界沟通。18 世纪初，尽管俄国首都搬到了位于波罗的海沿岸的圣彼得堡，但俄罗斯人向南寻找不冻港和通达欧洲与亚洲各地的动机仍然很强。19 世纪，俄国和英国在中亚持续对抗的原因之一就是俄国希望能够获得通往阿富汗、巴基斯坦和印度这一片土地的主导权，进而获得靠近印度洋的出海口。

今天，俄罗斯领土的南部边疆在北高加索，那里有两个重要的不冻港：一个是位于黑海东岸的索契，大约位于北纬 44 度，俄罗斯人可以随时由此进入黑海，然后穿过博斯普鲁斯海峡和达达尼尔海峡进入地中海；另一个是位于里海西岸的马哈奇卡拉，大约在北纬 43 度，但它只能通往里海周边地区，无法连通到其他海洋。所以，俄罗斯希望得到不冻港的夙愿虽然完成了，但先天的地理劣势使它很难像美国、中国、印度一样，成为四通八达的全面经济大国。

北高加索人的特质

俄罗斯人在向南扩张的过程中，先后与北高加索地区之北的游牧民族——包括属于西蒙古人的卡尔梅克人以及说突厥语族语言的库梅克人和诺盖人相遇。之后，俄罗斯开始接触位于高加索山地和平地交接地带的高加索原住民，并与之发生了持久的冲突。

18 世纪以前，整个高加索地区的不同民族曾经发生过几次大规模改宗浪潮。前两次改变使基督教成为高加索各民族的重要宗教信仰。这主要是受当时的东罗马帝国和格鲁吉亚这两个基督教国家的影响。之后，那里又发生过三次改宗伊斯兰教的浪潮：最早是 8 世纪时，阿拉伯帝国的力量进入该地区，引入了伊斯兰教；其后是 10—14 世纪，已经改宗伊斯兰教的几个突厥语部族和蒙古人大量进入该地区，推进了伊斯兰教逊尼派的扩张；最后一次改宗浪潮发生在 17 世纪时，由奥斯曼帝国主导。奥斯曼帝国在当时的整个高加索地区，无论是平地、山地还是海岸线都有许多据点，辐射力强大，因此连北高加索地区那些一向坚守传统自然崇拜的原住民也纷纷皈依伊斯兰教逊尼派。

北高加索地区的原住民由于长期以来一直被困在崇山峻岭之中，极少与外界交往，因此形成了很强大的由乡土概念而产生的内聚力。他们主要是由部落组成，每一个部落中都有贵族、自由民，以及一些属于奴隶身份的同族人。

基督教与伊斯兰教都没有改变当地山民以自己的宗亲为效忠对象的习惯。一些不为基督教和伊斯兰教所允许的习俗，比如血亲复仇，仍然被他们视为荣辱观的一部分。如有本部落的女性违反部落的习俗而与异族或其他部落的男子结婚或私奔，本部落的男子一定要实行报复。如果在某次暴力冲突中有自己人被对方杀死或是重伤，就一定要设法杀死或重伤对方的人，或实施同等程度的报复。这样的血亲复仇在 20 世纪之前的北高加索社会十分普遍。

北高加索社会的另外一项传统就是部落长老的民主协商制。这类似于在中国的农村地区由德高望重的长辈们组成的宗族议事制度——几个家族的长老聚集在一起，通过协商的方式决定本家族的大事。高加索地区的这种传统还有一些独特的规定。比如，开会的时候，出于礼节要让年纪大的人先发表意见，其他人不能够打断；若是长者们发言冗长，这个协商会就可能要开几天，直到开会地点的主人家吃不消的地步。所以，这种协商会往往要“搬着家开”——安排在不同的家庭里，以便解决开会期间的食宿问题。

切尔克斯人的遭遇

当俄罗斯人越过库班河，继续向南进入高加索山脉北麓时，与他们接触最多的原住民就是切尔克斯人。当时，切尔克斯人的总数应该在100万以上，散布在北高加索的西北部。这个古老的民族在中东地区的历史上曾经引人注目。

切尔克斯男子大多健壮并且骁勇善战，女性则以长相标致著称。所以，不少阿拉伯国家都曾大量招募非穆斯林的切尔克斯男子为奴隶兵，或招募切尔克斯女子进入宫廷当宫女。（伊斯兰教法规定，不可以把穆斯林当作奴隶，如果奴隶信奉了伊斯兰教就要被释放）。13世纪后统治埃及的马穆鲁克集团中，就有大量切尔克斯军人，其中有好几人在信奉伊斯兰教之后当上了马穆鲁克王朝的苏丹。奥斯曼帝国有几位苏丹的母亲都是切尔克斯人，宫廷里来自切尔克斯的妃子更是数不胜数。

19世纪初，切尔克斯各部落和奥斯曼帝国来往日渐频繁。切尔克斯人世代居住在高加索西北部，靠近黑海东南海岸，所以从海路很容易到土耳其东部，甚至可以通过博斯普鲁斯海峡直达伊斯坦布尔。

当俄罗斯人入侵高加索西北部腹地的时候，切尔克斯人寄希望于两个国家的援助：一个是英国，另一个就是奥斯曼帝国。奥斯曼帝国在

19世纪时已经衰落，不是俄国的对手。英国不愿意看到俄国占领那么多土地以及不冻港，所以派遣了一些外交官和其他人员以商人的身份进入切尔克斯地区刺探情报，并帮助当地人购买军火。但最终，切尔克斯人还是逐渐被俄罗斯人逼迫到高加索山脉的高峰，不得不放弃山脚和山麓的土地。这时候，北高加索东部的达吉斯坦大半已被俄国占领，有一位知名的伊斯兰苏非领袖沙米尔组织军队抗俄。切尔克斯人同意加入沙米尔领导的圣战，共同对抗俄国。

沙米尔的力量主要是在高加索山脉的东部地区，也就是达吉斯坦、车臣和印古什。他严格以伊斯兰教法作为治国的法律，具有很强的个人魅力和号召力，在抗击俄国的过程中一度颇有成绩。但无奈俄国的社会和军队力量都比高加索的原住民要强许多，所以19世纪中叶以后，高加索原住民的命运就已经相当明显了。

此时，在高加索山脉西部以切尔克斯各部落为主的人口形成了部落联盟，建立了一个由10个酋长部落和3个民主制的部落组成的联合体，并且设计了自己的旗帜，以加强自我认同并争取国际支援。这个政治联合体在和俄国军队以及哥萨克人对抗的时候，明显占弱势。1859年，沙米尔最终被迫投降后（条件是保住他家人的性命），切尔克斯人也面临着投降和继续抗争的选择。

最终，一部分切尔克斯人接受了俄国的条件，愿意停止战争，并同意迁居到俄国指定的库班河以北的平原地区，另一部分切尔克斯人则逃上了高山继续抗战。其中一个坚决抵抗的部落叫尤比克。他们的首领一生都坚定地抵抗俄国的侵占——老首领去世后，他的儿子领导族人继续作战。然而，到1864年，连这支最后的抵抗力量也无法继续战斗了。于是，他们跟俄罗斯人在黑海岸边签了协定，所有愿意去奥斯曼帝国的人可以设法乘船去奥斯曼帝国，不愿意去奥斯曼帝国的人就要搬到俄罗斯人指定的地方居住。俄罗斯人规定，尤比克部落早前作为根据地的山区必须清空。这是俄罗斯人在北高加索地区战争的最终胜利，也是切尔克斯人厄运的开始。

为什么说这是切尔克斯人厄运的开始呢？因为在此之前，切尔克斯人虽然在抗俄斗争中遭遇了严重的死伤，但整个民族大体仍然存在。但是，经过几代沙皇的经略，俄国已经决心夺取整个高加索地区，不容再有任何原住民的阻挡。帮助俄国政府的哥萨克人也极欲向南发展，占领更多高加索山脉南部的肥沃富饶之地，因此作为原住民的切尔克斯人就被大量驱赶和屠杀了。具体死难人数虽然没有准确的记录，但根据今天的证据推算来看，死者应该有三四十万人。那些逃奔到奥斯曼帝国领土的切尔克斯人有将近 10 万，后来他们进一步分散，遍布巴尔干半岛、叙利亚、巴勒斯坦。在今约旦、以色列都还有切尔克斯后裔聚居的社区。由于高加索原住民的语言种类太多，外人很难分得清楚，奥斯曼人把说尤比克语的部落以及与他们语言类似的部落人口统称为“切尔克斯人”。现在散居各地的切尔克斯人的后裔自己也使用这个名称。

在今天的俄罗斯，能够被称为切尔克斯人的总数大概不到 10 万。他们在苏联时代被赋予三个不同的名称，分属三个不同的行政区。这显然是统治者分而治之的策略。

总之，这样一个发源于北高加索的民族，在 11—12 世纪就已经参与谱写中东历史，在 19 世纪时仍然有大约 100 万人口，经过 1 000 年的变迁，今天仍然散布在中东各国。但是，除了在俄罗斯内的、由俄罗斯人决定命名的几个小行政区之外，他们已经没有自己的家园了。

克里米亚战争的前因后果

从 18 世纪叶卡捷琳娜二世在位时开始，俄国就专注于向黑海地区扩张，克里米亚半岛就是那时候被并入俄国的。经过尼古拉和亚历山大几位沙皇的持续努力，邻近克里米亚的北高加索也逐渐地落入了俄国的掌控之中。而同时期的奥斯曼帝国则日薄西山，国势渐颓，不再是俄国的对手。

1850年左右，英国制定了一项明确的外交政策，那就是要在黑海设法抗击俄国的扩张，遏制其气焰。英国最直接的目标是阻止俄国在黑海拥有海军。这其实就是后来不久所发生的克里米亚战争的真正原因。这样一个基于地缘政治做出的决策，表面上的导火索居然是为了争夺耶路撒冷的基督教圣地的管理权。当时，整个巴勒斯坦（包括耶路撒冷）都属于奥斯曼帝国。法国认为自己作为世界上最强大的天主教国家，是全世界天主教的代表，所以耶稣诞生圣地的教堂应该由他们管理。而俄罗斯人认为他们代表了包括希腊人、塞尔维亚人、罗马尼亚人、保加利亚人在内的所有的东正教徒，圣地的教堂应该由他们来管理。就这样，奥斯曼帝国、法国和俄国就为了一把教堂大门的钥匙而发生了一场大规模战争。这就是克里米亚战争。

这场战争中，英国与法国合作帮助奥斯曼帝国对抗俄国，最终打败了俄国。本章的主题并非克里米亚战争，因此战争的详细过程在此就不做详述。但因为克里米亚是北高加索的邻居，而北高加索的战争以及北高加索的命运此时正值危急存亡之秋，所以在这里插一段关于克里米亚战争的述评。

这场战争以俄国战败告终，因此俄国失去了在黑海拥有海军的权利。正如英国人当时所说的，此战使黑海避免了变成俄国内湖的命运。克里米亚战争的失败一方面使得俄国失去了北高加索地区西岸的部分控制权，也稍微延长了北高加索地区原住民对俄国的抵抗。另一方面，它使具有革新意识的沙皇亚历山大二世决心要对俄国进行大刀阔斧的改革，调整社会制度，纾解矛盾，稳定社会。其中一项改革就是废除农奴制度，这对俄国社会来说是非常重要的一件事情。克里米亚战争的失败可以说使俄国因祸得福。人们很难想象一个仍然存在大量农奴的俄国，能够在不久之后变成强大如苏联的社会主义国家。

苏联时代的北高加索政策

克里米亚战争的失败让俄国更加注重对高加索地区的掌控，直至彻底兼并这一地区。1917 年十月革命之后，高加索地区形成了几个不同的共和国。1922 年苏联正式成立之后，建立了包括格鲁吉亚、亚美尼亚和阿塞拜疆这三个地区的外高加索苏维埃社会主义邦联共和国。1936 年，出生于格鲁吉亚的斯大林取得对苏联的绝对主导权之后，苏联新宪法决定解散原先格鲁吉亚、亚美尼亚和阿塞拜疆地区的联邦共和国，成立与俄罗斯、乌克兰、白俄罗斯等具有同样地位的三个社会主义邦联共和国，而在北高加索地区则建立了几个民族自治区。如上所述，每个共和国和自治区的边境内都有不少跨境的民族，这使得这些行政单位很难按照民族自治的原则正常运作。

二战开始之后，纳粹德国军队对伏尔加河下游平原的斯大林格勒进行重攻，北高加索处于苏联政府认为的危险地带。斯大林以及他信任的助手贝利亚认定北高加索的各民族可能会同情德军，反对苏联政权，遂用军队把住在克里米亚半岛的鞑靼人、住在山顶的山地突厥人，以及车臣人、印古什人，统统赶到中亚去定居。这样一次匆促的强制性人口大迁徙，给这些种族带来了极大的愤慨和难忘的痛楚。

车臣战争后的北高加索

20 世纪末，伊朗伊斯兰革命取得成功以及沙特阿拉伯拥有巨大的石油美元优势之后，全世界的穆斯林——无论逊尼派还是什叶派，都产生了一种伊斯兰教复兴的趋势。而这个伊斯兰教复兴趋势带来的后果之一就是，相当多的穆斯林对宗教更加虔诚，甚至逐渐倾向于接受沙特阿拉伯所特有的瓦哈比宗派的“基本教义”信条。

苏联境内以及后来俄罗斯联邦境内的穆斯林，特别是高加索地区的穆斯林也受到了瓦哈比主义的影响。在 2001 年“9 · 11”恐怖袭击事件发生前，不少地方（如菲律宾、阿富汗、尼日利亚）都已经出现了以宗教为名号的反叛政权。1991 年，俄罗斯北高加索地区的车臣爆发了战事,1999 年又有苏联前军官领导的叛军和宣称独立的反叛政权。“9 · 11”恐怖袭击事件之后，各地出现了不少恐怖组织，而且都自称是在进行圣战。在北高加索的车臣、印古什和达吉斯坦等地，同样出现了这种恐怖组织。他们以伊斯兰教的名义盘踞在某些地区，其中不乏具有实战经验的前军官。普京就任俄罗斯总统后采取了军事强攻政策，于 2003 年基本稳定了局势，并扶持亲莫斯科的车臣人卡德罗夫为车臣总统。但自此之后，零星的军事行动仍然继续，恐怖袭击时有发生。这样的低强度交火又持续了好几年，直到 2009 年方才正式结束。在 2004 年，印古什自治区的别斯兰市爆发了整个俄罗斯历史上最大规模的一次恐怖袭击行动，1 200 人被大批有组织的恐怖分子劫持为人质；三天后，俄军发动攻击，最后造成包括 186 名学童在内的共 333 名人质死亡，恐怖分子悉数被击毙。这次恐怖行动连带引发了车臣其他的小规模恐怖组织和达吉斯坦的一些零星的恐怖组织的活动。此起彼伏的恐怖主义行动又持续了几年。

最近五六年来，俄罗斯政府下定决心，一方面毫不手软地肃清恐怖主义势力，另一方面积极增强这个地区的经济建设，特别是以 2014 年的冬季奥运会为契机，进一步建立了北高加索地区比较和平的社会环境。目前，旅客已经可以自由进出这些地区——虽然可能还是要取得边境通行证。索契作为黑海沿岸的港口城市，自 19 世纪以来就是俄罗斯人喜欢的度假胜地，现在索契的沙滩再度获得游客们的青睐。至于格罗兹尼或者达吉斯坦地区，也逐渐在开发旅游业。拥有 3 000 年历史的北高加索地区，到现在可以说是进入了一个新阶段。

第 29 章

苏联解体后的南高加索

历史上，任何大帝国的灭亡和解体都会产生一定的后遗症。一战前后，奥斯曼帝国的颓败与灭亡直接造成了今天的中东问题与巴尔干问题，还间接导致了现在的高加索问题。今天高加索问题的基本原因当然是苏联解体。

格鲁吉亚与欧洲

1991 年 6 月，我在哈佛大学参加女儿的毕业典礼。当天获颁授荣誉博士学位并应邀发表演说的是苏联外交部前部长谢瓦尔德纳泽。这位曾任克格勃将军、格鲁吉亚共产党第一书记的苏共政治委员受到台下美国精英的热烈欢迎。但就当他在美国接受喝彩时，他的家乡已经在一位长期持政治异见者的领导下宣布脱离苏联而独立。

独立后的格鲁吉亚立即陷入混乱与内战。那位富有民族主义激情的总统发兵镇压阿布哈兹自治州的独立倾向，却因不善统治国家而被迫逃亡到俄罗斯的车臣共和国。1992 年，因苏联解体而失业的谢瓦尔德纳泽被家乡故人推选为格鲁吉亚的新元首。但这位富于行政经验的新总统不但无法阻止内战的延续，还经历了 19 次被行刺未遂！最后，他并未死于非命，但由他一手提拔的、曾在美国接受教育的年轻人萨卡什维利在 2003 年率众手持玫瑰花冲进政府大厦，将他轰了出来。这就是著名的“玫瑰革命”。

格鲁吉亚不少领导者和精英阶层希望格鲁吉亚尽快加入北约组织，以便像以色列那样，成为位于亚洲的“欧洲国家”。奇怪的是，格鲁吉亚自19世纪起就想依附俄国进入欧洲，从而摆脱轮流统治它几个世纪的落后的奥斯曼帝国和伊朗。但到了21世纪，它仍然只能在欧洲的外围企盼，绝不比土耳其离欧洲更近。这说明，地理环境对一国历史的发展确实有莫大的影响。别说格鲁吉亚很难摆脱它所临近的中东，就连位于它西部、宣布“脱亚入欧”已经100年的土耳其也很难摆脱中东的影响。

2008年，格鲁吉亚与俄罗斯因南奥塞梯的冲突而断交。但是，格鲁吉亚这个只有500多万人口的小国需要应对的问题远不止俄罗斯这个强大的前宗主国。无论如何，格鲁吉亚很难逃脱俄罗斯的势力范围。

当前，格鲁吉亚贫富差距悬殊，官员贪污滥权的现象很普遍，内部凝聚力很低。在它领土内已有南奥塞梯、阿布哈兹以及新闻中较少提到的阿扎拉等几个实际上已然独立的自治州。首都第比利斯附近有25万从阿布哈兹被驱赶出来的格鲁吉亚族难民。此外，在格鲁吉亚与两个邻国的边境附近还分别有约30万亚美尼亚人和30万阿塞拜疆人。

这些问题对于建设以格鲁吉亚民族为主的格鲁吉亚国都是很大的阻力。尤有甚者，民族团结也并不是一般格鲁吉亚族人的执念。正如世界上许多其他未经现代洗礼的地区一样，一般格鲁吉亚人只以家族和家族所在的小地区为效忠对象，对国家并没有特殊的认同感。比如，斯大林的故乡哥里的大部分居民仍以这位同乡为荣，许多人还自愿守护设在城中的斯大林纪念馆。

2008年时，格鲁吉亚、南奥塞梯与俄罗斯之间的关系占据了许多新闻版面。格鲁吉亚贸然出兵名义上是自己的一个自治州、实际上却等同于独立并倾向俄罗斯的南奥塞梯，因此被俄罗斯出兵痛击，引起西方舆论的同情。一时间，格鲁吉亚感觉自己似乎就是欧洲的一部分了。不久，在高加索地区已有100年难消的冤仇的土耳其和亚美尼亚似乎有了良性互动的迹象：土耳其总统居尔应亚美尼亚总统萨尔基相之邀，到亚美尼亚观看两国的足球队比赛。球赛好几年前就已经结束了，但这两个国家究竟谁胜谁负，目前还看不出来。从欧盟不接受土耳其这一点来看，土耳其赢不了。从土耳其的例子看，格鲁吉亚的入欧梦也实现不了。

阿塞拜疆与石油

虽然格鲁吉亚不可能成为单一民族国家，但亚美尼亚和阿塞拜疆在苏联解体后经过战争和民族清洗，大致上成为单一民族的国家。

在阿塞拜疆政府能有效控制的领土上，占人口90%以上的主体民族是信仰伊斯兰教什叶派的阿塞拜疆人。他们与相邻的伊朗北部两省的居民同种、同文、同宗教，伊朗境内的阿塞拜疆人口远比阿塞拜疆共和国要多。这对民族国家的模型是另一种挑战。目前，阿塞拜疆的领土被分为不相连的东西两块，而东面的那一块主要领土又有1/6左右被亚美尼亚实际占领并视为独立。

历史上，阿塞拜疆先后被波斯与俄国统治。20世纪初，阿塞拜疆境内发现了石油，吸引了欧美国家不少投资。欧洲财阀罗斯柴尔德家族就曾在此拥有许多资产。一战前，阿塞拜疆的石油产量占到全世界的一半。近20年来，正是因为阿塞拜疆的石油储量很大（据统计可能超过伊朗），国际能源公司大批进驻其首都巴库，使那里呈现一派繁荣景象。

阿塞拜疆独立后的先后两任总统是阿利耶夫父子。老阿利耶夫当初做过阿塞拜疆共产党总书记，独立前是苏共政治局委员。他们父子的外交政策都是亲近土耳其（两国语言很接近），拉拢格鲁吉亚，力抗亚美尼亚，与美国、俄罗斯尽量保持同等距离。从里海到地中海的那条石油管道，就是在老阿利耶夫治下完成的。

尽管阿塞拜疆的人均收入近年来迅速提高，但其民众素质、社会风气并没有多少进步。整体来说，它的社会比格鲁吉亚和亚美尼亚要落后一截。

亚美尼亚与大屠杀

亚美尼亚人在历史上曾经创造辉煌，最强盛时的领土比现在要大得多。奥斯曼帝国时代的许多知识精英与商人都是亚美尼亚人。19 世纪上半叶，信奉基督教的希腊在英法协助之下获得独立，这就使许多亚美尼亚人也想在俄国的庇护之下从奥斯曼帝国独立。一战前，俄国与奥斯曼帝国发生了几次冲突，奥斯曼人把亚美尼亚人居住的大片领土都割给了俄国。一战时，许多亚美尼亚人支持俄国，因此遭到土耳其人（即信奉伊斯兰教、说土耳其语的奥斯曼人）的报复。亚美尼亚人在各地被大量屠杀，剩余的人被驱赶到叙利亚（当时仍属奥斯曼帝国）的沙漠中。虽然土耳其官方至今不承认，但亚美尼亚人以及他们在欧美的支持者称，这一场大屠杀中死难人数超过 100 万。

亚美尼亚人的确是一个苦难深重的民族。从中世纪以来，他们以善于经商知名，与欧洲的犹太人颇有相似之处。在阿拉伯人、波斯人、奥斯曼人和俄罗斯人的统治下，他们几次大规模逃散以保性命。

现在，生活在北美、西欧、中东以及俄罗斯的亚美尼亚人数目非常多，具有较大的政治、经济影响力。1991 年亚美尼亚独立后，其海外的侨民十分支持政府收复在苏联时代被判给阿塞拜疆的“失土”纳戈尔诺－卡拉巴赫。这就酿成了亚美尼亚与阿塞拜疆两国在独立后的战争，以致两族人口都有大量死伤，并且被迫逃离家园。因为这场战争发生时，恰逢巴尔干半岛上的波斯尼亚人和科索沃人遭塞尔维亚人“清洗”，所以几乎没有引起西方媒体的注意。

南高加索的困境

我的亚美尼亚朋友告诉我，亚美尼亚人往往比较愿意和阿塞拜疆人做朋友，不喜欢“自大”的格鲁吉亚人。据说，一般格鲁吉亚人也更愿和阿塞拜疆人交往，而不喜欢“狡猾”的亚美尼亚人。

南高加索三国就是这样矛盾重重、危机处处。在这背后，有上千年的历史恩怨，也有当今国际政治的现实利益。今天，住在高加索地区的任何一个民族的任何一项领土主张或对另一个民族的指控，都能找到历史根据。

高加索的人口分为许多语言群体和民族，大家都有历史包袱，而谁都没有经历过现代化的洗礼。极端主义、贪污渎职、有家无国的现象十分普遍，绝不限于某一个民族或国家。

毫无疑问，南高加索三国都在转变中。其实，无论是社会主义还是资本主义，无论是民主政体还是专制政体，都需要在一定的社会和文化传统中实行。西方国家所实行的民主政体和它们近年来所推行的公民社会，在目前的高加索地区还找不到合适的土壤。西方国家从前所奉行的民族主义和民族国家的概念，却在这个古老的民族博物馆里得到了强烈的共鸣。

即使没有大国之间地缘政治的较量，高加索地区也很难在短期内安定下来，实现民主与繁荣。目前，美国、西欧和俄罗斯正在为了南高加索地区（以及乌克兰）进行“新冷战”。但请不要忘记，真正的利益攸关者还包括土耳其和伊朗这两个地区大国。

第30章

国际博弈中的南高加索

输油管中的乾坤

多年前，杨紫琼和皮尔斯·布鲁斯南曾合演过一部以巴库为背景的间谍片《007之明日帝国》，说的是各国为了争夺里海的石油资源而各出奇谋的故事。我因为对高加索地区感兴趣，就去看了这部电影。出戏院时，我不禁心中自忖，将来这个地区真正的情形会是怎样呢？

自从2008年俄罗斯与格鲁吉亚动武以来，许多媒体都报道了格鲁吉亚对西方的重要性，其中很受媒体关注的就是从巴库经第比利斯到位于地中海东北角的土耳其海港杰伊汉的一条很重要的输油管道。另外，还有一条从巴库经第比利斯到土耳其东部名城埃尔祖鲁姆的输气管道也很重要。许多人认为这两条管道赋予了格鲁吉亚很大的战略价值，因此美国和欧洲一定会保护它，不让俄罗斯借萨卡什维利鲁莽出兵南奥塞梯的机会，把格鲁吉亚再度置于俄罗斯的势力范围内。

以上的分析当然有一定的道理，至少经过第比利斯南下地中海的路线对法国、意大利、西班牙等国家提供了不少便利。但如果讲到石油和天然气，那就应该环顾一下里海的四周。其实，里海周边的俄罗斯、哈萨克斯坦、土库曼斯坦、伊朗也都是油气生产大国，目前已有十几个国家的好几十家石油公司在里海周边从事油气勘探和开采，也有许多条已建成和拟建中的输油管道和输气管道把石油和天然气输往不同的方向。所以，经过格鲁吉亚的管道虽然有战略价值，但并不是绝对重要的。美国、欧洲、俄罗斯围绕格鲁吉亚而进行角力的主要原因不是能源，因此它未来的发展方向不会受能源支配。

对于一个国家来说，地理环境在很大程度上决定了其历史的发展，历史和地理共同塑造了文化，文化必然影响其政治和经济的发展。经济力量是军事力量的基础，而两者同为外交政策的支撑。从另一个角度看，外交是内政的延伸——一个国家的外交政策和外交措施总是能反映这个国家的政治局势。

土耳其、伊朗和俄罗斯的手段

土耳其和伊朗在历史上都是大国、强国，对内处理不同民族、不同宗教的问题，对外和强弱不等的国家周旋，经验都很丰富。令中国人热血沸腾的“外抗强权，内除国贼”“割地赔款，丧权辱国”等词句，在这两个从未有过被殖民历史的中东国家身上也同样适用。对它们来说，“强权”之一就是老邻居俄罗斯。但是，时移势转，近几年来，这两国民众心中的“强权”是以美国为主要对象。

苏联解体后，土耳其、伊朗两国和俄罗斯不再接壤了。有南高加索三国作为缓冲，对土耳其和伊朗来说当然是好事。而且俄罗斯已不是以前的苏联，和它打交道也不是坏事。能与俄罗斯发展商贸关系，或是接受俄罗斯的技术转移以减低对美国和欧洲的依赖，对土耳其、伊朗都有好处。

但是，2008 年格鲁吉亚在南奥塞梯的举动被俄罗斯视作挑衅，俄罗斯重新在南高加索驻兵，这对土耳其和伊朗来说也不是好事。所以，土耳其和伊朗会与南高加索三国加紧联系，以免它们再度被纳入俄罗斯的轨道。平衡这三个国家之间的纷争和疏解它们的心结，没有其他国家会比土耳其和伊朗更有条件去做这件事。

土耳其许多年来的既定目标是加入欧盟，但欧盟似乎不肯接受它，所以许多土耳其人认为土耳其应该也向东看。我的一些颇为西化的土耳其朋友甚至都已对欧洲失去耐心，对加入欧盟已不再那么感兴趣了——虽然他们仍然憧憬欧洲人的自由与民主，而且不能认同现任总统埃尔多安。现在，土耳其的当政群体不是欧化甚深的伊斯坦布尔精英，而是主要代表安纳托利亚的中小企业主的虔诚穆斯林。他们对土耳其东部的了解和感情远远超过住在博斯普鲁斯海峡西面的那些“世俗主义者”。由于东南部库尔德人的问题一直困扰着土耳其，而近年来的叙利亚内战又深刻影响了土耳其的安全和主权，这些年土耳其并没有真正大力向东发展。尽管如此，土耳其的企业和文化机构在阿塞拜疆、哈萨克斯坦等突厥语国家还是有相当的投入。在俄罗斯和美国之间，无论是土耳其的现任当政者还是未来当政者都会十分为难。但是，向东看是必要的。理想的情况是，土耳其设法解决属于土耳其公民的库尔德族和亚美尼亚人的离心倾向，然后再面对各方，包括欧盟、埃及、伊朗、沙特阿拉伯、以色列，以及美国、俄罗斯等强国，处理好复杂的周边情势。

距离伊朗伊斯兰革命已经过去 41 年了。伊朗真正需要做和想要做的，就是实现现代化。但伊朗面对一个两难的局面。一方面，倘若不与美国、欧洲实现关系正常化，就很难打破制裁，实现现代化，因此它和六国签订了有限的核协议。另一方面，为了追求现代化而向美国、欧洲让步以建立良好关系，会令当今的政权对外失去它在伊斯兰世界的特殊地位，对内可能还会失去统治的合法性。无论如何，伊朗的宗教政权如果不能降低失业率，提高政府效率，改善人民生活，迟早会出现问题。在叙利亚内战和也门内战中，伊朗和沙特阿拉伯针锋相对。近年来，格鲁吉亚问题、克里米亚问题所引发的俄罗斯、美国、欧洲的角力将会使伊朗得到俄罗斯更多的支持。伊朗利用这个新形势，放低身段签订了核协议，并且曾表示愿意与美国讨论关系正常化，借以减轻经济制裁的压力。但是，美国总统特朗普的惊人之举——废止与伊朗的核协议，并且刺杀伊朗革命卫队的高级将领，实在是给伊朗提出了一个真正的难题。伊朗既不能停止对美国的斗争，又要负担更多的军费，还要面对老百姓对经济发展迟缓的怨怒。

俄罗斯富有和土耳其、伊朗打交道的经验。地理位置决定了它们永远是邻居。俄罗斯今后应该会以睦邻之道尽量善待这两个地区性大国。毕竟，只有蠢材和疯子才会在对付家门口来势汹汹的两名大汉的同时，再跟左邻右舍吵架。努力把左邻右舍拉到自己的阵线，帮忙对付美国、欧洲两大势力才是俄罗斯在中东和高加索问题上的上策。

美国、欧盟、俄罗斯胸中的格局

在近几年困扰全球各地势力的叙利亚内战问题上，愿意为之付出代价的大小排序是俄罗斯、美国、欧盟，但综合力量的大小排序是美国、欧盟、俄罗斯。从全球视角来看，除了面对环境污染、国际犯罪、金融危机等问题，它们还面临着两项共同的挑战，那就是如何回应激进伊斯兰主义的扩张与东亚国家（特别是中国）的兴起。从文化与价值观的角度看，它们之间现在没有无法调和的基本差异，只有利益冲突。所以，无论它们之间存在多么尖锐的矛盾，都不会再发生 60 年前那种你死我活的斗争。

对美国来说，目前高加索、乌克兰以及中东地区的局势是一个利大于弊的机会。美国要进入东欧和中亚的战略设计、本国能源和军工集团的利益，以及在这一地区推行美国价值观可以相辅相成，融为一体。但是，无论是特朗普政府还是反对他的美国精英，都要面对的问题是：20 年来，美国中产阶级的生活水平没有改善；国内基础设施需要更新；教育及医疗投入需要增加。近年来，美国主流精英都认为中国可能是除俄罗斯之外的另一个挑战者，所以美国必然会增加国防经费。这就使得美国面临两个选择：要么放低姿态，只需要作为最强大的国家，而不必当全球的霸主；要么进行一场豪赌，对俄罗斯施以军事和经济双重压力，同时设法减缓中国的现代化进程，并且阻拦中国在代表古代文化交流的丝绸之路各地得到实质性的经济利益。

在南高加索、乌克兰和中东问题上，欧盟和美国的利益几乎一致。所以，欧盟一定会陪着美国跑。但是，因为欧洲国家和俄罗斯接近，也受到中东和北非的难民问题影响，所以欧洲国家不会愿意看到美国太强硬，也不愿意见到美国把问题推到欧洲头上，要欧洲买单。欧盟几个大国对罗马尼亚和保加利亚的入盟都还未完全接受，更不用提接受土耳其。所以，今后几年，欧盟的主要注意力会放在英国脱欧和消化难民上面。要 21 世纪的欧洲大有作为，难矣！

苏联解体后，俄罗斯民族几百年来建立起来的自尊受到了挫伤，它的实际地缘政治利益也受到损害。所以，这些年来俄罗斯经过深思熟虑，建立了国内共识，约束格鲁吉亚和乌克兰，对美国绝不让步。但是，俄罗斯不会主动把事情闹得太大，只要能让自己在南高加索地区恢复发言权，保留克里米亚，不让美国在自己家门口建立军事基地就可以了。关键还要看俄罗斯内部的发展，比如，人口老龄化怎么应对？远东地区人口太少怎么办？在新兴寡头的操控下，经济如何才能有活力？

俄罗斯本来可以选择与欧盟加深合作，遵循欧洲的游戏规则逐渐加入西方，并解决自己面临的内部问题。这是 300 年前彼得大帝的旧梦，也是今日许多俄罗斯人的愿望。但是，最近欧盟和美国施压俄罗斯，反而给了俄罗斯一个团结内部的机会。目前的政策取向将会导致俄罗斯民族主义抬头，再度凸显它作为一个“东方”和“极权”国家的特色，这将导致俄罗斯未来的政治生态和文化取向都更不同于西方。

这样的发展对某些西方国家来说，可能不是太坏的事，因为一个包括俄罗斯的欧洲将不再由德国、法国、比利时、意大利、西班牙等国主导，而这样一个欧洲又可能令美国不易指挥与应付。但是，对高加索山脉之南的三个想摆脱俄罗斯影响的小国（以及乌克兰与波罗的海三国）来说，这样的发展会对其带来的影响就不难预料了。

第七部分

土耳其进行曲

第 31 章

突厥语民族西迁

突厥人发源于叶尼塞河上游，主要生活在今蒙古西北部，以游牧为生，其语言与中国史书上的丁零、铁勒、柔然部落相近。游牧民族的部落间经常发生冲突与战争，而且部落间的联盟经常改变，聚散无常。突厥人在没有形成自己的民族之前，曾经被柔然人奴役。他们善于锻铁，因而被蔑称为锻奴。锻奴集团的各个部落于 552 年组成了自己的国家，并在数十年间逐渐扩张为一个帝国，被称为突厥汗国。

突厥汗国因为幅员辽阔，分为东西两部分，分由两个人治理。东突厥汗国跟中国的中原王朝有过不少交往，隋朝和唐朝的创建者都曾经受封于突厥汗国。唐代李氏家族，还有之前不少驻守西北边陲的汉族将领都曾和鲜卑或突厥上层家族通婚。唐太宗李世民就具有部分鲜卑和突厥血统。

草原民族最重要的文化就是御马术。马大约在 6 000 年前才被人类驯化，最早是为人类提供肉食。后来，人们发现马可以驮重，再后来又发现它耳朵灵敏，记忆力也特别好，能记得走过的路，所以有“老马识途”之称。而且，马的脖子很长，能看到很远的地方，而且马跑得很快，人骑在马上很有利于作战。于是，骑兵成了游牧民族具备的巨大军事优势。

当时的突厥民族还有一项优势，那就是他们能在马上使用由几层桦木打造的双弧形的弓。这种双弧弓射出来的箭速度很快，力量也很强，跟15世纪时的英格兰长弓差不多，而英格兰长弓的长度约相当于一个人的身高，士兵必须稳站地上才能开弓射箭。

从叶尼塞河到多瑙河

东突厥汗国与隋唐两朝都有交往，与西突厥却逐渐失去了联络。于是，东突厥人慢慢地被隋朝和唐朝吸收，归顺于中国的中央政权。西突厥人则继续向西发展，而且越走越远，一直到咸海。咸海有两条河流注入，北边的是锡尔河（中国唐代以前称之为“药杀水”），南边的是阿姆河（中国唐代以前称之为“乌浒水”），起初西突厥人主要在锡尔河以北居住。锡尔河以南属于农耕社会，是粟特人居住的地方。慢慢地，突厥人越过了锡尔河，有的自愿充当奴隶兵，还有的被贩卖为定居者的家奴。

之后，突厥人又到了阿姆河之南，进入了波斯人的世界，逐步接近当时伊斯兰世界的中心——巴格达。10—11世纪时，巴格达是波斯帝国阿拔斯王朝的首都，也是伊斯兰世界的政治与文化中心，和（在北非穆斯林统治下的）西班牙的科尔多瓦、东罗马帝国的首都君士坦丁堡、中国北宋的首都开封并列为世界四大都会。但是，阿拔斯王朝的哈里发自10世纪起被来自北方属于什叶派的白益王朝控制，形同傀儡。塞尔柱人起源于西突厥的乌古斯部，在领袖塞尔柱的率领下结成一个部落团体。他们先是定居在锡尔河与阿姆河之间的布哈拉，信奉了伊斯兰教，继而渡过阿姆河，由里海东岸南下，进入伊斯兰世界的心脏地带。塞尔柱人首领托格卢尔·伯克于1055年率兵进军巴格达，驱赶了白益政权，被阿拔斯王朝的哈里发任命为帝国的摄政王，并被授予“东方和西方的国王”的称号和“苏丹”的官职。从此，塞尔柱王公“挟天子以令诸侯”，建立了今天我们所说的塞尔柱王朝。

塞尔柱人进入巴格达，把持伊斯兰世界的政治中心长达11年。

1066 年，法国北部的诺曼底公爵渡过英吉利海峡，控制了整个英格兰，建立起由诺曼底贵族统治的英国——今天的英语中有如此多的法语词汇，主要就是出于这个原因。又过了 5 年，即 1071 年，塞尔柱人在小亚细亚东部的曼齐刻尔特击溃了东罗马帝国的军队，俘虏了东罗马帝国的皇帝。之后，一批又一批的塞尔柱突厥人开始进入小亚细亚，以伊斯兰拓边战士的身份，蚕食了东罗马帝国最重要也是最大的一块领土。到 12 世纪中叶，在今土耳其的亚洲领土上已经有许多突厥人建立的政权。塞尔柱王朝的首领自称苏丹，在安纳托利亚中南部的科尼亚建立首都，被称作塞尔柱鲁姆苏丹国。这时，塞尔柱突厥人离开锡尔河以北的亚洲草原已经 400 年了，离开突厥人的发源地蒙古则有 600 多年了。他们经过了伊斯兰化与波斯化的双重过程，又先后和许多不同民族（如粟特人、波斯人、阿拉伯人、亚美尼亚人以及希腊人）通婚，但他们仍然说着乌古斯突厥语。

塞尔柱鲁姆苏丹国和突厥人在小亚细亚建立的各个公国依靠对伊斯兰教的宗教热忱，加上固有的草原民族战争法则，不断扩张，把本地人建立的政权一一打败，让其成为附庸。通过行政力量、宗教皈依和大量通婚，（受波斯语和阿拉伯语词汇影响的）乌古斯突厥语逐渐取代了希腊语，成为小亚细亚的通用语言。

1243 年，正当突厥人西进顺畅的时候，自东边来了一批源自蒙古的草原民族，统帅是成吉思汗的孙子拔都。他的军队所向披靡，占领了小亚细亚很大一部分，令塞尔柱鲁姆苏丹国俯首称臣。这样，塞尔柱王朝的力量就受到很大的牵制。因为需要应付蒙古人，塞尔柱王朝便无法兼顾自己境内的一些地方势力，不少地方的部落于是纷纷自立，其中跑得最远的一批人到了十分接近东罗马帝国首都君士坦丁堡的地方。大概在 1299 年，这批人的首领奥斯曼建立了自己的小公国。这个小公国的前两代首领还不敢自称“苏丹”，只是自称“加齐”（意为拓展伊斯兰领土的边疆战士）。但后来奥斯曼公国的领土迅速扩张，向西夺取了东罗马帝国的许多地方，向东又平服了一些突厥人的小公国，于是该国领导人改称自己为苏丹，这就是后来的奥斯曼帝国。奥斯曼帝国的前 10 任领袖个个勤政善治，长于征战。到苏莱曼一世执政时，奥斯曼帝国的力量到达顶峰。1529 年，苏莱曼一世率兵抵达多瑙河，围困维也纳。这位面孔消瘦、鼻梁尖且直的苏丹被认为是当时欧洲最伟大的君王。也许他并不清楚，1 000 年前在叶尼塞河上游放羊的圆面扁鼻的牧民就是他的祖先。

从小公国到大帝国

奥斯曼帝国建于 1299 年左右，经过 100 年的扩张，已经占有不少欧洲领土，都城也从小亚细亚西北部的布尔萨迁到位于巴尔干半岛的埃迪尔内。

这时，小亚细亚东部出现了一位说突厥语的蒙古裔厉害人物，名为帖木儿。帖木儿以撒马尔罕为基地，向南打到今阿富汗，又继续南下洗劫了印度的德里，向西打到今伊朗的波斯湾，再向西北进攻今土耳其，进入今土耳其首都安卡拉，把奥斯曼帝国的苏丹抓了起来。（突厥人曾在 11 世纪俘虏了东罗马帝国的皇帝，同是突厥裔的帖木儿在 15 世纪又把奥斯曼帝国的苏丹抓起来，这使得本来西进顺畅的奥斯曼帝国不得不再度面向东方，放缓对东罗马帝国的最后进攻。）

奥斯曼帝国的创建者奥斯曼是一个运气很好的人。他选择立国的地方就位于异教且异族的东罗马帝国首都附近。当蒙古人冲散了以科尼亚为首都的塞尔柱鲁姆苏丹国的时候，许多地方王侯纷纷自立。蒙古人撤退后，各地王侯就逐鹿中原，相互征伐。此时，奥斯曼帝国的领土在小亚细亚的西北一角，他的敌人就是东罗马帝国，因此吸引了很多无用武之地的豪强投奔，帮他一起向西攻打东罗马帝国的领土。奥斯曼的儿子叫奥尔汗。奥尔汗攻占了不少地方，并且第一次参与了东罗马帝国的内政。当时，东罗马帝国的皇帝有个政敌，皇帝要跟他的那名政敌打仗的时候向奥尔汗求援，并且把女儿嫁给了他，于是奥尔汗成了东罗马帝国的驸马。

自奥尔汗以后，好多代奥斯曼帝国苏丹都娶基督徒贵族之女为妻。上行下效，奥斯曼帝国上至贵族下到老百姓都时常娶欧洲基督徒为妻。所以，奥斯曼人的血统混杂得很厉害，他们自认为是欧洲人一点也不为过。

又过了几代，年轻的穆罕默德二世在 1453 年攻陷了君士坦丁堡，消灭了东罗马帝国，罗马帝国最后一任（第 95 位）皇帝战死在城墙上。

在穆罕默德二世之后又过了几代，奥斯曼帝国迎来了最强大、最有威望的苏丹，他就是于 1520 年登基、1566 年去世的苏莱曼一世，他在 1529 年带兵围困维尔纳，又在 1534 年领军向东占领了巴格达。在他之前，奥斯曼帝国已经把埃及、叙利亚以及包括伊斯兰圣城麦加和麦地那的阿拉伯半岛西部纳入了版图。1517—1923 年，奥斯曼帝国的苏丹还兼任伊斯兰教逊尼派世界的哈里发，即先知穆罕默德的继承人。

奥斯曼帝国的地理位置很优越，东部不易受敌，西部可以扩张。爆发于 14 世纪的科索沃战役产生了决定性影响。在这场战役中，奥斯曼帝国战胜了塞尔维亚、保加利亚以及阿尔巴尼亚的联军，整体上控制了巴尔干半岛。科索沃战役后，奥斯曼帝国才开始攻打君士坦丁堡。

奥斯曼帝国占领君士坦丁堡的时候，炮兵是匈牙利人，骑兵是塞尔维亚人，他们成功地把君士坦丁堡从西边和东边包围了起来。向奥斯曼帝国臣服的联军里，有很多是信奉东正教的塞尔维亚人和信奉天主教的匈牙利人。

前面提到，奥斯曼帝国的前 10 位苏丹都能征善战并勤于治国，但奥斯曼帝国的迅速扩张除了要归于这一原因，还要归于制度原因。

第一是宗教制度。在宗教的鼓励之下，开疆拓土的人被封为“加齐”之后会有荣耀感，心理素质会增强。

第二是奴官制。这是奥斯曼人的创举，就是把体质、性格优秀的基督教青少年训练成苏丹的家奴，然后派他们在王宫、政府机构或军队任职。在波斯和印度之外的整个伊斯兰教历史上，被伊斯兰政权统治的人大多是犹太教徒和基督徒。根据伊斯兰教法，这些人是要受到保护的。虽然他们不是穆斯林，但他们信奉的经文被穆斯林承认，所以他们也被称为“有经之人”。“有经之人”只要交人丁税就会受到保护，不能被当作奴隶。解决这个理论困境的办法，就是找到支持这种做法的教法学者，使其给出新的解释。于是，苏丹御用的教法学者做出了牵强的解释：如果把一个基督徒的人丁税退回，这个基督徒就不受保护了，就可以被当作奴隶。

奴官制的实际做法是：从欧洲或小亚细亚选拔年龄在10~18岁，身体健硕、头脑聪明的基督教男孩，把他们送到小亚细亚的一个农庄，让他们在那里学习语言，皈依伊斯兰教，然后给他们最好的教育。这些苏丹的家奴长大后都效忠于苏丹，这样就冲击了奥斯曼突厥人原来的部落制度——如果大家的向心力仍在自己的部落，部落和部落之间又有斗争，那么苏丹的中央集权就无从实施。奴官制虽然似乎有违伊斯兰教法，但为奥斯曼帝国的苏丹添加了许多有能力并且效忠苏丹的基督徒。事实证明，那些成为苏丹家奴的青少年长大后经常把自己的家族成员劝化为穆斯林，还想方设法让家族适龄少年也能被选为苏丹的家奴。

奴官制中最有名的一部分人在土耳其被叫作新军或“禁卫军”。这支军队战斗力极强，并且效忠于苏丹，在奥斯曼帝国扩张时期无往不胜，在全世界，至少在欧洲，是唯一的一支常备军。

第三是米勒特制。这也是奥斯曼人首创的一种符合伊斯兰教传统的统治方法。“米勒特”的意思为“社区”。奥斯曼帝国的居民根据宗教信仰被分成不同的米勒特。所有的穆斯林属于一个米勒特，所有的犹太人不管住哪里都属于一个米勒特，所有的亚美尼亚基督徒属于一个米勒特，所有的希腊正教徒也属于一个米勒特。

在米勒特里面，被委任的领导者负责收税，然后缴纳给中央。凡宗教事务、教育、婚姻、财产的分配，诉讼案件、社区内部的冲突等，都由米勒特自己处理，几乎是完全自治。但在军事上，米勒特不能有自己的军队。军队只能归苏丹，交税纳粮则是所有米勒特的义务。这个制度跟过去的伊斯兰统治制度有所不同，但差异也不大。

第四是采邑制，意思类似于“普天之下，莫非王土”，即所有由苏丹统治的土地都属于苏丹，别人不准买卖也不准继承。有战功的人可以由苏丹授封一块土地。但他的儿子和孙子不能继承这块土地，除非苏丹允许其继承。因此，在奥斯曼帝国内部不容易形成地主阶级，也不容易形成有足够财力和人力跟中央王朝对抗的家族。这对巩固苏丹的统治和延续奥斯曼帝国的王统是有好处的，对缓和农民对地主的抗争也有作用。

此外，我们还需要讲一下奥斯曼帝国的继承制。奥斯曼人虽然花了1 000年的时间向西迁移了几千千米，并且渗入了大量波斯人与希腊人的血液，但他们始终维持着基本的草原民族统治方式，没有采用长子继承制。这种制度的好处和坏处很难说，起初可能是好处多，后来可能是坏处较多。

总而言之，奥斯曼帝国苏丹的继承制在草原民族中（包括元朝）大致都是这样操作的：哥哥去世之后往往是由弟弟继承，当然也可以由某一个儿子或是侄子继承，但必须要召开宗亲大会，通过协商与选举决定。奥斯曼帝国前期的150年中，选的都是能干的人继位。但从穆罕默德二世开始，苏丹就对自己的兄弟不放心，怕他们趁自己外出打仗的时候在家里造反。于是，从这位苏丹开始，后任苏丹们就用不同的方法使兄弟们无法和自己竞争——或者给兄弟很多宫女，使他们沉迷于女色；或者把兄弟禁闭在宫内，不让他们熟悉政务。后来，有个苏丹干脆收买了教法法官，使其解释说苏丹可以为了维持帝国的安定和大众百姓的利益而毒死自己的兄弟，所以有人一登基就杀光自己的兄弟。

从将士用命到佞臣弄权

苏莱曼一世是奥斯曼帝国历史上最伟大的苏丹。他大面积扩展了奥斯曼帝国的疆土，包括整个东南欧洲、小亚细亚、高加索地区、黑海西部与北部（克里米亚等地）、整个肥腴新月（今伊拉克、叙利亚、约旦、以色列和巴勒斯坦），还有阿拉伯半岛的西部（包括麦地那与麦加）和东部（今海湾诸国），以及埃及和北非（今利比亚和突尼斯）。奥斯曼帝国成了整个伊斯兰世界的领袖。

占领埃及后，奥斯曼帝国的领土开始收缩。因为在采邑制之下，只要能不停地扩张领土，就会有新的采邑赏赐给有军功的人，也就不断地有人愿意为苏丹效劳。但到了一定程度之后，领土不能再扩张了，而贵族后代们对生活质量的要求很高，需索无度，统治矛盾就会凸显。再加上，这时葡萄牙人和西班牙人发现了新航路，把世界商业中心从地中海移到大西洋，绕过好望角就能到印度洋，进而到达中国。当时，中国还是世界上最富足的国家。就这样，地中海以及丝绸之路逐渐变得不那么重要了，因而在丝绸之路尾端和地中海东部与南部跟欧洲进行贸易的奥斯曼帝国收的税就少了。苏丹收入减少，直接影响着军队的战斗力，从而使得领土扩张无法继续。受奥斯曼帝国统治的人口不再增加，税收也就难以增加，所以就进入了一个萎缩的循环。这是我对奥斯曼帝国宏观历史的看法。

奥斯曼帝国没有御玺，每一任苏丹有一个很有艺术性的签名式。他所发的诏书一定用这个形式来书写。奥斯曼帝国时代的文字是以阿拉伯字母拼写的乌古斯突厥语，但夹杂有大量的波斯语和阿拉伯语词汇，这就是奥斯曼文。

16—17 世纪，奥斯曼帝国的主要对手是奥地利的哈布斯堡王朝，东部信奉伊斯兰教什叶派的萨法维王朝也给奥斯曼帝国带来了一定的麻烦。总体而言，欧洲的文艺复兴使欧洲在各方面越来越强。虽然奥斯曼军队在 1683 年又一次包围维也纳，但并没有成功攻下该城，不得不再度退兵。自此，奥斯曼帝国和哈布斯堡王朝的强弱对比发生变化，双方攻守开始易势。

就在这段时间，奥斯曼帝国上层骄奢淫逸日益无度，教士集团、受他们影响的禁卫军和保守官僚联手阻碍改革，宫廷的内争日渐激烈，佞臣、宫女、阿谀奉承的文人纷纷显露身手。苏丹和兄弟之间的斗争往往反映出他们的母亲之间的斗争，也折射出苏丹后宫女眷的家族之间的矛盾。16 世纪共有 5 名苏丹在位。于 16 世纪末登基的穆罕默德三世利用法律漏洞，下令同时杀死他的 19 个兄弟。17 世纪，苏丹的更迭就更为频繁，先后共有 8 名苏丹。

如果说奥斯曼帝国只有哈布斯堡王朝这一个对手，那么即使对手逐渐变强，它或许还能应付。但是，奥斯曼帝国还面临另外一个逐渐崛起的对手，那就是北方的俄国。自从莫斯科大公于 15 世纪摆脱了蒙古统治者的枷锁以后，俄国逐渐强盛，并且开始向外扩张，它和奥斯曼帝国在东欧、克里米亚和高加索地区都发生了接触与冲突。

1683 年，奥斯曼帝国军队最后一次进攻奥地利，包围了防备薄弱的维也纳。由于奥斯曼统帅轻敌，波兰援军赶到，奥斯曼军最后被迫撤离。此后，奥地利、波兰、俄国、威尼斯等国联合与奥斯曼帝国在几处作战，强迫奥斯曼帝国于 1699 年签订了第一次损失领土的《卡洛维茨条约》。

尽管 17 世纪末也曾出现过企图中兴的苏丹，但是任性而懦弱的苏丹居多；虽然也有过公忠体国的名臣（如科普鲁卢祖孙三代），但贪赃枉法者当道（管理分封采邑证书的机构可以受贿，将国有土地给予毫无战功的妇女作为“买鞋钱”），保守主义者又愚蠢颟顸。

进入 18 世纪，奥斯曼帝国从欧洲第一强国变为“欧洲病夫”，“落日照大旗”的景象已然可期。

第32章

走向共和

奥斯曼帝国于1517年占领了伊斯兰教圣地麦加和麦地那，从此，土耳其人开始成为咖啡的爱好者。咖啡最先是被从埃塞俄比亚传到也门，再传到麦加，然后通过到麦加的朝圣者传遍伊斯兰世界。奥斯曼人接管圣地之后，垄断了咖啡的运销，从中获取重利。

今天的土耳其咖啡是指将磨碎的咖啡豆煮了之后不经过滤的浓咖啡，喝完会在杯底剩下渣子。咖啡馆在整个中东非常流行，在16—17世纪的土耳其更是十分普遍。当时还没有报纸，更没有收音机，所以大家就习惯到咖啡馆聊天，交换信息。好几任苏丹都曾因为担心老百姓在咖啡馆聚谈会引起造反，从而下令关闭咖啡馆。

到过土耳其的人多半都会记得几座著名的清真寺。这些清真寺大都出于16—17世纪的建筑大师之手，其中有一位名为希南的建筑师尤其值得一提。希南出生于安纳托利亚的一个希腊人家庭，小时候曾经帮着父亲做泥水匠的工作，后来被编入禁卫军。他本来当工程兵，负责架桥、修路、建碉堡，但苏莱曼一世看中了他的能力，让他设计和督建一座巨大的清真寺。伊斯坦布尔最受人瞩目的清真寺——苏莱曼清真寺就出自希南之手。整个土耳其造型最好也最为精致的清真寺是位于埃迪尔内的塞利米耶清真寺。埃迪尔内是奥斯曼帝国迁都伊斯坦布尔之前的首都，距今保加利亚和希腊很近。塞利米耶清真寺在希南97岁高龄时完成，是他最为杰出的作品。

希南在回忆录里说，他一生中最大的荣耀和快乐，莫过于能和苏丹接近，听苏丹说话，尽管有时在行军时，苏丹骑在马上，他自己在地上跑。

从“师夷长技”到“改革整顿”

奥斯曼帝国上下大都知道要向欧洲学习，否则无以图存。当然，大家最为关心和想学习的首先是军事，但也有人提出要进行更深刻的改革。因为奥斯曼帝国内部没有可以制衡苏丹的社会阶层，而官僚集团自己的力量不够，所以他们经常以列强干涉为由恐吓苏丹和不肯配合的地方豪绅。

就在奥斯曼帝国国力达到顶峰、上层开始骄奢淫逸、官员逐渐贪污腐败之际，世界形势发生了巨大的变化。来自美洲的黄金和白银促进了商业和贸易，并导致经济活动货币化。奥斯曼帝国也因而悄然进入货币经济时期，税收和薪饷不再以实物而改用货币计。政府为了维持庞大的开销，往往发行成分不足的金币和银币，造成通货膨胀。通货膨胀使官员和军人的生活水平下降，于是许多人就开始从事副业，或是把家人介绍到政府和军队里占名额、领薪饷。许多禁卫军还加入各种行会以另谋生计，逐渐疏于军事。在这种情形下，几位苏丹以铸造货币支付对外用兵的费用，吃了败仗不说，还因之引起通货膨胀，令社会更为不满。过去战功彪炳的禁卫军因屡次战败而受到诟病，他们便和保守的教士集团联盟来抗拒改革，屡屡闹事。

这对奥斯曼帝国的国运造成了极为严重的影响。当时，欧洲各国刚走出中世纪不久，如果奥斯曼帝国的上层能够决心革新，两者的差距未必会很大。但由于保守派的阻挠（比如，因为反对印刷品而不许穆斯林开设印刷厂），支持改革的大臣们时常空有志向而无法施展。

尽管如此，18 世纪时，一些试图中兴的皇族和大臣还是劝服了苏丹引进欧洲人才，学习西方先进技术，特别是军事技术。一位法国伯爵为此受命建立军校，创建新式炮兵。他为此特别改宗伊斯兰教，更名为艾哈迈德。

俄国彼得大帝的改革和其后叶卡捷琳娜女皇的步步进逼使奥斯曼帝国不仅失去许多北方领土，而且造成了境内各东正教社区的离心。

1789 年法国大革命之后，在官僚集团主导下，奥斯曼帝国正式引进了法国的军事制度，还开始建立印刷所，创办报纸，设立翻译局，印发西方书籍，等等。他们派遣大量留学生赴西欧，鼓励工商业发展，希望由此增强国内的经济活力。

这一时期登基的苏丹塞利姆三世很想改革。他另建新军，采用欧洲方式练兵，但禁卫军联合起来推翻了他，另外拥立新苏丹。后来一个拥有地方实力的改革派大臣出来，设法让塞利姆三世复位，但是塞利姆三世还没来得及复位便在皇宫内被人杀害。

法国大革命后，拿破仑进攻埃及，使埃及的行政权落入当时的封疆大吏穆罕默德·阿里和他后代手中（直到 1952 年），埃及实际上相当于已经独立。同一时期，奥地利占领了贝尔格莱德，阿拉伯半岛（提倡基本教义的）教派领袖瓦哈比和（企图统一阿拉伯各地的）部落首领沙特结盟，并互相娶对方的女儿，声言要把不守教律（如饮酒、崇奉苏非主义）的奥斯曼人逐出阿拉伯半岛。

19 世纪，奥地利、俄国、英国、法国都进军领土广阔的奥斯曼帝国。欧洲列强纷纷对奥斯曼帝国放债，并与其签订关税协定、最惠国待遇等“不平等条约”，还以奥斯曼帝国的法律落后为由，取得审判居住在奥斯曼帝国的外国公民的“治外法权”。比如，东正教社区由俄国保护，天主教社区由法国保护，（英国逼迫苏丹认可的）基督教新教社区则由英国保护。只有犹太教社区没人保护，所以犹太人一般对奥斯曼帝国最为忠诚。19 世纪末，意大利变强之后，主动“认领”了犹太教社区。

1820年左右，英国、法国、奥地利等国的政府和文化精英（其中包括巴尔扎克、拜伦等人）支持希腊人争取独立。拜伦还亲自跑到希腊去，参加对抗奥斯曼帝国军队的游击战，又写诗描述希腊人备受摧残和英勇反抗的事迹。

奥斯曼帝国当然不能容忍希腊独立，因为奥斯曼帝国的主要部分就在过去东罗马帝国的希腊土地上。奥斯曼帝国苏丹派最精锐的禁卫军去镇压希腊独立势力，结果吃了败仗。1821年，希腊开始宣布独立，这是奥斯曼帝国境内第一个独立出去的民族。

自此，奥斯曼帝国的禁卫军颜面尽失，连那些本来跟他们一起做小生意的人都觉得禁卫军实在是难堪大用。于是，苏丹马哈茂德二世趁势在1826年解散了禁卫军。

1839年，马哈茂德二世病逝，继位的新苏丹年仅16岁。他虽然不通政事，但心地善良，希望臣民能够生活幸福。在他母后的支持下和官僚集团的劝导下，他颁布了一份诏书，指出兴衰除弊的办法是实行“新法令”——包括确立帝国人民不分宗教一律平等的原则，以及未经审判不可处刑的原则。这个自上而下的改革被称为“坦齐马特”（意为“改革整顿”），共持续了37年。

从改革到革命

社会变革一旦开始，就会进入一个不可逆转的历史进程。想要阻止这个进程的人，只能成为不同形态的牺牲者。

坦齐马特改革的目标是建立法治社会和现代经济。这时，有一些奥斯曼帝国精英已经认识到，这两个目标是相互关联的。因此，发展教育，建立法院，杜绝贿赂，兴建铁路，创办报纸、电报和邮局，都是改革的要务。

奥斯曼帝国在坦齐马特时代最明显的改革在于服饰——从苏丹到

各级官员都改变了装束。男子放弃了触地宽袍，改穿及膝带扣的西式礼服；原来的大型头饰也改成了红色圆帽。另外，奥斯曼帝国的军队废止了绣有不同动物的军旗，改用红底新月加一颗星的设计。这就是今土耳其的国旗。

坦齐马特改革启动了奥斯曼帝国世俗化的进程。原来由教士集团控制的各类伊斯兰教的基金都要接受国家机关的监管，连教法总法官都几乎成为公务员，并被配给办公室。

实行坦齐马特改革的 37 年间，奥斯曼帝国经历了两场规模较大的对外战争和随之而来的危机。

1853—1856 年，奥斯曼帝国在英法两国的协助下，与俄国进行了克里米亚战争，并获得胜利。在战后的《巴黎和约》中，俄国放弃了一些它过去争夺的奥斯曼帝国领土，奥斯曼帝国同意进入“欧洲的政治、文化和经济轨道”，英法两国保证奥斯曼帝国的独立与领土完整，但由于它的法治制度不同，不承认它是一个平等的国家。奥斯曼帝国的政府官员利用这个“成绩单”，迅即促请苏丹颁布新诏书，进一步推动实施西方化和世俗化，重申苏丹统治下的穆斯林与基督教臣民一律平等，同时宣布设立银行，拓展道路和改革工商业。接着，奥斯曼帝国于 1858 年又颁布了土地法（允许私人拥有土地）和新刑法。

1875 年，经过连续 20 年的对外举债后，奥斯曼帝国政府承认破产，宣布对债务一律折半付息，“欧洲病夫”的病情更为严重。1875—1878 年，巴尔干半岛的东部和西部都有基督徒因不满专制统治而起义，政府出兵血腥镇压，引起欧洲各国的强烈反应。在乱局中，有法国和德国的领事被杀，几乎引起列强的军事干预。

在坦齐马特时代出现了两个深刻变化。第一，派遣留学生、与欧洲进行贸易以及基督教社区地位的提高打造出了一个文化上的西化阶层和经济上的“买办”阶层——他们多数并不是旧秩序的既得利益者，许多是基督徒。第二，由于国势日弱，许多穆斯林对苏丹和官僚集团很不满。不少出身中下层的知识分子加入了最初由上层精英成立的青年奥斯曼人组织，并逐渐成为主力，不仅在国内外报章上抨击时政，而且从事地下活动，企图通过政变推翻奥斯曼帝国；更多人则因为难以在商业上和基督徒竞争而进入政府或军队；还有一些人选择入读伊斯兰经学院，希望进入教士阶层。

1876 年，苏丹阿卜杜拉·阿齐兹在首都民众连续示威的压力下，任命一批深受民望的改革派出任首相和教法总法官等职务。不久，新上任的教法总法官签名同意罢黜苏丹，大臣们借此逼苏丹退位，由曾被苏丹长期监禁的侄子穆拉德五世继位；两天之后，阿卜杜拉·阿齐兹割脉自杀。新苏丹穆拉德五世在任不到三个月，就因为精神病发作而不能亲政。于是，改革派官员再次罢黜苏丹，请他的弟弟阿卜杜拉·哈米德二世继任。阿卜杜拉·哈米德二世支持主要由改革派起草的宪法草案。1876 年年底，奥斯曼帝国第一部宪法正式公布，不久便举行了议会选举。这是奥斯曼帝国历史上的一件大事。

1877 年，俄国从高加索和巴尔干半岛两翼对奥斯曼帝国发动进攻。1878 年年初，俄军逼近伊斯坦布尔，迫使奥斯曼帝国承认罗马尼亚和塞尔维亚独立，让（被俄国扩大了的）保加利亚完全自治，俄国自己也夺取了大片领土。英国与奥地利不愿意见到俄国坐大。彼时刚独立不久、还没有海外殖民地的德国在首相俾斯麦的倡议下于 1878 年召开柏林会议，英、奥等国劝诱俄国参加，协商各国的势力平衡。结果，俄国做出一些退让，英国因为替奥斯曼帝国说话而得到塞浦路斯，奥斯曼帝国则损失了将近 40% 的领土。

从 1839 年开始的坦齐马特改革到 1876 年颁布宪法，用历史的长焦距来看，这个时期起到了承前启后的作用，为奥斯曼帝国的现代化播下了种子。但是，从当时亲历者的观点看，坦齐马特改革的道路很不平坦：反对的声音不断，改革政策没能得到妥善落实。无论是改革派官员还是反改革派官员，能力和素养普遍不高，而且以贪污无能者居多。

1878年，阿卜杜拉·哈米德二世以俄国军队逼近、首都形势紧急为借口，宣布议会休会。自此，奥斯曼帝国议会休会整整30年。

阿卜杜拉·哈米德二世的反对者指责他在这30年里实施的是保守反动、残暴独裁的统治。事实上，阿卜杜拉·哈米德二世的统治风格可谓既铁腕高压，又锐意改革。他随意任免官员，大量放逐反对者，厉行新闻审查，四处派遣密探（包括到咖啡馆里偷听谈话）。同时，他又仿照欧洲的办法切实推广教育，积极发展经济，大力建设国防。

阿卜杜拉·哈米德二世遭到反对主要是出于两个原因：一个是非奥斯曼裔臣民日益增长的民族主义，另一个是受过西方教育的奥斯曼青年对他的专制统治日益不满。为了团结帝国内的穆斯林，同时也为了在思想上对抗西方和俄国，阿卜杜拉·哈米德二世公开支持泛伊斯兰主义，特别强调他是全世界所有穆斯林的哈里发。他这么做除了要维持自己的地位，也许还是为了保卫帝国的安全与独立。但是，一如上文所言，社会变革一旦开始，就会进入一个不可逆的历史进程。想要阻挡这个进程的人，只能成为不同形态的牺牲者。阿卜杜拉·哈米德二世深知他那自杀身亡的伯父是个悲剧人物，并且力图避免遭遇同一命运。

1908年7月，已成为秘密地下组织的青年土耳其党（其前身为奥斯曼同盟）人策动一部分驻扎在马其顿的青年军官发动武装起义，接着有穆斯林平民占领军械库，引发各地暴动，最受苏丹信任的安纳托利亚部队也倾向了革命一边。7月24日，阿卜杜拉·哈米德二世被迫宣布，冻结了30年的宪法再度生效。次日，首都各大报纸都刊登了将举行议会选举的官方通知，奥斯曼帝国终于进入了君主宪政的阶段。

阿卜杜拉·哈米德二世于恢复宪法一年之后被黜。他花了30年推广新式教育和建设现代军队，可以说是在自掘坟墓，也可以说完成了他自己也说不清的历史使命。

从君主宪政到始建共和

宪法恢复后，奥斯曼帝国举行议会选举，青年土耳其党人获胜主政。他们最关心的是奥斯曼帝国的独立与统一。他们重申“公民”一律平等的理念，并且提出要把对“苏丹”的忠诚改为对“奥斯曼祖国”的忠诚。这些理念明显受到法国大革命的影响。然而，现实却并非如此——欧洲列强和国内各基督教社区都用具体行动对这些理念做出了否定。

不久，倾向保守的伊斯兰主义者在首都军营发动叛乱。革命与反革命的力量持续激烈交锋。青年土耳其党人此时分为自由派和民主派。民主派党人与支持他们的新派军人联合，严厉镇压反对者，在首都实施戒严，手段比刚退位的苏丹更为残暴。不久，支持保守势力的旧派军人进入首都发动政变，青年土耳其党人被迫下台。

1881 年，柏林会议上做出的有关“尊重奥斯曼帝国领土完整”的宣言墨迹未干，法国便出兵占领突尼斯，英国紧接着于 1882 年接管埃及，意大利于 1911 年出兵利比亚。奥斯曼帝国政府派兵迎战，情况不利。

1912 年，巴尔干半岛的塞尔维亚、黑山、保加利亚和希腊利用奥斯曼帝国内外交困的局面，向奥斯曼帝国的欧洲领土发动进攻。奥斯曼军节节败退，几乎失去整个巴尔干半岛。保加利亚包围了埃迪尔内，英法建议奥斯曼政府先放弃埃迪尔内，之后它们会参与斡旋。奥斯曼政府正在迟疑不决时，保加利亚军已然攻占了这个奥斯曼帝国发迹时代的首都。青年土耳其党人借机发动政变，再度上台。

1914 年，一战爆发。奥斯曼帝国内部出现了选择中立、选择英法和支持德奥的不同声音。因为对英国、法国、俄国抱有敌意，也因为德国皇帝一再拉拢奥斯曼帝国苏丹，又对全世界穆斯林示好，青年土耳其党的主要领导人希望可以借助德国的力量收复失地并废除治外法权，于是决定参战，与德国结盟并请德军官指挥奥斯曼军队。就是这个误判，令他们把一心想要抢救的“欧洲病夫”送进了太平间。

一战时期的青年土耳其党人经历了“无力回天”的4年。军事上，奥斯曼帝国60多万人的部队在1915—1917年需要同时应付4条战线——英法联军由西边逼近伊尔坦布尔，俄军从东边攻入安纳托利亚，英军进入伊拉克，法军登陆叙利亚。在奥斯曼帝国内部，希腊和亚美尼亚社区有离心倾向，于是主政者在1915年局势正紧时决定大量转移希腊与亚美尼亚人口。结果，大批亚美尼亚人在各地被伤害，或是被军队驱赶到叙利亚的沙漠里。

1917年秋，俄国发生十月革命，退出大战，给奥斯曼帝国一个喘气的机会，但较早前美国的参战已经注定了德军的失败。疲惫不堪、奄奄一息的奥斯曼帝国这时已经回天乏力了。苏丹穆罕默德五世恰于1918年夏去世，把投降（与逊位）的苦涩差事留给了继他之后登上苏丹宝座的亲弟弟。同年10月，来自青年土耳其党的大臣们宣告辞职，新任苏丹穆罕默德六世任命一位自由派人士为新首相，并交给他谋求休战的任务。不久，奥斯曼帝国政府与英国签署停战协议，实际上是无条件投降。

英法军队立即进入伊斯坦布尔，成立军事管理机构。接着，英法又分别由陆路进攻，希腊和意大利分别由爱琴海和地中海登陆。希腊军队占领了爱琴海一带之后，长驱直入，威胁到安纳托利的心脏地带。

在此危急存亡之秋，战时曾经屡建奇功的英雄人物凯末尔将军被帝国政府派遣到黑海南岸的萨姆松地区担任军政巡视员，监督武装部队的遣散复员工作。凯末尔很早就加入了青年土耳其党，只是由于看法和主要领导人不同，从来没有受到重用。此时，他对希腊军的入侵极为愤慨，毅然辞去军职，着手协调安纳托利亚各地自发组成的“保卫权利协会”，准备进行一场“民族解放战争”。

1919年的《巴黎和约》把奥斯曼帝国彻底肢解——马其顿、（包括科威特的）伊拉克、（包括黎巴嫩的）叙利亚、（包括外约旦的）巴勒斯坦和阿拉伯半岛西部通通丧失，只剩下伊斯坦布尔连同附近的一小块欧洲领土和大部分安纳托利亚。1920 年，由奥斯曼帝国政府签署的《色佛尔条约》把安纳托利亚又割出去几块，一块是独立的亚美尼亚，另一块是自治的库尔德斯坦。连接黑海和地中海的两条海峡由国际机构管理，爱琴海东岸的重要城市伊兹密尔由希腊管理。此外，治外法权被全面恢复。这样，奥斯曼帝国就成为一个支离破碎、有形无实的国家。

好几个少数民族都依照民族自决的原则实现独立和自治，奥斯曼帝国的主体民族——说土耳其语的穆斯林却没有自己的“家园”，因为就连安纳托利亚都是祖先来自中亚的突厥部族在 12 世纪后才大量迁入的。奥斯曼帝国是一个由苏丹依照伊斯兰教法统治的多民族、多宗教的军事联合体，有宗教的区分，但没有民族的界别，更没有某块领土属于某个民族的概念。

凯末尔决定按民族自决的逻辑，进行一场“民族解放战争”，让土耳其民族（住在安纳托利亚和色雷斯的穆斯林，包括突厥裔、库尔德裔、切尔克斯裔、阿拉伯裔和拉兹裔）在自己的“民族国家”获得独立。要实现这一目标，第一步是要把这个家园从外国占领军手中解放出来。在这一点上，凯末尔把西方词汇里的“nation”（民族）和“ethnic group”（族群、族裔）混杂了起来，同时又沿用了奥斯曼帝国对“米勒特”的界定，认为所有住在土耳其领土之内的穆斯林同属一个穆斯林米勒特，因此属于同一个“民族”，但这个民族又是由不同的伊斯兰元素组成的。

总之，在历时三年半的解放战争中，凯末尔利用他的军事才华、外交手段、组织能力和领袖魅力，得到了大多数土耳其人的信任和崇拜，说服苏俄和保加利亚等国保持中立，因而可以集中力量把外国占领军赶出去。1922 年 9 月，凯末尔领导的国民军进入伊兹密尔（凯末尔的夫人是伊兹密尔一位富商之女），希腊军溃败。不久，国民军收复在安纳托利亚的所有失地。

解放战争期间，建国的任务也在同时进行。1920 年，奥斯曼帝国议会为抗议英国占领首都、逮捕议员而无限期休会。之后，一个全新的大国民议会在安卡拉召开，凯末尔被选为主席。1921 年，大国民议会通过了基本组织法，界定了国家主权和行政区域，建立了国家机关。凯末尔的胸襟、韬略和审时度势的能力在这段时间得到充分体现。有鉴于一般民众对苏丹仍然非常敬仰，而且对奥斯曼帝国的苏丹同时兼任全世界穆斯林的哈里发而感到非常自豪，凯末尔一直说，是因为苏丹成了异教徒的俘虏，他才不得已而另起炉灶。

英国在土耳其民族解放战争结束后，邀请相关各国到洛桑讨论“土耳其问题”。由于土耳其是“一个国家、两个政权”，英国就故意把邀请函同时发到伊斯坦布尔和安卡拉。谁知这反而给了安卡拉政府一个好理由，大国民议会于是赶在洛桑会议之前通过决议废除苏丹，但仍保持哈里发的位置。

传世 600 多年的奥斯曼帝国的末代苏丹穆罕默德六世带着他的幼子，趁夜间潜出王宫侧门，乘英国战舰仓皇逃亡。奥斯曼帝国从此一去不返。

第33章

迈向现代共和国

凯末尔于1881年出生在爱琴海西北部的重要海港萨洛尼加（今希腊第二大城市塞萨洛尼基）。他的祖父能背诵《古兰经》，是个小学教员；他的父亲曾任海关职员，后经营木材生意，因社会动荡而生意失败，身染重病。凯末尔7岁丧父，12岁背着母亲考入萨洛尼加的一所幼年军校，15岁离家入读西马其顿的军事中学，18岁进入伊斯坦布尔陆军大学，主修步兵；1902年毕业后，他短暂服役，因表现优异被选派到参谋学院深造，1905年获陆军上尉军衔。他娴熟于军事，擅长法语、化学、数学，也喜爱文学，是阿卜杜拉·哈米德二世时期培养出来的知识丰富的新式军官。

时势造英雄，英雄造势时

一个伟大政治人物的出现，除了有其自身的因素，还需要有外在条件。土耳其共和国的缔造者凯末尔可谓兼具天时、地利、人和。

1908年宪政革命前后，凯末尔先后在叙利亚、马其顿和利比亚服役，结识了一批关心国事的年轻军官，其中包括许多青年土耳其党人。1909年，驻马其顿的军队乘火车前往伊斯坦布尔平息旧式军人的反革命政变。这支部队的司令是几年后担任首相的谢夫凯特将军，而他的参谋官就是凯末尔。革命后的帝国政府被青年土耳其党人中的团结与进步委员会的三个领导人把持，其中权力最大的是恩维尔——在军事中学和陆军大学时比凯末尔高两届的校友。但两人并不亲近，对国家的治理理念也不一样，恩维尔的妻子是一位奥斯曼帝国公主，他坚决捍卫奥斯曼帝国王室，力主与德国结盟对抗英国、法国、俄国，并把奥斯曼帝国军队的指挥权托付给德国军官。凯末尔起初并不反对苏丹，但是他非常不赞成把军队指挥权交给德国人。

一战爆发时，凯末尔任奥斯曼帝国驻保加利亚武官。1915 年年初，经过凯末尔本人多次请求，帝国政府召他回国，指令他以中校军阶在伊斯坦布尔西南地区组建一个师。在英军迫近，首都处境危险之际，凯末尔指挥的第十九师在达达尼尔海峡西侧的加利波利半岛抵挡住了英军的强大攻势，扭转了不利战局。他因此赢得了“伊斯坦布尔救星”的美称，成为家喻户晓的人物。但这引起恩维尔的妒忌与防范，所以凯末尔在 1916 年被授予准将衔之后，立刻被派往帝国的东部，担任迪亚巴克尔（库尔德族聚居的城市）的战地司令。凯末尔在东部再创佳绩，在一次快速战斗后，从俄军手中夺回了两个城市。此后，他再次被派往叙利亚，虽然没有获胜，但仗打得很漂亮，并做了有秩序的撤退。因此，凯末尔在奥斯曼帝国军民心中形象极佳，被认为是一个智勇双全的常胜将军。

1917 年 10 月，凯末尔因为不满恩维尔对他的安排而辞去军职，回到伊斯坦布尔，公开批评掌政的团结与进步委员会三巨头。同年年底，同样不喜欢团结与进步委员会的帝国王位继承人瓦希代丁应邀访问德国，凯末尔被指派陪同前往，由此结识了这位未来的苏丹。

1918 年 7 月，苏丹穆罕默德五世病故，他的弟弟瓦希代丁继位，史称穆罕默德六世。1918 年 8 月，凯末尔被任命为军团司令，再度前往叙利亚。10 月 30 日，奥斯曼帝国政府的代表与协约国签订停战协定，青年土耳其党人的三位领导人同乘德国军舰逃跑；英法军队随即开入伊斯坦布尔，实行军事管治。有一个细节值得一提：法国在近东的统帅德斯佩雷将军像拿破仑于1798年进入埃及那样，也像1453年奥斯曼帝国苏丹"征服者"穆罕默德二世一样，于1919年2月8日骑着一匹白色骏马，在希腊人、亚美尼亚人和欧洲人的欢呼声中正式进入伊斯坦布尔。这对土耳其穆斯林来说是一个极大的刺激，间接促进了三年后土耳其共和国的诞生。

1918年11月13日，凯末尔解甲回到伊斯坦布尔。他很少公开露面，有人认为他是在忧国忧民，郁郁寡欢。但是，根据当时一些人的回忆，他曾接受外国报纸的访问，也曾和许多人会晤，包括四度谒见苏丹。素来精力过人的穆罕默德六世在这段时间更是异常忙碌，为了维护他代表的600余年的王统和保住自己的苏丹宝座，他与许多大臣频频晤谈。也许是要表现奥斯曼帝国的独立性，穆罕默德六世不顾英国占领当局的反对，坚持要派凯末尔到东部去监督军队的遣散和复员。假如英国当局坚持不许凯末尔离开首都，历史将会怎样发展，今人就很难评断。事实是，凯末尔于1919年5月16日乘船离开伊斯坦布尔，前往黑海南岸的萨姆松。前一天，一支希腊军队在协约国军舰的掩护下，在爱琴海东岸的重要城市伊兹密尔登陆。

凯末尔从1919年5月19日登陆萨姆松开始，就利用这个天赐良机，一方面广泛联系安纳托利亚各地的"护权委员会"，另一方面把解散与复员工作改为动员与整装。一场历时三年半的土耳其民族解放战争就此展开，以土耳其共和国的建立而告终。

我在这里不厌其烦地叙述凯末尔在土耳其共和国建国前的作为，是想借此说明，历史的大转折往往伴随着一些偶然因素——某些精英的个人选择也时常会影响历史进程。

中国人对历史的重视要高于任何其他民族，然而，掌握历史规律和吸取历史教训却并非我们的专利。乘势而动不仅需要智慧，还需要勇气。在土耳其建国史中，凯末尔和他的伙伴们就在历史大转折的关键时刻，以行动证明了自己的智慧。

从中亚跑到东欧的土耳其民族在欧、亚、非三大洲的辽阔土地上建立了一个多民族、多宗教的庞大帝国；奥斯曼帝国加上之前的塞尔柱王朝，总共持续了700多年。待到奥斯曼帝国分崩离析之际，上天对这个民族确实已表现得十分仁慈了。

第一，欧洲之前就已把奥斯曼帝国肢解到只剩下土耳其民族的基本躯体，所以当一战中的胜利者想要继续削割这个行将断气的“欧洲病夫”时，在亚洲各地的土耳其穆斯林纷纷组织了“护权委员会”，发出“最后的吼声”。第二，已经战败的无权苏丹居然坚持要凯末尔到安纳托利亚去解散奥斯曼部队，身负王命的凯末尔因而有了“武装斗争”和“统一战线”的本钱。第三，在伊斯坦布尔的帝国议会因为首都被占领而宣布进入无限期休会状态，从而把舞台让给了在安卡拉新设的大国民议会。此时，凯末尔开始进行“党的建设”，成立“共和人民党”。第四，玩惯了“挑起内斗”伎俩的英国殖民主义者把召开洛桑会议的邀请函分别发送给伊斯坦布尔的帝国政府和安卡拉的共和国政府，这就使本来还在迟疑的凯末尔党人铁了心，乘机宣布废除大家心中都仍然有些敬畏的苏丹。第五，没有什么殖民地的美国倡议以“民族自决”作为国际新秩序的标准。假如奥斯曼帝国没有经过100年的衰落肢解过程，土耳其人就没有理由以“民族解放战争”来争取属于自己的“民族家园”。就在许多土耳其上层人物主张由美国托管的时候，凯末尔巧妙地“借东风”，用列强的时髦名词“民族自决”来助长自己的声势。

一旦凯末尔政府和列强代表签订了《洛桑条约》，土耳其共和国就等于从西方人手上得到了“现代文明国家”的“出生证明”。这的确是土耳其民族的一大胜利。凯末尔和他的支持者清楚地知道，乘胜追击是最佳的战略选择，因为机会往往稍纵即逝。

于是，凯末尔和他的战友们决定与青年土耳其党人做清楚的切割：不再怀念奥斯曼帝国，而是要建立崭新的土耳其共和国。这个共和国必须要实现4个目标：在国际上独立自主，缓和国内的民族对立情绪，进行全方位的社会变革，建设现代经济。

安卡拉政府的外交策略清楚而有效：凯末尔和斯大林签订《和平友好条约》，稳住了东方；之后他又和保加利亚交好，从而稳住了巴尔干地区。二战前，土耳其反对法西斯，受到西方自由派人士的称赞。总体上，土耳其不许西方视它为“半殖民地”，也不让苏联当它的“老大哥”（为此，土耳其曾经庇护托洛茨基）。

在对待少数民族问题上，土耳其共和国采用了“属地主义”：在土耳其境内出生的人都是“土耳其人”，应效忠于“土耳其祖国”。但是，对于希腊人和亚美尼亚人，土耳其共和国则仍然采用类似于米勒特制的办法。

在改造社会方面，凯末尔执政的时代可以说是声势凌厉，万马奔腾。在不到10年时间里，土耳其共和国通过了多项重要法案：废除伊斯兰教为国教；废除伊斯兰教的哈里发；废止用阿拉伯字母拼写的奥斯曼文，改用拉丁字母；解散苏非教团并没收它们的财产；置伊斯兰教总教长于政府控制之下；关闭经堂学校；规定每个人在传统的名字之外还需要有一个“姓”（大国民议会立法通过，凯末尔的姓是“阿塔图尔克”，意为“土耳其人之父”）。

经济建设是任何革命政权都不易应付，但又必须重视的任务。凯末尔政府走上的是混合型经济道路：政府一方面发展基础设施，建立基本工业；另一方面补贴私人企业，以助其成长。在执政党内有两种主张：一部分人主张以国家资本主义为主；另一部分人则主张政府的角色应该是临时的，发展自由资本主义才能使经济健康成长。凯末尔采用实效主义，平衡两种力量。

但凯末尔·阿塔图尔克的改革并不都是一帆风顺的。

1930年，西方国家正处在经济萧条中，土耳其也受到影响，普通百姓的生活艰难。为了实现政党政治，凯末尔请一位好朋友出面组织了一个“忠诚的反对党”，取名为“自由共和党”。两党的支持者在竞选集会中屡次大打出手，反对党的得票率远超过预料。于是，这次民主实验以自由共和党主动宣布解散告终。同年，一名乡下的苏非教士宣传恢复伊斯兰教的法定地位，并且要求恢复哈里发。当一名后备军官奉派前往调查的时候，这名教士在群众的欢呼声中把军官的头砍了下来。

这两起事件使凯末尔意识到，自己不仅要让老百姓得到实际的利益，而且要让老百姓理解政府的施政理念。他还体会到，对缺少安全感的老百姓来说，认同传统、从宗教象征中获得慰藉是很自然的事。自此，凯末尔到处演讲，想用爱国主义代替宗教。

1938 年 10 月 29 日，凯末尔缺席土耳其共和国建国 15 周年的庆祝大会，总统在大国民议会上的开幕演说也由总理代为宣读。同年 11 月 10 日，土耳其政府公布了他的离世。凯末尔刚到安卡拉时，土耳其仍是一个半封建的农业社会（1924 年，希腊正教徒被遣送到希腊后，土耳其甚至连水管工和鞋匠都没有；凯末尔还曾亲自选派一批青年到巴黎去学做西装）。他去世时，土耳其已经有了各种技术工人，发展起了基础工业。最重要的是，大多数老百姓都已具有“土耳其人”的认同。

没有凯末尔的凯末尔时代

凯末尔的死讯被公布的第二日，大国民议会一致推选伊诺努为土耳其共和国第二任总统。伊诺努没有凯末尔的英雄光环，也缺少个人魅力，因此土耳其的强人政治就此结束。稍后，共和人民党召开非常大会，宣布凯末尔·阿塔图尔克是党的创始人和“永久领袖”，伊诺努是“常任总裁”，土耳其自此进入以凯末尔主义为指导思想的时代。

凯末尔主义是共和人民党根据凯末尔的一些演讲内容，在 1931 年的全国大会上正式通过的“基本的和不变的”六原则。共和人民党党徽上的“六支箭”就象征着凯末尔主义的六原则：共和主义、民族主义、人民主义、国家主义、世俗主义、改良主义。这六项原则于 1937 年被写进了土耳其宪法，至今仍是土耳其每个小学生都要熟记的常识。总体来说，凯末尔主义是对青年土耳其党人的改革政策的总结与延续，而不是对过去的否定。

二战前，土耳其的外交方针是力求独立自主。因为害怕意大利独霸东地中海，所以土耳其坚决反法西斯。但在二战中，土耳其严守中立——一战中鲁莽参战的教训使土耳其认识到，自己谁都得罪不起。

战争刚一结束，伊诺努就指出，为了使土耳其的现代化与战后的新世界秩序相适应（即为了适应资本主义与民主政治），土耳其应该主动改变政治体制。他提议开放党禁，建立多党制。1946 年，土耳其举行第一次有竞争的全国选举，新成立的民主党虽然最终失败，但表现得很亮眼。1950 年，两党再度交锋，民主党大胜，凯末尔亲手创建的共和人民党惨败。

这在土耳其历史上是一个重要的转折点。究其原因，在于土耳其的中下阶层历来在国家生活中被边缘化，而在民主选举中，他们的参与可以发挥作用。这对日后各个政党的政纲取向有重要的指标意义。不少政党都说自己代表普通老百姓；凯末尔所创的共和人民党演变成了“中间偏左”派；另外一些与上两派区别不大的政党则自称“中间偏右”派，也颇有市场。

在内政方面，自民主党于 1950 年凭选票上台执政，到 1980 年军人第三次通过政变更换政权，土耳其经历了颇为混乱的 30 年。多党政治造就了许多政客和政党——他们合纵连横，轮番出场，有些人频频“变脸”；一些政党经历了改名重组，但没有一个政权能够持久。有的政党被选票逼退，有的被军人赶走，还有的因丑闻下台。贪污舞弊、货币贬值、工会抗争、街头骚乱，对此大家都习以为常。稳定的力量来自军人，他们以凯末尔的忠实信徒自居，以宪法保卫者的身份监督政客和政党。

土耳其军人先后于 1960 年、1971 年和 1980 年发动三次政变，宣布戒严，重写宪法，每次都在政变发生后的一两年内就“回到营房”。他们有时会开杀戒。土耳其高级军人最痛恨左派和“政治伊斯兰”，所以多次出手镇压左派，又经常禁止伊斯兰主义者参与选举。上层军人的政治取态固然是由于他们自幼就接受凯末尔主义的教育，但在一定程度上也是因为他们的社会地位使得他们普遍和大资产阶级及世俗派精英有私交，比如存在婚姻和商业上的联系。他们盼望土耳其能够“脱亚入欧”，但当土耳其社会真正接近西方时，他们的表现又好像是好龙的叶公。

在国际上，土耳其在二战后放弃了凯末尔的中立外交路线，完全投入了西方阵营，不仅接受美国援助，派兵参与朝鲜战争，还是北约组织和巴格达条约组织的积极成员。

地缘政治与社会结构的改变

土耳其的现代化进程已经有 200 年的历史。它以学习欧洲为目标，所采取的一直是由精英主导、自上而下的权威主义模式。

20 世纪 80 年代，由于土耳其内部政党政治的开展以及市场经济的运作，权威主义的作用相对减弱。这就决定了土耳其最近 30 年来政治和经济发展的基本趋势。这 30 年间，国际政治的格局发生了三次重大变化，而国际局势与国内因素总是相互影响的。因此，这 30 年来土耳其在政治、经济和文化上的转变，必须从国内与国际的双重视角来审视。

1979 年的伊朗伊斯兰革命使西方国家认识到，一个稳定的土耳其对西方非常重要，而军人动辄政变是无法真正维持其稳定的。从那时开始，尽管土耳其内部仍然纷争不断，伊斯兰主义者的声音也越来越高昂，但军人再没有发动过政变。然而，土耳其成立了一个超内阁的权力组织——国家安全会议，由总理任主席，5 名成员中有 3 名是军人，秘书由一名军官担任，这可以说是新的“军人训政”局面的形成。

土耳其历来用补贴政策（如“进口替代政策”）扶助本国工业。土耳其大多数的人才和精英都聚集在伊斯坦布尔附近，它的工业也集中在以伊斯坦布尔为中心的马尔马拉海地区。因此，土耳其一向以欧洲为主要进口来源和出口市场。国内积极加入欧洲共同体（欧盟的前身）的呼声主要来自这个地区的精英阶层。

由于受到政府补贴，再加上政党会为争取选票而支持工会，土耳其的工业品成本不易降低，缺乏竞争力，外销市场很小。1980—1988 年的两伊战争期间，土耳其政府恰巧推动市场经济，增加了土耳其企业的竞争力。其间受益最大的是位于东部的中小企业（被称为“安纳托利亚之虎”），它们乘机拓展外销，对伊朗和伊拉克的出口急速增加。土耳其的出口额从 1979 年的 23 亿美元骤升至 1988 年的 117 亿美元。

土耳其的上层精英以世俗主义者为主，主要生活在伊斯坦布尔等大城市。尽管自凯末尔时代就开始进行激进的世俗化，但土耳其社会一直存在不同的宗教观。大部分安纳托利亚的中小城市和农村人口并没有摆脱延续了多个世纪的宗教传统，因此东部中小企业家的伊斯兰教色彩仍然很明显。他们成立了在土耳其文中简写为 MüSiAD 的独立工业家和商人联合会，以与一向由世俗化大企业家和大商人控制的、简写为 TüSiAD 的土耳其工业家和商人联合会分庭抗礼。在土耳其文中，“独立者”与“穆斯林”均以“M”为首字母，因此人人都称，MüSiAD 其实就是身为穆斯林的工业家与商人的联合会。其实，土耳其的世俗主义者与伊斯兰主义者都主张现代化，他们之间并不存在现代与传统的冲突，而是存在两种不同的现代化设想。

在工业发展、出口增加的同时，土耳其自由经济的实施也带来了收入分配的失衡，这是土耳其社会需要紧急处理并且长期面临的问题。

东部中小企业家的兴起与社会贫富不均的加剧这两个现象，成为日后伊斯兰主义者获得政治胜利的国内因素。

苏联解体、美国独强以及其后西方国家强调的全球化，为土耳其创造了另一个经济发展机遇。一如中国因为参与全球化经济体系而成为重要的受惠者，土耳其的经济在同一过程中也得到长足发展。“安纳托利亚之虎”活力充沛地进入苏联，尤其是高加索地区与中亚地区。即使是总部设在伊斯坦布尔的巨型企业，如科齐集团和萨班吉集团，也在俄罗斯、巴尔干地区和阿拉伯国家急速扩展，成为实力雄厚的跨国集团。这些新发展令不少土耳其人不再以加入欧盟为唯一选项。

伴随这些新发展的还有土耳其国内伊斯兰政党的演变。屡次遭解散又重组的伊斯兰政党越来越温和，采取了尽量不刺激军方和世俗派的语言来表述自己的政纲，公开颂扬凯末尔，也应允不会推行伊斯兰教法或是改变现有的世俗化司法制度。即便如此，当今执政的正义与发展党的胜利还是经历了一段艰辛曲折的过程。2002 年秋，正义与发展党在选举中获得胜利，有足够的票数可以组建内阁，但它的党魁埃尔多安未能参加这次选举，他因为在 1998 年的一次政治集会中背诵了一首引用《古兰经》但有宗教敌对含义的诗而被判入狱 10 个月，且 5 年内不得从政。于是，正义与发展党推出第二号人物居尔出任总理（后来他还担任过土耳其外交部部长、总统），继而通过宪法修正案，允许埃尔多安参加国会补选。等埃尔多安当选国会议员后，居尔辞职，由前者出任总理。

埃尔多安出身寒微，没上过大学，不会说任何外语，受过几年宗教教育。但他富有魅力，善于演讲，更长于解决实际问题。他在担任伊斯坦布尔市市长时的成绩有目共睹。他领导的正义与发展党已经连续赢得三次大选，主要原因是他并非传统政客出身，而是以解决民生问题见长。这 10 年来，土耳其的经济大有进步，而且目前仍在高速发展期。

“9 · 11”恐怖袭击事件和随之而来的阿富汗战争与伊拉克战争使土耳其的战略重要性大为增加。以美国为首的西方国家认识到，作为一个政治民主、经济发展颇有成绩的伊斯兰大国，土耳其是它们在中东和伊斯兰世界最有价值的朋友。与其勉强地把它纳入欧盟，引起一部分欧洲人的不安，倒不如让它留在伊斯兰世界，作为中东各国（和其他伊斯兰国家）的楷模。在这个前提之下，土耳其几代人（包括许多虔诚的穆斯林）的“脱亚入欧”梦想可能就更难实现了。

西方国家对土耳其的评估是基于自己的利益。作为位居欧亚之间，有将近 8 000 万人口和 1 000 多年辉煌历史的国家，土耳其需要为自己的明天做出定位。

土耳其的地理和历史条件决定了，它既在亚洲又在欧洲，所以它未来的发展必然要兼顾东西两面。土耳其的经济总量已经位于世界第 15 位，这个骄人的成绩是靠国家主义和市场经济互相配合得到的，很难想象土耳其会选择偏执一端。土耳其的民主政治已经行之有效，这是其精英与草根、军人与政客、世俗主义者与伊斯兰主义者经过 80 年的冲突与妥协才达成的，弥足珍贵。但是，在针对库尔德问题没有达成共识之前，土耳其政治民主的基础仍然不能算是巩固。此外，埃尔多安以强人身份连续当选总统，加上近几年土耳其军多次进入局势持续恶化的叙利亚，使土耳其的未来政局又多了两个变数。

土耳其的发展成就对全世界发展中国家（特别是对伊斯兰国家）具有借鉴意义，不过，它当前也面临以下问题：国家的现代化是否必须通过西化才能实现？假如这个问题的答案是否定的，那么一个国家能否在伊斯兰的文化范畴内达至现代化？

第 34 章

博斯普鲁斯海峡与埃迪尔内

2009 年时，因为国内建国六十周年庆典以及土耳其那边的手续问题，我的行程一度被耽搁，但终于在 10 月 4 日抵达伊斯坦布尔——这座世界上唯一一座跨越欧亚大陆的城市。这是我第 4 次踏上这片土地。

应土耳其政府的邀请，我在土耳其海峡大学担任了一个学期的客座教授，也借此机会好好游览了土耳其以及周边国家。在工作方面，我在这里主要教授两门课程：一门是给生物医学工程专业学生开设的“现代生物医学工程与生活质量”，另一门则是给历史学系学生开设的“中国与丝绸之路”。作为土耳其最好的大学之一，土耳其海峡大学每年通过高考招收全土耳其最顶尖的学生。

土耳其海峡大学的主要校园位于欧洲，从我住的三层白色木制小楼可以俯瞰博斯普鲁斯海峡，离著名的欧洲堡垒只有 20 几步的距离。“征服者”穆罕默德二世在 1452 年建立了欧洲堡垒，一年后，他攻入君士坦丁堡，结束了历经约 1 500 年的罗马帝国（罗马帝国后期的大约 1 000 年一般被称为东罗马帝国）。如今，欧洲堡垒已经被改建成国家博物馆，供人们细细品味这段历史。

一提到伊斯坦布尔，人们脑海中浮现的可能是高耸的奥斯曼式宣礼塔和庄严宏伟的清真寺，或是摆满各式各样商品的集市。女人们穿着严实的黑袍在集市旁匆匆走过，蓄着胡子的男人们则在随处可见的咖啡店里或是人行道上喝着浓浓的土耳其咖啡。这种画面在托普卡帕皇宫周围几千米内还能看到，那里曾经是奥斯曼帝国的统治者和他们的皇亲、宫廷官员、宫娥、太监，以及那些禁卫军团生活、工作、祷告、玩乐、搞阴谋的地方。某个周日，我在那里待了整整一个下午，花了 15 里拉买到一个用小珠串成的门帘。就好像是为了把花在门帘上的这 15 里拉省回来，我决定徒步走过金角湾，走到城市比较繁华的部分。暮色中，有人在钓鱼，上上下下拉着鱼竿，旁边放着几乎空着的小桶，似乎在等着今天的最后一次尝试。我走到金角湾北岸后，便沿着台阶走上有 1 500 年历史的加拉塔塔，那里有几家纪念品商店和一家表演旋转苏非舞的餐厅；穿过伊斯蒂克拉尔（独立）大街，一直走到贝尤鲁地区繁华的中心地带塔克西姆的一个公交车站。出于好奇心的驱动，这不到两千米的旅程花了我一个多小时才走完。但在这一个多小时中，我经历了近 2 000 年的历史，这也正是伊斯坦布尔的迷人之处——在地理、社会、思想上都是这么的复杂多样、与众不同，需要进一步慢慢地探索与品味。

其实，我在很多年前就对伊斯坦布尔有浓厚的兴趣，但真正首次接触那里是在 2004 年 1 月底，我趁着农历新年假期去那里待了 5 天。那时，我刚读完奥尔汗 · 帕穆克的著作《我的名字叫红》，便想亲眼看看这个虚构故事的发生地以及这本书的作者。不巧的是，我在当地恰好遇到了暴风雪，又受背痛的困扰，然而这些并没有打乱我的行程，我仍然游览了著名的旅游景点，并和奥尔汗 · 帕穆克一起吃了晚餐。从那以后，我又先后三次到访伊斯坦布尔，在这座城市一共待了 30 天的时间。这 30 天的经历向我证明了伊斯坦布尔是我所走访过的最有趣的城市。在这之前，我一直觉得巴黎是最具魅力的城市。尽管我对法国情有独钟，并且自 1963 年起曾多次去往巴黎，但是与巴黎相比，伊斯坦布尔的气候更宜人，风景更秀丽，文化更深重，因而更为迷人多彩。伊斯坦布尔总是给人们一种历史与现实的强烈冲突感，让游客觉得自己是受欢迎的。至于为什么我会觉得伊斯坦布尔更加欢迎游客，这需要进一步说明。因为我会说法语，所以在巴黎时不会像一般的外国游客那样遇到和当地人交流困难等相关问题，而当地人事实上对外国游客并不是特别热情。在和巴黎一样喧嚣繁忙的伊斯坦布尔，外国游客也会遇到看不懂当地标志、不会说当地语言的问题，但土耳其人通常都会很热心地帮助外国游客。在伊斯坦布尔以及土耳其的其他城市中，我都能感受到这样一种发自内心的温暖和好客。在路上匆忙走过的路人在被我们拦下之后还能非常耐心地为我们指路，甚至有时候会陪我们走上一段。我们总是能听到当地人热情地说："欢迎来到土耳其！"商店店主和出租车司机遇到数不清零钱的外国游客时，通常会直接抹去零头，旅店的保安、地铁站的工作人员、餐厅的服务生甚至是街上的警察通常都会非常有风度地为游客提供服务（不过我听说土耳其人在足球和政治领域会失去他们的风度，所以我在土耳其的这段时间内尽量避开了这两个领域）。土耳其语听上去语速非常快，但是让人感觉很舒服。我还发现，土耳其人吃饭的时候往往要比中国人或是美国人说话的声音低一些，我认识的大部分土耳其人说话的腔调都很柔和，举止也十分优雅，体现出一种自然的风度。

土耳其司机时常会自己修改交通规则，但土耳其司机之间的关系较为和睦，不会互相生气、恼怒。因为在伊斯坦布尔的街上，行人要比司机多得多，所以在这里，街上的行人也值得一提。通常来说，伊斯坦布尔街上的行人都有很强的心理素质，能够熟练地判断迎面而来的汽车车速大概是多少。对他们来说，红绿灯和斑马线只是个参考，他们会根据自己的方便判定在哪里过马路、何时过马路，就好像伊斯坦布尔所有的司机都有非常好的刹车技能和反应能力似的。我现在已经知道怎么在当地乘坐公交车了，所以忍不住想告诉你们当地乘公交车的景况。在伊斯坦布尔，因为许多公交车路线会共用同一个车站，所以在路边排队是不实际的。每次有车停下，我就会见证一次我称之为"文明战胜混乱"的场面！虽然人们看似随意地站在某处，但似乎想上车的人都能及时上去。在我多次以 1.5 土耳其里拉为代价做的"伊斯坦布尔公共交通社会学”的“自费研究”中，我从来都没有看到过相互推搡的情况。

在土耳其海峡大学工作之余，我和妻子总是挤出时间去伊斯坦布尔附近的城市转转。有一次，我们乘车去了埃迪尔内，它坐落在伊斯坦布尔西北部 250 千米处，与希腊和保加利亚接壤，曾为奥斯曼帝国的首都，现在号称土耳其西部门户。埃迪尔内最吸引我的，是那里坐落着丰富多样的奥斯曼建筑瑰宝，尤其是塞利米耶清真寺。出发之前，对于埃迪尔内的旅行，我和妻子都充满了期待。一大早，我们就乘坐旅游大巴公交车从伊斯坦布尔前往埃迪尔内，三个小时的车程非常轻松愉快，车上还有茶水和小吃。旅游大巴最终停在了市郊，乘客们可以免费换乘迷你巴士去各自的目的地。尽管我俩只会用土耳其语说“塞利米耶”这一个词，但我们最终也顺利地乘上了车。这一路我既不安，又激动，生怕乘错了车。当司机师傅招呼我们下车的时候，我迫不及待地向窗外望去，远远看见在一条林荫大道上，一座雄伟的清真寺被郁郁葱葱的树木半遮掩着。塞利米耶清真寺是由奥斯曼帝国时期著名建筑师希南设计和建造的。从外面看上去，塞利米耶清真寺是一座巨大的拜占庭式穹顶结构，有很多小的穹顶支撑，而且还有 4 个奥斯曼式细长的尖塔，每一个尖塔又有三层阳台式的建筑作为装饰。从里面看，塞利米耶清真寺呈八边形，显得非常宽阔明亮，各种装饰品看上去并不豪华俗丽，而是非常具有艺术感。整座清真寺给我印象最为深刻的就是，它由内而外自然散发着一种庄严感和一种清新高雅的感觉。希南设计建造塞利米耶清真寺时已经是 97 岁的高龄，也许他已将自己的心境完全融入设计之中。

即便这次旅途除了塞利米耶清真寺之外，没有看到其他任何东西，我也会觉得很值得。但惊喜的是，我们还有幸参观了一个展览伊斯兰艺术作品和历史文件的小博物馆，并在埃迪尔内逛了不少条街，一路很有收获，也有不少思考。

第 35 章

特拉布宗和科尼亚

我在美国西北大学研究生院读书时曾有过一件滑稽的 T 恤衫，上面印着："三年前，我还布会品写公程师三个字，现在井然成了公程师。"（Three years ago, I cudn't spel ingineer, now I is one.）此刻，我真的可以说："三个月前，我还不会拼写特拉布宗，现在竟然在描写它。"

在特拉布宗西南方的群山深处，一座高高的悬崖上坐落着修建于 4 世纪的苏美拉修道院。它一直矗立在那里，经历了拜占庭时代、塞尔柱王朝、奥斯曼帝国时代和土耳其共和国时代。它曾经遭到破坏，而且曾年久失修，但总能得到保护，从未损毁荒废。在 20 世纪，苏美拉修道院经历了翻修，新部分与古老部分的风格明显不同，令人看了有些失望。古代基督徒绘制壁画也许是缘于宗教热情，而在我看来，在这样与世隔绝的地方修建修道院，反映出的不仅仅是对上帝的虔诚之心，还有人们对远离尘嚣的共同渴望，不然怎么会有如此多的中国诗画离不开隐居山林、宁静致远的主题？我在特拉布宗的深山中竟然体验到了中国古诗的意境，只可惜我不是诗人，真希望王维曾来到特拉布宗，并在这座修道院中吟诗作赋！（这并非完全是臆想，与王维同一时代的杜环就曾远行至巴勒斯坦、埃及和摩洛哥。）

我和周敏民一同登上一辆标着圣索菲亚的小巴，被载到特拉布宗附近的一座小山上。这里的圣索菲亚教堂与伊斯坦布尔另一座更知名的圣索菲亚大教堂同名，是第 4 次十字军东征后从东罗马帝国分裂出来的小王国的统治者于13世纪时修建，当时这里已经被较早前入侵土耳其东部的塞尔柱突厥人围困。虽然这是一座拜占庭风格的基督教堂，但一些石制品上也有信奉伊斯兰教的塞尔柱人艺术风格的交错几何图形。当时信奉伊斯兰教的突厥部族和信仰基督教的希腊人在宗教上和政治上处于敌对状态，但在文化上互有借鉴。实际上，反方向的借鉴也非常明显：几乎所有的奥斯曼帝国时期的清真寺都采用了以伊斯坦布尔的圣索菲亚大教堂为代表的拜占庭式穹顶。最直观的例子是奥斯曼突厥人进入伊斯坦布尔不久后修建的苏丹艾哈迈德清真寺（即蓝色清真寺），它就屹立在圣索菲亚大教堂旁边，提醒着后人：一个民族的智慧可以且理应与其他民族共享。

由于来自北端黑海的湿气被南端的山川阻挡，特拉布宗是土耳其年降水量最大的地区。除北面外，特拉布宗的其余三面都覆盖着郁郁葱葱的植被，除茂密的森林之外，大部分是茶园。

在特拉布宗以东约100千米、距海岸约50千米的一个小村庄里，我们受邀与在路边咖啡馆外消磨闲暇的当地人合影，一位40多岁的男子与我们攀谈起来。他在国营茶叶公司工作，提议带我们参观附近的有机红茶加工厂。参观完红茶加工厂后，他又提议带我们去另一家绿茶加工厂。尽管我们非常委婉而礼貌地谢绝了邀请，这位热情过头的东道主似乎仍然觉得伤心。

当然，热情过头的东道主远胜过充满敌意的当地人。我们在一个美丽的湖畔小镇偶遇一场婚礼，这两种人在这里都没出现，令我们再欢喜不过。只见婚礼上的男男女女排成数队，随着响亮的民间音乐跳起民间舞蹈。一名男子注意到我们，微笑着冲我们点头示意。一个漂亮的小女孩儿坐在她爸爸的肩头，一直在偷偷地瞄我们，她的爸爸却什么也没说，什么也没做。

临近黄昏，从不远处的宣礼塔传来宣礼者对礼拜者的召唤声，与舞蹈乐曲交织成了名副其实的二重奏，婚礼上没有一个人停止跳舞。我们走向清真寺，在那里看到几个人，有的在水槽前做净礼，有的在门口脱鞋，准备进入寺里做礼拜。那一刻，我想起了婚礼上那个可爱的小女孩。她长大以后会选择听从哪种声音呢？最后一次望着这个我还拼不出名字的小村庄，我由衷地希望将来小女孩不必在跳舞和做礼拜之间选择，而可以自由地二者兼得。

尽管我不懂土耳其语，绝大多数土耳其人也不懂英语和法语，但在特拉布宗的这次经历使我相信，不需私人导游陪同，我也可以造访土耳其的城市，甚至乐在其中。

2009 年 11 月的某个周五晚上，我怀着这样的信心飞往塞尔柱鲁姆苏丹国的古都科尼亚，住进了旅游指南中所写的“科尼亚最有名的酒店”。

第二天一早，我在酒店服务台拿了当地地图，问好怎样前往科尼亚最重要的文化景点——梅夫拉纳（莫拉维）博物馆。只可惜，我对地图的高水平误读最终令我转进一条陌生的街道，那里只有一家理发店开着门。我拿着地图走进去，用生硬的土耳其发音说出“梅夫拉纳博物馆”。店主示意让我跟着站在我身边的年轻人。年轻人带着我走了不到 50 米，停在街边对我嘟哝了点什么，然后就带着笑意走了。正当我疑惑不解时，一辆小巴开过来，我才知道这个没有站牌的地方就是当地人搭小巴的地点。不过因为担心搭错车，我不敢贸然拦车，就又返回理发店，请店主为我在地图上指出我在的位置。人们都满心好奇又饶有兴致地看着我们，我很快意识到，“我们现在在地图上的哪个位置”这个问题用手势根本表达不出来，只会让彼此都越来越糊涂。不过老理发师的心情并没有受影响，他带我走出理发店，走向停在附近的他的车旁边，为我打开了车门。

接下来的 15 分钟里，我们一句话也没聊，只是偶尔微笑。当我看到科尼亚的标志性建筑——梅夫拉纳博物馆的绿瓷砖尖塔时，理发师把车停下了。就这样，两个语言不通的人相识了 30 分钟，相伴了数千米，一个心怀受人帮助的感激，一个心怀帮助陌生人的满足，毫无障碍地互道再见。

鲁米的全称是莫拉维·贾拉鲁丁·鲁米，当时的东罗马帝国被称作“鲁姆”，“鲁米”的意思就是来自东罗马帝国。他是伊斯兰教苏非派梅夫拉维教团的创始人。鲁米出生在今阿富汗的巴尔克，父母都讲波斯语。他的父亲创立了一个伊斯兰教苏非教团，为了逃避蒙古人，便带着家人和徒众搬到塞尔柱突厥人统治之下的科尼亚。后来，蒙古人占领了中亚和西亚，控制了安纳托利亚的大部分地区，迫使科尼亚的塞尔柱统治者沦为他们的藩属。

鲁米 24 岁时接替父亲成为教团长老。他相信音乐和舞蹈能使人进入“普世之爱”的狂喜状态，使人摆脱日常生活的焦虑和痛苦。这种对宗教的理解方式使数以千计的穆斯林获得了现实的存在感和心灵的满足感，而传统的伊斯兰教仪则无法令他们体验到这种强烈的情感。

鲁米的诗集《玛斯纳维》包含约 25 000 首神秘主义诗歌，诗集完成不久后鲁米就去世了。包括基督徒和犹太人在内的科尼亚人为他深深地哀悼，他的教徒尊称他为“梅夫拉纳”（阿拉伯语中意为“我们的导师”），“梅夫拉纳”就此在全世界读者的心中成为神秘主义诗歌的代名词。今天，由梅夫拉维教团聚会所扩建而成的梅夫拉纳博物馆是科尼亚的标志性建筑，博物馆中有鲁米的坟墓，还展出了他的手稿和其他遗物。我在仪式厅里逗留了很久，想象着 700 年前的宗教仪式。

梅夫拉维教团被西方人称为“旋转的苦修者”，这个名称来源于一种名为“萨玛”的独特的舞蹈仪式。

晚上，我在新建的梅夫拉纳文化馆观看了一场精彩的萨玛表演。旋转的修行者们身着白色或黑色长袍，头戴红色锥帽。乐师们弹奏乐器，吟诵《古兰经》，为旋舞仪式伴奏。伴随着音乐和吟诵声，苦修者们平伸双臂，一只手掌朝天，另一只手掌朝地，在缓慢优雅的乐声中长时间旋转后达到人与真主合一的状态，这就是舞蹈仪式的最终目标。

2006 年，我在伊斯坦布尔第一次观看萨玛表演，当时我还不了解仪式各个部分的含义，因此没有太留意舞蹈仪式的宗教层面。而这一次，在我眼中，科尼亚演出大厅里的苏非舞者们并是在表演，而是全神投入于这种宗教仪式中，彻底陶醉在他们的宗教自觉中。这种经历使我这样一个不信仰宗教的人强烈地意识到：人类需要精神的满足感，而这种宗教仪式以神秘的方式使人们获得了这种满足。

然而，至今苏非主义在伊斯兰世界仍然备受争议。苏非主义诗人经常在诗歌中用美酒和美人喻指真主，而传统穆斯林对此或憎恶或鄙夷。苏非主义追求人与真主合一的境界，一些苏非教徒在狂喜状态中尖声呼喊“我即真主，真主即我”，这受到瓦哈比宗派等保守派的强烈谴责，后者认为这些做法违背了伊斯兰教的基本教义信条——“万物非主，唯有真主”。

抛开教义不谈，在包括土耳其在内的很多国家，苏非主义的聚会所形成了重要的社会和政治力量，因为这些聚会所的成员们很有组织性，而且同事和邻里间经常互助。

整个周六下午，我一直在科尼亚的街道上漫步，观察以虔诚著称的科尼亚人。我并不了解这个地方的人们之间的关系，不过还是被这个塞尔柱汗国古都里大部分人的彬彬有礼和亲切友善深深打动。

土耳其目前由温和的伊斯兰政党执政，将科尼亚作为旅游胜地和伊斯兰文化中心大力宣传。土耳其政府的这一做法并没有像其他政策一样引发争议，因为在土耳其，就连最世俗的社会成员也认为科尼亚是土耳其历史上一个重要的政治和文化中心。我很庆幸自己造访了这里。

第 36 章

新奥斯曼主义的浮现

2002 年，土耳其历史迎来了一个转折点：在全国大选中，正义与发展党获得国民议会过半席位，成为 80 年来首次执政的伊斯兰政党。

土耳其正义与发展党的灵魂人物是埃尔多安，他从 2003 年起连任两届总理和 6 年总统。其间，他惹起了几次国内政治风暴和国际争议，但在党内的领导地位愈加巩固，领导正义与发展党连续赢得大选。因此，埃尔多安在土耳其未来的发展中居于主导地位。这个现象对于土耳其、中东、中亚和欧洲都很重要。究其原因，一是埃尔多安的个人能力和魅力，二是国际局势的变化，三是土耳其的社会现实。

先说埃尔多安。他出身草根，小学毕业后读过多年注重宗教专业的学校，十几岁时在街上当过小贩，还曾是半职业的足球运动员。他的言行举止很受中下层百姓的拥护；他一般表现得坚毅、自信，有时对外国人说话很强硬，符合大部分土耳其人对领袖的期望。此外，他长于笼络盟友，也善于打击对手，是天生的政治人物。

再说国际环境。冷战结束后，土耳其的周边环境发生了巨大的改变。虽然它仍旧是美国的坚定盟友，但大中东地区的地缘政治和商务关系都发生了根本性变化。土耳其和俄罗斯的关系明显改善，与伊朗也增加了文化与商务往来，对南高加索三国和中亚五国则有了更大的影响力。这令许多土耳其人体认到，土耳其毕竟是大中东地区的伊斯兰大国。

然后是土耳其社会的转变。凯末尔主义者连续统治土耳其 80 年，多数社会精英认为西方化和世俗化乃是土耳其命运之所系。具有讽刺性的是，这个精英群体内部分成了两派，他们之间互相猜忌甚至经常敌对。一派是具有强烈民族主义倾向的军人，另一派是信奉近世西方自由主义、反对军人专政的知识分子。然而，土耳其社会的许多中下层从来没有被真正西方化和完全世俗化。其中许多人认为精英群体对伊斯兰信仰和奥斯曼文化传统不够重视。在具有伊斯兰信仰的大量人口中，有主要开展政治活动的正义与发展党和主要开展社会和文化活动的葛兰运动。

近20年来，土耳其最有影响力的宗教团体是伊斯兰学者法土拉·葛兰所创建的，这个团体没有正式名称，但被会员们称作“服务社团”(一般土耳其人也称之为“集会”)。葛兰说他很受 19 世纪的土耳其库尔德裔宗教学者赛义德·努尔西和鲁米的影响，倡导“文化伊斯兰”（以区别于“政治伊斯兰”)，主张友爱、宽容、希望、对话、参与和互相尊重。他多年来居住在美国，推崇科学、市场经济和多党政治，强调伊斯兰教、现代性和教育之间的相互适应。葛兰运动在全世界据说有几百万成员，采用松散而互不从属的组织方式建立了许多学校（在土耳其就有 300 多所，全球有接近 1 000 所）、慈善机构、地产信托基金、雇主联合会、学生团体、文化协会和大众传媒（包括在土耳其销路极大的《时代报》)。对于这个组织，土耳其国内和国外都有不同的评价。有人认为这是伊斯兰教和伊斯兰社会的未来形态，有人认为它是一个善于包装的秘密宗派，甚至还有人说它是由美国设计、组建和指挥的组织。

在经济上，主要位于安纳托利亚的中小企业主过去从政府的工商业政策中得不到好处，但近年来他们在对伊朗、埃及、高加索和中亚各国的贸易中展示了地理、文化和技术优势，增强了自信，也增加了利润。在正义与发展党执政后推出的许多基建项目中，这些开始蓬勃发展的中小企业大大提高了竞标的成功率。

可以说，埃尔多安和正义与发展党的选民基础是安纳托利亚的虔诚穆斯林，特别是与中小企业有关的人口。这些人的企业以及他们所管理的（在穆斯林社会非常普遍的）慈善基金因此成为正义与发展党的主要捐献者。

在争取选票和获得财政支持这两个互相关联的层面上，葛兰运动（包括与之相关的电视、报纸、电台）的支持对正义与发展党至关重要。如果没有葛兰运动的支持，正义与发展党和埃尔多安当初就未必能够上台执政。

埃尔多安上台后，先是在军警、情报和法院系统里安插同情正义与发展党的人，然后下令让这些关键部门的人员去调查反政府的世俗派。2010 年，土耳其官方开始调查一宗据称是十几年前由军人主导的代号为“大锤”的密谋政变计划。在“大锤”案中，几百名高级军官（包括前参谋总长和陆军、海军、空军司令），还有警官、法官、学者和文化人被起诉，大多数被判刑，许多现役军官也被迫退休。

不久之后，土耳其政府又掀起于都斤山大案，调查并判处了许多据称是属于极右翼恐怖组织的知识分子和文职人员。在处理这个案子期间，埃尔多安和葛兰这两位曾经联手对付世俗派精英的伊斯兰主义活动家之间出现了分歧。

2013 年，葛兰系统的报纸刊出三名内阁部长贪污的调查报道。这三人被起诉并且认罪后，埃尔多安一口气撤换了包括这三人在内的 10 名内阁部长，并且指称葛兰集团控制着一个包括军人、警官、法官和媒体从业者的“平行政府”。葛兰运动的媒体则指控埃尔多安独裁贪污，背离民主。

作为一个远在中国的观察者，我看到的是，当土耳其的西化世俗派几乎溃不成军时，原来的伊斯兰主义盟友之间也出现龃龉，并且终究变成对手。无论当事人是否具有相同的宗教信仰，大中东政治层面的竞争法则在 21 世纪的土耳其又一次得到印证。

埃尔多安于2014年当选土耳其总统，这是第一次由土耳其人民直接选举总统。当选后，埃尔多安随即提名自己多年来的助手担任总理，并且宣布自己要做一个实质性总统而不是象征性的国家元首。其实在此之前，许多土耳其老百姓已经开始称他为“苏丹”了。这位“苏丹”上台后的第一项举动就是把他当总理时花巨款修建的有999个房间的总理府改为总统府，令现任总理无缘享受这座豪华的宫殿。

就在奥斯曼帝国垮台100年后，当越来越多的土耳其人开始怀念奥斯曼帝国时代的时候，埃尔多安用他的一些做法满足了许多土耳其人的大国、古国情怀。当他以总统身份迎接到访的巴勒斯坦总统时，土耳其总统府的仪仗队列成16个身着不同装束的分队，代表历史上由突厥族裔先后建立的16个政权。

埃尔多安执掌土耳其之初，既开了伊斯兰政党以民主方式执掌土耳其政权的新纪元，又恰逢“9 · 11”恐怖袭击事件后国际联合反恐。这使得土耳其在大中东地区的重要性大增。正义与发展党政府提出与邻国“零问题”，以及温和宽容地对待国内的库尔德族，这是两个良好的开端。无奈埃尔多安和他的团队出于自身的局限，再加上迫切地想要争取具有大国沙文主义倾向并且反对绥靖库尔德人的土耳其民族主义者的选票，最终这两方面都没有成功。

在土耳其国内，埃尔多安政权和库尔德人以及库尔德政党——人民民主党之间的善意已经不再，而这两者又都蔑视源自凯末尔、目前属于中间偏左的最大反对党共和人民党。

令我最为注意的是土耳其在2016年的几个大动作：埃尔多安公开宣称葛兰运动是个秘密会道门的组织，派人接管了《时代报》，又关闭了葛兰运动所办的多所学校，包括我2014年曾在安卡拉参观过的、正在兴建中的伊佩克（Ipek，土耳其语中意为“丝绸”）大学。

自从2007年埃尔多安第二次当选总理，他展开了不少外交活动，包括与叙利亚总统阿萨德在安卡拉签订自由贸易协定。因为双方有共同利益，都不愿意见到伊拉克战争后库尔德地区快速发展，所以两人表现亲热。但是，叙利亚内战开始后，土耳其采取的态度俨然是要做叙利亚的宗主国。当阿萨德被西方群起而攻之、地位几乎不保时，土耳其在伊斯坦布尔召开会议，聚集反对阿萨德的各国政府与叙利亚国内的反政府力量的代表，共同谋划在叙利亚实行“政权更迭”。

2016 年 7 月，土耳其突然发生了一场为时不到一天的军事政变。这是土耳其共和国经历的一次大危机。政变发生时，土耳其世俗主义者和正义与发展党的支持者通过手机进行联系，共同上街反对政变。事后，埃尔多安政府指控长期居住在美国的葛兰是政变的幕后主谋，因此立即大举逮捕据称渗透到政府和军队里的葛兰运动核心分子，封闭大批与葛兰运动有关的学校、新闻机构和慈善基金等。

土耳其曾击落一架俄罗斯飞机，挑起和俄罗斯的冲突，招致俄罗斯的经济制裁。但是，它后来又因政变而与美国生龃龉，遂很快与俄罗斯言和。由于土耳其的取态，中东地缘政治的版图随时可能发生改变。

近两年来，土耳其在伊拉克、叙利亚和利比亚一再展示军力，最近又因为东地中海的资源与希腊发生冲突。这几个国家都曾是奥斯曼帝国的领土，所以今日土耳其当政者的心态表现得已经颇为清楚。如果要从埃尔多安政府这十几年来的各种政策和行动中找到一个脉络，他似乎是在沿着奥斯曼帝国的道路，有意识地离开凯末尔主义，想要推行 21 世纪的新奥斯曼主义。

结语

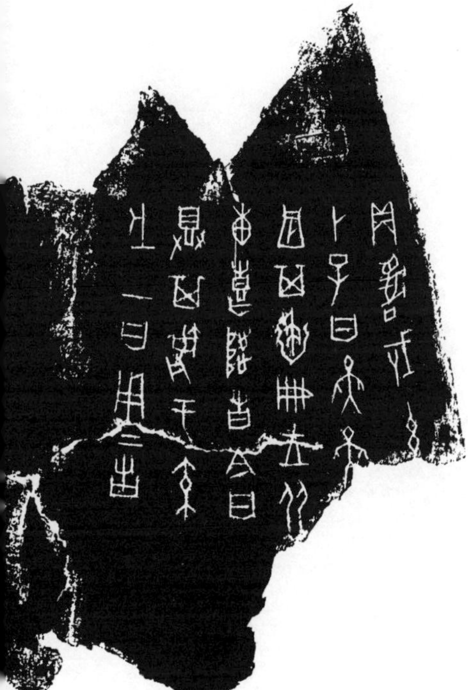

第 37 章

古丝绸之路：人类历史的地理宿命

走出东非，环视全球

地球大约有 46 亿年的历史。平原山脉、海洋沙漠、花草树木、鸟兽鱼虫，它们在地球上存在的历史都比人类要长许多。人类的生存和发展不可能离开所处的地理环境。

灵长类动物在地球上已存在大约 750 万年。现代智人的历史不过 10 万年左右。人类进入文明期则只有 1 万年，有文字记载的历史也就是五六千年。

大约 10 万年前，有一批现代智人从非洲东部走进了今天的西亚，然后从那里逐渐散布到欧亚大陆各地。

大约 4 万年前，居住在东南亚某个岛屿的少数人渡过了当时相当狭窄的海峡，到达澳大利亚。不久，地球变暖，海平面升高，海峡变宽，澳大利亚不再有外人进入，直到 300 多年前欧洲人远渡重洋而至。自从第一批人类到达澳大利亚，这 4 万年来，那里的人们只能在既有的地理环境中生存发展。

大约 1.5 万年前，有人从欧亚大陆的东北角走过结冰的白令海峡，到达北美洲西北部的阿拉斯加。不久之后，地球进入现在的间冰期，白令海峡变宽，并且不再结冰。北美洲的原始居民继续向东南迁移，大约在 1 000 年后到达接近南极圈的南美洲南端。从人类最早渡过白令海峡，到哥伦布于大约 500 年前“发现新大陆”，美洲人与其他地区的人类几乎完全没有接触，独立地创造了中美洲的玛雅文明和南美洲的印加文明。

人类首先出现之地——非洲的面积非常之大，把中国、印度、欧洲和北极附近的格陵兰岛都加起来还不及非洲大。但是，非洲的撒哈拉沙漠（几乎和美国的面积等同）以及在它之南的盐碱地带把接近地中海的北非与中非和南非隔开了。在非洲中部和南部，河流多半不适于航行，丛林、沼泽也难以穿过。所以，非洲各个地区彼此互相孤立，难以交流。非洲的海岸虽然十分美丽，却很少有可用的港湾。

再回头审视欧亚大陆。“欧罗巴”和“亚细亚”这两个词是由古希腊人最先使用的。因为古希腊被认为是欧洲文明的滥觞，而最近 300 年来对全球各个方面影响最大的是欧洲人，所以现在世界各地的人们都把地球上最大的一片土地称为欧亚大陆。也就是说，全世界现在都按古希腊人的想法，人为地把地球上最大的一块陆地分为欧洲和亚洲两部分，但其实欧洲和亚洲之间并没有天然的界线。

大约 11 000 年前，欧洲人、亚洲人、非洲人、美洲人和大洋洲人都处于文明发展前的状态，可以说是站在同一条时间轴的起跑线上。因为地球的地理环境对欧洲人和亚洲人很有利，所以美洲人、非洲人、大洋洲人“输在了起跑线上”。这主要是源于以下几个原因。首先，欧亚大陆上有好几条东西向的交通要道（大约处于相同纬度，且气候条件类似），而且有十分丰富的动植物品种，这很有利于农业的发展以及工具与技术的传播。其次，欧亚大陆上有不少可以被驯服的大型动物，如牛、马、驴、骆驼、亚洲大象等，这利于长途运输和贸易的发展，大大增加了欧亚大陆上的居民彼此学习的机会。反观非洲、美洲和大洋洲，它们的山川地形不便于东西向的交通。而且，这几块大陆的海岸线长度和陆地面积之比很小，良好的港湾也不多，因此不利于人们沿着海岸线行船。由于这些地方陆上交通主要是南北向，要经过差异很大的气候区，对人的来往和农业物种的交换与移植都不利。再者，在非洲、大洋洲和美洲都没有可以被驯化并且能为人类驮重拉车的大型动物（美洲的羊驼除外），有的都是非洲大象、斑马、长颈鹿、河马、犀牛等极难被驯服的动物，更不要说狮子和豹子了。

可以确定，任何人想要创造历史，都不能脱离自己的地理环境。

农业革命，起源西亚

12 000 年前，地球气候变暖。一些习惯于寒冷气候的动物（如驯鹿）逐渐北移，一部分人为了猎食而跟踪北上，从而进入以前人迹罕见的寒带地区，即欧亚大草原以及草原之北的针叶林地带和冻土区。

由于西亚地区有充足的阳光、雨水、河流和沃土，动物和植物种类繁多，那里的人们可以在小范围内既猎杀动物、捕捞鱼虾，又采集根茎和果实，因此西亚最早出现了种植和饲养这两种农业活动。后来，那里的人们还有意识地协调种植和饲养活动，让收成可以最大化，不仅满足短期的食物需要，还可以储存一部分富余的食物（包括动物和植物）。为了装盛谷类和水，这一地区的人们制造了陶器。这种求生方式使定居成为可能，甚至成为必要。

历史学家一般认为农业革命是人类文明的起源。农业革命开始的时间大约是 1 万年前。农业革命之前被称为旧石器时代，农业革命之后一直到大约 6 000 年前青铜时代开始之前被称为新石器时代。

农业发展以后，多余的食物可以养活更多的人口，使一部分人得以从事手工业、贸易、管理和其他工作，城镇因而出现。文字也大约在 6 000 年前出现，有记载的历史从此开始。这些都发生在今伊拉克境内幼发拉底河与底格里斯河之间的美索不达米亚平原。其后不久，在东北非的尼罗河流域、南亚的印度河流域、东亚的黄河和长江中下游也出现了独立的农业文明。

目前已知的人类新石器时代社区中，最早的是在约旦河西岸的杰里科，距今大约 9 000 年。那里有很大的房屋群，估计能住 2 000 人。据考古学家判断，当时杰里科的居民主要种植的是小麦和大麦，也蓄养山羊。而最有意义的，是在杰里科发掘到安纳托利亚的黑曜石和红海的贝壳等。也就是说，伴随着文明的出现，如果地理环境允许，人们已经开始到远方进行贸易，开始了人口、物品、技术和思想的交流。

在美索不达米亚和尼罗河流域，因为有河水可以灌溉农田，于是最早发展出能够动员大量人力以便引水灌溉的社会组织。这两个地区先后出现了超越于部落的“国家”这种政治形态，并且那里的人们崇拜某些特定的神灵。这两个地区的国王逐渐被认为是神祇的化身，具有无上权威。这时，社会分工开始细化，除了有国王、僧侣、农民，还有士兵、行政人员、商贩和手工业者等。

贸易和农业生产几乎是同时出现的，所以商贩和农民都是早期人类文明的创造者。

游牧商贸，传播文明

在欧亚大陆的北方，从多瑙河下游向东到第聂伯河，经过乌克兰和俄罗斯南部（黑海和里海的北部）到伏尔加河，再向东到哈萨克草原、阿尔泰山区、准噶尔草原以及蒙古高原，一直到大兴安岭，都是地势比较平坦、较少树木灌丛、气候比较干燥的欧亚大草原。这片横跨欧亚大陆，长约一万千米的草原大部分地区都不适于耕种，但也不是难以居住的冻土寒带。许久以前在这片大草原上就活动着属于不同语系的部落和民族。大约距今一万年前，正当某些西亚温带人口开始从事农耕活动的时候，草原上的居民也开始有意识地饲养动物，并且在冬夏两季到不同的草场上放牧牲口——这就是游牧文明的开始。农耕与游牧这两种文明状态不是人们可以随意决定的，而是对不同的地理环境做出的不同适应方式，两者发生的时间大致相同。

由于游牧者生活中需要的许多物品他们自己不能生产，所以游牧部落比农耕人口更加依赖与远方人口的交换；由于经常远途移动，游牧部落和民族更加善于长途贸易，并且更倾向于和不同语言、不同血统的人口通婚融合。游牧者的这些特征令农耕定居人口的史学家们很难追踪游牧人口的血统和语言变化，因此我们至今还难以确定一些古代游牧民族（如北匈奴）的下落。

游牧部落的活动范围于6 000年前开始大为扩展，因为此时马匹在南俄罗斯草原被驯化。在大量的马匹被培育出之后，人类长途交通的距离大为增加。接着，马车出现，人的作战能力和运载货物的能力也大为提升。因此，最早贯穿欧亚大草原的人群正是在农业带以北、针叶林冻土带以南的游牧人口。

这些游牧人口除了从西到东进行横向移动之外，也经常南下到农耕人口居住的温带地区，有时是为了进行贸易，有时则是为了实施掠夺，主要目的是从南方农耕定居人口那里得到他们需要的粮食、珠宝和纺织品，而游牧人口一般用以交换这些物品的则是牲口、皮毛和矿石。

全世界人口中，最早发展出文明的是西亚的农耕人口，所以在北方游牧者与西亚农耕人口进行交流之后，西亚的早期文明（如车轮、历法、手工艺）也传到了游牧民族那里，并由他们带到欧亚大草原的东端。世界闻名的蒙古马就是从欧洲传过来的。周武王所使用的“一人御，一人射”的双人战车是周人灭商的主要武器，而这种战车与西亚早已出现的双人战车十分相似，这说明西亚的文明极可能在周朝之前已经传到中国西部。

当然，在和农耕人口交往中，游牧者也将他们擅长的技术，包括养马、骑射、冶金和弓箭制作等，传授给南方的农耕定居人口。所以，农耕人口和游牧人口的来往不是单向的，并没有明显的优劣之分。

总而言之，直到20世纪，游牧人口和农耕人口的冲突与交融是欧亚大陆上重复出现的主题，对整个欧亚大陆的历史发展影响至巨。

在商、周之前，欧亚大陆上东西方之间的交流就已经存在。当时，在长江流域已经有了丝织品，西传的早发时间尚不能确定。但可以确定的是，4 000多年前月氏人从黑海北方移居到阿尔泰山北麓，他们的部分后裔又向南进入新疆的巴里坤草原和甘肃的河西走廊。科学家发现，是月氏人把小麦从西亚带到黄河上游地区，使黄河流域以粟米为主粮的文明得到了另一种重要的粮食来源。

帝国形成，丝绸香料

在距今3 000—1 500年前，也就是从西周初期到南北朝时期，在欧亚大草原上活动最为频繁、势力最雄厚的游牧者是希腊人所称的斯基泰人——波斯人称他们为萨卡人，中国史书上称之为塞人。他们说的是一种印欧语言。斯基泰人的血缘与语言和中亚的粟特人相近，但粟特人以农耕和贩卖为生，斯基泰人则以游牧和征战为业。19世纪以来，考古学家在哈萨克斯坦西部和蒙古西北部发现了为数不少的斯基泰人的墓穴和王陵，出土的金制饰物非常华丽精致，而且数量惊人。斯基泰人建立了人类历史上最早的草原大帝国，比匈奴人要早几百年。匈奴崛起后，两者之间有过接触与交往。一部分斯基泰人后来转为定居的生活方式，在中亚和新疆建立过数个王国，包括楚河流域的乌孙和塔里木盆地的于阗。

匈奴人从蒙古高原北部的草原崛起，在中亚称霸之后，成为汉朝的威胁。于是，汉武帝命张骞通西域，想要通过河西走廊联系西域各国共同对付匈奴。但张骞出使西域的最重要意义体现在经济层面和文化层面，他把中国的丝绸带到了乌孙和其他中亚地区，正式开通了丝绸之路。

斯基泰和匈奴建立的是草原帝国，波斯和秦汉建立的是农业帝国。无论在什么地方、什么时候，人类群体的社会组织和行政结构都和他们的经济活动有关，当然要受制于地理环境。在物质条件欠发达的情况下，任何群体的商业活动范围和政治影响力都不会很大，所以最早的政治形式只能是几百人的部落。后来在游牧人群中出现了部落联盟，在农业人群中出现了城邦小国。再后来形成了封建制度的国家——名义上尊奉一个共同的国王，实则是封建贵族们占地自雄，各自为政。接着出现了专制的王权和统一的国家，正如中国自秦朝以降的历代王朝和法国17世纪后出现的那种王权。在某些国家统治者的行政能力（主要手段是武力震慑）和资源调配（铸币、征税和垄断贸易等）能力增加以后，就有一种新的统治形式和政治结构出现：汉语里称之为“帝国”，即有一个至高无上的皇帝之国；欧洲的语言中称之为“empire”，不一定有一个中国式世袭的皇帝，但一定是很大的行政组织，领土辽阔，人口众多，包括不同民族、语言和宗教等。

大约2 000年前，从欧洲西部到亚洲东部，有4个不同的农业帝国彼此相连。最西边是统治大部分欧洲、中东和北非的罗马帝国；其东是统治美索不达米亚、伊朗高原和阿富汗的波斯帝国帕提亚王朝；再往东是在巴基斯坦和中亚以及印度西北部，一直伸展到新疆南部的贵霜帝国；最东方就是汉帝国，从塔里木盆地、河西走廊一直到太平洋之滨。由于这4个帝国的存在，长途商贸活动得以方便并且有序地进行。每一个帝国境内通常有军队维持治安，并且使用固定的、统一的货币和一套可以依赖的法律。这使长途贸易成为欧亚大陆上的常态，增加了不同地域和民族之间的交往，因此促进了不同文明之间的交流。这种交流使得欧亚两洲的文明发展速度加快，领先赤道以南的非洲、美洲和澳大利亚越来越远。

张骞通西域以后的100多年里面，草原上的交流愈加频繁，由定居人口所建立的不同城市 / 绿洲就像珍珠一样被串联起来，形成了所谓的绿洲之路。

在将欧亚大草原和农业城市串联起来的这两条欧亚大陆的交通大动脉上，首先出现的是奢侈品贸易。这是因为当时人们的运输能力还不强，沉重的、体积大的货物不可能进行大宗的长途贸易。中国的丝绸、地中海的琉璃、中亚和印度的宝石，以及印度和东南亚的香料等商品受到各地富裕人口的欢迎，形成了最早期的奢侈品贸易，一如今天路易威登手袋和香奈儿时装的销售。奢侈品里最有代表性的是中国的丝绸。2 000 年前，正当丝绸之路正式开启的时候，罗马贵族很喜欢穿中国的丝绸，以至一两丝绸在罗马帝国境内竟价值一两黄金。一位著名的罗马作家反对女性身着半透明的丝衣，甚至还有人提出警告：大家如果都穿丝绸，将会把罗马帝国穿穷。当然，中国只是丝绸的供应者，并不承担从头到尾的丝绸运送和沿途贩卖活动，丝绸从中国东部的产地要经过多次转手贸易才能够到达地中海东岸。从某种程度上说，全球化供应链和附加产值的概念在 2 000 年前就已经得到了实践。

在这里，我要还谈一下罗马人喜爱的另外一种奢侈品——香料。香料大部分产于印度尼西亚群岛和印度南部，一般是从印度南部海港穿过印度洋西部被运到也门，再沿着阿拉伯半岛西部的陆上商道被运到地中海各地。除了穿丝绸，罗马人也喜欢吃用香料烹饪的菜肴——1 世纪的罗马著名美食家阿比修斯所写的食谱中列有 500 多种菜式，其中超过 400 种都需要用东方的香料。一如中国是丝绸之路的故乡，印度是世界香料之路的中心。

陆海并用，欧亚相通

上文中提到欧亚大陆上有两条交通大动脉：一条位于北纬 45~55 度之间的欧亚大草原上，另一条是位于北纬 30~40 度之间、由绿洲和城镇串联起来的道路网络。除此之外，欧洲和亚洲之间还有一条海上交通路线，即沿着欧亚大陆的东部和南部边缘，用船进行运输。海上交通线多半在热带，因此船体腐烂得很快，考古学者不容易找到古代的船只。现在已经查明的是，在北欧挪威附近发现的一万年前用动物皮缝制的皮筏也许是最早能够被称为船的交通工具。

香料之路很重要的一部分是从印度南部到也门的西南端，这是相当长的一段航行距离。大约 2 300 年前，希腊人统治埃及的时候曾经乘船出红海，进入印度洋。善于航海且注重推理的希腊人首先发现了印度洋上季风的规律：冬天由北向南吹，夏天则由南向北吹。因此，印度洋上的贸易多以半年为一程，来回恰好要一年。

在中国的广东沿海一带，自周代就有了从波斯和埃及运来的货物。今天，在广州的西汉南越王博物馆中，有汉初南越王的宫中所藏的串珠、琉璃和银盒等产自北非和西亚的精美饰物。汉朝文献中也提到过长颈鹿这种只生活在非洲的动物。这说明海上丝绸之路由来已久。不过，这条贸易通道在早期并没有起到促进文化交流的重要作用，因为使用海上丝绸之路的人不够多，能够运输的货物也有限。这种情况一直持续到 500 年前才有了重大的改变。

蒙古时期，陆权之极

作为中国北方的一个群体，蒙古人在 13 世纪初由成吉思汗统领，形成了一个说阿尔泰语系语言的部落大联盟。他们以蒙古为名，向南和向西进行征讨。他们在共同征讨的过程中形成了蒙古人的意识，开始自称蒙古人。其实，他们和历史上的匈奴、鲜卑以及 13 世纪仍然存在的突厥人（分布在西亚、中亚和新疆）、契丹人（分布在中亚和华北）的语言以及风俗相差不多，尤其是突厥人和契丹人，很容易与成吉思汗统领的蒙古国人口形成认同感。

蒙古人掌握着当时全世界最有威力的作战方法。他们拥有自己的神速骑兵、中国发明的火炮，以及波斯人的抛石机，在不到50年间便横扫欧亚大陆，建立了四大汗国，其领土包含欧亚大草原以及欧亚温带农业区，再加上古代中国的全部。这就是历史学家所称的蒙古帝国。

如前文所述，人类从早期就开始长途贸易，古典时代的四大帝国曾经为长途贸易创造了良好的条件。13—14世纪，蒙古人统治的地区包括欧亚大陆上自古以来的两条大动脉（一条穿过草原，另一条穿过温带农业区），蒙古人也因而开创了欧亚大陆东西交通的新局面。蒙古人维持了欧亚大陆道路的绥靖，创立了极为快速的驿站系统，开办了许多商旅客栈，为后世的全球化做了表率。

近年来，不少西方学者对波斯与中亚的伊斯兰学者以及欧洲学者在蒙古史方面所持的观点进行重新审视，部分中国和日本学者最近对汉族学者所撰写的史书也提出检讨。大致而言，中国史书历来以汉族为中心，以多个世纪以来建立的王统观念为出发点，把南下的北方各民族纳入汉族文化一统天下的框架中，并且对他们建立的政权赋予“得天命者得天下”的政治伦理。这种论点忽略了北方各民族的主体性和历史传承。因为大量非汉族的史料没有得到细致的分析与整合，所以没有表现出北方民族，诸如匈奴、鲜卑、突厥、契丹和蒙古之间的联系和相近性。波斯和中亚的伊斯兰学者把蒙古人当作入侵者和伊斯兰教的敌人，而没有把蒙古人入侵前和退出后本地区穆斯林统治者之间的长期争夺、杀戮与蒙古人的作为放在同一个天平上来衡量。西方学者对蒙古人的论述倒是比较有趣。一方面，西方的民间一般佩服这批能征善战、吃苦耐劳的战士，而且因为觉得蒙古人打败了自己的敌人穆斯林，所以认为他们不是什么恶魔。另一方面，他们认为是蒙古人带来了黑死病，所以也不是好人。然而，无论是伊斯兰学者还是欧洲评论家都没有解释，为什么灭掉阿拉伯帝国阿拔斯王朝和处死伊斯兰教哈里发的蒙古贵族们，在进入中亚、西亚后不到100年内就信奉了伊斯兰教，并且与比他们早几个世纪到达欧洲的鞑靼人和奥斯曼人一样，成为不少东欧与西亚地区的政治精英，与乌克兰和俄国的斯拉夫贵族们互相交往并且通婚。

蒙古帝国于 14 世纪初开始衰落，但统治各地的成吉思汗的后裔仍被奉为黄金家族，维系了好几个世纪的统治。乌兹别克斯坦境内的布哈拉汗国的埃米尔一直到 1920 年苏联成立后才被迫逊位；受清朝册封的第九代哈密回王则至 1930 年才因病逝而结束了历时 233 年的王统。

除了黄金家族，14—15 世纪在中亚和西亚进行有效统治的还有一个出身蒙古集团的巴鲁剌思别部、生于撒马尔罕附近的军人帖木儿。他信奉伊斯兰教，说突厥语，却自认是成吉思汗的传人。他认为自己一生中最大的荣耀是娶了黄金家族的一员——察合台汗国的公主，因此他要求部下称呼他为驸马爷。由于帖木儿不是成吉思汗的血裔，即使他一手创建了包含中亚、阿富汗、北印度、伊朗、高加索和土耳其东部的大帝国，他仍终身不敢称汗，只以“埃米尔”自居，他在撒马尔罕为自己准备的陵墓便被称作“埃米尔之陵”。帖木儿东征西讨 40 年，从没有打过败仗，最后于 1405 年死在率军进攻明朝的路上。

帖木儿死后，他在中亚农业区的疆土被来自北方钦察草原的正统黄金家族侵占，这些人是成吉思汗之孙拔都的后裔月即别和其后人与部下，被称为乌兹别克（“月即别”的另一音译）人。今天，中亚乌兹别克人的源头是北亚草原的居民，但他们改为定居生活已经有 6 个世纪了。而 2 000 年来一直定居于此的人口一般被称作“城里人”，主要是指说波斯语的粟特人的后裔，这些人现在自称是塔吉克人。

帖木儿帝国衰亡后，西亚和中亚的局势有了改变。从西边起，奥斯曼帝国兴起，占据东南欧、安纳托利亚、黑海北部的克里米亚地区以及高加索南北麓。奥斯曼帝国之东是信仰伊斯兰教什叶派的波斯帝国萨法维王朝，再向东就是乌兹别克斯坦人建立的几个汗国和帖木儿的六世孙巴布尔在南亚次大陆开创的莫卧儿帝国。

莫卧儿帝国建立不久就被先后被从大西洋来到印度洋的葡萄牙人、荷兰人、法国人和英国人分别侵略蚕食。欧洲航海强国在印度的出现标志着丝绸之路上陆权时代的终结。于是，从中国经中亚、西亚到欧洲的古丝绸之路沦入了“马鸣风萧萧，落日照大旗”的境地。

第 38 章

新丝绸之路：欧亚非大陆的历史宿命

欧亚大陆的地理和气候适于交通，因此人类很早就能逐段贯穿整个大陆，并进行分段贸易。14 世纪，在蒙元帝国的统治下形成了连通东亚与西欧以及非洲东部的陆上和海上丝绸之路。这一复杂而庞大的交通网络之建立，可以说是人类历史的地理宿命。近 500 年来，世界各大洲的经济、文化、社会发展很不均衡。展望未来，倡议并推动“一带一路”建设的中国将发挥重要作用。欧、亚、非各国将在互利互惠的原则下，建成促进人类进一步发展的新丝绸之路。这是欧亚非大陆的历史宿命。

西欧勃兴，海权领先

大约 3 500 年前，地中海东部克里特岛上的居民受到埃及文明和希伯来文明的双重影响，创造了米诺斯文明。3 000 年前，米诺斯文明北传到希腊半岛，成为今日欧洲文明的源头。不久，希腊文明西传到意大利半岛，形成了罗马文明。

1—2 世纪，罗马帝国最为强盛，控制了莱茵河以南和多瑙河两岸的欧洲，以及地中海周边地区，在亚洲则控制了小亚细亚和高加索地区，与波斯对峙。4 世纪，罗马帝国的首都从罗马东迁到君士坦丁堡。4 世纪末，罗马帝国正式奉基督教为国教。此后，罗马帝国的西部领土连续遭到来自亚洲的匈人和来自欧洲北部的日耳曼人的侵袭与占领。

476年，日耳曼“蛮族”西哥特人罢黜西罗马帝国的皇帝，帝国秩序被摧毁，西欧因此陷入六七百年的“黑暗时代”。唯一能够维系文明和秩序的社会力量就是以罗马为中心、使用拉丁文的天主教会。在这段时间里，东罗马帝国形成了使用希腊文的基督教东方正教和后世历史学者所称的“拜占庭文明”。

7世纪，伊斯兰教兴起于阿拉伯半岛，阿拉伯帝国在短短数十年间灭亡了文明古国埃及（属东罗马帝国）和波斯帝国萨珊王朝，并占领了东罗马帝国在黎凡特的领土。8世纪，阿拉伯帝国领土横跨欧、亚、非三洲，幅员辽阔，西达大西洋，东至印度河。9—11世纪是阿拉伯–伊斯兰文明的黄金时代，200年间，从西班牙到阿富汗的伊斯兰学者通过对希腊、波斯与印度文明的学习与综合，创造出辉煌的中世纪伊斯兰文明，在哲学、数学、天文学、医学领域的发展成就一时间举世无双。

11世纪起，西欧的农民用新式的铁犁进行深耕，粮食增产，人口激增。各地建立了以自给自足的庄园经济为基础，以大小封建主之间的依附关系为权力结构的政治秩序。随着农业的发展，西欧出现了不少以商贸和手工业为主的村镇，因此也出现了不依赖土地的市民阶层。

此时，西欧人充满自信与活力。在西部的伊比利亚半岛（今西班牙和葡萄牙），基督教政权开始了“再征服”运动，逐步驱逐自8世纪以来就统治伊比利亚各地的北非穆斯林。在东部，遭到塞尔柱突厥人进逼的东罗马帝国皇帝向罗马教皇求援。罗马教皇乌尔班二世于1095年倡议欧洲基督徒组成十字军前往东方，夺回失去了400多年的圣城耶路撒冷。出于宗教狂热和偏见以及对东方财富的觊觎，西欧各地大小贵族（主要是法兰克人，包括被教会封为殉道圣人的法国国王路易九世）和不少小市民在11—13世纪组织了8次十字军东征，占领耶路撒冷，又在叙利亚和巴勒斯坦建立了几个拉丁王国，维持了100多年的统治。

将近200年后，十字军逐渐失去动力，于13世纪中叶被穆斯林军队驱逐。恰在此时，蒙古大军从东方来到叙利亚，曾试图与十字军合作打击穆斯林，但没有达成协议。1259 年，蒙古大汗蒙哥去世，蒙古军西征首领旭烈兀为参与大汗的选举而率军东返，只在叙利亚留下少量部队。结果这部分蒙古军被埃及的马穆鲁克军剿灭，纵横几十年、声势浩大的蒙古军锐势尽失。

12—13 世纪，在伊比利亚和地中海东岸的西欧人接触到了先进的阿拉伯 – 伊斯兰文明，于是大量翻译阿拉伯文的数学、天文学、哲学、宗教、医学、航海、地理学著作，还将古希腊的典籍从阿拉伯文转译为拉丁文。这可以说是欧洲文艺复兴的萌芽，为停滞了多个世纪的西欧社会补充文化养分。

与西欧文艺复兴密切相连的是东罗马帝国的覆亡。塞尔柱突厥人的一支——奥斯曼人于 14 世纪初进入东罗马帝国的欧洲地区。1453 年，奥斯曼军队攻占君士坦丁堡，罗马帝国最后一位皇帝战死在城墙上。之后的 100 多年间，大批希腊人逃散到西欧各地，许多人成了西欧贵族和上层市民的家庭教师。许多希腊匠人进入西欧，提升了西欧的手工业水平。最重要的是，希腊人本主义的传入使西欧社会得到“再生”，这就是为后人所熟知的“文艺复兴”。

素来对基督徒颇为宽容的伊斯兰社会在 12 世纪受创于十字军后转变态度，开始敌视“法兰克人”（阿拉伯人对西欧人的统称），并抗拒他们的文明，伊斯兰教的教义和教法也转为更加保守。这种心态在 16 世纪西欧勃兴的背景下对伊斯兰文明的发展很是不利。

由于阿拉伯穆斯林和突厥穆斯林长期阻断欧洲人与东方的直接贸易，西欧人在文艺复兴时期开始致力于寻找通往亚洲的新路径。

在伊比利亚半岛，获得胜利的基督徒一面用宗教法庭迫害穆斯林和犹太人，另一面又学习阿拉伯人的科学和航海技术。葡萄牙王室连续 100 年奖励本国海员沿非洲西岸向南试探新航路，西班牙王室则资助哥伦布从大西洋的西端找寻亚洲。法国和英国经过百年战争后，也开始寻求海外贸易和殖民的机会。

1492 年，哥伦布到达他以为是印度的中美洲。1497 年，约翰 · 卡伯特率领英格兰探险队越过大西洋北部到达加拿大的东北部。1498 年，达 · 伽马绕过非洲南端的好望角到达印度西南部。1502 年，哥伦布第 4 次，也是最后一次到达加勒比海，仍然坚信他见到的岛屿属于亚洲。1522 年，麦哲伦率领的远征船绕行地球一周后，回到西班牙。1534 年，法国探险家雅克 · 卡蒂埃进入加拿大的圣劳伦斯河，在那里竖立了一个高大的十字架，声称这片土地是法国国王的领土。此时，蒙古帝国早已衰落，自认是成吉思汗继承者的帖木儿所建的大帝国也已分裂。于是，欧亚大陆上陆权至上的时代告一段落，海权逐渐取代了陆权，成为欧洲国家日后称霸世界的基本条件。

工业革命，海外帝国

16 世纪上半叶，西欧发生了三件大事：一是葡萄牙和西班牙开始大量占据海外殖民地，二是始于意大利的文艺复兴传遍西欧各地，三是莱茵河以北的日耳曼贵族统治地区开始了宗教改革运动。

这三件事发生在西欧的不同地区，但彼此有相当的关联。其中很重要的一个因素就是，蒙古人在 13—14 世纪创立的交通系统成为欧亚大陆历史上最为便捷和安全的通道，使欧亚大陆两端的商业、科技、思想交流都变得迅捷且方便。正是在这一时期，东方的造纸术、印刷术和火药在西欧开始普及，一般人的文化程度得以提高，国家的军事力量也大为提升。

1517年，德国教士马丁 · 路德在他的教堂门口贴出了“95条论纲”，抗拒和谴责罗马教廷，掀起了西欧的宗教改革运动。他鼓励信众阅读《圣经》，主张个人可以直接和上帝交流，而不必借助于教会认可的圣人。这项主张是文艺复兴时期人本主义的体现，而它的物质基础则是造纸术和印刷术的发展使得《圣经》可以被许多人拥有，不必再以人力手抄在羊皮上。马丁·路德曾说，上帝对我们最大的恩宠就是赐给我们印刷术。由此可见，西欧的全面勃兴不是一个偶然事件，而是若干因素的积聚效果。人类文明素来是通过互相学习与借鉴而发展的。16 世纪西欧的勃兴离不开中国人、阿拉伯人和希腊人的智慧。

西欧的勃兴可以总结为一点：作为动物界一员的人类意识到，通过自己的理性可以认识客观世界。从对理性的重视、对客观世界的认识开始，西欧人在自然科学和技术方面取得了飞跃式发展；在人文和社会方面，宗教改革运动说明欧洲人已经脱离了中世纪的迷信和愚昧。

宗教改革运动中，不少新的教派主张个人不仅要期盼死后的天堂，而且要通过勤俭努力求得在现世的美好生活。因此，大多数欧洲人既没有摒弃对上帝的信仰，又体现了文艺复兴的基本精神——人本主义。

在这样一个物质逐渐丰裕的社会变革过程中，先是葡萄牙人、西班牙人，继而有荷兰人、法国人、英国人，纷纷外出探险，寻求个人的满足和财富。西欧勃兴的主要外在表现是攫取海外殖民地，而海外殖民的兴起和由之而起的海外贸易令大量黄金和白银流入西欧。黄金和白银在西欧大量流通，刺激了更多的商业活动，贸易变得越发重要。经济学家所称的“重商主义”于焉开始。

与此同时，西欧各国王室眼见海外殖民地带来的丰厚利润，主动组织力量支持并鼓励国民出外贸易、探险、占据殖民地。荷兰的东印度公司是早期的代表，之后法国和英国各自建立了特许公司以进行贸易、经营殖民地。英国的东印度公司一直是英国在印度的实际统治者，直到 1858 年将权力移交给维多利亚女王。这种由皇家特许公司统治海外殖民地的做法，正是因教育普及而注重法治的西欧国家采取的变通办法：国家赋予这些公司特殊的法律地位，默许它们在海外进行本国范围内不被法律容许的奴隶买卖和鸦片贸易。

当贸易和商业行为发展到一定程度时，对产品数量和质量的要求必然提高，从而促使生产者改进生产方式。18 世纪末，英国出现了以利用蒸汽为标志的工业革命。接着，法国、荷兰等国也进入了工业革命阶段。此前已经领先全球达两个世纪的西欧在工业革命后出现了殖民大帝国。

19 世纪下半叶，西欧几个国家以不大的面积、不多的人口，统治着全世界大部分的领土和绝大多数的人口。殖民者和被殖民者之间的力量对比确实悬殊。

一次大战，北美超前

19 世纪中叶，美国南北战争结束，加拿大成为英国的自治领。自此，北美洲出现了两个主要由欧洲移民组成的新兴强国。两国都从大西洋地区修建了通往太平洋东岸的铁路，并且在过去鲜有欧洲人居住的地区开发矿产，发展大规模、高效率的农业。

美国和加拿大虽有明显的不同之处（美国曾经长期实行奴隶制度；在加拿大，信仰天主教的法语人口占了总人口的近 1/4），但大多数人的语言、宗教、社会习俗和经济发展程度类似。在长达 6 000 千米的边界上，两国都不驻兵设防，双方公民不需要护照，仅凭驾照即可通过边境。美国和加拿大可以说是世界上最友好的两个相邻的大国和强国。

20 世纪初，老牌殖民国家葡萄牙和西班牙已经式微。当时，全世界最有力量的殖民国家是英国、法国和俄国。19 世纪末期才统一的德国和意大利正在追赶，工业化发展速度极快。德国在东非和西南非各拿到一块殖民地，意大利也在非洲之角夺得两块殖民地。

然而，就工业能力而言，美国和加拿大在 19 世纪末和 20 世纪初开始显出非凡的创造力。电话、电影、留声机、发电机、电冰箱、交流电网和飞机都在北美洲被发明出来。另外，美国和加拿大是全世界最早实现十年义务教育的国家。

一战于1914年爆发。英国、法国、俄国合力对付德国，德国仅得到日薄西山的奥匈帝国和奥斯曼帝国的支持，居于战略弱势，但德国初期士气旺盛，战绩辉煌。在这次大战中，工业革命的成果被充分利用在战争中。距离飞机被发明出来仅仅10年之后，交战双方就各自成立了空军，把战争由往日不脱离地球表面的二维空间延展到空中。

本章意在论述“新丝绸之路”，因此德国飞行员“红色男爵”李希霍芬值得一提。他出身贵族家庭，11岁入军校。一战开始时，他作为骑兵，在东线作战；1915年，他被调到西线，开始学习飞行。当时的空军战机主要是双层机翼的单人小飞机，驾驶员用身上的佩枪射击敌机人员；也有部分双座的飞机，每架飞机上配有一名驾驶员和一名使用机关枪的观察员。李希霍芬先任双座飞机的观察员，不久转任单人飞机的驾驶员。他智勇双全，将自己驾驶的飞机漆成红色。据德方统计，“红色男爵”总共击落敌机80架，是一战中最著名的英雄。1918年4月21日，就在击落第80架敌机的次日，李希霍芬被地面的机关枪击中，坠机身亡，年仅25岁。“红色男爵”与丝绸之路还有一丝特殊的渊源——1877年首先提出“丝绸之路”这个名词的德国地理学家李希霍芬是他的伯父。

在一战中，美国开始时按兵不动，坐山观虎斗，继而宣布参战，出兵打败德国。战争期间，俄国发生革命，退出了大战；法国人员伤亡十分严重，但国力没有出现太严重的倒退；英国也受到严重冲击，但仍维持世界第一强国的地位。美国则是一战中真正的胜利者：在战争尚未结束时它就提出了“民族自决”的口号，鼓励殖民地在战后争取独立，但它在战后保留了1898年从西班牙手中夺取的殖民地——古巴的一部分、波多黎各和菲律宾。

二次大战，美国霸权

一战后的德国和奥斯曼帝国损失最为惨重。德国被迫制定《魏玛宪法》，支付了巨额的赔款，不得不接受战胜国的摆布；奥斯曼帝国完全解体，在北非和西亚的领土被英法分别接管。因为受到战胜者的羞辱，德国国内民族主义盛行，这直接导致1933年纳粹党上台执政。意大利虽然是一战中的战胜国，但痛感自己没有赶上殖民主义的末班车，需要设法“追上”。于是，法西斯党人执政时，意大利于1934年入侵东非古国埃塞俄比亚，成为最后一个试图在非洲建立殖民地的国家。

1939年，德国入侵捷克，英法无奈地出面干预，引爆了二战。这一次，与德国结盟的是法西斯党人执政的意大利和早已入侵中国的、军国主义统治下的日本。在1937年中国发动全面抗战以后，以及二战在欧洲爆发后，美国仍然不愿直接卷入“他人”的战争，一直到1941年日本偷袭珍珠港后，美国才对日宣战，同时参加了欧洲战场的战争。德国、意大利、日本在各个战场的前期优势在美国参战后逐渐变为颓势，战争的主动权逐渐转到由美国和苏联领导的同盟国手中。1945年8月，美国投下两枚原子弹，彻底摧毁日本顽抗的意志力，也凸显了美国科研的成就。

战争结束后，美国主导了新的国际秩序。联合国、国际货币基金组织、世界银行的成立以及“马歇尔计划”都反映出美国的全球战略。此时，美国的GDP占全世界GDP的一半。“美国式生活方式”在20世纪后半叶被全球多数人追求。

冷战期间，苏联领导的社会主义阵营曾经给美国以及西欧各国造成了真实的威胁。但由于苏联总体经济力量薄弱，农业落后，重国防工业而轻民生工业，它的颓势很早就已经显现。在里根担任美国总统时，就有美国学者预言苏联会在10~15年内解体，主要原因将是波罗的海和中亚的加盟共和国的民族问题。1989年，柏林墙倒塌。1991年，苏联正式解体，世界霸权完全落在美国手里。

这个霸权的取得与巩固，当然有赖于美国的军事力量和政治运作。但支撑一国军事和政治力量的是该国的经济和文化力量，而一国经济和文化力量的来源是社会的良好管治和个人创造力的充分发挥。从二战前到今天，美国在经济和文化创造力方面确实在全世界领先。

二战爆发后的 80 年是人类历史上科技进步最为迅速的时期。原子弹、电视、半导体、激光、电脑、互联网、手机、纳米技术、卫星、空间站、基因技术、干细胞等新技术的发明把人类的生活方式带入全新的时代，而这些创新都是在美国率先出现的。在文化层面，从 20 世纪中叶开始，美式着装、音乐受到全世界人民的喜好，好莱坞的电影受到各国的欢迎和模仿。今天，中国新近出现的中产阶级的衣着品味和生活情趣明显受到美国文化的影响；在全球化的推动下，英语的使用也越来越普遍。环顾全世界，美国的科技、文化、经济、军事力量仍然是最强的，无人可以望其项背。

然而，在地缘上，美国的国土安全一方面受到太平洋和大西洋的保护，另一方面又因为相对隔绝而不能在欧、亚、非大陆上随处任意发挥力量，必须在各地寻求同盟与基地。

丝绸新路，须靠东国

20 世纪下半叶，美国的航空力量傲视全球，构成远途投射美国军事力量和发挥美国文化影响力的基础。1969 年，美国宇航员登陆月球，此后美国继续发展了许多空间技术，包括空间穿梭机、各类卫星和长期空间站等。20 世纪 70 年代，美国首创互联网；40 年之后，全世界已是互联网的天下。人类对自然界和社会的理解越来越广阔和深刻，也越来越精微、细致。

20 世纪的最后 20 年，对全世界影响最深远的改变就是中国加入经济全球化的进程，成为今日欧亚大陆上最为突出的力量。40 年来，中国已有 7 亿人口（美国人口的两倍）脱离了贫穷并接受了现代教育，中国农村人口与城市人口的比例从 20 世纪 70 年代的 8∶2 变为今天的大约 5∶5。解放这么多人口的智能是任何人类社会所未曾有过的。而中国能够取得这些成就的基本原因是，在政府的调配下，中国投入大量的人力和物力修建了屋宇、公路、铁路、桥梁、隧道、电网、光纤，以及水渠、水坝、电站、海港、机场。这些基础设施的兴建是几千年人类文明的结晶，也是人类文明建设最大规模、最快速的总演练。

回顾欧亚大陆上人员、思想、货物的交流情况，是古代陆上和海上丝绸之路推动了人类文明的发展。要进一步发展当前的世界，让人类文明的结晶通过现代科技和管理手段惠及当代的大多数人类，就需要建立欧、亚、非大陆上新式的交通大动脉。

无论飞机和互联网多么便于交通，大量物资的运输和众多人员的来往仍然需要陆上和海上的通道。中国发起“一带一路”倡议，特别注重发展中国家的基础设施建设。这是基于中国自身发展的经验，也是多数发展中国家的实际需要。

“一带一路”倡议被提出后，引起国际社会广泛关注。中国推行“一带一路”倡议，有以下几个有利条件。

首先，中国是丝绸的故乡，中国历史和丝绸之路关系密切，因此中国的倡议有天然的吸引力。其次，中国有怀柔远人的历史传统及援助亚非国家的现代经验。这些既可以使中国得到“长时段”的参照系，避免急功近利的行为，又可以使“一带一路”的概念更容易为有关国家所接受。再次，中国既是海洋大国，又是陆地大国，具有陆海两方面的地理纵深与历史经验。因此，“一带一路”有如一首协奏曲，两者既必须相互配合，又可以各自发挥。最后，中国目前具有强劲的经济动力、丰沛的金融资源和雄厚的科技实力。以上这些优势对新丝绸之路的建设以及在建设过程中实现所必需的广泛国际合作都十分重要。更何况，中国与其他任何“一带一路”沿线国家都没有过文明或是宗教冲突。与之相比，欧洲十字军、欧洲殖民主义和当前欧美国家以我为准的心态及反穆斯林的情绪，会使相当多国家的人民对欧美再度直接进入自己的家园有

抗拒心理 。

1935 年，毛泽东在《念奴娇·昆仑》中写道：“安得倚天抽宝剑，把汝裁为三截？一截遗欧，一截赠美，一截还东国。”[①] 环顾全球，今天世界上能够有潜力发挥跨洲运作的恰是这三股力量。而对众多发展中国家来说，最好的情况莫如这三股力量协调与合作。美国现在是世界霸主，但霸主也不可能什么都做，在什么事情中都发挥牵头作用。欧洲是当今世界最大的经济体，科技力量雄厚，但欧洲的内聚力正在涣散，相对于美国和中国，欧洲正在消退。这三股力量中，最有动力、有能力且阻力相对最小地从事 21 世纪新丝绸之路建设的，应该就是毛泽东笔下的“东国”。然而，没有欧美的合作，“东国”的倡议将很难顺利推行。

我盼望发展中国家和发达国家都能支持“一带一路”倡议，以互助、互信、互惠和共商、共建、共享的方式，达到各国集体繁荣的目标。届时，古代丝绸之路将被赋予新生命，欧亚大陆将实现促进人类文明进一步发展的历史宿命。

① http://www.china.com.cn/aboutchina/zhuanti/zg365/2009-03/30/content_17518973.htm.

附　录

“一带”和“一路”应该是协奏曲

年过七旬的香港城市大学荣休校长张信刚教授精神很好，去过 100 多个国家的他今年仍然在路上，沿途的风土人情、历史地理与政治宗教纠葛，经他讲来如在眼前。

我们的话题围绕“一带一路”倡议展开。提到“一带一路”倡议，很多人首先想到的是商机何在。张信刚教授则有针对性地回顾了中国历史上“一带一路”的几段辉煌时期，在此基础之上看清我们今天的任务。

众所周知，商品交换促进了欧亚文明的协同进步。我们容易记住张骞带出去的丝绸与带回来的农作物，却忽视了蒙古文和满文来自遥远的腓尼基，忽视了广州南越王墓里的埃及玻璃。在更早的时期，外来的马和小麦也曾经改变了中国文明的格局。张信刚教授曾说的一句话就足以刷新人们的认识：“人民币上五种语言使用的四种字母可能全都是从地中海东岸沿着陆上和海上丝绸之路传过来的。”

每隔 700 年，必有“一带一路”兴起

南都周刊：你说过，中国历史上有过“一带一路”，甚至“一带一路”在历史上有过三次辉煌时期？

张信刚：我确实是将“一带一路”和中国历史结合起来看。中国

历史上，曾经有三次在对外关系发展的成功时期，恰巧每次中间隔 700 年。第一次是 2 100 年前汉武帝派张骞通西域，之后华夏文明的力量开始投射到中亚（西域）去。也因为这个缘故，才有了 19 世纪被欧洲学者命名的“丝绸之路”。张骞有机会第一次通西域，见证了那里的文明和风土人情，并且猜出原来还有一条在南方的道路能通到西域。

张骞是陕西汉中人，那里离四川很近，所以他对四川邛县的东西比较了解。他在大夏（今阿富汗）见到邛竹杖，回来后向汉武帝报告，说自己在西域看到邛竹杖，还有四川的布。他本应该是第一个走这条路的中国人，怎么会有四川的物品比他早到那里呢？他经过打听，发现这些都是从印度过去的，那就表示从四川有一条路可以通往印度，而且印度和大夏之间是有商道的。

张骞通西域使得汉朝不只巩固了今天的甘肃（主要是河西走廊），还进入了西域，这就是陆上丝绸之路。在同一时间段，广州和地中海之间是有海上通道的。最近的考古发现，广州的南越王墓里有埃及的玻璃和西亚的一些器物。所以，汉武帝时代，陆上和海上的贸易和交往是并存的。

第二次是唐太宗在位时期，与第一次相差约 700 年。那个时候，玄奘经过河西走廊和新疆，再通过中亚和今阿富汗去印度取经。恰巧在这个时候，伊斯兰教在阿拉伯半岛兴起，阿拉伯人很快从波斯经过陆路到了中亚，和大唐帝国发生了接触。阿拉伯人也很重视海上交通，与印度、中国展开贸易。广州最早的清真寺——怀圣寺修建于 7 世纪。也就是说，从贞观年间到天宝年间，唐朝在陆上和海上都很有力量，与中亚、西亚、印度以及地中海世界有很多交往。

第三次就是忽必烈所处的 13 世纪，与唐太宗在位时期也是相差约 700 年。忽必烈征服了吐蕃、大理，最后灭了南宋，建立了大元。他所面对的是什么样的世界呢？

他的亲戚在斯拉夫人和克普恰克突厥人生活的土地上建立了钦察

汗国，在阿拉伯人、波斯人和乌古斯突厥人生活的土地上建立了伊儿汗国，在中亚波斯人和东部突厥人生活的土地上建立了察合台汗国，他自己则在以汉人为主的传统中原帝国建立了大元。相对于其他三个汗国，继承中原帝国的元朝最为富庶繁荣，人口也最多。所以蒙古人的大汗是忽必烈。可是几个蒙古汗国的幅员太过辽阔，来往时路途太遥远，所以忽必烈要想办法建立一个可以通过陆上和海上进行整合的世界。14 世纪的蒙古人建立了人类历史上领土面积最大的帝国，他们致力于陆上道路和海运路线的建设和维持。从高加索到北京，只要 15 天就能到。从泉州经过印度到波斯湾的船舶来往不绝。可以说，“一带一路”的 1.0 版是蒙古人建立的。

当陆上和海上对外交通失去平衡时，中国就不再富强。或者可以说，当中国不再富强时，海上和陆上对外交通就无法平衡发展。汉朝末年，中国的陆上对外交通式微，南北朝时期也是一样；唐朝末年，黄巢起义爆发，许多在广州的外国人被杀害，此后中国的海上对外交通大为减少；五代十国时，中国的陆上对外交通与海上对外交通一样变得不通畅；北宋时则是从一开始就有西夏阻断了中国和西域的交往；南宋时，中国的海上对外交通颇为发达，但陆上对外交通很不通畅。

中国是一个有很长的陆地边界的陆地大国，也是一个有很长的海岸线的海上大国。只有海上交通和陆上交通都发达，中国才能够富强。

刚才说到三个 700 年。如果在每 700 年里都找出一位我熟悉的旅行者，第一位当然是张骞，第二位是玄奘，第三位应该是伊本·白图泰，而不是马可·波罗。接下来的第四位旅行者是谁，我还没有定论。余也不才，不敢自专，但我还不认识谁在过去 50 年里去过我所去过的那些地方。

我赶上了一个好时代。虽然我说的三个 700 年的理论有点像是数字游戏，但现在的中国的确处于最近 700 年来最有机会实现富强安康的好时代。

南都周刊：有人认为康雍乾时代也是盛世。你如何评价清朝的“一带一路”的情况呢？

张信刚：我们经常可以通过一些电视剧看到康雍乾盛世的一些情况。清朝的确很了不起，他们统一了蒙古，征服了南明，消灭了准噶尔，平定了大小和卓之乱，统治了西藏，收回了台湾，后来还开发了广西和云南。但清朝的观念不够宽广，只看到陆上，没注意海上。收回台湾后，琉球和越南都向大清臣服进贡，但上层还是没有注意海疆。

康雍乾时代虽说是盛世，但统治者拘泥于满汉之分，大兴文字狱。所以，它并不像唐朝那样气度恢宏。

历史上尽管没有世界贸易组织，但从来都是互通有无的

南都周刊：丝绸之路上运输的应该不只是丝绸，还有茶叶、瓷器等商品。更准确地说，它是一个交通网。

张信刚：这一点其实是很重要的。人类互通有无一直是存在的。非洲大陆和南美洲因为主要是南北向的，穿过不同的纬度和气候带，所以最难发展交通。欧亚大陆是东西向的，在同一纬度上发展交通问题不大。南美洲与非洲没有出现相当于欧亚大陆的文明，主要原因就在于此。

此外，非洲和南美洲都没有可以负重的动物。非洲的大象、犀牛、斑马都无法被驯服，南美洲有鸵羊，但也很难驯服。但欧亚大陆上有骆驼，还有牛、马、驴。这些动物帮助人类实现彼此交往，为人类文明的发展做出了自己的贡献。

南都周刊：有一本书里曾提过，南美洲和非洲的商品交换之所以不频繁，还因为早期的商品交换可能主要发生在农作物之间，但纬度不同的人们很难交换农作物，因为无法易地种植。

张信刚：这种观点很有道理。在2 100年之前，张骞通西域的时候，

人类其实已经建立了相当广泛的交通网络。现在的科学家大都认为，马最早是在今乌克兰一带被驯化。周武王灭商时，用到了战车。有轮子才能有战车，而轮子是在西亚发明的。这些在张骞之前 1 000 年都已经有了。张骞从西域回来时带来了一些作物，后来的人逐渐增加了交流。现在我们吃的小麦、大麦、胡桃、黄瓜、大蒜、葡萄、石榴都是从西域传过来的。中国的凿井术、冶金术也传到了西域。

当然，最重要的还是人的交流、思想的交流。中国的佛教以及和佛教相关的建筑、音乐、绘画、雕塑等，都是从西域传过来的。今天中国人的生死观、宇宙观很大程度上受印度的影响，具体路线是从印度传到中亚，再从中亚传到新疆，然后从新疆穿过河西走廊传到中原。

蒙古文和满文都是拼音文字，它们都可以非常清楚地追溯到公元前 14 世纪地中海东岸的腓尼基人创造的字母。也就是说，地中海东部的腓尼基人影响了中国两个朝代的文字。蒙古大汗和满族皇帝应该不会知道他们的文字是这样来的。

此外，袄教、佛教、摩尼教、景教、伊斯兰教都是通过陆上和海上丝绸之路传到中国的。除了广州的怀圣寺，伊斯兰教还从海上传到泉州，因而泉州修建了著名的清净寺。

中国早期的文化就受到西亚的影响。中国人在 19 世纪受了屈辱之后，反过来认为自己素来是自给自足，事实上不是这样的。我们要承认这点，就像欧洲也没有人否认纸、丝绸和火药是中国人发明的。我们要认清，历史上尽管没有世界贸易组织，但从来都是互通有无的。

昨天是文化与经济齐飞，明天是学者共商人一色

南部周刊：除了商人们的货物，国家从交通网上可以得到什么？

张信刚：我自己看“一带”和“一路”，认为它对国家的影响可以归结为三个方面。第一，在国家安全层面，一个国家如果没有办法稳定

陆上交通或者社会秩序，疾病、难民、恐怖主义分子、毒贩的问题就难以避免；第二，一个国家的能源与生产资料，比如铁矿、铜矿的供应，需要两条路都打通，不然很难得到保证；第三，“一带”和“一路”必然会带给国家更多的思想交流。人和人的交流、思想的交流无法被互联网完全取代。中国人必须要知道周围的人是怎么想的，中国终究要对周边国家的人们产生一定的吸引力。

中国要产生向心力，就必须要有物质文明兼精神文明，不然就很难吸引周边国家。美国就是靠不断吸引新移民才变得强大的。对未来的中国来说，如果外国的精英愿意来中国工作，中国有什么理由拒绝呢？现在，中国是人才净输出国，每年都走出去好多人，等于楚才晋用。将来晋才也可以楚用嘛。

南都周刊：我们如何从大格局来看“一带一路”？需要注意什么呢？

张信刚：“一带”和“一路”之间应该是协奏曲。“一带一路”的发展战略是时间的艺术，如果中国不抓住这个时间，就会错过机会。倘若在该注重陆上时死盯住海上不放，或是当海上有事时却一味在陆上用劲，这都不是好的协奏曲。

目前来看，我们的人才储备还不够，对“一带一路”沿线国家较为了解的人太少。大多数人对它的了解还停留在电视上、报纸上提供的信息，自己脑海中并没有一个大格局，心里想的还是自己的那一小块利益。整个人类不同文明几千年的接触过程中，第二次并且是真正的全球化就在我们手中，千万不要让这个好机会从我们指头缝里溜掉。

在这个时代，中国要想立足于今日求发展，必须要海上与陆上并重，协同陆上邻国和海上邻国，求共识，谋发展，造互利。

当然，对中国而言，最重要的还是要经济与文化并进。现在中国的情况是经济上想得多，说得多，但文化上想得少，活动也比较少。唐朝时，日本人、韩国人、越南人、粟特人、和阗人都愿意来中国念书，许多人还在中国落户。我们现在还没有达到这个水平，相反倒是我们的精英都抢着去西方国家念书。

在这里，我想套用《滕王阁序》里的一句话：昨天的丝绸之路是文化与经济齐飞，明天的丝绸之路应该是学者共商人一色。今天的“一带一路”是共商、共建、共享，明天的世界秩序大概是多事、多元、多极。我们要对这个秩序的降临有所准备，抓准时间的艺术。这样我们才有可能迎接中华民族的第四个盛世。

人家有钱就买房子，我是去了一个又一个国家

南都周刊：您的见解一定与您在大中东近 50 年的行走有关，具体情况是怎样的？

张信刚：我送你一本我的书，名为《大中东行纪》。我正在写另一本书，名为《大丝路行纪》。另外，我会出一本关于丝路上的文化、历史、地缘政治的新书，从巴尔干半岛讲到朝鲜半岛，预计几年内可以出版。《大中东行纪》第二版正在增补，也许 2016 年春节后就可以出来，这一版反映了这本书出版 5 年以来大中东地区的变化。

我从小在中国台湾长大，父亲是外科医生，在台湾大学医学院担任外科教授，常到家里来串门的有很多台湾大学文科领域的教授，包括董作宾、李济、劳干、方豪等人。我父母于 1960 年去了东非的埃塞俄比亚，为世界卫生组织开设医学院和公共卫生学院。我于 1963 年去探亲，同时也是为了留学，第一次去了大中东。我先从台湾到香港，经过泰国、印度、约旦、黎巴嫩、埃及到达埃塞俄比亚。然后，为了从埃塞俄比亚去美国读书，我又经过了希腊、意大利、瑞士、法国到达纽约，再从纽约到美国西部。

所以，我在很年轻的时候就已经开始国际旅行了，而且还是我一个人。后来，到各地考察、旅行成了我的一大嗜好。说一句坦白的话，人家是有了钱就买一套又一套房子，我是去了一个又一个国家。到现在，

我一共去过 100 多个国家。

我的旅行并不是纯粹的旅游，尤其是后来我当了香港城市大学校长、香港文化委员会主席、北京大学讲座教授，拥有了一些便利，我往往预先约好一些政府官员、知识精英、媒体界人士见面谈一谈，是有针对性和目的性的。比如，到巴基斯坦，我就在拉合尔大学待了三天，很有收获。2004 年，我第一次访问土耳其时，就事先约好和我很喜欢的作家奥尔汗·帕慕克见面长聊。

20 世纪 70 年代末，我有了些经济能力，就开始去很多地方。1978 年，我们一家四口回中国畅游了 8 周，第一次踏足陆上丝绸之路，距离现在已经近40年了。2007年退休之后，我便“变本加厉”、忘乎所以了。2014 年年底，我在印度过了圣诞节。2015 年，我去过温哥华、加利福尼亚，还参加了卡塔尔的多哈论坛，然后去了泰国、北京，夏天又去了俄罗斯的两个自治共和国，中秋节前后第 4 次去哈萨克斯坦和乌兹别克斯坦，然后又去了甘肃的兰州、天水和陇南——那里就在南方丝绸之路的起端不远处，就是张骞说的从汉中进四川的那条路西边。

南都周刊：谈到这段旅程，大陆观众印象比较深的是凤凰卫视的《千禧之旅》节目，主持人是余秋雨。我其实一直在想象，如果是您来主持这档节目会是什么样的情景。

张信刚：啊，你的话让我很感慨……人生际遇是不同的。凤凰卫视的刘长乐董事长认识我，并且找了我。但当时我实在是不能去，因为我当时担任校长一职。他们要求两个月的时间都在路上，从希腊到印度。我是不可能离开工作岗位那么久的。如果同事和同学们整天在电视上看见我在旅游，吃新奇的食物，和漂亮女孩子在一起说说笑笑，我不知道回来以后还能不能继续管理大学。我 1963 年第一次去过希腊之后就想再去，1999 年有机会却选择不去。人生其实很难完全按自己的意愿展开啊。

（本文原刊登于《南都周刊》2015 年 23 期。）

索引

（1）国家、王朝、政权

(2) 地理名词

（3）人物

（4）文明、文明概念

(5) 宗教词汇

（6）文献著作

（7）民族、部落、集团

(8)语系、语族、语言(文字)

(9) 历史事件及其它